数字政府与数字治理的中国经验
徐晓林自选集

THE CHINESE EXPERIENCE OF DIGITAL GOVERNMENT AND DIGITAL GOVERNANCE

COLLECTED WORKS OF
XU XIAOLIN

徐晓林　著

社会科学文献出版社
SOCIAL SCIENCES ACADEMIC PRESS (CHINA)

徐晓林

华中科技大学公共管理学院创始院长，湖南农业大学公共管理学科岗位特聘教授，享受国务院政府特殊津贴。长期致力于行政学基础理论、电子政务（数字政府）、非传统安全等领域的研究，主持完成2项国家社会科学基金重大项目和1项国家自然科学基金重点项目，系国内电子政务（数字政府）研究领域的开拓者和奠基人。

曾任国务院学位委员会公共管理学科评议组成员，全国公共管理专业学位研究生（MPA）教育指导委员会委员，教育部高等学校公共管理类专业教学指导委员会委员，中国行政管理协会常务理事，中国机构编制管理研究会常务理事。现任国家社会科学基金学科规划评审组（管理组）专家，国家自然科学基金委员会管理科学部宏观管理与政策专家评审组成员，中国文化管理协会副主席，中国文化管理协会休闲文化产业委员会会长。2013年被美国公共管理学会授予"美国公共管理学会功勋奖"。

目 录
CONTENTS

第三篇章　非传统安全理论

第一篇章

行政学基础理论

人民代表大会制度建设 20 年来的
回顾与新世纪的展望

1978 年党的十一届三中全会提出了发展社会主义民主、健全社会主义法制的方针和必须"使民主制度化、法律化"① 的任务，这标志着我国社会主义民主法制建设进入了一个新的发展阶段。1979 年五届全国人大二次会议通过的《关于修正〈中华人民共和国宪法〉若干规定的决议》和制定的选举法、地方组织法、法院组织法、检察院组织法，从法律制度上改进和规范了选举制度，健全了国家政权体制，从而使我国的人民代表大会制度（以下简称"人大制度"）建设步入了健康发展的轨道。20 年来，人大制度在坚持中完善，在改革中发展，发挥了重大的作用，显示出无与伦比的优越性和强大的生命力。

一

回顾 20 年来的历程，人大制度的建设和发展大体有以下几个显著特点。

（一）根本政治制度的定位更加明确

1949 年 9 月，代行全国人民代表大会职权的中国人民政治协商会议第一次会议，通过了具有临时宪法性质的《中国人民政治协商会议共同纲

---

① 《三中全会以来重要文献选编》（上），人民出版社，1982，第 11 页。

领》，将新民主主义的政权制度确定为"民主集中制的人民代表大会的制度"。① 1954 年 9 月，第一届全国人民代表大会第一次会议的召开，标志着人大制度从中央到地方系统地建立起来了。此次会议通过的新中国第一部社会主义宪法规定："中华人民共和国的一切权力属于人民。人民行使权力的机关是全国人民代表大会和地方各级人民代表大会。""这个规定和其他条文的一些规定表明我们国家的政治制度是人民代表大会制度。"② 1957 年至 1966 年，人大工作经历了曲折发展，十年动乱使人大制度遭到严重破坏。直到粉碎"四人帮"特别是党的十一届三中全会召开之后，人大制度建设才焕发了新的生机，人大制度作为我国根本政治制度在经历了风风雨雨之后逐步健全和完善。

其一，从党的决策层面来看。党的十一届三中全会开创了人大制度建设的新的历史时期。"全党对社会主义民主和法制建设重要性的认识产生了一次历史性的飞跃，它为人民代表大会制度的建设和发展，奠定了良好的基础。"③ 1981 年党的十一届六中全会通过的《关于建国以来党的若干历史问题的决议》在总结历史的经验教训时指出："逐步建设高度民主的社会主义政治制度，是社会主义革命的根本任务之一。建国以来没有重视这一任务，成了'文化大革命'得以发生的一个重要条件，这是一个沉痛教训。"④ 该决议同时强调："必须根据民主集中制的原则加强各级国家机关的建设，使各级人民代表大会及其常设机构成为有权威的人民权力机关。"⑤ 在 20 年来的发展历程中，虽然有过要不要设立地方人大常委会的讨论甚至争论，也出现过少数人怀疑甚至否定人大制度的各种言论，但是，党的历次重要文献都反复强调要坚持和完善人大制度。党的十三大报告指出："人民代表大会制度是我国根本的政治制度。近年来，各级人大的工作取得了很大进展，今后应继续完善人大及其常委会的各项职能，加

---

① 《周恩来选集》上卷，人民出版社，1980，第 369 页。
② 《刘少奇选集》下卷，人民出版社，1985，第 155 页。
③ 全国人大常委会办公厅研究室编著《人民代表大会制度建设四十年》，中国民主法制出版社，1991，第 153 页。
④ 《三中全会以来重要文献选编》（下），人民出版社，1982，第 841 页。
⑤ 《三中全会以来重要文献选编》（下），人民出版社，1982，第 841 页。

强立法工作和法律监督。要进一步密切各级人大与群众的联系，使人大能够更好地代表人民，并受到人民的监督。"① 1997 年召开的党的十五大再次重申要"坚持和完善人民代表大会制度"，并且把它作为建设有中国特色社会主义政治的重要内容，写进党在社会主义初级阶段的基本纲领。党的十五大报告强调："我国实行的人民民主专政的国体和人民代表大会制度的政体是人民奋斗的成果和历史的选择，必须坚持和完善这个根本政治制度，不照搬西方政治制度的模式，这对于坚持党的领导和社会主义制度、实现人民民主具有决定意义。"② 党的十五大报告还提出了"依法治国，建设社会主义法治国家"③ 的治国方略。实施依法治国方略，必然给人大制度建设开辟广阔的发展空间。

其二，从法律制度层面来看。20 年来，人大制度的发展和完善集中体现在 1982 年宪法和关于人大制度的一系列法律之中。1982 年宪法继承和发展了 1954 年宪法的基本原则，对人大制度的基本内容作了全面的规定。一是规定了人大制度的本质内容是人民当家作主，即"中华人民共和国的一切权力属于人民。人民行使国家权力的机关是全国人民代表大会和地方各级人民代表大会"（宪法第 2 条）。二是规定了"中华人民共和国的国家机构实行民主集中制的原则"（宪法第 3 条）。三是规定了以人民代表大会为基石构建的国家政权组织形式的纵向横向的三种关系：人民代表大会同产生它的人民的关系，"全国人民代表大会和地方各级人民代表大会都由民主选举产生，对人民负责，受人民监督"；人民代表大会同它产生的其他国家机关的关系，"国家行政机关、审判机关、检察机关都由人民代表大会产生，对它负责，受它监督"；中央国家机构与地方国家机构的关系，"中央和地方的国家机构职权的划分，遵循在中央的统一领导下，充分发挥地方的主动性、积极性的原则"（宪法第 3 条）。选举制度是人大制度的基础。民主集中制是人大制度的组织原则。以上这些本质、基础、原则、关系，概括地反映了我国政治生活的全貌，集中地体现了国

① 《十三大以来重要文献选编》（上），人民出版社，1991，第 44 页。
② 《十五大以来重要文献选编》（上），人民出版社，2000，第 30 页。
③ 《十五大以来重要文献选编》（上），人民出版社，2000，第 30 页。

家的性质。此后以宪法为基本依据，在宪法的根本原则指导下，我国先后制定和修改了选举法、全国人大组织法、全国人大议事规则、全国人大常委会议事规则、地方各级人大和地方各级政府组织法、法院组织法，检察院组织法、代表法等一系列与人大制度密切相关的法律制度。1999年九届全国人大二次会议通过的宪法修正案又把"依法治国，建设社会主义法治国家"的治国方略载入了宪法。这些都为人大制度的贯彻实施提供了制度和法律上的保障。

其三，从公民认知层面来看。随着社会主义民主法制建设的不断加强，人大工作与建设的广泛开展，人大制度的实际功效使广大人民群众对人大制度有了深入的了解和新的认识。

（二）对选举制度进行了改革和完善

选举制度是我国政治制度的重要组成部分，也是人大制度的组织保证。同整个人大制度一样，我国的选举制度也经历了曲折发展和遭受过严重破坏，直到党的十一届三中全会以后，才得以恢复并不断发展、完善。1979年新的选举法和地方组织法获得通过，又经过1982年、1986年和1995年三次重要修改和补充，我国的选举制度不断得到完善。20年来，我国的选举制度进行了三项重大改革，获得了三次重大突破。一是将直接选举人大代表的范围由乡、镇、市辖区、不设区的市扩大到县和自治县一级，扩大人民群众直接参与政治生活的权利。20年来，我国先后进行了6次县级人大代表的直接选举和7次乡镇人大代表的直接选举。据20年来历次县、乡直接选举的统计，享有选举权和被选举权的人数，占18周岁以上公民人数的99.97%以上，参选率（参加投票的选民人数占选民总数的百分比）在90%左右。① 其中，湖北省历次县、乡直接选举依法登记的选民人数占18周岁以上公民人数的比重平均为99.03%，参选率平均为95.55%。参选率最低的县（市）也在80%以上。② 河南省历次县乡人大

---

① 刘政、程湘清：《人民代表大会制度是适合我国国情的根本政治制度》，《求是》1999年第17期。
② 据湖北省历次县、乡人大换届选举工作文件资料汇编中的数据统计。

直接选举的参选率均为 92% 以上，最高年份为 96% 。所选出的代表具有广泛的群众基础，包括各阶层、各地区、各民族的人士。尤其可贵的是，近几届选举代表时，有的单位力争名额，有的个人争当代表。这表明，在人民心目中，人大代表的地位提高了，选民的积极性也十分高涨。① 二是实行自下而上、自上而下提出并酝酿讨论，民主协商确定候选人的办法。选民或者代表可以依法联名推荐候选人。不论是选民联名推荐的候选人，还是政党、团体推荐的候选人，不论是代表联名推荐的候选人，还是大会主席团提名的候选人，都具有同等的法律地位，这是人民当家作主的具体体现，使选民和代表切实体会到法律规定的民主权利的真实性。据湖北省 1996 年进行的全省乡镇人大换届选举统计，该省共 1368 个乡镇，选举乡（镇）长、副（镇）乡长 8108 人，其中政党推荐的候选人当选的 7631 人，占 94.12%；代表联合提名的候选人当选的 453 人，占 5.59%；非候选人当选（属于投票时"另选他人"）的 24 人，占 0.30%。三是实行差额选举。在 1979 年以前，无论选举人大代表，还是选举地方国家机关领导人员，都是采取等额选举办法。1979 年以后，选举法规定，选举各级人大代表一律实行差额选举；地方组织法规定，选举各级地方国家机关的正职领导人员，其候选人数一般应多一人，进行差额选举。如果提名的候选人只有一人，也可等额选举。副职领导人员和人大常委会其他组成人员则应按照规定进行差额选举。实践中，各地不仅在选举地方各级人大代表、人大常委会组成人员和政府副职时坚持实行差额选举，而且不少地方在选举政府正职时，也实行差额选举。据 1995 年统计，全国有 12 个省的人大常委会主任、8 个省的省长、15 个省的高级人民法院院长和 11 个省的省人民检察院检察长实行了差额选举。此外，还简化了直接选举的程序，降低了农村与城市每一名代表所代表的人口比例，规范了各级人大代表的名额，适当减少了代表人数，完善了罢免代表的程序等。选举制度的这些改革和发展，有利于人民群众加强对国家机关及其工作人员的监督，激发广大人民群众当家作主的积极性，使我国的选举制度向民主化方向迈出了重要的一步。

① 李有亮：《我国人大选举制度大改革大发展的二十年》，《人大研究》1999 年第 2 期。

（三）对国家政权体制进行了重组

1982 年宪法和在此前后制定的选举法、组织法，对人民代表大会的重建和改革作了一系列新的重要的规定，其实质是对国家政权体制进行重组。[①] 第一，扩大了全国人大常委会的职权。改变了全国人大是行使国家立法权的唯一机关的立法体制，规定全国人大及其常委会共同行使国家立法权，共同监督宪法的实施，全国人大常委会在全国人大闭会期间可以审查、批准计划和预算的部分调整方案，可以决定国务院各部部长、各委员会主任等人选。第二，规定县级以上地方各级人大设立常委会，同时设立地方各级人民政府，改变了原来由人民委员会或革命委员会行使权力机关的常设机关和执行机关双重职能的地方国家机关体制。从 1979 年下半年到 1980 年底，全国县级以上各级人大相继设立了常委会。地方人大常委会在新时期人大工作中发挥了重要作用。第三，赋予省级人大及其常委会制定地方性法规的权力，以后又赋予省级政府所在地的市和经国务院批准的较大的市的人大及其常委会制定地方性法规的权力。到 2000 年，我国已制定了 7000 多部地方性法规，这对建立健全社会主义法律体系、保障宪法和法律的实施起着独特的作用。第四，改变了农村人民公社的政社合一体制，设立乡政权包括乡、镇人民代表大会，乡镇政府由原来的"三级所有"时期的行政结构中的最上级变为国家行政体系在基层的最末端。[②] 这些改革措施进一步健全了国家政权组织和权力运作体系，使我国的政治体制得到了进一步完善。

（四）人大工作机制不断创新

20 年来，各级人大及其常委会在遵守宪法、维护法制统一的前提下，积极探索实践，在具体工作制度和机制上进行了创新。

1. 在立法制度方面

20 年来，我国的立法体制在朝着完善化方向发展的过程中有过多次

---

① 参见蔡定剑《中国人大制度》，社会科学文献出版社，1992；高国彬主编《国家权力机关工作研究》，湖北人民出版社，1998，第 47 页。
② 参见金太军、董磊明《近年来的中国农村政治研究》，《政治学研究》1999 年第 4 期。

迈进，现在已形成了一个"由国家立法权、行政法规立法权、地方性法规立法权、自治条例和单行条例立法权、授权立法权所构成的立法体制"①，形成了"一元（国家法制统一），两类（权力机关立法与行政机关立法），两级（中央立法与地方立法），四区（普通行政区立法、特别行政区立法、民族自治地区立法、经济特区立法）"的立法体制。除此之外，我国在立法工作中的创新之处主要有以下几方面。①改进法律法规的提案制度。法律规定，特定机关和人大代表、人大常委会组成人员都可以向本级人民代表大会及其常务委员会提出属于人大或人大常委会职权范围内的议案，包括立法案。特别是人大代表和人大常委会组成人员提出议案的法定人数逐步规范。②实行"审次"制度。现在，全国人大常委会的立法一般实行三审。③实行法规草案的委托起草制度。自 20 世纪 90 年代开始，逐步打破了以往法律法规草案由政府部门起草的单一格局，有的由人大有关委员会、法制工作机构和政府的法制工作机构直接组织起草，有的委托大专院校、科研单位和社会团体以及有关专家、学者起草，拓宽了法案的起草渠道，这对加快立法步伐，防止立法中的部门利益倾向起到了积极作用。④建立公开征求意见制度。近年来，全国人大常委会和有地方立法权的地方人大常委会将一些重要法律草案或者法规草案在新闻媒体上公布，公开征求广大人民群众的意见，并逐步形成制度。⑤建立立法咨询和立法听证制度。如湖北省人大常委会于 1998 年聘请有关法学专家成立了立法顾问组。安徽省人大常委会也设立了由立法咨询员组成的立法咨询委员会。这些立法咨询组织不仅为立法机关审议和修改法规草案提出建议，而且有的还参与法规起草的调研、论证工作，对提高立法质量起到了重要参谋作用。广东省人大常委会于 1999 年 9 月在国内首次举行立法听证会。武汉市人大常委会于同年 10 月也举行了立法听证会。实行立法听证制度，可以更好地了解社情民意，防止立法的偏颇，完善法案的内容，保证立法的公正性、合理性和可行性。

2. 在监督制度方面

党的十一届三中全会以来，特别是近些年来，各级人大及其常委会

---

① 赵震江主编《中国法制四十年（1949~1989）》，北京大学出版社，1990，第 94 页。

的监督工作有了很大发展，做了大量卓有成效的工作。但监督工作仍然是人大工作的一个薄弱环节。如何切实改进和加强人大的监督工作，健全机制、加大监督力度、增强监督实效，以适应形势发展和面临任务的需要，是这些年来各级人大及其常委会一直致力探索的问题。地方人大及其常委会在加强和改进监督的实践中，依照宪法和法律的规定，探索和创造了一些行之有效的监督形式和做法，从而为落实宪法和法律赋予人大及其常委会的监督职权、改进和加强国家权力机关的监督工作提供了宝贵的经验。这些监督形式和做法主要有：开展对法律法规实施情况的检查监督；组织代表评议"一府两院"的工作，对人大及其常委会选举和任命的工作人员进行述职评议；对司法机关办理的重大典型案件进行监督；督促行政执法机关和司法机关实行执法责任制和冤案、错案责任追究制；改进计划预算监督；完善听取和审议"一府两院"工作报告的制度；发出法律监督书；等等。这些工作的开展对保证法律法规的有效实施，监督、支持和促进"一府两院"的工作，产生了较好的效果。① 其中有些监督形式受到了全国人大常委会的充分肯定，并已被采用，有的已经或正在上升为法律制度。评议这种监督形式近年来尤其受到重视。评议产生自基层，是基层广大干部群众在我国社会主义民主法制建设进程中的一个创举，是地方各级人大特别是县乡两级人大探索有效地开展监督工作的产物。早在 20 世纪 80 年代初，一些地方就开始进行代表评议的摸索工作。1982 年，黑龙江省肇源县就组织过人大代表评议"一府两院"的干部，并在省人大工作经验交流会上介绍过做法。1984 年，上海市普陀区真如镇人大就开始组织代表对镇政府工作进行评议。20 世纪 80 年代，辽宁、山东、山西等省也有一些地方组织开展了代表评议工作。到了 90 年代，全国各地从乡镇基层人大到省级人大纷纷开展了评议工作，评议的对象范围逐步扩大，评议的内容更加丰富，评议的方式多种多样，评议的效果也在不断提高。从评议的对象来看，有的评议政府工作部门，有的评议垂直管理部门和基层的"七站八所"，

---

① 参见全国人大常委会办公厅研究室编《地方人大监督工作探索》，中国民主法制出版社，1997，序。

有的评议"一府两院"的工作，有的评议人大及其常委会选举和任命的政府组成人员和"两院"领导人员；从评议的内容来看，有的地方开展了综合评议，主要是评议"一府两院"贯彻实施法律法规的情况，执行人大及其常委会决议决定的情况，依法行政和公正司法情况，以及国家机关工作人员履行职责、勤政廉政情况，也有的是针对人民群众普遍关心和反映强烈的热点、难点问题，开展单项评议；从评议的方式来看，既有会议评议，又有书面评议，有的在评议中不仅进行定性评议，还进行量化测评，有的把评议与表彰结合起来；等等。评议作为一种新的监督形式，它不是脱离现有法律规定"另辟蹊径"，而是综合运用法定的视察、听取和审议报告，提出建议批评意见、开展特定问题调查、质询等监督手段，把对事的监督与对人的监督，人大常委会的监督与人大代表的监督、人民群众的监督，会议期间的监督与闭会期间的监督结合起来，大大增强了监督的实效。评议具有参与面广、民主性强、透明度高等特点，它不仅有利于拓宽人大监督渠道，丰富代表活动，而且有利于密切党和群众的联系，促进"一府两院"依法行政和公正司法，增强国家机关领导人员和工作人员的公仆意识、民主意识和法制观念，增强为人民服务的事业心和责任感。截至 1999 年，全国已有 20 多个省级人大及其常委会在总结地方人大监督工作的实践经验的基础上，制定了人大监督工作条例或者某个方面的单项规定，使监督工作逐步规范化、制度化。①

3. 在议事制度方面

为了推动人大工作的制度化、法律化建设，依照民主的、法定的程序行使职权，全国人大及其常委会和地方人大及其常委会陆续制定与完善了各自议事的制度、规则。一是全国人大及其常委会和县级以上地方各级人大及其常委会普遍制定了议事规则，对会议的举行，议案和工作报告的审议程序，发言和表决等做出了具体规定。据权威部门提供的资料②，1983

---

① 高正卿主编《地方人大监督概论》，重庆出版社，1999，第 222 页。
② 参见全国人大常委会办公厅秘书局编《人民代表大会及其常委会议事规则汇编》，中国民主法制出版社，1993。

年 1 月 7 日云南省第五届人民代表大会第五次会议通过了《关于云南省人民代表大会及其常务委员会组织和工作程序若干问题的暂行规定》，这成为人大及其常委会议事制度的雏形。1987 年 11 月 22 日河南省第六届人大常委会第三十一次会议通过了《河南省人民代表大会常务委员会议事规则》，河南省由此成为全国率先通过立法并且以"议事规则"的形式来规范人大常委会议事制度的省级人大常委会。同年 11 月 24 日，第六届全国人大常委会第二十三次会议通过并于当日以主席令的形式公布了《中华人民共和国全国人民代表大会常务委员会议事规则》。此后，1987 年至 1990 年，全国包括河南省在内共有 27 个省、自治区、直辖市的人大常委会制定了本级人大常委会议事规则，这 27 部议事规则中，仅 1988 年制定的就有 24 部。与此同时，人民代表大会的议事规则也陆续出台。继云南、广东两省的省七届人大二次会议于 1989 年 3 月 9 日同日分别通过《云南省人民代表大会议事规则》和《广东省人民代表大会议事规则（试行）》之后，到 1991 年底，全国共有 20 个省级人大制定了自己的议事规则。1989 年 4 月 4 日，第七届全国人民代表大会第二次会议通过了《中华人民共和国全国人民代表大会议事规则》。议事规则的制定和以后的修改完善，对于规范和保障人大及其常委会依法行使职权，提高人大及其常委会的议事效率和工作质量发挥着重要的作用。二是享有地方立法权的各级人大常委会普遍出台了关于立法程序的规定。1984 年 12 月 1 日福建省第六届人大常委会第十次会议通过了《福建省制定地方性法规的暂行规定》。三是许多地方的人大常委会制定了常委会组成人员守则。四是有的省（区、市）通过地方立法，规范了人大代表、政府组成人员和"两院"领导人员列席地方人大及其常委会会议的制度，建立了旁听地方人大及其常委会会议的制度。

4. 在代表制度方面

各级人大代表在行使国家权力的同时，认真履行代表职责，而各级人大常委会也加强了代表在闭会期间的工作，使代表活动日趋制度化、经常化。人大代表在实践中探索和创造了许多行之有效的代表活动方式、方法，如代表小组活动、视察，执法检查，评议，代表活动日，约见地方国家机关负责人，定期接待选民，走访联系群众，向选民述职，开展争先创优活动等，使以往存在的"代表代表，会散就了"的状况得到了改善。

1992 年代表法的制定和实施，进一步强化了代表的作用，代表法赋予人大代表以特定的政治内涵，明确规定了人大代表是一种"政治服务"①（而不是荣誉称号），明确规定了人大代表的权利和义务，人大代表在人民代表大会会议期间的工作与闭会期间的活动，以及人大代表执行职务的保障等，这是对实践中的人大代表工作与人大代表活动的总结和肯定，为人大代表履行代表职务提供了法律依据和法律保障。

5. 在组织制度方面

①从法律上规定了人大常委会组成人员不得兼任行政机关、审判机关、检察机关的职务，这有利于加强国家权力机关的工作，有利于对行政、审判、检察机关的监督。②加强了专门委员会的建设。1982 年宪法明确规定，全国人民代表大会设立民族委员会、法律委员会、财政经济委员会、教育科学文化卫生委员会、外事委员会、华侨委员会和其他需要设立的专门委员会。根据这一规定，六届全国人大设立了民族、法律、财政经济、教科文卫、外事、华侨等 6 个委员会；七届全国人大增设了内务司法委员会；八届全国人大增设了环境与资源保护委员会；九届全国人大增设了农业与农村委员会。根据地方组织法的有关规定，省级人大和设区的市的人大大多数设立了专门委员会。专门委员会的设立，为协助人大及其常委会开展工作发挥了重要作用。③建立健全了人大常委会的办事机构和工作机构。全国人大常委会根据工作需要，逐步健全了办事机构，加强了立法、研究等工作机构，引入了一批有实践经验和专业知识的人才。地方人大常委会设立后，也根据工作需要逐步建立和健全了办事机构与工作班子。截至 1999 年，全国县级以上地方各级人大常委会的工作人员有 7 万多人。② 20 世纪 80 年代初期，一些省、自治区开始在地区设立省级人大常委会派出工作机构，以加强上下级人大之间的联系，协助本级人大常委会开展对地区行政公署和设在地区的司法机关的监督工作。1995 年修正的地方组织法首次规定："省、自治区的人民代表大会常务委员会可以在

---

① 杨逢春：《人大工作 ABC——选举法、代表法、地方组织法学习辅导》，民族出版社，1999，第 48 页。

② 刘政、程湘清：《人民代表大会制度是适合我国国情的根本政治制度》，《求是》1999 年第 17 期。

地区设立工作机构。"这是对全国各地经验的总结和肯定，从而进一步明确了地区人大工作机构的法律地位。

以上这些特点，是我国人大制度建立和发展进程中的一个缩影。回顾20年来人大制度建设的历程，成绩是主要的，不可否认。20年来的实践再次证明，人大制度是适合我国国情的具有极大优越性的根本政治制度，是党领导人民当家作主的有效的政权组织形式。邓小平同志强调："在政治体制改革方面有一点可以肯定，就是我们要坚持实行人民代表大会的制度，而不是美国式的三权鼎立制度。"① 江泽民同志指出："建设社会主义民主政治，最重要的是坚持和完善人民代表大会制度。"②在新的历史时期，我们必须毫不动摇地坚持和完善人大制度。一方面，要坚持我国的根本政治制度，坚持人民民主专政的国体和人民代表大会制度的政体，坚持人民当家作主这一社会主义民主的核心和本质；另一方面，要完善体现根本政治制度的各种具体制度，完善国家权力的运行机制，完善民主制度的具体实现形式。目前，我国的人大制度还不够健全，在一些具体制度方面还存在缺陷。总体来讲，人大制度的理论构想与实际运作之间、宪法的有关规定与有效实施之间，均有一定的差距。有相当一部分人对人大制度还不了解、不关心。这些问题根源于我国缺乏民主法制传统和人治因素的影响，也与政治体制改革不到位有关。因此，坚持和完善人大制度，推进政治体制改革和民主法制建设，把人大制度潜在的优势变为现实的功效，需要付出艰苦的努力，需要在人大制度建设的实践中不断改革和创新。

二

展望21世纪，可以预见，我国人大制度将会不断发展和完善，一定会更加充满生机和活力。这一大趋势具体表现在如下几个方面。

---

① 《邓小平文选》第3卷，人民出版社，1993，第307页。
② 转引自全国人大常委会办公厅研究室编《人大及其常委会工作手册》，中国民主法制出版社，1998，第301页。

（一） 政党与国家政权关系制度化

这是人大制度改革与发展的重要内容。我国的人大制度是中国共产党领导的人民民主制度，也是党对国家事务进行领导的一大特色和优势。离开了党的领导，就不会有人大制度；离开了人大制度就无法实现党对国家事务的领导。实践证明，能否处理好政党与国家政权的关系，是关系到人大制度改革和发展的首要问题。随着社会主义民主政治的向前发展，"应当改革党的领导制度，划清党组织和国家政权的职能，理顺党组织与人民代表大会、政府、司法机关、群众团体、企事业单位和其他各种社会组织之间的关系，做到各司其职，并且逐步走向制度化"。① 作为执政党的共产党，与其他参政党在国家政权组织及其运作体系中的关系，如执政党在人大制度中的地位以及发挥作用的途径与方式，执政党在人大及其常委会法定会议中的提案问题，地方人大常设机关的党内主要负责人在同级党委中的职务安排，等等，应当在实践中逐步形成规范和制度。政党与国家政权关系的制度化和法律化，将有利于中国共产党有效加强它对国家事务的领导，从而保证中国共产党"始终发挥总揽全局、协调各方的领导核心作用"，"保证人民代表大会及其常委会依法履行国家权力机关的职能"。②

（二） 选举权利与方式民主化

这是人大制度改革与发展的前提和基础。随着我国社会主义政治、经济、文化的不断发展，公民的民主意识和法治观念的不断增强，人大代表的选举制度将会进一步完善，国家机关领导人员的选举制度将会进一步完善，候选人的提名方式将会进一步改进，候选人的介绍办法将会进一步完善。选民和选举单位对人大代表的监督与联系，选民和人大代表对国家机关领导人员的监督与联系，不仅体现在换届选举上和选举期间，而且会更

---

① 《十三大以来重要文献选编》（上），人民出版社，1991，第 36 页。
② 江泽民：《高举邓小平理论伟大旗帜 把建设有中国特色社会主义事业全面推向二十一世纪——在中国共产党第十五次全国代表大会上的报告》，人民出版社，1997，第 34 页。

加常态化。选举制度从实体到程序，从民主的范围到民主的各个环节，将逐步向平等、公开、直接、有序竞争的方向发展。

（三）国家权力运行法治化

这是人大制度改革与发展的核心问题。首先是国家权力运行的科学化。国家机构的设置和国家权力的运行应当更加符合民主政治的要求。其次是国家权力运行的法治化。在国家权力机关内部，人大及其常委会从产生、组成、履行职权、会议活动到处理内外部关系等一切活动全部被纳入法制轨道，逐步实现人大运行机制的规范化、制度化和法律化。特别是行使立法、监督、决定、任免"四权"的法律制度更加明晰，议事和表决的制度、程序更加规范，权力机关的利益表达机制更加完善。立法工作更加民主化科学化，立法质量逐步提高，立法程序不断完善。监督工作的发展趋势是主体多元化（代表大会的监督、常委会的监督、专门委员会的监督）、形式综合化（监督手段由单一监督向综合监督发展）、制度规范化（各种监督法律、法规和制度日趋完善）。人大各项职权逐步从应然权力向实然权力转化。国家权力机关以及国家行政机关、审判机关、检察机关在各自的职权范围内，在法治的轨道上正有效地运行。

（四）国家权力机关组成人员实职化

这是人大制度改革与发展的关键环节。我国的人大代表已经由一种"荣誉称号"过渡为法律上的"职务"，向"实职化"方向发展。这种"实职化"，就是要使人大代表成为一种实际职务，真正落实人大代表执行职务的司法保障、物质保障和时间保障。在人民代表大会设立常设机关的情况下，还应实行"常务代表"机制——人大常委会组成人员的专职化和年轻化。伴随这一进程，国家权力机关组成人员的助理人员制度将应运而生，发挥重要的辅助作用。

（五）人民民主的实现形式多样化

这是人大制度改革与发展的最终目标。保证和实现人民当家作主，以及管理国家事务的民主权利，是人大制度建设的出发点和归宿。在新的历史时期，人大制度这一政权组织形式仍然是实现我国人民民主的主渠道。除此之外，应进一步健全和完善各个领域、各个层次的民主制度和民主实现形式，特别是基层的各种民主制度和民主形式将发挥越来越重要的作用。正如有学者预言："在社会主义制度下，基层群众性自治组织，作为人民直接民主的重要形式，具有广阔而远大的发展前景。"① 人民民主的实现形式多样化，将使宪法规定的公民权利和自由得到保障，将有利于更好地落实宪法关于"人民依照法律规定，通过各种途径和形式，管理国家事务，管理经济和文化事业，管理社会事务"的规定。

总之，坚持和完善人大制度任重而道远。我们相信，有党中央的坚强领导，有人大制度建立以来特别是 20 年来积累的宝贵经验，有全党和全国各族人民的共同努力，人大制度建设一定会取得更加丰硕的成果。

本文作者为徐晓林、王亚平，原刊发于

《政治学研究》2000 年第 4 期，

收入本书时有改动

---

① 胡秀梅等主编《权力监督论》，中国民主法制出版社，1996，第 239 页。

电子政务的实施与政风建设

政风建设问题关系人心向背，政权兴亡，因此，必须加强政风建设。推行政务公开、推进电子政务建设，是加强政风建设，建设廉政、勤政、务实、高效政府的有效途径。

信息化是社会发展过程中的神经中枢。任何现代化的实现，都离不开信息化。其中电子政务是信息化不可或缺的组成部分，更是现代化社会发展进步的标志。发展电子政务，前提条件是拥有一系列现代办公设施及人力资源，同时，管理目标是实现信息网络化支撑；其目的和结果，让人感觉处理事务的时空变为"零时间"和"零距离"，一切政务活动采取阳光式处理，真正实现政务公开。

一　电子政务的实施是政风建设的有效途径

推行政务公开，可以扩大基层民主，加强社会主义民主政治建设，提升办事透明度，提高行政效率，强化对行政权力的监督，从源头上预防腐败，是我国适应加入世贸组织新形势的要求，也是加快政府职能转变的有效途径。

机关作风建设和政务公开工作是落实"三个代表"重要思想的具体实践。机关作风建设是党风建设、政风建设的具体体现，机关作风建设水平反映了行业的精神面貌，反映了党和政府的形象声誉。各级政府代表着最广大人民群众的根本利益，通过各级政府机关作风建设可以把我们的工作目标与人民群众的切身利益真正联系起来，"以最广大人民群众的根本利益为出发点和归宿点""让人民群众满意"。公开政务，扩大基层民主，加强社会主义民主政治建设，是建设民主法治国家的重要内容。

机关作风建设和政务公开工作是两项很重要的、根本性的、长期性的工作，要建立长效机制，必须抓住制度建设这个根本。江泽民同志说："制度建设更带有根本性、全局性、稳定性和长期性。"① 机关作风建设关键是完善各项规章制度，政务公开重点是建章立制。有了制度之后，还要抓制度的落实。只有充分借助现代信息技术手段，才能更快地推进政府机关作风建设和政务公开工作。

21 世纪是崭新的世纪，科技发展日新月异，信息化浪潮席卷全球。因此，我们要充分借助现代信息技术手段推进机关作风建设和政务公开工作，把政府信息化工作与机关作风建设、政务公开工作结合起来。要大力发展电子政务，建设电子窗口，提高办事效率、工作质量，提升政府机关作风建设的质量和水平，克服传统的机构烦琐、人员冗余、办事繁杂的种种弊端。

要以电子政务推进政务公开，网络是政务公开的最重要的载体。电子政务使交流渠道更通畅，资源利用更充分，办事过程更透明，办事程序更规范。例如，农村实行产业结构改革，开展多种经营，在政府的宏观调控和指挥下，农民通过网络可以及时得到关于很多农副产品的可靠信息，真正形成产供销一条龙，大大地提高经济效益，改善农民的生活，增加农民的收入。

抓好机关作风建设及政务公开工作还要突出重点，同时落实整改。政务公开工作的重点是对外公开要方便群众办事，对内公开要强化对权力的监督，执法部门突出执法公正，服务部门突出服务承诺；要紧紧抓住人民群众普遍关心和反映强烈的实际问题，公共基础设施的重大问题，以及容易产生不公平、不公正甚至腐败问题的权力运行环节，进行公开。机关作风建设的重点是解决一些深层次的问题，"窗口"的建设、"服务型"政府的建设是两个最重要的方面。

落实整改是政务公开工作和机关作风建设的重要内容。对政务公开后

---

① 《江泽民论有中国特色社会主义（专题摘编）》，中央文献出版社，2002，第 597 页。

群众反映的意见和问题，对机关作风建设过程中群众的来信来访，要做到有登记、有时限、有批办、有核查、有落实，认真研究，尽量及时解决，并将处理结果向群众反馈，以取信于民，使工作实现良性循环。

机关作风建设和政务公开工作是有机统一的。要把机关作风建设和政务公开工作紧密结合起来，做到相互推动、互相促进。例如窗口建设就是两者之间的重要结合点，窗口既是机关作风建设的重要内容，又是政务公开工作的重要阵地。机关作风建设和政务公开都要求把政府职能部门的行政功能、职责范围，以及机关办事内容和制度在窗口公开，加强窗口建设。窗口不但要建设成服务的窗口，办事的窗口，同时也应建设成一个透明的政务公开的窗口。政务公开阳光下的机关作风，必定是健康的作风；而优良的机关作风，也必然会促进政务的进一步公开。①

二　电子政务的实施会更好地推进政务公开

政府部门间，包括上下级部门间和同级各职能部门间，有相互提供信息的义务和获取信息的权利。政府部门应只生产或采集专供履行机构职责所需的信息以及有特殊用途的信息。在决定生产或采集新的信息之前，首先应依法行使政府部门之间的信息获取权。各级政府部门在不违反国家法律、法规的前提下，有义务及时回复其他政府部门为履行职责而提出的信息采集申请，提供申请部门需要的信息，同时对所提供信息的真实性负责。

长期以来，在我国政府机构内部，跨越行政隶属关系的横向信息传递十分薄弱。不同部门之间甚至同一部门的不同厅局或处室之间，信息传递不畅的现象十分严重，极大地妨碍了信息资源的共享。不仅如此，信息传递过程中的利益关系难免造成虚假或冗余信息的扩散。因此，必须冲破政府信息部门所有这一壁垒，解除政府部门间人为的信息封锁，防止由于信息采集速度太慢，层层汇总而丢失信息、增加或延长政务处理时间，确保政府信息的可用性和利用率。

---

① 参见莫鉴东局长 2002 年 7 月 19 日在交通局机关作风建设和政务公开工作会议上的讲话《转变政府职能，建设服务型政府》。

政府信息公开是政务公开的内容之一。实行政府信息公开有利于加强政府的廉政建设，消除腐败行为。很多钱权交易的腐败行为，都发生在领导干部直接插手微观经济行为的过程中，改革行政审批制度势在必行。政府应尽快转变职能，集中精力搞好宏观调控和创造良好的市场环境，凡是能通过法律、法规和经济等方法解决的问题，应尽量避免用行政手段来解决。必须用行政手段来解决的问题，也要有公正透明的程序，把政府行为规范在法制的范围内，实行政府信息公开有利于提高政府工作的透明度。

政府信息是政府部门为履行职责而产生、获取、利用、传播、保存和负责处置的信息[①]，它是人们全面考察、评价社会情况，从事政治、经济、科技、军事、文化等活动必不可少的公共资源。在我国，80%的社会信息资源掌握在政府部门手中[②]，政府是最主要的信息生产者、使用者和发布者。作为一种重要的公共资源，政府信息是用纳税人的钱生产、收集和加工的，具有全社会所有的公共品属性。这就要求我们对可以公开的政府信息及时公开，使其在尽可能大的范围内供公众使用。然而，长期以来，我国的政府信息一直处于封闭、闲置或半封闭、半闲置状态，对应予公开和披露的政府信息一直没有法律意义上的明确界定。随着社会主义市场经济体制的初步确立，"信息引导""提供服务"已经成为我国政府部门的重要职能。公民、法人和其他组织希望依法获取政府信息、参与公共决策和享受公共服务；政府部门之间也迫切需要依法实现信息资源共享。只有实施电子政务，才能加快实现信息资源共享的进程。

在我国，人们似乎已经习惯这样的现象：公民的人事档案，公民本人无权调阅；许多涉及公众利益的规范性文件，被政府部门作为内部规定对待；公民、法人和其他组织在许多情况下不知道应当遵守何种规则，而这些规则又确实存在，并由政府部门内部掌握。有资料显示，目前我国的政府信息资源只有20%是公开的。[③] 由于政府没有及时或准确公开信息而引发的公共事件，全国各地每年都有若干起。

---

① 周健：《开放政府信息》，《人民日报》2000年3月22日。
② 孙云川、高柳宾：《政府网上信息资源环境管理研究》，《图书馆杂志》1999年第11期。
③ 刘莹：《网络环境下图书馆的信息资源建设》，《情报资料工作》2000年第2期。

其实，那些一向被认为是"内部文件""内部材料"的所谓"内部信息"，其中有许多是可以而且应该向社会公开的。政府信息公开是现代社会文明进步的一项基本特征，它有别于传统社会政府惯有的封闭、独断，体现了民主、开放、科学决策和现代管理的新思路。

政府信息的公开，是指政府部门通过多种方式公开其政务活动，公开有利于公民实现其权利的信息资源，允许公民通过查询、阅览、复制、下载、摘录、收听、观看等形式，依法利用各级政府部门内部控制的信息，从而可有效避免政府腐败现象的发生。

信息发布和信息提供是政府向公众传播信息的两种方式。政府各职能部门有义务、有责任向公众发布和提供信息。信息发布是指政府部门以各种形式主动向公众传播信息的行为。政府机构的组织、职能、工作方法和程序、有关的法规和文件、行政许可的标准和条件等内容，政府部门都应主动公开。信息一经发布，全社会都可以利用。信息发布应直达公众，避免不必要的延迟和垄断。信息提供是指政府部门应公众的要求，在法规、政策许可的范围内，向公众提供信息的行为。政府各职能部门提供的信息可能已经发布，也可能尚未发布。当依法有权获取政府信息者提出获取信息的请求时，政府部门应及时予以回复。

负有特定义务的政府部门应提高有关信息的透明度，保证公民的知情权，并根据政府部门的类别提出不同的信息发布与信息提供要求。各级政府要充分利用包括互联网在内的先进的信息技术，不断改进信息发布和提供的方式，并对其提供的信息内容和质量负责。电子政务的实施正是要以此为目标，将一个廉洁、高效、高水平服务和决策的全新政府形象展现在公众面前。

三　实施电子政务对政风建设的影响和作用

实施电子政务不仅能够提高政府管理的效率和政府工作的透明度，拓宽政府与广大公众直接沟通的渠道，而且能推进廉政、勤政建设，使政府利用信息化手段更好地为公众服务。其影响和作用主要表现在以下几个方面。

（一）提高行政运作效率

加快信息传递。政府部门应用信息技术，能够加快信息传递速度，使上传下达更加迅速。政府部门可以通过信息网络，发布政府的文件、公告、通知等，使公众迅速地得到政府信息。另外，通过采用安全可靠的加密技术，也可以将政府内部的信息在网上传输，下级政府机构或其他组织可以通过网络迅速地向上级机构或组织传送或反馈信息。与传统的邮寄、专人传递、传真等信息传递手段相比，信息网络的优势是很明显的，它不仅能迅速地传递信息，缩短传送时间，保证信息的时效性，也能保证信息的全面与准确。

简化行政运作环节和程序。电子政务的实施对政府的行政组织结构产生很大的影响，可以缩减甚至取消中间管理层，这无疑将大大简化行政运作的环节和程序，特别是有些原本属于中间环节的管理层将被取消，完全被计算机程序所取代。

降低行政运作成本。信息技术的应用，不仅缩短了办事时间，节省了人力物力，而且提高了行政人员的素质，优化了行政管理的组织结构，提高了信息传递的速度和效率，有效降低行政运作的成本。

（二）提高政府公共服务水平

顺应政府公开施政的国际趋势。当今发达国家政府都在互联网上开设了站点，通过网络树立新的政府形象，扩大公共政策影响力，政府公开施政是全球化的趋势。政府部门应用信息技术，通过信息网络，可以将更多的政府信息向社会公众公开。政府在制定政策、做出重大决策的过程中，可以通过网络让公众参与，并让公众从不同层面提出意见和建议。公众也可以通过信息网络监督政府的运作，对政府的工作做出比较准确的评价，达到改进政府工作的目的。实施电子政务可以防止下级政府或组织利用"信息垄断权、知情权"搞"黑箱"操作，防范下级政府或组织违背上级决策精神而肆意妄为，从而在更大程度上保证下级政府或组织更好地执行上级政府或组织的决策，切实保证政府决策的顺利执行。各级政府网站是便民服务的"窗口"，能够帮助人们实现足不出户享受政府部门提供的各种服务，在网上实现政府职能，从而密切政府与公众的联系。

提高政府服务质量。实施电子政务能够促进政府部门提高服务质量。首先，政府应用信息技术，通过信息网络，降低了公民和相关组织办事的"门槛"，原来所谓的"门难进，脸难看，话难听，事难办"的现象，通过网络可以很好地得到解决。因为公众面对网络时，不存在要看办事人员脸色的问题，也没有低三下四的感觉。由传统的"face to face"变成"computer to computer"，公众在网络上更能享受到全心全意式的服务。其次，随着电子政务的实施，政府工作人员的观念不断转变，政府工作人员综合素质也在逐步提高，从而促进政府服务质量和水平的提高。由于信息技术的应用，政府提供公共服务的方法和方式也得以改变，政府提供的各种服务比以前更快捷，对公众意见和需求的反应速度会大大加快，也会消除以往各种人为因素的负面影响，所有这些都有助于政府更好地为公众提供服务。

提高政府决策水平。随着社会复杂程度的加深，整个社会所需要的决策越来越多，政府决策的负担越来越重。计算机决策支持系统（Decision Support System，DSS），对政府决策产生了重要的影响。最主要的是，它增强了行政决策者的有限理性。管理决策的基石是由西蒙提出的"有限理性"学说，而信息的不完备是影响人们进行理性判断和决策的直接原因之一。DSS 的发展可逐步实现在适当的时候、把适当的信息提供给适当的管理者，这样就能增强决策者的有限理性。电子政务的实现，使得公共行政决策者可以在广泛了解决策所需信息的前提下进行决策，避免靠经验决策和决策信息不完备导致的决策盲目性现象，从而提高行政决策的科学性和合理性。

新的形势对政府的工作和自身建设提出了新的要求。我们一定要以建设"廉洁、勤政、务实、规范、高效"的政府为目标，推进电子政务建设，坚持依法行政、从严治政，努力转变政府职能，进一步加强政风建设，改进政府工作方式和工作作风，提高行政效率和施政水平，进一步增强公仆意识，更好地为公众服务，为中国的改革开放和现代化建设服务。电子政务可以通过信息技术实现部分的管理与服务职能，进而提高政府工作的透明度、规范化、实时性，并实现全天候运作，促使政府工作高效和廉洁，有利于加强政风建设，加快社会信息化进程，使公众得到方便、快捷的服务和充实的知识，使传统企业得到升级、调整，使公众资源得到合理配置和优化，使投资环境得到改善，最终使社会经济得到长足发展。

本文作者为徐晓林，原刊发于
《中国行政管理》2002 年第 12 期，
收入本书时有改动

试论中国行政审批制度改革

行政审批是政府对社会公共事务进行规范管理的一种手段。任何国家都有行政审批制度，无论过去、现在、将来都有其存在的必然性、合理性。对于一个有效的政府来说，必要的行政审批制度无论何时都不可能彻底取消，但是它必须与时俱进进行改革，成为推进社会发展而不是阻碍社会发展的公共管理手段。

一 行政审批释义

"审批"一词在现代汉语词典里的释义是：审查批示（下级呈报上级的书面计划、报告等）。这里，审批的主体是上级，这个上级可以是政府首脑或各级政府，而下级则是各级政府所辖部门；上级可以是各专业部、委、办，下级则是部、委、办所辖行政和企事业单位；上级可以是各部门各单位内部的领导干部，如厂长、局长、校长等。总之，审批对象是下级呈报上级的有关政治的，经济的，文化、教育、科技的，国防与内部治安的书面计划报告。审批就是上级批准下级在某一时间、某一地点、某一限度内，做某一事或实施某一计划。

现今行政界和学术界把"行政审批"定义为"资源配置手段"。笔者不以为然。从经济学角度讲，说行政审批是"资源配置手段"也许是对的，但谁都明白，任何国家任何行政审批，其审批对象并不完全是"资源"。无论从广义角度讲，还是从狭义角度讲，行政审批的对象绝不仅仅是一个资源配置问题。造一栋大厦，需要土地，需要国土资源管理部门审批，这是资源无疑，土地不是可再生资源，应严加控制；某级政府要实施电子政务，需要数额颇大的经费开支，必须主管上级审批，这也是资源问题。因经济事业发展需要，必须扩大人事编制，招聘一批工作人员，要经上级审批，这也是资源（人力资源）问题。然而，当我们打开林林总总的审批项目看时，它们并不见得都是资源问题，或是经济与政治、文化问题交织在一起，或纯粹是政治问题。

笔者认为，为行政审批下定义，既要考虑审批对象的资源属性，更要考虑审批对象所要实现的目的和这个目的所带来的社会效益和效果。行政审批包罗万象，有政治性的，有经济性的，也有涉及国家安全、人民福祉的，之所以要审批，其目的在于规范社会秩序，限制某种不利于公共利益的行为，防止权利与自由的滥用。你有权利做某一事，但不能随心所欲，必须符合公共利益原则。规定你做什么，你就只能做什么，让你经营一家商店，就只能经营审批报告上规定的商品，不能超出经营范围；批准50亩土地，你就不能占用51亩；批准一个杂志的刊号，你就只能按这个批准刊号的宗旨办刊，所以，笔者的结论是，行政审批（从社会学角度讲）是对权利和自由进行限制而使用的手段。笔者认同审批的一种狭义定义：审批是指政府机关或授权单位，根据法律、法规、规章制度及有关文件，对行政管理相对人从事某种行为、申请某种权利或资格等，进行具有限制性管理的手段；判断一种行政管理行为是不是审批行为，主要看其是否具备三个基本要素：一是指标额度限制，二是审批机关有选择决定权，三是一般都是终审。同时，行政审批包括审批、审定、准批、同意、许可、特许等多种内容。这个定义当然更完善、更具体。

二　我国行政审批制度的历史和现状

在人们的交谈中，在林林总总的会议中，在媒体上，在政府文件上若是谈到相关事项存在的弊端，总会有一句出现频率颇高的话："这是计划经济的产物。"同时在笔者所查阅的关于行政审批制度改革的文件中，没有一个文件不提到"计划经济的产物"。几乎把什么弊端都归罪于计划经济。窃以为这是不公平的，它既不加分析地贬低了计划经济，又不加分析地贬低了行政审批制度的本质意义。计划经济、行政审批制度本身并不是坏东西。邓小平讲过："计划经济不等于社会主义，资本主义也有计划；市场经济不等于资本主义，社会主义也有市场。"① 同理，行政审批制度也不是社会主义的专利，资本主义也有行政审批制度。问题的实质是，"计划""审批"是否反映了客观规律，是否有利于社会生产力的发展，是否有利于社会主义现代化建设，是否有利于人民生活水平的提高，是否代表先进生产力、先进文化和人民的根本利益。在计划经济时代，行政审批制度在我国社会主义建设进程中无疑起了不可低估的作用，这是由我国的历史条件决定的。20 世纪五六十年代计划经济下的行政审批制度不是没有缺点，人们当时对行政审批制度的烦琐不是没有感觉，只是不那么强烈，原因是那时的确物资匮乏，人们的需求不很强烈，仅满足于填饱肚子的粗茶淡饭生活，生活根本谈不上"丰富多彩"，行政审批制度中的固有弊端并未显现出来。

历史车轮进入 20 世纪 80 年代，我国的工作中心转移到经济建设上来，市场化程度日益提升，双轨制推行，经济发生了巨变，人们的精神面貌也发生了巨变，公众对物质与精神的需求增强，为适应这种形势，我国的各种行政审批制度就如雨后春笋般出台，以规范人们的社会生活。可以这样说，哪一个领域出现了什么新事物，很快就会出台一套"规范"这个新事物运行的行政审批制度。某个地方建一条公路，造一座大桥，那里就会设立一个收费站，同时就会出台一个公路、桥梁过往收费审批制度。90年代，民办学校兴起，与其相适应就出台了一套民办学校管理办法。在中国大地上，从中央到地方，就产生了名目繁多的行政审批事项。这许许多多的行政审批事项，在我国市场化程度发育不完善，国家体制转轨的过程中，无疑起了积极的作用。但是，随着我国社会生产力、社会经济、社会文化教育科技的迅猛发展和经济全球化进程的加速，我国现有的行政审批制度的弊端越来越凸显，成为制约我国社会进步的绊脚石。

---

① 《邓小平文选》第 3 卷，人民出版社，1993，第 373 页。

（一）我国行政审批制度多而杂

从古至今，世界各国都有自己的行政审批制度，但像中国这样拥有种类繁多的行政审批制度恐怕是少有的。用多如牛毛形容我国审批制度之多，恐怕不为过。据笔者考察，某省为适应我国改革开放加入 WTO 的需要，从 2000 年 10 月至 2001 年 9 月，对省政府各部门的审批、核准、备案事项进行清理，在列为改革清理的 71 个部门和单位中，有 58 个部门共自查自报承担审批项目 3100 多项。经过认真审核，最后确定 57 个部门实有行政审批事项 2034 项。在这些审批事项中，有 40% 左右是依据国家法律、法规、规章设立的，35% 左右是依据国务院各部委文件设立的，10% 左右是依据地方性法规和规章设立的，15% 左右是依据省政府及其他部门文件设立的，少数是无依据的；收费性审批事项为 473 项，占 23.3%。现在（先后公布 6 次）公布取消、下放、转移了 890 项。请注意"890 项"，这不是一个小数字，这还只是有部分"下放""转移"，也就是说 890 项中有相当一部分只是权力下放，转移至另一个审批机关，真正取消的不是 890 项。我们还注意到在上述数字中 71 个部门和单位中只有 58 个部门自查自报了审批事项，其中 13 个部门自查清理没有审批项目，这 13 个部门真的没有审批项目吗？"少数"无依据的审批项目有多少？这些无依据的审批项目仅仅取消了事吗？其中有无违法行为？据笔者对我国统计数据误差之经验，不能不提出上述质疑。

（二）我国过多的审批制度造成的直接恶果是延误时间

（1）烦琐的审批使企业"出生难"。据有关资料，某市办一个有规模的企业，要经过几十个甚至上百个行政审批环节，需要几十甚至上百个图章。某市一家私营企业老板在自己新办的厂区内修一个小厕所，搭建一间临时工棚也需经过几个部门审批。某市筹建一个药厂项目，在立项过程中，审批手续盖了 100 多个章，这些公章涉及国家、省、市、区及其他单位 5 个层次，既需要中央批准，又需要基层审批；既有行政审批，又有非行政审批；上上下下几十个部门、单位，层层审批，大审批里套着中审批、小审批，审批过程中还有"体外循环审批"，如文物保护、白蚁防治、电信布线、城建规划等行业把关，其中只要一关卡壳，就无法立项，如此这般的马拉松式的审批，一件事办下来，往往要跑几个月甚至几年，大好商机就在无休止的审批过程中断送。[①]

（2）审批养一个系统（大系统中有子系统、各行各业自成系统），养一批官员、养一支队伍，同时成为腐败的重要源头。既然有"行政审批"这个行政管理手段，那么在任何行业就都存在审批工作，从中央到地方都必须设立一套管理审批的班子，这个班子有为审批签字的领导，有专管盖章的工作人员，有管理档案材料的工作人员，这是就审批机关而言；下级（即申请立项的单位）则必须有一班专门跑审批打通关节的人马。人们不难设想，在我国为行政审批设置的机构、人员究竟有多少。我们不妨作一个缩小了不知多少倍的假设，全国上上下下用于行政审批的工作人员为20万人，人均月薪（包含所有补贴）为1000元，那么，国家每月为行政审批付出的成本即为2亿元，这里尚不包括下级跑审批的人员的工薪、车马费等。可想而知，我国的行政成本有多高！

（3）臃肿的行政机构，庞大的行政审批系统成为腐败的温床。行政审批制度设置合理，运用得当，就会对社会发展起推动作用，反之就会起破坏作用。我国在20世纪五六十年代，有严格的审批制度，企事业单位要添置一套稍微像样一点的办公用具，要买一台照相机、打印机，都得经过上级主管部门批准，就连办公室领用一个保暖瓶、一叠办公用纸也得经科长批准。那时，审批过程中也存在熟人好办事的"关系学"，到主管部门申请相关项目，有熟人总是顺当些，但这基本上是种"信用"关系，不存在或极少有权钱交易，即审批与本部门的物质利益没有连起来。

（4）重审批，轻管理，是我国现实生活中许多祸乱之源。我国现今的行政审批制度主要是一种事前管理，事实上很多真正需要解决的问题都发生在审批之后。因为审批很简单，加之我国的行政管理机制落后，一些工作人员素质低，有的完全是外行审内行，把审批当成政府管理的唯一方式，重审批、轻管理，甚至以审代管，这是目前一些行业长期处于失控、

---

① 毛朝敏：《行政"审批"制度过多投资者望而却步》，《新华社内参》2001年5月30日，第21期。

无序运营状态的原因。

三 改革行政审批制度就是解放和发展生产力

据上论述，中国的行政审批制度到了非改革不可的地步。不改革，阻碍生产力前进的"路障"就不能清除；不改革，腐败分子就会借审批大权把公共财富变为个人财富，这就有可能把中国引向"其兴也勃焉，其亡也忽焉"的周期性怪圈；不改革，我国加入 WTO 所签署的文件就将成为一纸空文。邓小平说："经济体制，科技体制，这两方面的改革都是为了解放生产力。新的经济体制，应该是有利于技术进步的体制。新的科技体制，应该是有利于经济发展的体制。"① 改革就是解放生产力，毫无疑问，改革行政审批制度也就是解放和发展生产力，使之有利于经济和科技的发展。

（1）改革行政审批制度是加快建立和完善社会主义市场经济体制的紧迫要求，是上层建筑适应经济基础发展规律的客观要求。社会主义市场经济的根本特点是企业自主、市场自行调节、社会自我管理，市场主体依法从事各种社会活动，简而言之，市场经济是法治经济，而不是审批经济。而我国现有的许多行政审批制度恰恰违背了这个原则，有浓厚的人治色彩，所谓审批常常是因人裁量，有的根本无法可依，纯粹是人为设障。改革行政审批制度就是要把主要运用行政审批手段的管理方式切实转变为主要运用法律手段和经济手段来管理社会事务，把应由企业自主决定、市场自行调节、社会自我管理的事务交给企业、市场和社会中介组织，用另一种说法，叫作还权于基层，权力下放，重心下移，还利于民。

（2）改革行政审批制度是改善社会发展环境，适应 WTO 规则的迫切要求。我国已经加入 WTO，但我国的市场经济法律体制还很不完善，当务之急是按照与国际惯例接轨的要求，对现有的法律、法规和政策及其审批制度进行全面、系统的清理，凡与 WTO 规则不一致、相抵触的就要抓紧进行修改、调整甚至取消。必须明确，WTO 的基本原则就是透明、公

① 《邓小平文选》第3卷，人民出版社，1993，第108页。

开、开放、法制。而我们的某些法律、法规一到审批者手里，就会出现"灵活运用""看人裁量"等非规则行为，这恰恰是与 WTO 的规则背道而驰的。

（3）改革行政审批制度是从源头上治理腐败的重要措施。前已论述，行政审批制度被少数人钻了空子，借审批搞腐败，提高了行政成本和投资成本，这是国内外投资者所不欢迎的。然而从另一个角度讲，即从政治角度讲，又恰恰是西方敌对势力十分欢迎的。西方敌对势力一贯利用中国的腐败现象大做文章，歪曲、丑化中国共产党和政府的形象，以证明它们的理论。我们实行行政审批制度改革，既有适应世界潮流的需要一面，这是就经济市场化运作与 WTO 规则接轨，以及参与世界经济竞争以壮大中国而言的，又有逆西方敌对势力意愿的意义，这就是通过改革审批制度，调整利益机制，淡化审批权力、强化审批监督、加强审批后管理，还权于基层，还利于民，打掉腐败源头，使中国在成为世界大家庭一员的同时，仍保持中国的特色。以上这些，用最简洁的语言表述：改革行政审批制度是为了中国经济安全和中国的政治安全。一个经济上安全、政治上安全的国家必将迎来八方友朋，中国经济的发展将以更加稳健的步伐在历史的高速公路上飞奔。

　　　　　　　　　　本文作者为徐晓林，原刊发于

　　　　　　　　　《中国行政管理》2002 年第 6 期，

　　　　　　　　　　　　收入本书时有改动

中国共产党对人民代表大会制度的理论总结与创新

　　人民代表大会制度是中国共产党领导人民创建的、具有中国特色和适合中国国情的根本政治制度，是保证人民当家作主、行使国家权力的政权组织形式。半个世纪以来，人民代表大会制度在探索中前进，在发展中完善，经历了不平凡的历程，如今它已深深植根于中国大地，在国家政治生活中发挥着越来越重要的作用。在这一制度的发展历程中，中国共产党作为马克思主义政党，在引领人民进行实践探索的同时，善于从理论上探求民主政治和政权建设规律，并从对历史规律的认识和把握中找到未来前进的正确方向及道路与经验，不断开辟人民代表大会制度建设的新境界。以毛泽东同志为核心的党的第一代中央领导集体提出的我国人民代表大会制度的构想与设计，就是马克思主义国家学说与中国革命实践相结合的产物，是对巴黎公社政权建设原则和苏联的苏维埃制度的理论创新；以邓小平同志为主要代表的中国共产党人提出的坚持和完善人民代表大会制度的重要论述，是依据马克思主义政权建设理论和当代中国实践以及时代特征所做出的新判断，是对新中国成立以来革命和建设的历史经验和教训，尤其是"文化大革命"的沉痛教训的科学总结；以江泽民同志为主要代表的中国共产党人坚持以马列主义、毛泽东思想和邓小平理论为指导，不断总结人民代表大会制度建设的实践经验，对"什么是人民代表大会制度，怎样坚持和完善人民代表大会制度"从理论上做出了系统回答，进一步阐明了人民代表大会制度的本质，指明了人民代表大会制度建设的根本途径；以胡锦涛同志为主要代表的中国共产党人全面贯彻"三个代表"重要思想，明确提出了新时期人民代表大会制度建设的主要任务。这些理论总结与创新，从一个侧面反映了我们党对共产党执政规律、社会主义建设规律和人类社会发展规律的认识不断深化。本文择其要点，概述如下。

一 人民代表大会制度是以人民代表大会为基石、以民主集中制为组织原则构建的国家政权体系，是我国的根本政治制度

在中国实行人民代表大会制度而不是别的政治制度和模式是历史的选择，人民的意愿，治国安邦和人民当家作主的需要。以毛泽东同志为主要代表的中国共产党人，把马克思主义国家学说与中国实际相结合，对创建人民政权进行了卓有成效的探索和理论上的论述。毛泽东同志早在《新民主主义论》中就提出："中国现在可以采取全国人民代表大会、省人民代表大会、县人民代表大会、区人民代表大会直到乡人民代表大会的系统，并由各级代表大会选举政府。……这种制度即是民主集中制。"[1] 在抗日战争即将胜利，中国采取何种政权组织形式的问题提到日程上来的时候，毛泽东同志指出："新民主主义的政权组织，应该采取民主集中制，由各级人民代表大会决定大政方针，选举政府。它是民主的，又是集中的，就是说，在民主基础上的集中，在集中指导下的民主。只有这个制度，才既能表现广泛的民主，使各级人民代表大会有高度的权力；又能集中处理国事，使各级政府能集中地处理被各级人民代表大会所委托的一切事务，并保障人民的一切必要的民主活动。"[2] 这些思想为新中国成立后我国实行人民代表大会制度奠定了理论基础。1949 年 9 月，中国人民政治协商会议第一届全体会议通过了具有临时宪法性质的《中国人民政治协商会议共同纲领》，确立了人民代表大会制度为新中国的人民民主政权的组织形式。

[1] 《毛泽东选集》第 2 卷，人民出版社，1991，第 677 页。
[2] 《毛泽东选集》第 3 卷，人民出版社，1991，第 1057 页。

周恩来同志在《关于〈中国人民政治协商会议共同纲领〉草案的起草经过和特点》的报告中说："新民主主义的政权制度是民主集中制的人民代表大会的制度，它完全不同于旧民主的议会制度……从人民选举代表、召开人民代表大会、选举人民政府直到由人民政府在人民代表大会闭会期间行使国家政权的这一整个过程，都是行使国家政权的民主集中的过程，而行使国家政权的机关就是各级人民代表大会和各级人民政府。"① 1954 年 9 月第一届全国人民代表大会第一次会议的召开，标志着我国人民代表大会制度从地方到中央系统地建立起来了。刘少奇同志在这次会议上所作的《关于中华人民共和国宪法草案的报告》中指出："人民代表大会制既规定为国家的根本政治制度，一切重大问题就都应当经过人民代表大会讨论，并作出决定。全国性的重大问题，经过全国人民代表大会讨论和决定，在它闭会期间，经过它的常务委员会讨论和决定；地方性的重大问题经过地方人民代表大会讨论和决定。我国的人民代表大会就是这样能够对重大问题作出决定并能够监督其实施的国家权力机关。"② 人民代表大会制度既是我国的根本政治制度，又是我国人民民主专政的政权组织形式，这种"一体两面"的观点在 20 世纪 80 年代以来党的重要文献中得到了多次重申。1987 年党的十三大报告明确指出："人民代表大会制度是我国的根本政治制度。"③ 1991 年江泽民同志在全国"两会"党员负责人会议上的讲话中指出："人民代表大会制度体现了社会主义制度的优越性，体现了社会主义民主的广泛性。它是同我国人民民主专政的国家性质相适应的政权组织形式，是我们国家的根本政治制度。"④ 1999 年李鹏同志在接受《中国人大》编辑部记者的专访，阐述我国人大制度时说："人民代表大会制度有丰富的内涵。之所以用'人民代表大会'来给国家的根本政治制度命名，显然说明人民代表大会在这个制度中的地位和作用特别重要。所谓人民代表大会制度，就是以人民代表大会为基石构建的国家政权体系，

---

① 《周恩来选集》上卷，人民出版社，1980，第 369 页。
② 《刘少奇选集》下卷，人民出版社，1985，第 157 页。
③ 转引自全国人大常委会办公厅研究室编《人大及其常委会工作手册》，中国民主法制出版社，1998，第 318 页。
④ 《江泽民论有中国特色社会主义（专题摘编）》，中央文献出版社，2002，第 307 页。

它主要规定了人民代表大会同产生它的人民的关系，规定了人民代表大会同它产生的'一府两院'等其他国家机关的关系，规定了中国共产党同人民代表大会及其他国家机关的关系。选举制度是人民代表大会制度的基础。民主集中制是人民代表大会制度的组织原则。这三个'关系'、一个'基础'、一个'原则'，概括地反映了我国政治生活的全貌，集中地体现了国家的性质。一句话，人民代表大会制度是实现党的领导和人民当家作主的有效的政权组织形式。"[①]

二 建设社会主义民主政治，最重要的是坚持和完善人民代表大会制度

党的十一届三中全会以来，以邓小平同志为主要代表的中国共产党人认真总结新中国成立以来正反两方面的经验教训，特别是"文化大革命"的教训，在决定把全党全国工作的重点转移到社会主义现代化建设上来的同时，提出了发展社会主义民主、健全社会主义法制的任务。这次会议开启了改革开放和集中力量进行社会主义现代化建设的历史新时期，人民代表大会制度建设也进入了一个新的发展阶段。1981年党的十一届六中全会通过的《关于建国以来党的若干历史问题的决议》在总结"文化大革命"教训的基础上强调："必须根据民主集中制的原则加强各级国家机关的建设，使各级人民代表大会及其常设机构成为有权威的人民权力机关。"[②] 发展社会主义民主和健全社会主义法制已成为新时期社会主义建设的一个极为重要的指导思想和方针。20世纪90年代以来，以江泽民同志为主要代表的中国共产党人领导人民在建设中国特色社会主义新的伟大实践中，继续坚持、丰富和发展人民代表大会制度，不断推进人民民主的制度化、法制化进程。1990年江泽民同志进一步重申"发展社会主义民主政治，是我们始终不渝的奋斗目标"[③]，强调"建设社会主义民主政

---

① 刘政、程湘清：《坚持和完善人民代表大会制度》，《中国人大》1999年第18期。

② 《三中全会以来重要文献选编》（下），人民出版社，1982，第841页。

③ 《江泽民论有中国特色社会主义（专题摘编）》，中央文献出版社，2002，第303页。

治，最重要的是坚持和完善人民代表大会制度"①。1992 年党的十四大报告提出，要"进一步坚持和完善人民代表大会制度"。② 1997 年召开的党的十五大从"坚持党的领导和社会主义制度、实现人民民主"的高度，再次指出"坚持和完善人民代表大会制度"的极端重要性，并且把它作为建设中国特色社会主义政治的重要内容和基本目标写进了党在社会主义初级阶段的基本纲领，使之成为不可动摇的根本政治制度。③ 2002 年党的十六大报告明确提出："发展社会主义民主政治，建设社会主义政治文明，是全面建设小康社会的重要目标。""发展社会主义民主政治，最根本的是要把坚持党的领导、人民当家作主和依法治国有机统一起来。"④ 胡锦涛同志在党的十六届二中全会讲话中和中央政治局第八次集体学习时，明确把政治文明建设作为社会主义现代化建设的重要目标和重要任务，强调"坚持政治文明建设的正确方向……最根本的是要坚持党的领导、人民当家作主和依法治国的有机统一"。⑤ 而在"三个坚持"中，人民当家作主又是社会主义民主政治的本质要求，是社会主义政治文明的根本要求。党的十六大提出的"健全民主制度，丰富民主形式，扩大公民有序的政治参与，保证人民依法实行民主选举、民主决策、民主管理和民主监督，享有广泛的权利和自由，尊重和保障人权"⑥，不仅为实现和发展社会主义民主政治，建设社会主义政治文明提供了一条有效的途径，而且为新时期坚持和完善人民代表大会制度指明了方向。

三　推进政治体制改革，必须坚持实行人民代表大会制度

积极稳妥地推进政治体制改革，是我国社会主义政治制度自我完善和

---

① 《江泽民论有中国特色社会主义（专题摘编）》，中央文献出版社，2002，第 304 页。
② 《十四大以来重要文献选编》（上），人民出版社，1996，第 934 页。
③ 《江泽民论有中国特色社会主义（专题摘编）》，中央文献出版社，2002，第 308 页。
④ 江泽民：《全面建设小康社会　开创中国特色社会主义事业新局面——在中国共产党第十六次全国代表大会上的报告》，人民出版社，2002，第 31 页。
⑤ 《十六大以来重要文献选编》（上），中央文献出版社，2005，第 146 页。
⑥ 江泽民：《全面建设小康社会　开创中国特色社会主义事业新局面——在中国共产党第十六次全国代表大会上的报告》，人民出版社，2002，第 32 页。

发展的内在要求，也是我们党总结历史和现实经验做出的重要决策。邓小平同志曾经指出，党的十一届三中全会提出了一系列新的政策，"就国内政策而言，最重大的有两条，一条是政治上发展民主，一条是经济上进行改革，同时相应地进行社会其他领域的改革"。① 政治上发展民主，很重要的一条就是实行人民代表大会制度，更好地发挥这一制度所应有的功效。邓小平同志还在《旗帜鲜明地反对资产阶级自由化》一文中指出："我们讲民主，不能搬用资产阶级的民主，不能搞三权鼎立那一套。"② 他多次强调："我们实行的就是全国人民代表大会一院制，这最符合中国实际。如果政策正确，方向正确，这种体制益处很大，很有助于国家的兴旺发达，避免很多牵扯。"③ "这方面是我们的优势，我们要保持这个优势，保证社会主义的优越性。"④ 邓小平同志明确指出："在政治体制改革方面有一点可以肯定，就是我们要坚持实行人民代表大会的制度，而不是美国式的三权鼎立制度。"⑤ 1990 年党的十三届六中全会通过的《中共中央关于加强党同人民群众联系的决定》再次指出："人民代表大会制度是我国的根本政治制度。党要加强在人民代表大会中的工作，进一步发挥人大作为权力机关的作用，加强人大及其常委会的立法和监督职能。"⑥ 1991 年江泽民同志在庆祝中国共产党成立 70 周年大会上的讲话中强调："必须坚持和完善人民代表大会制度，不能搞西方那种议会制度。"⑦ 1992 年党的十四大报告指出："我们的政治体制改革，目标是建设有中国特色的社会主义民主政治，绝不是搞西方的多党制和议会制。"⑧ 1998 年江泽民同志的《在纪念党的十一届三中全会召开二十周年大会上的讲话》再次强调："我们进行的政治体制改革，就是在党的领导下，发展人民民主，健全国

① 《邓小平文选》第 3 卷，人民出版社，1993，第 116 页。
② 《邓小平文选》第 3 卷，人民出版社，1993，第 195 页。
③ 《邓小平文选》第 3 卷，人民出版社，1993，第 220 页。
④ 《邓小平文选》第 3 卷，人民出版社，1993，第 240 页。
⑤ 《邓小平文选》第 3 卷，人民出版社，1993，第 307 页。
⑥ 全国人大常委会办公厅研究室编《人大及其常委会工作手册》，中国民主法制出版社，1998，第 321 页。
⑦ 《江泽民论有中国特色社会主义（专题摘编）》，中央文献出版社，2002，第 298 页。
⑧ 《十四大以来重要文献选编》（上），人民出版社，1996，第 28 页。

家法制，改革政府机构，改革领导制度和干部制度，努力建设有中国特色社会主义民主政治。""人民代表大会制度和共产党领导的多党合作、政治协商制度以及民族区域自治制度，适合中国国情，鲜明地体现了有中国特色社会主义民主政治的本质和特点，具有自己的优势和强大生命力。任何时候都决不能动摇、削弱和丢掉这些制度，决不能照搬西方的政治制度模式。只有坚持和完善我国社会主义政治制度，才能始终保持国家统一、民族团结、社会稳定和经济发展。"①

四 依法治国、建设社会主义法治国家，对人民代表大会制度建设和国家权力的运行提出了新要求

发扬民主必须同加强法制有机结合起来。邓小平同志在总结历史经验的基础上，提出了使民主制度化、法律化的任务。这是我们党对社会主义建设规律性认识的深化。在我国社会主义现代化建设进入跨世纪发展的关键时期，特别是在确立了经济体制改革的目标是建立社会主义市场经济体制之后，党中央及时提出了依法治国的方针。1996 年 2 月，江泽民同志在中央举行的法制讲座结束时的讲话中，对此作了系统的阐述。随后，"依法治国，建设社会主义法治国家"的方针被载入了八届全国人大四次会议通过的《国民经济和社会发展"九五"计划和 2010 年远景目标纲要》。党的十五大总结我们党的历史经验特别是党的十一届三中全会以来治理国家的经验，提出了依法治国的基本方略和建设社会主义法治国家的重要任务，并从基本纲领的层面加以强调，这在中国共产党的发展史上还是第一次。1999 年 3 月九届全国人大二次会议把依法治国这一基本治国方略载入了根本大法。这是党中央根据邓小平民主法制思想，科学总结国内外政权建设经验特别是我们党执政经验而做出的重大战略决策，是党的领导方式和执政方式的重大转变与完善，对我国现代化建设的持续发展和国家的长治久安具有重大而深远的意义，同时也对坚持和完善人民代表大会制度、做好国家权力机关的各项工作，对国家行政机关依法行政和司法机关公正

---

① 《江泽民论有中国特色社会主义（专题摘编）》，中央文献出版社，2002，第 302、301 页。

司法等提出了新的要求，注入了强大的推动力。

五 坚持和完善人民代表大会制度，核心是保证人大及其常委会依法履行职能，更好地发挥人大代表的作用

党的十一届三中全会以来，我国人民代表大会制度得到了进一步完善，各级人大及其常委会在党的领导下，认真履行宪法和法律赋予的职责，立法、监督等各项工作取得了很大进展。这20多年是人大工作自新中国成立以来最好的时期之一。① 我们党及时总结人民代表大会制度实践探索的经验，指明未来发展的路径，提出新的要求。党的十三大报告指出："近年来，各级人大的工作取得了很大进展，今后应继续完善人大及其常委会的各项职能，加强立法工作和法律监督。要进一步密切各级人大与群众的联系，使人大能够更好地代表人民，并受到人民的监督。"② 1990年，江泽民同志指出："人大及其常委会要以党的基本路线为指导，认真履行宪法赋予的各项职责，把加强社会主义民主和法制建设作为自己的中心任务。"③ 1991年，江泽民同志在庆祝中国共产党成立七十周年大会上的讲话中重申："要进一步坚持和完善人民代表大会的各项制度，加强人民代表大会的立法工作、法律监督和工作监督。"④ 党的十四大报告强调："进一步完善人民代表大会制度，加强人民代表大会及其常委会的立法和监督等职能，更好地发挥人民代表的作用。"⑤ 党的十五大报告指出："保证人民代表大会及其常委会依法履行国家权力机关的职能，加强立法和监督工作，密切人民代表同人民的联系。要把改革和发展的重大决策同立法结合起来。逐步形成深入了解民情、充分反映民意、广泛集中民智的决策机制，推进决策科学化、民主化，提高决策水平和工

---

① 刘政：《我国人民代表大会制度的特点及其历史发展》，载全国人大常委会办公厅研究室编《全国人大常委会法制讲座汇编》第1辑，中国民主法制出版社，1999，第80页。
② 《十三大以来重要文献选编》（上），人民出版社，1991，第44页。
③ 《十三大以来重要文献选编》（中），人民出版社，1991，第944页。
④ 《江泽民论有中国特色社会主义（专题摘编）》，中央文献出版社，2002，第307页。
⑤ 《十四大以来重要文献选编》（上），人民出版社，1996，第28页。

作效率。"① 党的十六大报告再次强调："坚持和完善人民代表大会制度，保证人民代表大会及其常委会依法履行职能，保证立法和决策更好地体现人民的意志。"② 由此可见，保证人民代表大会及其常委会依法履行职能，发挥人大代表和国家权力机关的作用，是现阶段人民代表大会制度完善和发展的中心环节。

六　加强和改善党的领导，是发挥国家权力机关作用的根本保证

"建设有中国特色的社会主义，关键是加强和改善共产党的领导"③，"改革和完善党的领导方式和执政方式。这对于推进社会主义民主政治建设，具有全局性作用"④。我们党历来以实现和发展人民民主为己任。党的重要文献和江泽民同志等中央领导多次强调："加强党的领导同发挥国家权力机关的作用是一致的。党对国家政治生活的领导，最本质的内容就是组织和支持人民当家做主。我国人民代表大会制度，是党领导的人民民主制度。只有在党的领导下，才能充分发挥人民代表大会制度的作用；而人民代表大会制度的加强和完善，可以更好地实现党的领导。党领导人民建立了国家政权，党还要领导和支持政权机关充分发挥职能，实现人民的意志。"⑤ "共产党执政，就是领导和支持人民掌握和行使管理国家的权力，实行民主选举、民主决策、民主管理、民主监督，保证人民依法享有广泛的权利和自由，尊重和保护人权。"⑥ 党的十六大报告指出，要"进一步改革和完善党的工作机构和工作机制。按照党总揽全局、协调各方的原则，规范党委与人大、政府、政协以及人民团体的关系，支持人大依法

---

① 《江泽民论有中国特色社会主义（专题摘编）》，中央文献出版社，2002，第308页。
② 江泽民：《全面建设小康社会 开创中国特色社会主义事业新局面——在中国共产党第十六次全国代表大会上的报告》，人民出版社，2002，第32页。
③ 《江泽民论有中国特色社会主义（专题摘编）》，中央文献出版社，2002，第307页。
④ 江泽民：《全面建设小康社会 开创中国特色社会主义事业新局面——在中国共产党第十六次全国代表大会上的报告》，人民出版社，2002，第34页。
⑤ 《十三大以来重要文献选编》（中），人民出版社，1991，第942～943页。
⑥ 《江泽民论有中国特色社会主义（专题摘编）》，中央文献出版社，2002，第301～302页。

履行国家权力机关的职能，经过法定程序，使党的主张成为国家意志，使党组织推荐的人选成为国家政权机关的领导人员，并对他们进行监督；支持政府履行法定职能，依法行政……"① 党的十六大报告还专门论述"加强和改进党的建设"问题，强调"必须增强法制观念，善于把坚持党的领导、人民当家作主和依法治国统一起来，不断提高依法执政的能力"。② 以上这些重要论述对全面推进党的建设新的伟大工程和人民代表大会制度建设都具有重要指导意义。

此外，我们党对组成人民代表大会制度的具体制度，如选举制度、代表制度、组织制度、工作制度、议事制度等在理论上作了许多阐述和创新，限于篇幅，在此不再赘述。梳理党对人民代表大会制度的理论总结与创新，有助于我们把握人民代表大会制度建设的规律，逐步建立起科学的理论体系，进而为这一制度的不断健全与完善、改革与发展提供理论支撑。

人民代表大会制度建设实践是一个渐进的历史过程。这一制度的建立和运行虽然有半个世纪的历程，但它仍很年轻，仍然存在一些不足，需要在现代化建设过程中与时俱进、不断创新，需要随着实践的深入而不断深化对客观规律的认识，用新的理论指导新的实践。我国已进入全面建设小康社会、加快推进社会主义现代化的新的发展阶段，放眼世界，展望未来，人民代表大会制度建设任重而道远。我们要积极探索，勇于实践，让人民代表大会制度保持强大的生命力、发挥更大的功效。

本文作者为徐晓林、王亚平，原刊发于

《政治学研究》2003 年第 4 期，

收入本书时有改动

---

① 江泽民：《全面建设小康社会 开创中国特色社会主义事业新局面——在中国共产党第十六次全国代表大会上的报告》，人民出版社，2002，第 34 页。

② 江泽民：《全面建设小康社会 开创中国特色社会主义事业新局面——在中国共产党第十六次全国代表大会上的报告》，人民出版社，2002，第 51 页。

中央政府核心职能的理论逻辑

政府职能是一个学者们熟知，却似乎一直没有弄清楚的研究主题。以至于"在我们这个时代，无论是政治科学中还是在实际政治中，争论最多的一个问题都是政府的职能和作用的适当界限在哪里"①。在学术研究中，中央政府职能问题往往以"全国性政府"、"国家政府"或"民族政府"的概念形式置于国家学说、政府学说以及历史学说等诸多领域之中，或以"政府职能"概念加以统称又或者直接为"国家"之名所替代而被遮蔽，对中央政府职能的专门研究较少。而中央政府职能定位的明晰化直接决定着地方政府职能转变的方向、进程、边界与效果，进而决定着整个行政体制改革的进程乃至成败。对中央政府的核心职能进行一般化的理论解析，对理论界与实务界而言似乎都有着现实需求，也可能会给政府职能转变与定位问题以新的启发。我们拟提出这一问题，请学界批评指正。

一 基于结构性分析的核心职能发现逻辑

概念是对现实的指称，它表征着我们对实践的理解程度。对政府职能概念内涵的界定是对政府职能内容理解的逻辑表征，进而影响着我们对政府职能的划分方式。总体来看，目前学界一般将政府职能定义为政府的职责与功能。相应地，依照职责层次与功能领域对政府职能构成进行划分。

---

① 〔英〕约翰·穆勒：《政治经济学原理及其在社会哲学上的若干应用》下卷，赵荣潜等译，商务印书馆，1997，第 336 页。

如以国家属性为依据划分的二元基本职能，即政治职能与社会职能；以政府行为领域划分的诸种具体职能，即政治职能、经济职能、文化职能、社会职能等，以及对外防卫、对内统治职能；以公共产品（事务）提供范围划分的职能，即中央职能、地方职能和基层政府职能等；以政府行为过程进行划分的职能，即决策职能、组织职能、协调职能等。其中，除以国家属性为依据的划分的基本职能外，其他划分模式又更多地表述为基本职能的细化，或曰具体职能。理论研究的缺陷可以从对政府职能概念的定义中来发现，它们都没有回答政府的核心职能是什么，无法解释在一个历史周期内或者政治体制下，不断的职能调整与政府改革后为什么政权与社会能保持总体的稳定。

但我们也可以发现，基本职能—具体职能的划分模式更多地属于"显功能"划分，即它们都可以找到具体对应的作用领域。然而，逻辑上讲，显性职能必然对应着隐性职能，而且，政府具体职能的变动如果没有引起社会失控与政府崩溃，那么这种职能必然是一种外围或者边缘的存在，政府必然有某种核心职能来维系自身的治理结构与治理的有效性。现实地看，在公共需求的满足方式上，从完全的市场化到单一的政府提供之间，存在私有化、志愿服务、凭单、合伙、特许、拨款、承包、政府间合作等多元模式。[1] 这些模式从政府主导到政府与社会、政府与市场合作，再到市场主导、政府监管，实际上也说明了政府职能在这个链条之中由内核到外围的差序性排列。因而，我们倡导用核心—外围的模式对政府职能进行解剖。那么核心职能是否存在呢？

此时，我们还无法确切地定义核心职能是什么，但是，我们可以发现，核心职能是在一定的政治与社会发展阶段具有较强稳定性的职能形式。这种职能与"可选择的职能"不同，它是一种"必要的职能"和不可舍弃的职能。因而，可以说，核心职能是政府最低限度的职能的体现。虽然，在不同的社会系统以及社会发展阶段，政府职能结构以及职能重心存在生态性差异。然而，无论是政府职能的适应性转变还是前瞻性定位，

---

① 参见〔美〕格罗弗·斯塔林《公共部门管理》，陈宪等译，上海译文出版社，2003，第100～101页。

都必然围绕着一个中心或职能中轴来进行。也就是说，政府职能的螺旋式演变是围绕着某一核心职能展开的，通过外围或者边缘职能结构调适的量变来保障核心职能的质的稳定性以及有效性。只有核心职能具有稳定性，才能保证来自国家与社会的要求被持续性地回应。同时，也只有如此，才能认清政府职能变动的应然逻辑，以及政府职能的变与不变的选择。

核心—外围的划分模式是一种中轴探讨的模式。政府职能的具体形式是多样的，国家要保证总体的稳定性，实现政治与社会的方向性要求，就必然需要一个贯穿各个领域、各个层级职能的核心职能来发挥轴心作用。相较于外围职能，核心职能具有更强的时空延展性、稳定性，即在一个政治体制下，它不会因文化和地域环境的变化而有所变更。此外，核心职能具有非直观性、内在性特征，各具体职能在作用领域与功能实现上都是相互嵌套的，这种嵌套不是以直观的物理现实的方式体现出来，而是通过一种内在的核心职能进行整合。其辐射与外显即为不同领域的具体职能。相异的是形，相同的自然是质。然而，外围职能的扰动与变化对其影响以叠加的方式递阶上升，在量变与质变规律下，核心职能的变化以国家革命或改革的方式历史地进行着。

二 基于公共利益的核心职能寻找逻辑

如果按照核心—外围的模式进行职能分析，那么政府职能原有的概念解释力就受到了挑战。我们必须对政府职能的内在含义进行扩展性重释，以理论上的完善来发现分析的着力点。政府职能不是或者不仅是一种简单的回应性功能实体，而是具有方向性的价值结构的现实体现，即政府的职能结构必然体现其内生于政治与社会的价值结构。而在价值诉求引导下的政府职能就必须确定一种目标模式，以与价值目标相适应。同时，作为一种需求—供给结构，政府职能不仅要满足未来价值诉求，还需要满足当下价值需求，即产生了政府职能的现实结构安排。此外，政府职能作为一种制度安排，必然需要实施机制的支撑，并将之作为概念与行为结构的内在。因而，在确定政府职能的现实结构与目标模式之间的战略关联的同时，还需要确定实现目标模式与现实需求的工具集合以及各种工具候选项的优先次序。实际上，在一般管理职能理论之中，如法约尔的五职能论、古立克的七职能说等都包含了具体职责与实现机制的结合。至此，我们发现，政府职能是为什么做（价值诉求）、应该做什么（目标模式）、能够做什么（现实结构）、如何做（实施机制）的统一。概言之，政府职能是价值诉求、目标模式与现实结构、实现机制的统一体。因而，我们认为政府职能是为了满足某种价值诉求和现实需求，在职责和功能方面所进行的目标模式、现实结构与实施机制的安排。

在我们对政府职能概念的重释中，对其内在价值给予了优先性考量。这些价值表达的是善的优先性，也就是说，这些"善"值得一定的集体去追求。① 虽然，政府价值诉求存在不同政治体制与社会发展阶段上的价值重心与价值排序、价值构成的差异，而且其变动存在累加性，但是，这种累加不是一种线性的逻辑叠加，而是以某一轴线为中心的螺旋式累加。而价值的这一变动恰恰反映了对某一终极价值不懈追求的过程。换言之，无论是价值的时间差异还是空间差异，必然都存在一种终极价值作为元价值规范。在确立一种元价值之后随着生态的变化调整具体价值，而终极价值作为中轴不会发生根本变化。在某一历史阶段上的价值定位有着工具性的中介意义，它们都在终极价值的规范下被审视和选择。这种元价值规范或者价值中轴，就政府而言就是公共利益。政府职能的变更便是围绕着什么是公共利益以及如何实现公共利益这一价值中轴而进行的。用公共利益而不是经济效率来确定政府的职责，是政府职能考察标准的真正回归。

政治的发展必须服膺于社会，政府职能的价值、目标、结构以及实现方式的选择都是由社会而生，依社会而设的。因而，其核心职能必然产生于社会之中，而不能置于政治的、经济的等要求的狭窄领域中去考察。对核心职能的探寻也必须从整体的、总体的社会视野中进行。因而，可以说，政府不是为了国家而是为了社会而存在的。正是在这个意义上讲，政府的存在是为了使社会主体不致在无谓的斗争中把自己和社会消灭，而将

---

① 〔德〕尤尔根·哈贝马斯：《包容他者》，曹卫东译，上海人民出版社，2002，第66页。

其冲突保持在"秩序"的范围内。① 在一个政治体制或社会发展阶段中，执政者都有其核心价值，并反映在其政府职能中。这些价值宣示，无论是作为践行的宗旨还是作为符号化的意识形态工具，都最终必须以公共利益为名或根本旨归，作为共同的价值期待来表达。也正是在公共利益这一价值的观照下，诸多现实的实用性的价值选择才有了合理性，成为执政者的辩护词。因而，公共利益作为政府存续的价值皈依，亦是政府职能界定的核心价值标准。虽然在不同的历史时期，对于何为公共利益、谁之公共利益的问题存在争论。然而，无论是真实还是伪善的，政府作为公共利益实现者的主体性质却从未发生变化。只是在对民主政治的追寻之中，理性旗帜的高扬使得政府的存续就其价值指向——具有公共性的公共利益——而言成为人类社会的一种理性诉求。

在需求与供给相对应的职能定位逻辑下，围绕着公共利益这一价值中轴，政府职能必然也存在一个职能中轴，即核心职能。具体职能量变影响下的核心职能的变化，本质上是对其公共利益真实性的不断追求，而非以公共利益为核心职能的价值要求的变化。正是在这个意义上，我们才可以理解为什么社会会不断地要求政府进行改革，才能解释为什么会发生革命，以至于人们会抛弃对王权与教权的崇奉，亲自缔约去组建政府以满足公共利益的要求。当前，有学者将政府的核心职能定位为实现公共利益，或者提供公共产品、公共服务，我们认为，这是混淆了政府的核心职能与政府的核心价值及其实现方式之间的差别。同时，我们主张区分政府职能与职能目标的差异。比如，为所有公民提供生存、稳定的保障以及经济的和社会的福利，是现代世界中绝大多数政府的最高目标。但是，这些目标的实现又有自由放任、政府统制、社会主义与福利国家四种政治体制形式。② 在每一种体制下又都有着不同的政府职能定位方式。我们认为，在核心职能的逻辑下，政府的职能目标有效实施的显性结果是社会的秩序化，这也是公共利益这一核心价值实现的社会表征。然而，这一核心职能如何识别呢？这需要从核心价值诉求——公共利益——的实现如何可能这

① 《马克思恩格斯选集》第4卷，人民出版社，1995，第170页。

② 〔美〕迈克尔·罗斯金等：《政治科学》，林震等译，华夏出版社，2001，第39~41页。

一问题上去寻找答案。

三 基于强公共性的中央政府主体逻辑

当我们要回答公共利益如何实现这一问题的时候，首先要回答的是：谁来实现？而这一问题就过渡到了主体行为的公共性问题。不论社会主体通过自由竞逐的方式实现公共利益，还是通过协商对话的方式生产公共利益，其公共性在目的、过程及结果层面都有着"强"与"弱"之分。如果说公共性所表达的是一种共有、共享的状态，那么，强公共性则是指这种状态的相对最大化。① 而要实现社会总体的、真实的公共利益，就需要一个具有结构性优势的"强公共性"的主体，使它可以作为核心职能的组织载体来统整不同地区、不同层级和不同部门的具体或外围职能，整合不同的社会治理机制。进而，中央政府的意义就被逻辑地发现了。

在组织机构的意义上，中央政府不会因为地方行政区划的变动而消失。无论是在酋邦时代还是帝国时代以及民族国家乃至世界国家时期，都无法拒绝中央政府或类似于中央政府的某一核心管理实体的存在，只是被冠以不同称谓。同时，政府的属性决定着政府的职能属性。中央政府作为历史性公共存在物，在工具性的意义上，它代表着那个时代的公共性，或者代表着那个时代的统治阶级认可的公共利益。在阶级社会它是阶级成员共有共用的，是有限的公共性，用现在的观点来看，是虚假的公共性。只有政治与宗教的"联姻"被斩断以后，现代意义上的中央政府才以世俗社会公共代表的身份出现，而民主的追求则使中央政府日益成为"公意"的执行主体而有了身份自觉和功能自主性。因而，中央政府是伴随我们生活世界的一个公共性存在物。然而，"在生活世界中国家欲实现自身的公共权力，必须通过政府这个中介环节，否则国家的公共性就只能成为一种抽

---

① 我们为了避开公共性、公共理性"是"与"非"的争论，拟采用"强"与"弱"的表达方式，以包容性的态度对待局部的、群体的公共性。"强公共性"的概念由博曼提出，它强调对话协商的普遍性。他认为，在任何情况下，公共性都是有程度的；任何民主机制都要求强公共性以使决策具有合法性。参见〔美〕詹姆斯·博曼《公共协商：多元主义、复杂性与民主》，黄相怀译，中央编译出版社，2006，第33~41页。

象的虚设"。① 中央政府以全国性法律建构的方式渗入公民的日常生活世界。将自己的影响力遍布社会生活的各个领域。尤其是现代信息技术的运用，也使中央政府的干预成为无处不在的现实。换言之，中央政府的公共性在空间和时间范畴得到了强化。

在民族国家产生以后，中央政府的行政控制范围开始与其领土边界对应起来②，这使中央政府可以从公民身份的角度界定其所有权，其公共性也就超越了身份的界限与地域范围的公共性。如果说地方政府具有行政区划限制的居民所属的地域局限，社会组织亦有其身份要求或利益边界，其公共性都具有"小型化"或局部性的"弱公共性"特征，那么中央政府生产的则具有全国性的"强公共性"。换言之，它是一个民族国家公民的共有物，对于民族国家内部的公民而言，其既是共有的，又是共用、共享的，是全体公民的"公共信托人"。从而区别于那些围绕于我们身边的"街头官僚"以及偶尔祈求的"父母官"。中央政府作为一个独立的实体，"它的存在是法律意义上的，代表整个群体的利益，管理公共领域"。③ 通过维护公民的法律权利，实现着建制化的公共性。④ 这种建制化的公共性被以全国性法律的方式定义，因而具有"强公共性"的意义。借用沃尔泽的话说，"它警戒着每一种社会善在其中得以分配和配置的领域的边界"。⑤ 在实然的意义上，中央政府代表国家权力，形成在场的公共性存在，履行其实现公共善的职责。它以战略性的视角协调不同的、局部的利益，实现总体上的公共性在空间范围内以及时间周期内的统整。而核

---

① 曹鹏飞：《公共性理论研究》，党建读物出版社，2006，第190～191页。

② 参见〔英〕安东尼·吉登斯《民族—国家与暴力》，胡宗泽译，生活·读书·新知三联书店，1998，第20页。

③ 〔意〕加埃塔诺·莫斯卡：《政治科学要义》，任军锋等译，上海人民出版社，2005，第215页。

④ 哈贝马斯将公共领域的协商与政治制度内的协商界定为非正式协商与正式协商。与社会公共领域通过协商进行的自发的公共性生产不同，协商产生的公共舆论的政治影响只有通过建制化的协商程序才能转变成政治权力。参见〔德〕哈贝马斯《在事实与规范之间：关于法律和民主法治国的商谈理论》，童世骏译，生活·读书·新知三联书店，2003，第449页。但协商过程因主体参与范围的限制，它所涵涉的公共利益也是有限的，因而，其公共性也是"弱"的。

⑤ 〔美〕迈克尔·沃尔泽：《正义诸领域：为多元主义与平等一辩》，褚松燕译，译林出版社，2002，第377页。

心职能也是贯穿于社会系统内的不同治理主体与不同的政府职能形式之中的，这就实现了核心职能的现实需求与中央政府强公共性特征之间的耦合。

同时，中央政府作为社会次生系统普遍性地存在着。从中央政府的角度看，地方政府组织、非政府组织、市场、伦理道德等都是作为公共治理的机制而存在的，而任何机制的过度扩张都存在失灵或者价值扭曲的可能。中央政府以"元治理"的身份对其他社会治理机制履行应对其失灵或者监管其运行有效性的职责。因为，"那些为航船掌舵的人对目的地影响的力量远比那些划桨的人要大得多"。① 中央政府具有这种整体公共性视野，它更能超脱于地方性公共意识，照顾全体公民共同的利益。与地方政府由于区域社会经济文化差异而导致的职能定位差异性不同，中央政府对于职能定位的时间与空间把握更具有宏观性，职能选择自然较地方政府的具体性而需要更强的战略性、抽象性。中央政府通过建立核心价值指向与现实结构之间的关联，统摄多层级、多领域的价值，避免地方政府、社会组织、媒体舆论等公共性的偏离，保证多元权力的公共性运用，促进公共利益的实现。

四　基于理性要求的核心职能选择逻辑

当我们发现了中央政府的核心职能必然存在，并且以公共利益为价值指向及其对具有强公共性特征的中央政府的特殊需要的时候，我们的问题就转化为如何通过作为"强公共性"存在的中央政府实现公共利益，或者说它的核心职能是什么？

自政治社会确立以来，理性的要求及其对理性的公民精神的要求一直是政治发展的主题之一。不论政治的历史如何演进，革命还是改革，在关乎公共事务问题上，主体间丛林式的解决方式被"利维坦"的期望以及"社会契约"的方式所替代。然而，即使理性的启蒙使个体走出自我招致

---

① 〔美〕戴维·奥斯本、特德·盖布勒：《改革政府：企业家精神如何改革着公营部门》，上海市政协编译组、东方编译所译，上海译文出版社，1996，第7~8页。

的不成熟状态，却仍无法使人类社会摆脱无序化的局面。因为，"自愿性的力量或者市场力量不会导致一个对社会总体来说是有效的科斯谈判或者社会契约"。① 换言之，经济理性或私利主导的个体理性行为可能塑造非理性的社会。理性的社会和理性的国家是启蒙主义者和空想社会主义者的共同理想。② 但"真正的理性和正义至今还没有统治世界，这只是因为它们没有被人们正确地认识"。③ 以欲望为中心的经济理性将启蒙学者所倡导的理性修改得面目全非。"由'理性的胜利'建立起来的社会制度和政治制度竟是一幅令人极度失望的讽刺画。"④ 如果说社会生产关系的限制决定了其理性形式，那么，这种不成熟的理性反过来又会以自我强化的方式阻碍生产关系的真正变革。理性的自我反思功能在个体主义理性的强化之中并行生长着。异化了的理性在受到尼采、叔本华等反理性主义者的嘲讽与反抗的同时，也逐渐遭到后现代主义的解构，大众亦开始反叛，碎片化的社会理性结构已被作为合理的多元而接受。

　　理性不仅仅是人区别于动物的特征或一种逻辑能力，也不应仅仅从工具意义上来定义它，其还是一种道德能力的要求。⑤ 社会的不同场域都遵循着自身的运行逻辑，有着自身的理性内在，并以不同的方式发挥着作用。⑥ 而政府职能在功能性对应的意义上也同样需要遵循这一理性要求。换句话说，政府的各种外围职能或说具体职能本身也有着不同的理性标准。但是，秩序良好的社会不论是作为一种共同体，还是一种联合体，又或是一种公平合作系统，都需要一种超越于主体自我的理性精神。各种理性形式都需要一种总体的理性形式加以引导、规约与统整，以保证其运作的公共性以及诸种理性形式之间的功能耦合，使社会在秩序的状态下通向

---

① 〔美〕曼瑟·奥尔森：《权力与繁荣》，苏长和、嵇飞译，上海人民出版社，2005，第69页。

② 《马克思恩格斯选集》第3卷，人民出版社，1995，第721页。

③ 《马克思恩格斯选集》第3卷，人民出版社，1995，第722页。

④ 《马克思恩格斯选集》第3卷，人民出版社，1995，第607页。

⑤ 例如，罗尔斯就认为，政治社会的理性，是一种根植于其成员能力的理智能力和道德能力。参见〔美〕约翰·罗尔斯《政治自由主义》，万俊人译，译林出版社，2002，第225页。

⑥ 例如在桑塔亚纳"理性的生活"文丛中，就包含了宗教、社会、常识、艺术、科学等多个领域中的理性问题。

公共利益。这就产生了以公共利益这一核心价值为皈依的道德品质——公共理性的社会需求。

良好的社会治理或曰善治是使公共利益最大化的过程①，其本质是基于公共理性的社会合作治理。善治的实现就需要政府进行公共理性的供给与维护，使公民或社会治理主体以主体间的意识、以公共善为旨归实现公共生活的有序合作。只是，公共理性的价值依据在不同的时代有其自身的理论与实践逻辑。我们必须站在当时的历史条件下来看待其公共理性的内在。因而，公共理性的供给与维护虽然是不同政治制度或者社会发展阶段下政府实现其公共利益和社会秩序的职能之基，但是，其价值内在却并非具有真正的公共性。仅仅是到了民主政治社会之后，或者在民主政治的政治诉求下，政府才逐渐承担起了以实现公共利益这一核心价值诉求的公共性真实的职责。换言之，政府存在的主要目的或其核心职能是以理性的方式维护社会成员理性之公用，以保证社会公共生活的公共利益属性，实现社会秩序化。因而，现代政府所具备的伦理德性亦须是一种基于公共善的公共理性。

在主体意义上，公共理性是对公民身份道德能力的内在要求。只有具备公共理性的主体，才能走出自我异化，摆脱自我的物化奴役。它使人或行动主体确立自身的真正主体性，使人类社会摆脱因欲望而招致的混乱状态；在过程的意义上，公共理性不仅是对单个人的要求，也是对政府、社会组织等集体的期望。② 只有在公共理性的前提下，主体才能实现开放、包容的对话协商、合作共治，实现自主、自觉地有序社会合作。社会交往主体才会真正"以其自由及其全部的力量共同置于公意的最高指导下，并

---

① 参见俞可平主编《治理与善治》，社会科学文献出版社，2000，第5~6页。
② 因而，也就不同于罗尔斯基于自由主义的个体分析逻辑，而将公共理性界定为"那些共享平等公民身份的人的理性"。参见〔美〕约翰·罗尔斯《政治自由主义》，万俊人译，译林出版社，2002，第225页。进而，我们也就赞同博曼等对罗尔斯等将公共理性单一化的批评。博曼认为，公共理性是"多元的"而不是"单一的"，为了防止多数人暴政，"真正的多元公共理性概念拒绝解决合理道德妥协——解决多元民主中普遍冲突所必需的——的单一'公共立场'"。参见〔美〕詹姆斯·博曼《公共协商：多元主义、复杂性与民主》，黄相怀译，中央编译出版社，2006，第66~67页。

且在共同体中接纳每一个成员作为全体之不可分割的一部分"。① 而在结果的意义上，公共理性也强调将社会总体的公共理性化这一目标追求作为一种社会状态的理想模式。在这个意义上，公共理性可以用理性的社会来指称。公共理性的社会是人与人、人与自然之间和谐共生的社会，它表征着人类走出了自身的危机，每个人的自由发展成为他人自由发展的条件，并且再生产着全面自由发展的公共理性的主体。因而，我们所指的公共理性是对道德的人与道德的社会的要求。

公共理性历史的发生发展，其内容与实质在不同社会、不同历史时期也存在差异。而这种差异需要中央政府依据其产生的公共性基础与公共性指向来认识、界定和选择。同时，公共理性是多元的，它们彼此相互重叠。多元的公共理性处于宪法层面、具体的法律层面以及操作性规范层面等不同的法律规范的引导之下，以一种不同的道德要求以及利益要求而存在。同时，又在不同地区、群体或者阶层之间内生性地存在着。总体的公共理性往往是包容性的强公共性要求下的公共理性。社会范围内多元的公共理性与全国性行政机构——中央政府所主张的公共理性在层次上是不同的。因而，在寻求总体的公共理性的时候，中央政府的地位就凸显出来了。这也是强调中央政府强公共性的原因之一。此时，我们也可以对中央政府的核心职能做出一个基本的界定，即在公共利益的价值要求下，对社会公共理性的维护。

五　基于公共理性的核心职能实现逻辑

既然核心职能以核心价值为首要对应物，那么，中央政府职能首先即在于宣示这一价值。公共利益虽然作为核心价值存在已被确认，但是，公共利益的具体内容却在不同的社会发展阶段，不同的政治、经济与文化环境下有着不同的界定。社会"承认的善"是变动的，"人们按照自己的物质生产率建立相应的社会关系，正是这些人又按照自己的社会关系创造了

---

① 〔法〕卢梭:《社会契约论》,何兆武译,商务印书馆,1980,第24~25页。

相应的原理、观念和范畴"。① 而且，公共利益的价值表达有时未免过于抽象，只有寻找、树立来源于社会现实需求的共同善，才能激发公民的认同。在政治与行政的功能连续统一体上，中央政府无疑处于关节点的位置。在核心价值的旨归之下，中央政府承担着整合政治价值与社会价值，以及传统伦理与现代价值、社会发展价值诉求的职责。在社会治理结构的金字塔中，处于顶端位置的中央政府，作为一种声誉载体和庇护者，"对能够体现社会总体价值的社会资本给予肯定，宣传和维护"。② 对于公民而言，中央政府与日常生活的"距离效应"产生的象征性意义更为重要。中央政府行为具有价值倡导性功能，其社会象征意义与示范效应更影响着地方政府与其他社会主体理性观念的确立与行为模式的选择。

在主体的意义上，公共理性指的是一种能力，而公共领域是公共理性得以产生、重塑和发挥功能的空间和载体。作为一个共有的世界，公共领域可以说把我们聚在一起，又防止我们彼此竞争。③ 在公共领域之中交往主体之公共理性精神是实现社会秩序化与公共利益最大化的前提所在。公共理性也存在于经济的、政治的与社会的多元公共领域之中。而中央政府所统辖的本身就是一个最大的公共领域。因而，要实现在个体与社会层面总体的公共理性，中央政府必须利用自身的权力结构优势和权力总量优势，搭建一种开放、平等、包容的公共空间。使理性的主体在交往与协商中生产公共理性的社会成为可能。

只是，"理性有着不同的形式。数学家的理性就不完全相等于从事社会科学研究的人的理性，然而，它们之间毕竟存在着某种相同的东西：对批评思维的要求，对智力推理方法的信任，在作判断之前，必定要对对象有努力的理解；这同样需要彻底放弃建立在别人否决基础上的行为、狂热的投入、盲信、偏执"。④ 亦如罗尔斯所说，"所有推理方式——无论是个体的、社团的，还是政治的——都必须承认某些共同的因素：判断的概

① 《马克思恩格斯选集》第 1 卷，人民出版社，1995，第 142 页。

② 李惠斌、杨雪冬主编《社会资本与社会发展》，社会科学文献出版社，2000，第 41 页。

③ 〔美〕汉娜·阿伦特：《人的条件》，竺乾威等译，上海人民出版社，1999，第 40 页。

④ 〔法〕让·皮埃尔·韦尔南：《神话与政治之间》，余中先译，生活·读书·新知三联书店，2005，第 613 页。

念、推理的原则，以及证据规则，等等；否则，它们就不是推理的方式，或许只是雄辩或说服的手段"。① 为了使公共理性的主体实现有序的交往与合作，除了有共同的核心价值作为指导，以及有得以展现的公共领域之外，还需要一种可以相互理解的言说规则。而这一普遍的规则又依赖于共同可遵守的规则。对于中央政府而言，这一规则体系作为最低标准，也作为最高标准，在传统社会是统治者的王权或神权意志，在民主法治社会则是对宪法权威的捍卫。它作为一种伦理和行为纠错机制发挥着教育功能，进而确立主导的伦理评价体系。它有助于防止有违公共理性生长和公共利益发展方向的伦理价值回流、产生和再生产。因而，与设法在全国范围内规划和兴建地方性基础设施相比，提供生产整体公共理性的基础性支撑机制，提供公平且成本低的交往协商规则与冲突解决机制是中央政府一项更为重要的任务。

政府职能是一种需求—供给的结构性安排。政府职能结构的合理性取决于其职能构成是否符合当下的以及前瞻性的社会公共需求。政府职能的结构性构成因需求结构的多元而呈现出多元性，既包括制度基础设施等隐性需求，也有医疗、教育、住房等关乎公民日常生活的显性需求。公共利益的价值指向在中央层面更显其抽象性，因而，核心职能的定位更需要朝向公共需求。这就需保证公共需求回应的全面性，面向基本生活需求、基本公共服务需求。在公共性的价值要求下，从社会整体的视角，通过倾斜性的政策配置或权力分配来平衡或回应地方、社会的要求。② 同时，公共理性作为一种思维模式与行为逻辑，是社会结构的产物。社会制度结构内含着资源结构并影响着公共行为主体的交往能力结构。为了保证主体在理性选择之中的一致性，罗尔斯设计了"无知之幕"这一基础结构，以消除主体之间受到的生活情境、社会资源等先赋因素的影响。中央政府的职能结构的现实安排是不同于各个地区以及公民个人具体要求的，而应该有最为广泛的代表性，即能够反映关于社会稳定、社会发展与社会和谐的总体

① 参见〔美〕詹姆斯·博曼、威廉·雷吉主编《协商民主：论理性与政治》，陈家刚等译，中央编译出版社，2006，第74页。

② 当然，中央政府也并不总是以妥协、安抚的方式来实现社会的理性状态。通过强力的威胁、动用暴力也是在社会不稳定时期的时常选择。

需求。中央政府以提供对于全国公民皆没有排他性的纯公共产品为主要职责。作为社会总体资源的调控者，其可以通过制度安排的方式平衡不同地区、阶层与群体之间的资源分布，保证资源分配或者说资源结构安排的公共性，为个体与社会公共理性的实现提供支持性的社会结构。

在实现机制上，中央政府的核心职能更多的是通过功能型分解来实现的。由于政府能力的限制，以及对全能型政府与集权政府的历史诟病，多元机制功能的运用成为必然。中央政府则保障诸种机制在功能上耦合，维持每一机制的适当界限，确保机制功能协调的公共理性。防止"三叶草"式的功能分化导致的公共利益碎片化。更为根本地讲，中央政府的职能不在于替代某一种机制而是为诸种机制功能的发挥创造可能性。中央政府通过全国性法律的制定、政治与行政组织建设或权力的直接干预等方式，将各层级、各地区、各部门的具体职能所对应的公共领域整合到核心职能的实现中来。同时，在总体性公共利益的视野下，其识别和定义外围职能的结构与实现方式以防止核心职能遭到侵扰，保证政治与社会的稳定。从这个意义上讲，核心职能又是作为一种目标模式而存在的职能模式，成为一种目的性的职能。但是，作为目的性的核心职能需要现实职能结构作为中介性的支持，实现核心职能的目标要求。

结　语

我们以公共性、公共利益与公共理性三者之间的逻辑关系为轴线对中央政府的核心职能进行了纲要式的理论分析。中央政府通过维护个体与社会的公共理性来保证公共利益的实现，以体现自身的公共性。或者说它以自身的强公共性的特征，通过公共理性的维护实现着公共利益，进而塑造着公共理性的社会。但是，需要指出的是，强调核心职能的存在及其内在，并非说仅仅保留核心职能而已，而是强调这一职能内在的重要性。实现这一核心职能的外围职能以及具体工具形式同样重要。但是，我们要认识到外围职能的构建与选择是朝向或者为了实现这一核心职能的。我们认为，政府不应是一个机械化的工具性实体，它应该成为支持或引导公民成为实现自身价值要求的积极行动者。但是，作为一个与"国家主义"相关的概念，也是一个表面上与"全能型政府"有关的概念，中央政府核心职能在维护公共理性时如何抉择？哈耶克的"致命的自负"，似乎是一种刺耳而值得参照的告诫。

本文作者为徐晓林、朱国伟，原刊发于
《复旦学报》（社会科学版）2011 年第 6 期；
《新华文摘》2012 年第 5 期转载，
收入本书时有改动

大部制治理结构优化的推进策略 与支持机制

党的十八大以来，在建设"人民满意的服务型政府"的目标下，大部制改革被定位为推动政府职能转变、深化行政体制改革的重要内容。一般认为，"大部制"又称"大部门体制"，就是在政府的部门设置中，将那些职能相近、业务范围雷同的事项集中到一个部门进行管理。① 然而，"大部制"不能等同于简单的部门合并，即称为"大部门"改革。只有跳出部门化、内部化、封闭化的改革思维，在总体性视野下，将其作为一种新的治理形式，置于公共治理结构优化的框架中，才能真正以大部制改革推动行政体制改革。

一 大部制权力结构变革与治理结构优化

（一）由大部门行政向大部制治理的转变

传统的对"部门行政"的理解是封闭化的，部门机构以行政职责范围为界实施行政行为，在闭合、有界的行政单位内形成了"三叶草式"离散型治理形态。"部门主义"是这一现象的极化表现。如果实行"大部制"

---

① 《中央大部门建制改革方案初稿已完成》，新华网，2008 年 2 月 16 日，http：//news. xin-huanet. com/fortune/200802/16/content_7612834. htm。

是简单地把职能相近、业务雷同部门合并或拆减，"大部制"改革就难以跳出历史的窠臼。大部制改革中决策、执行、监督分化的职能模式属于功能上的划分，并非组织机构或主体的机械限定。换言之，"行政三权"（行政决策权、行政执行权、行政监督权）的功能分化后，其具体承担载体既可以是政府组织，亦可是社会组织。即使在大部制下，由于部门所辖职能范畴、行政资源及行政能力仍相对有限，通过跨越部门边界进行资源结构的更新与优化，实现治理资源的自我再生也是必需。进而，大部制改革必须实现大部门行政思维向大部制治理理念的转变。在以"治理"这一非政府为必然核心的公共问题解决模式中，企业、非营利组织、公民等都可以通过合同外包、特许经营、政府补助、自我服务等形式参与到大部制"行政三权"建设中来，成为大部制治理结构中的可选择主体。同时，由于与政府职能调整并进的大部制改革涉及职能与权力的重新配置，因而必然涉及政府与社会关系的调整，涉及政府间纵向与横向关系的调整，以及政府机构改革与党群机构、社会团体、事业单位的关系等，而其中所关涉的主体亦是多元的，大部制治理也是改革实践面临的现实。

（二）作为治理结构变革的大部制改革

"大部制"改革可以划分为两种模式，一是实体性大部制，即部门内的功能性分化，决策权、执行权、监督权由部门内某个机构专属。二是非实体性大部制，即在部门之间，决策权、执行权、监督权分属不同的部门。实体性大部制更多地被指称为部门内部治理，而将非实体性大部制作为一种政府治理模式来理解则更为准确和合理，它所涉及的是国家公共治理结构的总体。而当前的大部制改革及其"行政三权"建设所涉及的是大部门内外两方面的治理结构优化，内部体现为行政决策、执行、监督的权力关系或主体关系；外部则涉及人大、党委、政协、司法等国家权力主体，即不再限于"行政三权"的范畴。但这两方面都以形成相互制约又相互协调的权力运行机制和运行体系为目标。因而，"在这一改革系统中，大部门制改革具有纵横交叉、辐射带动和影响全局的效应"。[①]

---

① 王君琦：《大部门制改革要避免四个认识误区》，《学习时报》2013 年 4 月 1 日。

所以说，"大部制"是公共治理结构的一部分，其改革也触动着公共治理结构，必然对其他治理主体提出变革的要求，并推动公共治理结构的整体变迁。[1] 大部制下的"行政三权"建设则成为治理结构优化的关键所在。同时，我们可以发现，大部制治理结构的调整优化需要将其置于与其他国家、社会其他治理主体关系中来考察和实现。当权力结构进行内外重整的时候，大部门内部与外部的治理结构优化也需要同时进行。部门内部在建立合理的职责体系、权力配置及运行机制的同时，也需要关注内外治理结构的衔接互动，兼顾"部门内"、"部门间"和"部门与社会间"，通过优化外部治理结构来推动内部治理结构的优化。

二　大部制治理结构优化的推进策略

一般而言，由于权力结构的结构化定制了治理结构，社会治理的优化亦应从权力结构的调适做起。同时，权力结构的制约与协调机制随着权力功能的分解、权力关系的调整必将由内而外地产生变革的要求，亦即内部功能性优化也会产生外部效应。大部制治理结构优化首先应通过权力结构优化来推进和形塑。

（一）以战略性的价值结构指导改革

政府职能的目标模式定位问题决定了大部制改革的空间和历史定位。大部制改革的本质是要实现政府职能的价值指向与内容、结构的重新定位。政府管理仍然存在粗放式的弊端，管得过多，但管得不精，离专业性的精细化治理尚远。而且，原有的部门设置并未真正实现专业化的精细化设置，本身就存在职能结构和职能内容不清的问题，并未达到市场化高度发展所推动的专业化管理，进而催生专业化整合的需求。因而，大部制改革是在官僚制发展不充分的情况下展开的，具有适应性改革的调适特征。这使权力结构安排和运行机制建设从历史的角度看，都必然带有暂时性或

---

① 较早地将大部制改革与公共治理结构变革联系起来分析的观点参见迟福林《大部制推动新阶段政府转型》，《人民论坛》2008 年第 7 期。

者策略性。同时，我国社会转型与发展不平衡也使权力结构安排与运行机制建设在不同地区、不同层级又必须体现差异性。所以，一致性的制度安排也是不可能的、不合理的。这必然影响到权力结构安排的稳定性、合理性与运行机制建设的有效性。

在进行顶层设计时首先应达成理念共识，其次是理念指导下的制度共识。统筹不同发展阶段和不同地区的改革模式的基本方法即以一种战略性的价值结构来进行引导和规范。党的十八大报告在谈到行政体制改革时提出，要按照建立中国特色社会主义行政体制目标，深入推进政企分开、政资分开、政事分开、政社分开，建设职能科学、结构优化、廉洁高效、人民满意的服务型政府。推动政府职能向创造良好发展环境、提供优质公共服务、维护社会公平正义转变。① 这体现了政府理念的转变，是大部制改革与治理结构优化的价值空间。大部制改革需要既能回应当下的需求，又具有未来价值关怀，同时关注现实与目标之间的工具结构的战略性价值结构安排。而且，更为根本地讲，只有在合理的战略性价值结构指导下的工具选择以及改革的现实回应才更具可行性，才更加符合社会需求，而更具有实践价值。② 这一价值规范可以作为对地方政府及其部门改革创新的"元评估"规则，即在多元的地方大部门创新中，不做强制规范，但又不使其失范。在纵向政府间事权尚不明晰的情况下，战略性价值指导在防止改革碎片化、无序化的同时亦可为探索式创新提供空间。

（二）统筹党政大部制改革

在广义上，我国的行政管理体制涉及与国家公共行政管理相关联的诸方面的法权主体及其相互关系，并以这些法权主体相互关系的改变或调整为体制改革的核心内容。③ 由于中国共产党"总揽全局、协调各方"的领导地位，及"议行合一""党管干部""归口管理"等政治体制特性，大部制改革的思路和方向必然会涉及政党、人大等系统，因此是跨党政的。

---

① 《十八大以来重要文献选编》（上），中央文献出版社，2014，第22页。
② 朱国伟：《论公共行政战略的理性精神——一种三维理性范式观》，《华中科技大学学报》（社会科学版）2010年第5期。
③ 张国庆主编《公共行政学》，北京大学出版社，2007，第542～543页。

因而，大部制改革的一个深层次的问题是：如何在协调政党、人大、政府、法院等组织关系的基础上，整合分布在这些组织中的决策、执行与监督权并且实现三种权力之间的相互制约与相互协调。正如有学者指出的，顶层权力结构的配置问题实际上是党委、政府、人大、政协四种权力结构如何科学配置的问题。顶层权力格局有缺陷，仅靠政府的大部门制管理模式是解决不了根本性问题的，即使频繁地进行机构调整、裁减、合并、重组，也很难理顺大的权力关系。① 而其中最为关键的是党委与政府、党委与人大的关系。

将决策、执行、监督相互制约与相互协调的改革视域局限于行政系统内部是改革难以推进的重要原因。党政职能与机构的系统性转变是大部制改革深化推进的重要基础和条件。应将大部门体制改革置于国家权力结构宏观优化的框架下审视，为大部制改革提供更为广阔的体制空间和改革效率的展现空间。在党政功能协调的整体权力架构下，真正贯彻党在"总揽全局、协调各方"上的领导地位实现方式，并将自身职能定位于事关国家全局的政治领导、组织领导和思想领导方面，解决"双轨行政"的问题。在改革中"职能重叠的党政机构，可借鉴纪委监察、对外宣传等党政机构综合设置的方式，采取'一个机构两块牌子'或者合署办公等形式，统筹考虑机构设置"。② 这不仅关系到大部制运行的效率，也决定着大部门内权力结构和运行机制建设的有效性。从这方面来看，党委机构的大部制改革更具政治与社会意义。

（三）开发存量治理资源优化大部门治理结构

大部制治理结构优化，在培育新型治理资源的增量改革的同时，应发掘作为存量形式的既有制度资源与组织资源的资源潜能。首先，延展以主要领导干部为重点的决策评估制度。县以上党政主要领导干部一直是干部队伍建设的重点，将其作为主要监督对象并以决策责任为主要监督内容尤其体现在《中国共产党党员领导干部廉洁从政若干准则》《中国共产党党

---

① 汪玉凯：《大部制不是部门越大越好》，《中国青年报》2013 年 3 月 27 日。
② 沈荣华：《大部门制改革下一步怎么走》，《学习时报》2013 年 3 月 4 日。

内监督条例》《中国共产党纪律处分条例》《关于实行党政领导干部问责的暂行规定》等一系列文件中。对于大部制治理而言，在落实和加强既有的以决策议事规则为中心的党政问责要求的同时，更主要的是对部门内的核心行政官员、执行机构和执行主体行为的规范与约束。将建立健全决策风险评估机制、决策失误责任追究制、纠错改正机制等延展到部门内部的机构层次、管理型岗位的行政人员乃至契约型机构的核心人员上。

其次，工会、共青团、妇联等组织功能的调整。工会、共青团、妇联等人民团体作为党和政府联系人民群众的桥梁与纽带，作为参政议政渠道，其在推动决策民主化方面的功能受到重视。党的十七届四中全会从加强和改进党的群众工作的角度，在建设中国特色社会主义管理体制目标下，在人民团体的功能定位中又增加了"服务群众"的要求。① 通过发挥它们的决策、执行、监督功能，引导和带动社会组织，不仅有助于形成合理的社会治理秩序，也可以在党政系统之间建立良好的执行协调机制。同时，推进事业单位改革，通过改造事业单位的功能结构来优化部门执行结构，形成大部门行政执行网络。

最后，强化议事协调机构的决策协调与监督功能。议事协调机构通常由权力层级较高的领导和部门牵头、联合各相关机构组成，承担着政策研究和规划、信息交流与沟通、政策执行的协调与监督等功能。② 各级政府议事协调机构一般称为"委员会"或"领导小组"，如信息化领导小组、节能减排工作领导小组、减灾委员会等。它们都具有协调部门权限冲突、进行综合决策、决策执行监督等功能。虽然其大都由某一专项任务或重点工作推动成立，但作为一种治理机制已渐趋制度化。杭州富阳大部制改革中的"专委会"模式实际上就类似于领导小组制度。在总结我国既有的议事协调模式经验的基础上，可以尝试强化议事协调机构的决策及议事监督功能，但同时也要注意解决协调机构的权力干预与部门自主性的关系。

---

① 《十七大以来重要文献选编》（中），中央文献出版社，2011，第148～149页。
② 赖静萍、刘晖：《制度化与有效性的平衡——领导小组与政府部门协调机制研究》，《中国行政管理》2011年第8期。

（四）以非均衡的权力结构建设提高权力配置效率

大部制"行政三权"的良性配置过程是还权、放权于其他治理主体的过程，"行政三权"的配置质量决定着总体治理结构的质量。"行政三权"结构性变革的过程是权力配置效率不断优化的过程，其目标是实现权力结构的相对均衡，但改革本身必然是一个非均衡的过程。这是因为，我国传统的权力结构设计模式是在党的领导下，以"民主集中制"和"四个服从"为指导原则，这就使权力结构形成了自上而下的金字塔状的辐射结构，亦即形成了决策—执行关系下以"决策权"为中心的权力结构。而处于社会转型中的我国特有的大国治理模式，使决策权在总体集中的基础上又不得不呈现地区性、领域性、部门性分化。换句话说，以决策权为中心的权力结构安排在社会管理的各个领域延伸开来。然而，在微观管理职能没有剥离、法制不健全、行政执行力不足的情况下，政出多门的行政乱象就产生了。而监督权在改革实践中总是被有意无意地置于相对弱势的地位，多次改革又以行政执行权为重心。决策权的运用在得不到有效监督、约束的情况下，所谓的"一把手"问题也就产生了。而大部制改革又是一个决策权力集中、综合性决策权力强化的改革进路，要达到"行政三权"既相互制约又相互协调的效果，其重点必然是加强对决策权的控制。在完善决策权力体系的同时，更加注重实施执行权的过程与效果、监督权的地位与效力，以非均衡的权力建设提高权力配置效率。这就决定了在权力的配置过程中，监督权的地位必然具有相对的超然性或优势地位，且在改革中需要给予优先考量。如此才能起到权力引导与权力监督的效果。

总体而言，"三权"的配置都存在权力上移、下沉、外转、剥离等要求，都遵循"集分结合"的结构性调整配置原则，因此，应强化核心权力，对权力进行结构性分解进而实现良性配置。第一，内容性分解。厘清大部门职能范围、权力边界和权力规模，控制权力总量。基本模式为运用权力和职能清单方法，这在北京等地已有实践。第二，流程性分解。旨在厘清职能与权力的程序性构成。大部制改革在按照组织功能进行整合的同时，更需要按照服务程序进行分解。通过对决策权与执行权的内容型分解与流程型分解，寻找权力失范的风险点和监督关节点，实现对应性的制约协调。从而也有助于明确监督者的责任，对于监督失效、监督盲点也更容易发现。第三，核心—外围的结构性分解。通过该模式可以认清在部门权力结构中哪些是"可选择"的，哪些是"必要的""不可或缺的"。① 明确哪些权力可以下沉，哪些必须持有。可以为大部制权力结构调整提供更为科学的指导。而围绕着核心权力建立起来的机制，才能保证权力结构变动的秩序化以及权力结构的总体稳定，实现"可控的放权式改革"。②

（五）防止权力下沉后机构专权的新部门主义

虽然大部门在政策制定与执行的宏观视野上要优于原有的"部门"。但是大部制也使部门治理越发缓慢笨拙，增加了组织不确定性行为的风险成本。同时，当把部门整合起来，因权力的集中化和组织规模的扩大，对其协调和治理也就更困难了。权力结构的调整是责任的再分配，大部门综合性决策权的上收，也必然伴随着决策责任在不同机构和不同主体之间的重新划分，将中观、微观决策权的重心下沉至执行或管理机构。在分权、授权治理格局下，行政机构将被分为契约机构、执行机构、管制型机构、供给性机构、服务性机构等。③ 因而，这在增强机构性的官僚化管理的同时，也必然出现权力单元小型化的问题。

决策权下沉的过程是决策权力主体自我革命的过程，它以监督权的确立、执行主体责任的强化及其评估机制的健全为保障。大部门由于权力总量的增大，信息垄断可能更为严重，部门之间的协调难度加大。而且，"在利益的驱动下，政府权力部门化的倾向会向更小的单元蔓延，出现权力司局化、处室化，挑战部门行政首长的领导艺术和控制、监督能力"。④ 导致副职、归口管理者的专业化管理、技术性管理与政治性官员之间形成

---

① 徐晓林、朱国伟：《中央政府核心职能的理论逻辑》，《复旦学报》（社会科学版）2011 年第 6 期。
② 徐勇：《内核—边层：可控的放权式改革——对中国改革的政治学解读》，《开放时代》2003 年第 1 期。
③ 〔英〕帕特里克·敦利威：《民主、官僚制与公共选择——政治科学中的经济学阐释》，张庆东译，中国青年出版社，2004，第 203 ~ 206 页。
④ 施雪华、孙发锋：《政府"大部制"面面观》，《中国行政管理》2008 年第 3 期。

信息不对称，继而可能出现执行（行政）反制决策（政治）的情况，监督机制也就失效了。从而形成部门内的"机构性专权"。通过对核心执行机构、核心执行官或者政治性官员进行评估，以促成专业自主和政治控制困境的解决是西方放权改革中的基本经验。[1] 因而，在下放权力的时候必须随之进行责任机制的设计，以适应权力下属化和机构化的现实。在大部制改革中，中间层部门领导的行政行为，既可能无法体现高级政府或决策部门的意志，也可能无法满足社会、公民的实际需求，因而，可能是最为缺乏效能保证的。这些专司执行的核心机构和人员以及执行结构社会化之后的核心治理机构和核心治理主体，就成为监督与责任机制设定的关键对象。

（六）以差别化的动力源实现结构性促进

基于"行政三权"功能性分解的权力结构调整是实现行政自制的重要尝试。但不同于西方以冲突性制衡为设计理念的三权分立均权思路，我国的大部制"行政三权"建设强调相互制约和相互协调两个方面，亦即权力关系的调整不仅要实现权力的结构性制约，更要实现权力关系的结构性促进。良性权力结构的特征表现为：具有以公共利益为价值导向的自我再生性；具有主体功能的耦合性；具有外部环境的自适应性；具有内部弊病的自我修复能力。要使"行政三权"形成相互制约、相互协调的良性状态，根本在于明确"行政三权"主体的行为动力源于何处，是内生于部门机构，还是外在于部门机构。只有通过不同的动力源，才有可能缓解大部门内外因利益资源争夺而产生的组织政治冲突及因此而产生的对"三权"运行效能的掣肘。

差别化的动力源是实现大部门内权力结构配置与机制建设有效性的前提。当前，我国在行政监督方面已有较为系统的制度设计，但监督主体却内生于行政系统或以行政系统的利益资源为存续的条件，使监督机制不仅

---

① Nadia Carboni, "Professional Autonomy vs. Political Control: How to Deal with the Dilemma. Some Evidence from the Italian Core Executive," *Public Policy and Administration*, Vol. 25, No. 2, 2010, pp 365 – 388.

缺乏监督的动力，也缺乏监督的实质性资源保障，而更多地沦为一种"表忠心""献政绩"的行政附和行为。① 即使要求内部单位之间互相监督，其结果必然是互损和整体性的自我损害。利益冲突是相互监督的强大原动力，在利益目标完全一致的情况下，所有形式的监督最多只具有暂时的和局部的意义。② 只有在决策、执行、监督三类机构之间建构差别化的利益来源，才会形成相互制约与相互协调的自我内在动力机制，也才会避免决策执行一体化及监督与决策一体化。在大部制治理格局下，动力源的开发不再限于"行政三权"，治理结构中的不同主体都需要不同的动力源，或成为不同动力源的来源，才能在治理结构的运转与自我调适中起到积极促进作用。而这也有利于防止治理结构的僵化，实现内外互动的结构性促进。

三　大部制治理结构优化的支持机制

治理结构的变革意味着权力授受关系和责任的重置，进而在既有权力结构中的权力主体结构和主体间关系也将发生变化，权力运行过程和机制必然产生调整的需求，权力结构也将在反向促动下发生嬗变。对推进策略的分析更多是宏观的考量，而支持治理结构优化的机制建设则处于中观或微观层面。但机制建设同样需要从内外结合的整体性视角去分析和建构，通过治理机制来优化治理结构，实现协同、有序治理。

（一）促进权力协同的信息共享机制

信息交换、共享机制，是治理主体间有效互动、合作的前提，是治理结构运转的基础载体。横向整合、纵向贯通的信息系统是部门间与治理主体间协调能力提升的技术支持机制。随着大部制组织结构的重组，组织间关系与工作流程的变化必然推动组织间信息互动关系结构的变化，并对政务公开、信息整合、应用协同等方面提出新的要求。但权力的机械限定必

---

① 徐晓林、朱国伟：《解释与取向：运动式治理的制度主义视野——以"治庸问责"风暴为背景的分析》，《学习与实践》2011年第8期。

② 傅小随：《行政决策、执行和监督相互协调改革与地方行政管理体制创新》，《广西社会科学》2004年第12期。

然导致决策、执行、监督之间的"缝隙"，进而导致各项权力的功能性不足。适应信息社会发展，建立决策、执行、监督三元主体可共享的信息系统，作为一个"连接桥"将若干独立的治理主体连接起来，可形成一个组织化的整体。通过信息化平台来整合和支持治理结构中决策、执行、监督"三权"的协调运行。开放、对接的信息共享系统作为一种连接机制也是部门内外治理主体的衔接与整合机制建设的基础，它也可以作为政府外部治理主体力量的引入机制和嵌入型监管机制。

信息共享系统包含大部门内部、部门之间，也包含了政府与社会关系意义上的信息公开，以及党政系统整合意义上的跨部门信息共享。它弱化了治理主体由于信息不对称引起的不平等地位，使平等协商、资源与功能互补、战略协同的多元合作的大部门治理成为可能。整合的信息共享系统可以降低收集和获取信息的成本，拓展了决策信息源，改变了决策者的有限理性。特别是虚拟现实（Virtual Reality）技术①的运用，使复杂环境下的协作各方或者协调主体形成虚拟在场的网络结构，推动多主体战略合作共识的形成。借助于信息共享系统，部门内外可沟通的边界得到了延展，可协调的范围也得到了扩大，降低了协调机制的限度压力和交易成本负担，从而扩展了组织内合作成员的容量。双向监督的信息更为完整，相互监督的有效性提升了。信息共享促进了基于信任的共享性理念的形成，使部际与部门行政协议的履行具有内在的自我实施、自我执行的动力，在一定程度上缓解了"集体行动"的困境。

（二）发挥决策咨询委员会作用的预决策机制

在决策民主化、科学化和法制化的目标下，政治协商、政府参事在决策程序中越来越受到重视，但还未形成政府系统与社会系统、舆论系统之间有效互动的决策机制。当前，需完善公众参与、专家论证、政府决策相结合的决策机制，创建政府、媒体、公民和社会组织四位一体、内外互动

---

① "虚拟现实"技术是借助于计算机技术及硬件设备，实现一种人们可以通过视、听、触、嗅等手段所感受到的虚拟环境。它是为解决工程、医学、军事等方面的问题而开发设计的应用软件，也是一个媒体或高级用户界面。参见徐晓林、杨兰蓉编著《电子政务导论》，武汉出版社、科学出版社，2002，第166~167页。

的群决策机制。群决策机制是治理主体间互动关系的规范化。各利益相关者参与决策本身又发挥了监督和制约的功效，使决策和监督的双重功能得到体现。如果说共享的信息系统是群决策的技术平台，那么，决策咨询机构就承担着组织载体的功能。目前，各级政府及部门大都建立了决策咨询委员会或基于不同工作内容的专家委员会，如关税专家咨询委员会、国家信息化专家咨询委员会、南水北调工程建委会专家委员会等。可以考虑设立推进大部制治理结构优化的决策咨询机构，将现有的决策咨询委员会改造成为集决策信息收集、决策方案设计、决策方案筛选、决策方案评估、决策效果跟踪等功能于一体的综合性决策辅助机构。在决策咨询委员会的领导下，加强与政府信息中心、统计局调研队、发改委经济信息中心等机构的联系与合作，协调整合发挥各政府部门内设的研究机构以及政府参事室、社科院、高等院校等机构的决策功能，统筹体制内外的决策研究机构。充分发挥决策咨询委员会的"预决策"功能，作为进入人大及党政决策审议的必经程序，对部门拟进行的重大决策事项、决策方案提交决策咨询委员会进行可行性评估、审定等。通过"预决策"环节提高决策方案的科学性和民主性，实现决策监督的前置。

（三）以行政（服务）质量评估为中心的反向促进机制

行政（服务）质量反映着政府行政部门及公务人员完成的行政行为的有效性及其优劣程度等方面的情况，直接决定行政效率能否转化为行政效益或公共效益。[①] 行政（服务）质量涉及决策系统对政策问题界定的合理性，执行过程的公民感知及其主观评价，以及在决策、执行中监督部门对公众意见与需求的反馈，是对决策、执行过程控制效果的检验。因而，行政质量的评估作为社会权力的引入机制，是反向促进"行政三权"的优化配置与有效运行的关键点。这易于发现执行机构的能力真空与短板，使自上而下的政治、行政推动与自下而上的社会需求引导之间形成良性互动。行政质量评估机制为"行政三权"的优化配置以及协调机制建设提供社会标准的来源。有助于从公民、社会的角度来反观内部治理的不足，并进而

---

① 赵爱英、李晓宏：《政府行政成本与绩效研究》，中国社会科学出版社，2009，第36页。

提供外在的动力机制和规范性标准，使决策、执行、监督的功能性整合更为有效。

评估的价值导向规定了指标的选取、权重的设定以及评价主体的构成等。在大部门体制下，应改变原有单一的以经济为中心，以行政效率为主导的评估理念。以建立人民满意的服务型政府为目标，强化对公民服务需求、服务效果的评估。以公共利益和整体治理结果为导向的价值链评估，不仅可以促进主体间的合作和责任的分担，而且有利于从整体上优化行政组织结构，整合行政资源，提高行政资源的使用效率。在评估内容上，应重视问题解决过程中各部门内部、部门之间、政府与其他治理主体之间的责任分担与协同状况，将治理过程中碎片化的工作结合起来进行整体性评估，建立以整体性治理任务为导向的评估机制。在总结地方经验的基础上，选择典型区域以及典型服务领域推进以公共服务为主要内容的评估。基于《中华人民共和国产品质量法》、《质量振兴纲要（1996年—2016年）》以及《卓越绩效评价准则》等指导性文件，借鉴国外先进经验和基层实践经验制定统一的"公共服务质量评价准则"。同时，注意定期清理各种内部、外部的评价和评估活动，缓解行政（服务）评估与评估泛滥之间的矛盾，整合内外评估系统，将其作为内外主体的整合机制发挥对部门行政执行的监督与纠错功能。

（四）治理主体间法制化协调机制

行政系统内层级性权力协调虽具有灵活性、权威性强的优势，但也具有不稳定性和主观性强的弊端，往往因为过多的自上而下的行政干预而破坏了监督权和执行权的独立性。这不利于部门内部有序的权力运行秩序的形成，限制了自主协调能力的开发，强化了行政依附性。同时，还存在依赖人际情面关系的行政人员个人协调。作为降低交易成本，形成声誉激励的一种方式，行政人员间的这种协调产生了一种内在驱动的主动协调的效果。[①] 然而，这种非正式协调机制同样也存在稳定性不足和制度化程度不

---

① 徐晓林、朱国伟：《论我国横向府际行政协调的十大转向》，载《中国行政管理学会2010年会暨"政府管理创新"研讨会论文集》，2010。

够的缺陷。我国现行《税收征收管理法》《行政监察法实施条例》等法律文件及行政实践中虽存在行政协助，但迄今为止，我国还没有对行政协助做出系统的法律规定。行政法律法规对合作治理的实践回应更是不足，缺乏资源共享、责任共担等方面的规定。

治理是一个动态的过程，只有相应的动态适应性机制才能使治理系统作为一个整体，保证合作意识与动机的持续性，实现合作系统的自我再生和延续。权力、人情关系型协调只能作为法制化协调的补充模式而存在。为了形成部门内在的自我动态协调模式，协作机制的法制化可以使大部门内"行政三权"的协调从适应性协调走向动态协调。同时，协调的需求不再限于大部门自身，需将大部间、机构间行政协助纳入其中，对于行政协助的主体、内容、方式、时间、规则等要件进行完备规定。同时，也可通过法律的形式对合作的范围以及各方权、责、利界限及其冲突解决方式进行规定，采用否定式列举的形式加以限定，实现机构间自我协调的动态治理。一些省份制定的行政程序性法规大多以重大行政决策程序为对象，而未涉及部门内"行政三权"的具体协调问题，也未进行"三权"的内容性分解及其对应性的监督与协调。目前，应结合《行政程序法》的制定，完善内部行政协作的法律规范，使大部门内"行政三权"走向规范的、主动的、动态的协调，这将是降低跨部门、跨主体协调成本，提高行政效率的一种长效机制。

（五）监督力量的信息化整合机制

大部制对于决策与执行机构的整合有助于实现被监督对象的相对集中。但不仅要在功能分解的基础上在大部门内部加强对决策和执行的监督，更主要的是强化行政系统外部监督权力的有效性。目标是将以人大为中心的体制性监督、纪检监察专门监督、审计等特种监督结合起来，将层级监督与法律监督、舆论监督、社会监督、网络监督结合起来，形成内外结合的复合型监督体系。但现行的监管体制带有条块分割、内外相隔的问题，如纪检监察、发改、财政、住建、审计等相关部门对资金使用、工程质量、投资效益、违纪违规等问题都有监督检查的责任。社会监督、政府监督、政党、人大、司法监督系统之间信息共享与机制对接仍然不足。而除了纪检监察体制、司法体制等体制性改革以外，更为基础的是改变当前我国监督力量的片段化状态，实现监督权力的逐步整合。因此，应在总结广东、四川等地人大与政府"联网"在线监督，及北京、上海等地腐败"数字化管理"系统探索的经验基础上，借助"金纪工程"构筑全国统一、监督主体间信息共享的信息化权力监管体系，提高监督能力和效力。

按照"公共数据库 + 政务基础数据库 + 业务数据库"的模型建立综合性电子监督平台，这一平台应该包括行政权力监督平台（包括行政审批、行政处罚、行政征收和项目投资决策等）、公共资源交易平台（土地产权出让、政府采购、工程项目等）、公共资金监察平台（社保资金、住房公积金、救灾救济资金、财政专项资金等）、案件处置平台（包含申诉复议、办案人员库、案件线索库、监督检查、督办等模块）、网络舆情监控系统（热点分析、信息收集等）等。同时，要注意预防腐败数字化工程子系统之间的协调。推进政务公开和腐败预警评估机制、预防腐败信息共享协调机制建设。建设廉政风险评估预警平台，对核心机构和核心人员进行动态跟踪监督和指标性测评，建立电子廉政档案（财产状况、出国出境状况、廉洁从政情况等）。开发群众满意度评价系统，通过门户网站、手机等移动设备、微博等自媒体与公民、社会形成互动，并对社会集中反映的问题和部门进行重点监督。将公民监督、舆论监督以及党政监督等通过信息系统整合起来，形成监督力量的联动机制。

（六）治理主体间责任共担机制

每一种治理结构都有其价值规范，需要相应的治理文化的支持，作为隐默共知的结构性整合机制。大部制的治理结构优化要实现资源共享、利益共荣、相互监督的合作治理格局，其前提是形成责任共担的理念，而其中的关键是责任共担机制的建立。责任共担是指在公共事务治理的过程中不同主体间的责任分享。基于权责对等的协商对于治理网络的协调而言是一种不依赖外部管理的自我实施机制。而责任共担机制是防止在大部制改革中转嫁不合理的治理责任，保障市场化、社会化治理主体利益的机制。在大部制改革中，通过跨治理主体的流程再造，以责任分解促进协同配合的治理体系,可以在岗位间、机构间、部门间及与外部治理机构间形成协同治理的格局。由"三叶草"式的分布化的治理模式向相互衔接的"无缝隙政府""整体性治理"转变。使大部门由原来的全面管理向流程化转变,从单一的结果控制转向过程与结果并重控制,从而在组织流程优化的同时,实现治理整体效力提升。

然而,大部门内"行政三权"的责任结构是不同的,在大部门系统内也存在责任的层次性差异,在决策—执行关系链条中,责任也有决策责任、资源保障责任、监督责任和绩效责任之分。同时,在多方协作安排中,各方都承担双重责任。一方面,在合作各方之间建立了责任关系(横向责任);另一方面,各方又有向其管理部门就有关后果、权力及其合作获得的资源"保持着负责的义务"(纵向责任)。[①] 因而,大部制"行政三权"所承担的责任来源的差异性往往也造就了责任之间的冲突,这既需要改革后部门契约监管、网络协调能力的提升,也需要主体间冲突识别与化解机制、资源保障机制与行为约束机制作为责任共担实现的辅助机制。

结　语

在改良主义与建构主义相结合的思路下,本文将挖掘既有制度潜能与建构新机制结合起来,力图使研究既有现实可操作性,又不缺乏对发展性价值诉求的回应,以期真正建立起决策科学、执行顺畅、监督有力的权力结构。然而,在社会建构的意义上,一种社会基础生产一种社会治理模式。大部门内"行政三权"的有效制约协调也依赖一个成熟的、积极的社会。大部制改革不能仅希望各部"自我革命",更需要外在的"激活机制"和"压力机制"。社会组织承接能力也将影响大部制改革的成效。但限于分析的视角与研究重点,我们对作为治理结构关键主体的社会组织、企业组织、公民个体、新闻舆论等未给予应有的分析,这也是将来需要深

---

① 经济合作与发展组织:《分散化的公共治理——代理机构、权力主体和其他政府实体》,国家发展和改革委员会事业单位改革研究课题组译,中信出版社,2004,第73页。

入研究的一个重要方面。而如何实现权力结构和治理结构优化的目标模式与过渡时期结构安排和机制建设的有效衔接，也是需要进一步研究的问题。

本文作者为徐晓林、朱国伟，原刊于

《公共管理与政策评论》2013 年第 3 期；

《新华文摘》2013 年第 23 期转载，

收入本书时有改动

公共管理研究的中国经验：回顾与展望

引　言

我国公共管理学由公共行政学发展而来，实践中，公共管理是指"政府制定公共政策，与其他公共组织一起，处理公共事务，提供公共产品和服务的活动"；学术上，公共管理是"研究政府及其他公共组织的价值定位和实践活动规律的一门实践性和综合性较强的学科"。① 自 1982 年夏书章教授撰文（《把行政学的研究提上日程是时候了》）呼吁恢复和重建公共行政学，中国公共管理研究已经走过近 40 年的发展历程。公共管理研究跨越传统行政学边界，摸索前行，充分吸收政治、经济、管理、社会等各学科理论与方法，将其应用于面向实际公共问题的研究，具有明显的跨学科跨领域特性。近 40 年来，从公共行政到公共管理，学术界理论研究保持着与社会实践的紧密联系。在新中国成立 70 周年即将来临之际，对中国公共管理研究进行全面梳理，有利于总结经验、认清形势、分析挑战、规划未来，促进学科发展，促进行政体制改革的持续深入和优化。

受编辑部委托，在当前这一重要历史时期对我国公共管理研究进行综述，我们深感责任重大。按照国务院学位委员会与原国家教委 1997 年 6 月联合颁布的新修专业目录，公共管理一级学科目录下包含行政管理、社

---

① 薛澜等：《公共管理与中国发展——公共管理学科发展的回顾与前瞻》，《管理世界》2002 年第 2 期。

会医学与卫生事业管理、教育经济与管理、社会保障以及土地资源管理等五个二级学科。然而，受作者知识结构所限，无法完成对整个公共管理学科研究的梳理，而仅能从行政管理学的视角对我国公共管理研究概况进行窥探，对其主要议题及未来发展方向进行讨论和展望，以期促进公共管理研究的持续发展，其他四个二级学科的研究概况有待另行撰文探讨，恳请同行理解和原谅。

一　综述

不少学者已认识到总结和提炼现有研究的必要性和重要性，并在不同时期进行回顾和展望。目前综述类文献主要分为两大类，学者们或者从整体上分析公共管理研究的进展，或者仅对某一具体议题的相关研究予以关注。

第一类文献以公共管理整体研究为对象开展综述。早在 1996 年，中国行政管理学会在向全国哲学社会科学规划办公室报送的"九五"期间行政学科科研项目建议报告中，就对中国行政学研究在改革开放后十年间的成就与进展进行系统梳理，指出这一恢复重建阶段的研究成效与问题，认为这一时期以改革为研究动力，主要在确立行政管理科学地位、设定学科建设目标、明确提出"行政管理体制改革"、开展相关专题研究、建立分支科目、丰富研究方法等六个方面取得了一定成效，但研究"缺乏应有的高度和深度……还不能适应指导现实的需要"，并指出 20 世纪 90 年代中国行政学研究将以行政体制改革为中心内容，不断深入、细化，与其他学科相结合并走向国际化。① 这篇文章对行政学研究初期的探索与成效进行肯定的同时，也勾画了未来发展的蓝图。进入 21 世纪，国家发展转型速度加快，公共管理问题日益复杂，公共管理研究逐渐向更高水平发展。《管理世界》认为，中国未来的改革与发展"迫切要求公共管理加入到带头学科的行列之中"，并从 2002 年第 2 期起增设"中国公共管理论坛"栏目，以对公共管理学科回顾与展望的方式开始，刊载了薛澜等人的文章。该文在回顾国内外公共管理学科发展历史的基础上，对我国公共管理的学科定位、

----

① 《中国行政学研究的回顾与展望》，《中国行政管理》1996 年第 2 期。

基本内涵、理论根基等基本问题进行探讨，认为应将公共管理定义为"政府制定公共政策，与其他公共组织一起，处理公共事务，提供公共产品和服务的活动"，公共管理学科的研究对象"不但包括政府及其他公共组织的公共管理实践活动规律，同时也包括政府及其他公共部门本身的组织行为"。①

　　学者们对公共管理学科及其研究应有之义的探讨，是其发展的基础保障，而从不同视角检视已有研究，则能对公共管理研究进行诊断，促进其稳健发展。例如，何艳玲以十年为跨度述评行政学研究的问题与方法，认为中国行政学研究"缺乏学术规范自觉，学术评价机制无法取得共识；对研究方法缺乏持续性反思，行政学知识增长缓慢；实证研究严重短缺，研究成果结构性失衡"，呼吁国家资金向行政学方法论研究和实证研究适度倾斜。② 贺东航从国家建设的视角，对新公共管理研究进行回顾和反思，认为公共管理科学是"舶来品"，尚缺乏学理的批判和反思，学界应认清现实、把握限度，避免因过分追求新公共管理理念而忽视公共性在公共管理中应有的核心地位。③ 另外，已有学者认识到公共管理研究交流活动，尤其是国际交流活动的重要价值，并对其进行系统性整理。例如，黄容和刘智勇认为国际化和本土化一直贯穿于中国行政学发展过程，其以 30 年为时间跨度，对中国举办的公共管理领域国际学术会议文献进行综述，以文观会，发现会议水平参差不齐，连续性不足，形式化倾向较严重，缺乏高水平会议，并建议加强会议绩效评估。④ 谭九生和赫郑飞则基于 2003 年至 2017 年共十一届行政哲学研讨会成果，回溯我国行政哲学研究的发展阶段，归纳其理论贡献，认为国内研究已经走上规范化、系统化和科学化道路，应在更为宏阔的现实语境中进一步发展中国特色的行政学研究路径。⑤ 另外，还有部分学

---

① 薛澜等：《公共管理与中国发展——公共管理学科发展的回顾与前瞻》，《管理世界》2002 年第 2 期。

② 何艳玲：《问题与方法：近十年来中国行政学研究评估（1995—2005）》，《政治学研究》2007 年第 1 期。

③ 贺东航：《新公共管理的回顾与检视——基于中国国家建设的视角》，《政治学研究》2008 年第 2 期。

④ 黄容、刘智勇：《搭建中国公共管理研究的国际化平台——30 年来中国举办的公共管理领域国际学术会议综述》，《四川行政学院学报》2013 年第 3 期。

⑤ 谭九生、赫郑飞：《中国行政哲学研究的回溯、描述及展望——以 2003 年至 2017 年间召开的十一届行政哲学研讨会为主题》，《中国行政管理》2018 年第 5 期。

者选取代表性期刊进行综述，如姜春林等人以及张诚和李婷威均选取《中国行政管理》所刊学术论文为研究对象，对我国公共管理研究进行综述①，虽然选取文献时段不同，但都能呈现某一时期公共管理研究概况。

值得注意的是，文献可视化分析逐渐受到关注并已广泛应用于公共管理研究综述文章中。例如，文宏以 2012～2017 年 CSSCI 期刊数据为基础，利用 CiteSpace 对其进行可视化分析，较好地呈现了该时段内公共管理研究的热点与特征，认为国家治理、反腐败、社会组织以及公共危机是党的十八大之后公共管理研究的热点问题，公共管理研究的现实导向逐步明显、方法运用逐步规范、跨学科趋势不断强化，且开始由公共管理向公共治理转变，研究视野和范围逐渐拓展，研究方法从单一走向融合。② 苏娇妮和聂爱霞同样以 2012～2017 年为研究时段，以 7 种公共管理类期刊数据为对象开展研究，通过关键词共现及主题聚类分析后发现，我国公共管理学的研究主题呈现价值化、多元化、信息化和话语特色化等趋向。③ 这类研究能为更精致化地呈现、分析公共管理整体研究状况与趋势提供方法上的参考和借鉴。

第二类文献以公共管理细分领域或具体议题的研究为对象开展综述。长期以来，公共管理研究议题都与社会发展实践紧密相连，并在发展过程中不断开发新的细分领域和研究议题，如公共政策、区域公共管理、MPA 教育、电子政务、智慧城市治理、政府数据开放等，学者们在具体领域深耕细作，共同促进公共管理研究体系的纵深发展。对于公共政策研究，陈振明分别从中国公共政策研究 30 年及改革开放 40 年两个时间跨度对其进行回顾与展望，认为公共政策学研究已经起步且发展前景较好，目前已经走过学科引进与初创时期，呈现出知识增长迅速、学术交流活跃、学科逐渐成熟等喜人局面，但仍然存在总体研究水平不高、人才培养及知识应用

① 姜春林等：《回眸与展望：〈中国行政管理〉文献计量分析——基于 CSSCI（1998—2009）数据》，《中国行政管理》2010 年第 8 期；张诚、李婷威：《我国行政管理学研究热点与前沿分析——基于〈中国行政管理〉（2012—2017）数据的文献计量分析》，《湖北行政学院学报》2018 年第 3 期。
② 文宏：《治理体系下的公共管理研究：中国共产党十八大以来的回顾、特征及展望——基于 CSSCI 期刊论文的可视化分析》，《南京社会科学》2018 年第 7 期。
③ 苏娇妮、聂爱霞：《我国公共管理学的研究主题及热点分析——基于 2012—2017 年的文献计量研究》，《秘书》2018 年第 5 期。

机制不健全等问题，应该跟踪前沿、注重创新、加强合作与开发应用，重点从公共政策的创新经验与实践风格，实践中的中国公共政策，公共政策的行为、模拟、实验和预测，中国特色政策科学的理论体系建构以及公共政策知识的开发与应用等五个方面开展研究。① 对于区域公共管理，陆瑶和寇晓东在整理区域公共管理研究时指出，国内相关研究尚处于起步阶段，在概念层面，还未对其形成系统解读；在研究议题方面，学界主要从政府间关系、区域行政问题、区域创新等方面探讨我国当前公共管理中的问题及措施，整体上还没有形成较为完备的研究框架。对于 MPA 教育研究，黄建伟等人利用社会网络分析法，对 1998～2006 年我国 MPA 教育研究文献进行关键词共现网络分析，以识别研究重点、热点及问题，他们对关键词词频、年度和作者发文量等内容进行描述，并从网络密度、中心性、边缘关键词聚类等不同方面分析样本文献的分布特征，认为已有文献存在研究内容不够深入、缺乏核心作者群、实践指导性不足等问题。②

同时，信息技术在公共领域的广泛采纳和应用，为公共管理研究提供大量全新的议题和研究素材，催生一系列研究成果，相应的综述类文章也逐渐按议题越分越细。以电子政务相关议题综述类文章为例，这些文献一方面选择不同数据库、不同时间跨度从整体上归纳电子政务进行研究，如孟庆国等人基于 SSCI 文献分析 2011 年国际电子政务研究概况，以期为中国研究提供借鉴③，蒋勇和韩莹则以 CSSCI 数据为基础，对 2000～2015 年我国电子政务研究情况进行综述。④ 另一方面按研究议题梳理文献并综述，如对电子政务安全与隐私保护相关文献进行综述⑤，或对电子政务信息服

---

① 陈振明：《寻求政策科学发展的新突破——中国公共政策学研究三十年的回顾与展望》，《中国行政管理》2012 年第 4 期；陈振明：《中国政策科学的学科建构——改革开放 40 年公共政策学科发展的回顾与展望》，《东南学术》2018 年第 4 期。

② 黄建伟：《近 20 年我国 MPA 教育研究的回顾与展望——基于对文献关键词的共词网络分析》，《中国行政管理》2017 年第 5 期。

③ 孟庆国等：《2011 年国际电子政务研究回顾——基于 SSCI 文献的分析》，《电子政务》2012 年第 5 期。

④ 蒋勇、韩莹：《2000—2015 年我国电子政务研究综述》，《当代经济》2017 年第 12 期。

⑤ 张建光等：《电子政务安全与隐私保护研究综述——基于 CNKI 数据的计量分析》，《电子政务》2014 年第 11 期。

务公众持续使用相关文献进行综述①，这些文献从不同侧面促进电子政务研究乃至公共管理研究的系统性发展，具有重要的参考价值。

总体看来，学者们对不同发展阶段公共管理研究成果进行关注并归纳整理，有利于研究的发展和进步，但仍存在一些问题。一方面，已有综述类文章尤其是早期文献大都基于经验，以定性回顾与思辨为主，主观性较强，精细化程度低。另一方面，已有文献对于研究成果发表时间、文章层次等的选择没有统一的标准，随意性较大，导致无法有效对话。因此，本文拟采取全样本分析路径，对公共管理顶级期刊自创刊以来的相关文献进行全面统计分析，以期呈现已有研究的分布规律与演化特征，在此基础上对未来研究进行展望。

二　研究方法

在中国知网（CNKI）数据库中，我们选择《中国社会科学》《政治学研究》《管理世界》《中国行政管理》《公共管理学报》这五种期刊，以其创刊以来至 2018 年所刊发的公共管理相关议题学术论文为研究对象。剔除无作者文章，剔除诗词、会议讲话、会议通知和综述、纪要、短论、工作报告和总结、访谈、时讯、单位介绍以及书评类文章，最后得到 7797篇样本文献。文献分布情况如表 1 所示。

表 1　文献分布情况

单位：篇，%

期刊	创刊时间	发文总量	样本量	样本占比
《中国社会科学》	1980 年	4785	96	2.01
《政治学研究》	1985 年	2322	541	23.30
《管理世界》	1985 年	8348	414	4.96
《中国行政管理》	1985 年	9573	6018	62.86
《公共管理学报》	2003 年	890	728	81.80
总计		25918	7797	30.08

① 杨菲、高洁：《电子政务信息服务公众持续使用研究综述》，《现代情报》2014 年第 8 期。

本文主要通过文献计量、内容分析以及可视化方法开展研究。以文献计量与统计的方式对样本文献基本属性与分布特征进行描述，在此基础上开展内容分析，对现有研究议题及其演变进行讨论，并对未来研究的可能内容与方向进行展望。

三 研究发现

（一）总体态势

1. 文献发表时间

样本文献年发文量呈现"S"形增长趋势。样本文献主要分布于1985～2018年，年均发文229.32篇。1994年以前，年发文量均未超过50篇；自1994年起，出现明显增长趋势，并在1996～2003年保持较高水平。2004年，年发文量再次出现大幅提升，并在2008年达到峰值，而后在新的水平上波动（见图1）。

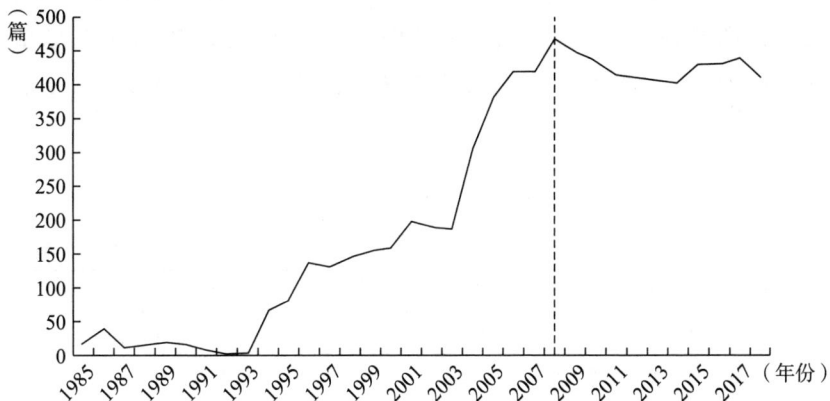

图1 文献发表时间分布（1985～2018年）

将文献按时间分组，并计算组内均值，得到结果如图2所示。

总体上看，进入21世纪后，公共管理相关研究发文总量快速提升，并稳定在较高水平（见图2）。这可能与中国的政治、经济发展逐步同世界接轨有关，自2001年加入世界贸易组织（WTO）之后，我国经济社会发展面临全新机遇，公共管理实践迎来严峻挑战，学界积极响应，理论研究成果较多。

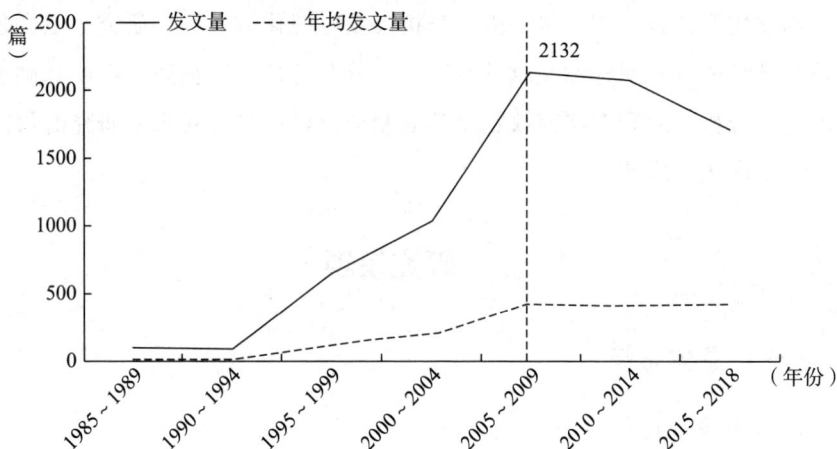

图2　文献发表时段分布（1985～2018年）

2. 文献来源单位

考虑到文献时间跨度大，发文单位更名现象普遍，本文在全面核对、完善作者地址信息的基础上开展来源单位统计和分析。结果表明，样本文献来源较广泛，出自1510个科研机构及相关单位，其中各类院校及各级党校（行政学院）是主流，占44.50%，发文量超过文献样本总量的80%。发文量靠前的20个单位如表2所示，其中高校院系及研究中心占90%，发文量占87.55%。

表2　文献核心来源单位

单位：篇

序号	单位	发文量	序号	单位	发文量
1	北京大学政府管理学院	259	11	厦门大学公共事务学院	86
2	中国人民大学公共管理学院	240	12	北京师范大学政府管理学院	76
3	清华大学公共管理学院	197	13	西安交通大学公共政策与管理学院	72
4	中国行政管理学会	183	14	复旦大学国际关系与公共事务学院	70
5	中山大学政治与公共事务管理学院	136	15	南开大学周恩来政府管理学院	68
6	浙江大学公共管理学院	112	16	中央财经大学政府管理学院	66
7	华中科技大学公共管理学院	110	17	武汉大学政治与公共管理学院	56
8	南京大学政府管理学院	99	18	兰州大学管理学院	55
9	中山大学中国公共管理研究中心	89	19	苏州大学政治与公共管理学院	51
10	国家行政学院公共管理教研部	86	20	山东大学政治学与公共管理学院	49

可以看出，各院校公共管理院系是主要发文阵地，北京大学、中国人民大学、清华大学发文量明显多于其他高校。中国行政管理学会长期以来都在中国公共管理研究中发挥着重要作用，其会刊《中国行政管理》是学界高水平研究成果交流与对话的聚集地。中山大学中国公共管理研究中心是全国行政管理学科唯一的国家级重点研究基地，该研究实体发文量也较为可观。国家行政学院公共管理教研部发文量远多于全国各级行政学院，在高水平研究层面显示出国家行政学院的重要地位。

按国内各单位所在省份分析其发文量分布情况，结果表明。

研究力量主要分布于沿海及中部地区，西南、西北大部分地区发文量不足 100 篇。近 40 年来，北京地区发文量已逾 3000 篇，大大领先于其他地区，紧随其后的是江苏、广东、湖北、上海、浙江等地，这些地区为我国公共管理高水平研究的主要阵地。另外，有 24 个省份发文量在均值229.32 篇以下，有待于进一步加强研究力量，提升研究水平。

为进一步了解各单位间合作情况，我们以两年为时间切片，利用 Cite-Space 对各发文单位进行共现分析，阈值为 Top100，绘制图谱，结果如图 3 所示。发文单位共现图谱表明，高产单位都占据各自子网络的核心位置，但网络间连线较为稀疏，发文单位之间具有一定的合作，但仍不够紧密，没有形成较为稳定的合作网络。

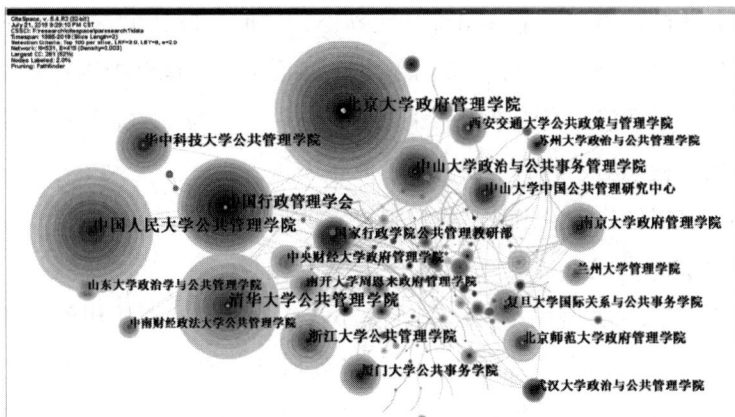

图3 文献来源单位共现图谱

3. 高产作者分析

样本文献来自 6983 位作者，其中集体署名 44 个。根据文献计量学领域著名学者普赖斯所提出的核心作者计算公式来确定核心作者的最低发文数，最低发文数为 Mp，最大发文量为 $Np\text{max}$，公式为：$Mp = 0.749\sqrt{Np\text{max}}$。样本文献中，高小平发文量最多，达 38 篇，故 $Np\text{max} = 38$，算得 $Mp = 4.62$，故对发文量 5 篇及以上的学者进行统计，绘制共现图谱，如图 4 所示。

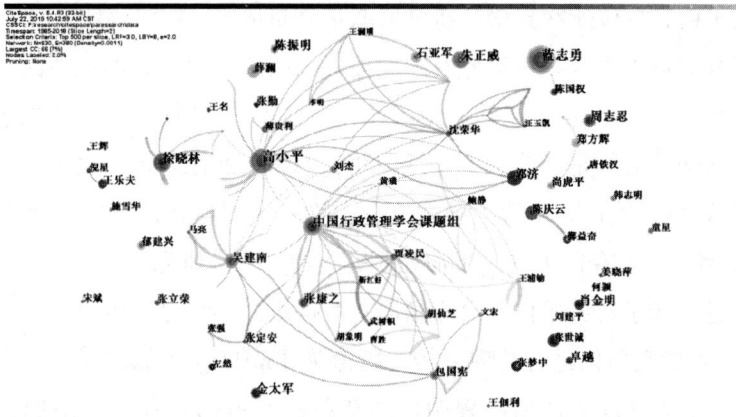

图 4　核心作者共现图谱

发文 5 篇以上的学者人数较多，但合作较少，大部分以孤立点的形式分布于总体网络周围，呈现出碎片化状态。同时，发文 15 篇以上的学者构成整体网络的重要节点，或者子网络的核心节点。围绕中国行政管理学会课题组，以郭济、高小平、张康之、吴建南等人为主构成整体网络中的最大子图。蓝志勇、薛澜、周志忍、陈振明、朱正威、金太军等人在样本文献中大多以独作身份出现，故以孤立点的形式呈现。

4. 关键词共现分析

在 CiteSpace 共现网络中，节点大小与频次相关，连线粗细与共现强度相关。关键词是作者对文献内容的高度概括，对高频关键词进行整合分析，一定程度上能代表文献主要研究内容与学界整体关注热点，而颜色深浅变化是演化趋势的直观体现。本文样本文献关键词共现情况如图 5 所示。

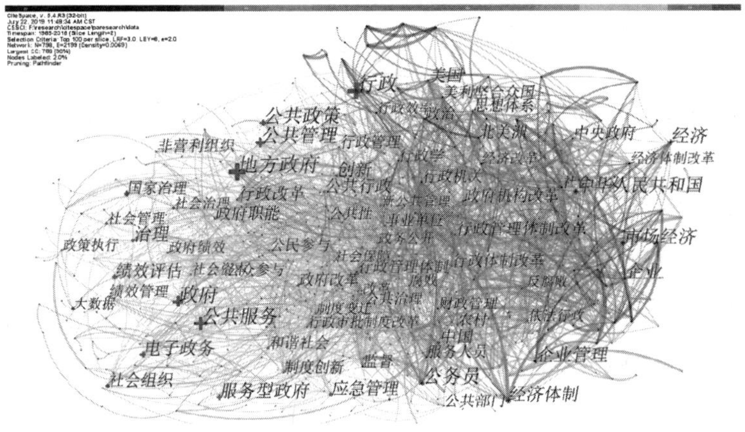

图 5　关键词共现图谱

公共管理研究前期，由于受到社会发展实践及西方新公共管理理论和运动的影响，学界主要采取经验借鉴和移植的方式来开展学科的恢复重建工作，向企业管理研究领域学习经验，从美国等西方国家引入相关理论。而后，研究侧重点开始向"行政管理体制改革""绩效评估""制度创新"等议题转移。直至近年来，随着信息技术和互联网的发展，学界逐渐加大对"政府绩效评估""服务型政府""应急管理""电子政务""国家治理"等新兴研究领域的关注。

为进一步了解关键词及研究议题变化，本文以 5 年为时间间隔，将样本文献分为 7 组，统计各组高频关键词，如表 3 所示。统计结果与上文关键词共现图谱基本一致。2005 年以前，"企业"、"企业管理"及"市场经济"的频率稳居前十，自 2005 年起，"地方政府"与"公共服务"稳居前十，且"电子政务""应急管理""精准扶贫"等议题也逐渐进入高频关注范围。

表 3　各时间区段高频关键词分布情况（1985～2018 年）

组别	关键词前十				
1985～1989 年	行政	经济体制改革	经济改革	企业	企业管理
	美利坚合众国	市场经济	政治	北美洲	思想体系

组别	关键词前十				
1990～1994年	经济体制	市场经济	经济	中华人民共和国	行政
	企业	企业管理	财政管理	思想体系	社会主义
1995～1999年	行政	经济	市场经济	经济体制	中华人民共和国
	企业管理	企业	中央政府	行政学	政府机构改革
2000～2004年	政府	行政	公共管理	企业	企业管理
	公务员	市场经济	美国	中华人民共和国	政府机构改革
2005～2009年	地方政府	公共管理	服务型政府	公共政策	政府
	公共服务	公务员	电子政务	和谐社会	绩效评估
2010～2014年	地方政府	公共服务	公共政策	服务型政府	应急管理
	社会管理	公务员	治理	社会组织	公共行政
2015～2018年	地方政府	国家治理	社会组织	大数据	公共服务
	治理	公共管理	应急管理	社会治理	精准扶贫

（二）核心议题及其演变

1. 早期探索（1982～2000年）

公共管理研究，特别是新公共管理学是在公共行政学发展的基础上产生的。[1] 20世纪80年代初期，我国行政学在一度停滞后开始重建，紧紧追赶西方新公共管理运动的实践和研究。这一时期，以中国行政管理学会的成立及会刊《中国行政管理》的创刊等重要事件为标志，中国公共管理研究逐渐步入正轨。但由于起步较晚，理论与现实已经脱节，研究议题较单一，还无法满足中国社会发展对于理论指导的迫切需求。

参照关键词分布情况，并结合样本文献，可以看出，学者们主要围绕政府改革选择研究议题，侧重于经验移植和学科重建，并逐步确定公共管理研究的主要内容和范围。早期文章主要就政府宏观决策、农村改造、土地管理、社会福利、政府职能、机构与行政改革、行政组织建设、公务员管理、干部测评与绩效考核、公职人员腐败防治与廉政建设、社会保障、

---

① 陈庆云：《关于公共管理研究的综合评述》，《中国行政管理》2000年第7期。

公共政策等问题开展讨论和研究，并对美国、日本等国的经验进行介绍。除了对具体问题的研究，公共管理的"大问题之争"也是学者们关注的重要内容。颜昌武认为，过度强调工具理性的行政模式是对公共行政原有设想的背离，并倡导国内学者在公共管理技术性问题的解决与公共管理对国家社会的影响和价值之间进行反思和批判。① 学者们在这一时期对公共管理研究的角色定位、理论边界等进行讨论。夏书章教授自呼吁重建行政学起，就不断通过讲学、撰文的方式，对行政管理学的基本概念、内涵与研究议题等内容进行探讨和传播，力求扩大其影响力，促进其发展。这一时期的高产学者主要有夏书章、薄贵利、朱正威、陈庆云、周志忍等人，他们从不同方面对公共管理研究进行探索，为科学建构具有中国特色的公共管理学奠定了坚实基础。②

2. 本土化成长（2001～2010 年）

进入 21 世纪，中国正式加入世界贸易组织，全球化、信息化、智能化浪潮对于中国各方面的影响更加明显，国家发展转型速度加快，公共管理问题日益复杂，这对政府管理提出新的要求，公共管理议题也发生新的变化。公共管理成为公共部门管理研究领域继公共行政（第一种途径）、公共政策（第二种途径）之后出现的一种新研究途径（第三种途径），它代表了该学科领域发展的新方向。③

这一时期，为有效应对全球化浪潮冲击，提升政府管理及服务能力，夏书章等人大力推动 MPA 教育，公共管理研究与具体实践的联系更加紧密。学者们在继续引进西方研究成果与理论的同时，相较于以往更加重视本土研究的国际化，重点关注政府改革与治理、公共政策的理论与实践、公共组织理论以及政府工具等议题，努力将西方理论和方法应用于中国情境，案例研究、实证研究日益得到重视。以公共管理研究领域的专业化期刊《公共管理学报》为例，自 2003 年创刊至今，其坚持以"繁荣与深化中国公共管理学术研究，探索与提升政府治理水平"为己任，对研究议

① 颜昌武：《公共行政学的大问题：回顾与展望》，《中国行政管理》2018 年第 11 期。
② 王乐夫：《试论公共管理的内涵演变与公共管理学的纵向学科体系》，《管理世界》2005 年第 6 期。
③ 陈振明：《公共管理范式的兴起与特征》，《中国人民大学学报》2001 年第 1 期。

题、研究方法等都有较为严格的把控，能在很大程度上反映中国公共管理研究范式的演变规律与最新要求。

同时，公共部门所面临的新环境为公共管理研究与理论发展提供了大量新的素材。例如，电子政务逐渐被政府和公共部门采纳及推广应用，为公共管理研究带来新的机遇和挑战。部分学者敏锐地察觉到电子政务将能带来巨大现实价值与广阔研究空间，认为"数字城市是城市政府管理的革命"①，"推进电子政务是时代的要求"②，是"推行政务公开，加强政风建设，建设廉政、勤政、务实、高效政府的有效途径"。③ 而要发挥电子政务的预期效能，就必须重组业务、再造流程，以此实现资源共享和组织虚拟④，从而提升公务人员行政能力⑤和公共部门服务水平。⑥ 与此相应，服务型政府建设、行政审批改革、政府信息共享、跨部门合作、协同服务、公共服务质量评估、网络防腐、公众参与、多中心治理等研究议题都已进入学者们的研究视野，研究内容也逐渐加深，整体发展态势良好。

3. 多元化发展（2011 年至今）

这一时期，公共管理研究呈现出多元化发展态势。在研究所处环境方面，信息技术的深度应用，不仅为政府改革提供便捷途径，还为社会公众参与社会治理提供渠道，为公共管理研究提供新的议题。例如，电子政务应用、"互联网＋政务服务"改革等，都向公共管理研究提出了不同程度的挑战，为公共管理理论体系的发展注入新的元素。同时，非传统安全问题逐渐引起普遍关注。以信息安全研究为例，由于网络空间与物理世界的互动日益频繁，影响日益深远，现实社会的各类问题借助网络突破时空限制，经过发酵和演化，很可能给人类社会带来更大的危害，政府职能部门不仅需要提升虚拟空间治理能力，更需要研究如何防范多种因素叠加、交互所引

---

① 徐晓林：《"数字城市"：城市政府管理的革命》，《中国行政管理》2001 年第 1 期。
② 王文元：《推进电子政务是时代的要求》，《中国行政管理》2002 年第 3 期。
③ 徐晓林：《电子政务的实施与政风建设》，《中国行政管理》2002 年第 12 期。
④ 徐晓林、李卫东：《电子政务成熟度评价的四个基本维度》，《电子政务》2007 年第 8 期。
⑤ 顾平安：《电子政务对公务员行政能力的影响》，《中国行政管理》2003 年第 10 期。
⑥ 蔡立辉：《电子政务：因特网在政府提供公共服务中的运用》，《政治学研究》2003 年第 1 期。

发的社会问题。另外，在学科自身发展方面，行政管理、社会医学与卫生事业管理、教育经济与管理、社会保障、土地资源管理、公共政策、非营利性组织、公共财政以及公共组织与人力资源管理等二级学科或研究方向不断发展，推动公共管理学科体系逐渐完整化、系统化、科学化。

就当前公共管理研究议题而言，廉政建设和网络反腐、政务创新和政府绩效、网络空间治理和公共价值评估、大数据应用和政府数据开放、应急管理和危机防范、社会保障和精准扶贫、社会共治和公私合作、环境保护和食品安全等议题都已引起学者们的广泛关注和深入研究，公共管理研究的现实指导价值日益提升。

（三）研究展望

社会的急速发展及转型为国家治理带来一系列问题与挑战，亟须政府提高自身治理水平，以维护社会的稳定与健康发展。对于公共管理学科而言，经过近40年的恢复、重建和发展，目前正处于关键抉择时期，需要寻找下一步突破的方向。① 如何落实2016年习近平总书记在哲学社会科学工作座谈会上的重要讲话精神，建构有中国特色的公共管理学科，是摆在每一位公共管理学者面前的重要任务与课题。

未来的公共管理研究应进一步夯实理论根基、构建具有公共管理学科特色的研究方法论体系，继续广泛吸收各相关学科的理论与方法，完善公共管理学科自身系统化建设。公共管理学科自设立以来，就不断受到各方质疑，犹如当初社会学、政治学初步发展时的情境。就理论层面而言，哲学能为公共管理理论演进提供方法论和价值追求，政治学理论能为公共管理理论提供研究目标和内容。② 公共行政、公共事务、公共政策构成公共管理学科的三大支柱。③ 公共管理，作为管理理念和管理模式的综合与抽

---

① 李文钊：《变革时代公共管理学科的新整合——中国公共管理学科的再思考》，《江苏行政学院学报》2016年第6期。

② 杨波：《公共管理学跨学科研究的必要性——基于哲学和政治学的研究视角》，《黑龙江教育学院学报》2017年第11期。

③ 季明明：《当代公共行政改革实践与公共管理学科的崛起》，《北京行政学院学报》1999年第3期。

象，具有鲜明的应用性和对策性，与哲学、政治学两个学科相比，微观视角更为明显。[①] 因此，夯实公共管理理论根基，应从哲学、政治学吸收其理论精华，并结合公共管理视角进行融合创新和提炼。同时，应通过广泛引进其他学科研究成果及方法，以社会实验、情境仿真、系统决策等方法为新的支撑，整合学科范式和实践关注并填补理论与实践的鸿沟[②]，促进公共管理现代化发展，促进决策民主化、科学化，提升公共政策与服务的品质，创造公共价值，增进公共利益。

结　语

中国公共管理学在中国社会转型及公共管理实践过程中逐渐兴起并发展，研究具有明显的跨学科、跨领域特性，能够不断吸收和转化其他学科的前沿思想与成果，具体研究范围与对象、研究主题与方法、研究视角与形态等都与最新实践紧密联系。本文综合运用文献计量和内容分析的方法，分析重要作者、关键机构、核心议题以及未来的研究走向，突出研究热点，更具象化地呈现中国公共管理研究发展的脉络。未来研究应继续梳理相关研究成果的应用情况，总结和提炼已有实践所蕴含的公共管理理论与思想。同时，面向国家和社会发展最重大、最现实、最迫切、最直接的问题，加强理论与实践的互动，推动公共管理研究创新发展，为政府优化供给、数字治理、非传统安全、虚拟社会治理等基本公共品提供理论指导。

本文作者为徐晓林、明承瀚，原刊发于
《福建师范大学学报》（哲学社会科学版）
2019 年第 5 期，收入本书时有改动

---

① 李潇潇：《阐释的公共性及其探讨方式——哲学、政治学、公共管理学科对话》，《中国社会科学评价》2018 年第 2 期。
② 李文钊：《面向中国的公共管理学：缘起、路径与展望》，《探索》2018 年第 6 期。

公众信任、政务服务质量
与持续使用意向

——基于 PLS-SEM 的实证研究

引　言

近年来，各地政务服务中心已经成为"互联网＋政务服务"深化改革的前沿阵地，正逐步融合线上、线下政务服务，在落实行政审批改革、创新公共服务的进程中扮演着重要角色，能有效促进政府职能转变，提高行政审批效率。然而，物联网、云计算、人工智能等新兴技术的迅速发展与普及应用，以及社会公众对政务服务需求的不断变化，倒逼"放管服"改革的持续深入。2016 年 3 月，"互联网＋政务服务"首次出现在中央政府工作报告中，政务服务改革面临新的机遇。随后，中央政府密集发文，从国家层面对政务服务深化改革进行顶层设计，规范相关技术与标准，各地积极响应落实，推出"最多跑一次""网上办""不见面审批"等具体措施，取得阶段性成效。

已有实践为相关理论提供重要的检验场域，为深化研究提供宝贵的素材。面对具体环境中的政务服务中心，对其质量及相关前置、后置因素开展研究，检验其逻辑关系与作用机理，具有重要的理论意义与现实价值。近年来，政务服务中心服务质量评估、公民满意度评估、持续使用意向、公民信任等议题得到较为广泛的关注①，学界取得了不少成果。已有研究在总结、反思改革实践的同时，为改革提供重要参考方向。但受研究情境、研究条件等限制，结论普适性不强。同时，针对政务服务中心开展的实证研究还较为匮乏，对公众信任、感知质量、公众满意度、持续使用意向等变量间的关系与强度也少有系统性研究。

基于此，本文拟结合基层实践与已有研究，以政务服务中心为研究对象，通过定量分析，检验公众信任、感知质量、满意度和持续使用意向等变量之间的逻辑关系及其强度。

一　文献综述与研究假设

（一）公众持续使用意向

公众持续使用意向作为因变量频繁出现在研究政府网站服务、电子商务、社交媒体和在线教育学习平台等文献中，学者们借助信任、期望确认、理性行为及创新扩散等理论工具，开展定性或定量研究，对公众持续使用意向的形成原因及相关影响因素进行探究。一般认为，公众持续使用意向会受到用户满意度、感知信任、感知易用性、服务质量、相对优势以及特殊的计算机自我效能等因素的影响。② 已有文献对公众持续使用意向已经做出有益探索，为深入研究奠定良好基础。

政务服务中心的宗旨是"以人民为中心"，最终目标是更好地服务社

---

① 陈振明、耿旭：《公共服务质量管理的本土经验——漳州行政服务标准化的创新实践评析》，《中国行政管理》2014 年第 3 期；汤志伟等：《政府网站公众使用意向的分析框架：基于持续使用的视角》，《中国行政管理》2016 年第 4 期；张育英等：《行政审批服务质量与用户满意度的实证研究》，《中国行政管理》2016 年第 1 期。

② 汤志伟等：《政府网站公众使用意向的分析框架：基于持续使用的视角》，《中国行政管理》2016 年第 4 期；D. Belanche, J. Schepers, "Trust Transfer in the Continued Usage of Public E-services," *Information & Management*, Vol. 51, No. 6, 2014, pp. 627 – 640；L. Xu, "Understanding the Continuance Use of Social Network Sites: A Computer Self-efficacy Perspective," *Behaviour & Information Technology*, Vol. 34, No. 2, 2015, pp. 204 – 216。

会公众。初次使用行为体现了公众对政务服务的直接反应，而持续使用意向才是判断公众满意与否和政务服务中心成功与否的关键指标。[①] 持续使用意向是指公众在政务服务中心申办事项之后，再次向政务服务中心申请服务的意愿。增强公众持续使用意向，不仅能有效降低公众获取服务的成本，而且还有利于政务服务的集成。政务服务中心是政府各职能部门向社会提供政务服务的"主战场"，政务服务要想取得成功，就必须培养公务人员和社会公众对政务服务中心的使用习惯，营造社会氛围，最大限度地发挥政务服务中心的应有价值。

（二）公众满意度

满意度最早出现在营销学和顾客行为学中，即衡量顾客满意程度的指标。在已有文献中，学者们从不同层次、不同维度开展研究，一般将顾客满意度划分为特定型满意和累积型满意[②]。特定型满意是对某次服务或消费的评估；而累积型满意是在特定型满意的基础上形成的，是对所有消费经历的整体评价。

对于政务服务中心而言，公众满意度是指公众在接受政府线上、线下服务时的整体评价，是公众对事前期望和事中、事后感知相对差距程度的主观评价。公众申请、接受政务服务的过程，与一般的服务消费类似，会因某一特定事项办理经历而形成特定满意度，也会因多次办事经历形成累积满意度。因此，可以从特定满意度和累积满意度两个维度来评估公众满意度。具体而言，特定满意度用于评估公众最近一次的政务服务体验；累

---

① A. Bhattacherjee, "Understanding Information Systems Continuance: An Expectation Confirmation Model," *MIS Quarterly*, Vol. 25, No. 3, 2001, pp. 351 – 370.

② A. K. Smith, R. N. Bolton, "The Effect of Customers' Emotional Responses to Service Failures on Their Recovery Effort Evaluations and Satisfaction Judgments," *Journal of the Academy of Marketing Science*, Vol. 30, No. 1, 2002, pp. 5 – 23; L. L. Olsen, M. D. Johnson, "Service Equity, Satisfaction, and Loyalty: From Transaction-Specific to Cumulative Evaluations," *Journal of Service Research*, Vol. 5, No. 3, 2003, pp. 184 – 195; C. Homburg, N. Koschate, W. D. Hoyer, "Do Satisfied Customers Really Pay More? A Study of the Relationship Between Customer Satisfaction and Willingness to Pay," *Journal of Marketing*, Vol. 69, No. 2, 2013, pp. 84 – 96; Z. J. Chen et al., "How to Satisfy Citizens? Using Mobile Government to Reengineer Fair Government Processes," *Decision Support Systems*, Vol. 82, 2016, pp. 47 – 57.

积满意度则用于评估公众的总体政务服务体验。①

基于以上分析，本文提出如下假设：

H1：特定满意度显著正向影响累积满意度。

在研究信息系统的文献中，学者们普遍认为，信息系统为用户创造的价值主要体现在用户满意度上，满意度会影响用户持续使用意向。②汤志伟等人在研究政府网站使用行为时发现，持续使用意向受用户满意度、网络外部性、服务质量、服务层次等因素影响③；另外，在使用团购网络、社交媒体等的过程中，满意度都会对用户持续使用意向产生影响④。

政务服务有其自身垄断性，对于不少服务事项，公众缺乏足够的选择权。但随着第三方服务市场逐渐成熟，在推动国家治理体系和治理能力现代化的进程中，政务服务外包的趋势日益显著，要求日益提高⑤，公众的选择范围逐渐扩大，这对政务服务改革提出挑战。公众对政务服务的满意度已能实质性影响其持续使用意向，部分实证研究已对此进行有益探索。⑥ 但其较少从满意度的两个维度开展研究，因此有必要对此开展进一步探索。

基于此，本文做出以下假设：

H2：特定满意度显著正向影响公众持续使用意向；

① 张育英等：《行政审批服务质量与用户满意度的实证研究》，《中国行政管理》2016 年第 1 期。

② Z. J. Chen et al. , "How to Satisfy Citizens? Using Mobile Government to Reengineer Fair Government Processes," *Decision Support Systems*, Vol. 82, 2016, pp. 47 – 57.

③ 汤志伟等：《政府网站公众使用意向的分析框架：基于持续使用的视角》，《中国行政管理》2016 年第 4 期。

④ 卢宝周等：《网络团购中用户持续使用意向影响机制实证研究》，《企业经济》2016 年第 9 期；G. Yin, L. Zhu, "Habit: How Does It Develop, and Affect Continued Usage of Chinese Users on Social Networking Websites?" *Journal of Organizational & End User Computing*, Vol. 26, No. 4, 2014, pp. 1 – 22；彭希羡等：《微博用户持续使用意向的理论模型及实证研究》，《现代图书情报技术》2012 年第 11 期。

⑤ 张勇进、汪玉凯：《电子政务服务外包模式比较研究》，《中国行政管理》2008 年第 4 期；万青、何有世：《基于委托代理的电子政务服务外包的激励模型研究》，《科技管理研究》2012 年第 19 期。

⑥ 汤志伟等：《政府网站公众使用意向的分析框架：基于持续使用的视角》，《中国行政管理》2016 年第 4 期；陈涛、曾星：《公民信任对于电子政务系统成功的影响》，《电子政务》2016 年第 11 期。

H3：累积满意度显著正向影响公众持续使用意向。

（三）政务服务中心服务质量

政务服务中心有效运转依赖于信息系统的支撑。当前，评估电子政务服务质量时，对信息系统质量的评价往往占较大比重，并主要采用服务质量（SERVQUAL）模型或 D&M 信息系统成功模型。SERVQUAL 工具包含五个维度，开放性较强，在理论和实践中应用广泛，学者们对其进行情境化处理后，验证了它在测量电子政务网站和信息系统的服务质量、评估用户信息满意度等方面的适用性。[①] 而在 D&M 信息系统成功模型中，研究者主要从信息、系统、服务等三个维度对信息系统的运行质量和效率进行评价。[②]

由于行政资源的有限性，其配置往往具有一定的偏向性。不同的行政资源配置方案，会对不同维度的质量产生影响，从而影响政务服务中心整体服务质量，因此，对服务质量进行维度划分具有重要的实践指导意义。根据已有研究和相关模型，我们将政务服务中心服务质量分为信息质量、系统质量和服务质量等三个维度。信息质量是指公众对线上、线下各渠道所获取政务服务信息的评价；系统质量是指公众对电子化系统本身的质量评价，如对网上预约、网上填报材料等电子系统应用的评价；服务质量是指公众对政务服务中心线下服务体验的评价，它更关注"人"这一要素。

学者们对服务质量与用户满意度间的关系进行验证。一般认为，电子政务服务质量显著影响用户满意度。[③] 在我国台湾地区和泰国的实证研究表明，系统、信息、服务等维度质量均会对用户满意度产生影响，进而影

① L. F. Pitt et al. , "Service Quality: A Measure of Information Systems Effectiveness," *MIS Quarterly*, Vol. 19, No. 2, 1995, pp. 173 – 187.

② W. Delone, E. R. Mclean, "The DeLone and McLean Model of Information Systems Success: A Ten-Year Update," *Journal of Management Information Systems*, Vol. 19, No. 4, 2003, pp. 9 – 30.

③ M. M. Ayyash et al. , "Investigating the Effect of Information Systems Factors on Trust in E-Government Initiative Adoption in Palestinian Public Sector," *Research Journal of Applied Sciences Engineering & Technology*, Vol. 5, No. 15, 2013, pp. 3865 – 3875.

响到用户感知净收益和持续使用意向①，但对于中国内地情境下各变量间的关系及强度，还少有人关注。

在政务服务不同阶段，公众的感知质量可能存在差异，同时，特定满意度受某次服务体验的影响；而累积满意度的高低则取决于多次服务的综合体验。有人发现，不同维度服务质量对满意度的影响具有一定的差异。②因此，基于国内外已有研究，本文提出如下假设：

信息质量与满意度之间的关系：

H4a：信息质量显著正向影响公众累积满意度；

H4b：信息质量显著正向影响公众特定满意度。

系统质量与满意度之间的关系：

H5a：系统质量显著正向影响公众累积满意度；

H5b：系统质量显著正向影响公众特定满意度。

服务质量与满意度之间的关系：

H6a：服务质量显著正向影响公众累积满意度；

H6b：服务质量显著正向影响公众特定满意度。

（四）公众信任

信任是一个复杂和抽象的概念，最早出现在心理学中，随后在社会学和经济学等学科中迅速发展。一般认为，信任是"一种承担风险的意愿"③，是"一种基于对他人意图或行为的积极预期而产生的接受脆弱性的心理状态"。④已有研究发现，信任会对质量产生不同程度的影响，信

---

① Y. S. Wang, Y. W. Liao, "Assessing E-Government Systems Success: A Validation of the DeLone and McLean Model of Information Systems Success," *Government Information Quarterly*, Vol. 25, No. 4, 2008, pp. 717 – 733; S. Wangpipatwong et al., "Quality Enhancing the Continued Use of E-Government Web Sites: Evidence from E-Citizens of Thailand," *International Journal of Electronic Government Research*, Vol. 5, No. 1, 2010, pp. 19 – 35.

② 明承瀚等：《公共服务中心服务质量与公民满意度：公民参与的调节作用》，《南京社会科学》2016 年第 12 期。

③ F. D. Schoorman et al., "An Integrative Model of Organizational Trust: Past, Present, and Future," *Academy of Management Review*, Vol. 20, No. 3, 1995, pp. 709 – 734.

④ D. M. Rousseau et al., "Not So Different After All: A Cross-Discipline View of Trust," *Academy of Management Review*, Vol. 23, No. 3, 1998, pp. 393 – 404.

任会正向影响医疗感知质量①、信息披露质量②，负向影响产品质量③；在电子政务领域，公众信任可以分为对互联网和对政府两个方面的信任，通过信息、系统和服务等三个维度的质量间接影响公众满意度和持续使用意向④。

对政务服务中心而言，公众信任是公众在期望与认知层面上对政务服务中心所持的一种肯定性心理和态度，可以分为对技术的信任和对政府的信任，体现的是公众对政府有提供优良服务的意愿和能力的主观评价。对技术的信任是指公众对政府网站及相关业务系统的安全性、可靠性、有用性以及便捷程度等的信心；对政府的信任是指公众对政府深化改革、提供优质服务的一种期望。同时，由于信任受到前期经验的影响，并会对后续感受及行为产生作用，所以本文提出如下假设：

对技术的信任与各维度质量之间的关系：

H7a：对技术的信任显著正向影响信息质量；

H7b：对技术的信任显著正向影响系统质量；

H7c：对技术的信任显著正向影响服务质量。

对政府的信任与各维度质量之间的关系：

H8a：对政府的信任显著正向影响信息质量；

H8b：对政府的信任显著正向影响系统质量；

H8c：对政府的信任显著正向影响服务质量。

根据以上论述，可得出政务服务中心公众信任与持续使用意向研究模型。由于不同人群（年龄、接受服务经历、办理次数等），在持续使用意向上可能会显现不同特征，因此在该模型中应加入控制变量。首先，不同年龄段的社会公众对于政务服务的需求可能存在差异。其次，受访者以前

---

① 董恩宏：《基于医疗质量管理的患者信任度评价指标体系构建及相关研究》，博士学位论文，上海交通大学，2012。

② 陈小林等：《公共压力、社会信任与环保信息披露质量》，《当代财经》2010 年第 8 期。

③ 汪丽：《信任与产品质量——兼论中国当前的产品质量问题》，《生产力研究》2009 年第 16 期。

④ 蒋骁等：《基于过程的电子政务公众采纳研究框架》，《情报杂志》2010 年第 3 期；F. Bélanger, L. Carter, "Trust and Risk in E-Government Adoption," *Journal of Strategic Information Systems*, Vol. 17, No. 2, 2008, pp. 165 – 176。

是否在政务服务中心接受过服务，可能会影响其对政务服务中心的整体感知，在有选择的情况下，这会对持续使用意向产生一定影响。最后，当办结相关事项所需往返次数及烦琐程度与公众期待存在差异时，便可能会影响公众对政务服务中心的整体感知。

二　研究设计

本文测量题项及数据来源于课题组前期相关研究。潜变量测量题项具体内容及参考文献如表1所示，并在此基础上形成问卷初稿，各变量观测题项均采用 Likert 五级量表。问卷经实地预试、修正后，面向去黄石市西塞山区政务服务中心申办事项的社会公众发放并回收。累计发放问卷550份，回收整理后，得到有效问卷429份，有效回收率为78%。在删除不完整记录后，得到样本量为356份。统计表明，样本数据中性别比例较均衡，年龄主要分布在20岁至50岁，受高中及以上教育者占81.2%，各类人群职业分布较均匀，月收入在4000元以下的占97.25%。

表1　测量模型

潜变量	观测变量及题项	参考来源
对技术的信任	Tt1：服务中心有足够的技术安全保障，让我在办事时很放心	France Bélanger & Lemuria Carter[1] Xenia Papadomichelaki & Gregoris Mentzas[2]
	Tt2：服务中心采取的技术手段是可靠的，能帮我解决很多问题	
	Tt3：总的来讲，服务中心的业务系统是稳定和安全的	
对政府的信任	Gt1：我相信我们的政府部门	
	Gt2：我相信政府在服务中心能提供良好的服务	
	Gt3：我相信政府会维护我们的利益	
	Gt4：我认为地区政府部门是值得信任的	
信息质量	Xx1：服务中心提供了我需要的精确信息	Yi-Shun Wang & Yi-WenLiao[3] Young Sik Kang & Heeseok Lee[4]
	Xx2：服务中心提供了足够的信息	
	Xx3：服务中心提供了及时更新的信息	
	Xx4：通常服务中心都提供了高质量的信息	

续表

潜变量	观测变量及题项	参考来源
系统质量	Xt1：服务中心的设备和系统用户界面很友好	
	Xt2：服务中心的设备和系统很好用	
	Xt3：总体而言，服务中心整体系统质量很高	—
服务质量	Fw1：工作人员能热心帮助我解决问题	
	Fw2：在服务中心办事我感觉很安全踏实	
	Fw3：服务中心的工作人员很关心我的情况	
特定满意度	Td1：最近一次在服务中心办事后，我感到非常满意	
	Td2：最近一次在服务中心办事后，结果超出我的预期需求	
	Td3：最近一次在服务中心办事后，我有非常好的体验	张龙[5] Kan-Min Lin，Nian-Shing Chen & Kwoting Fang[6]
累积满意度	Lj1：我在服务中心办事的体验一直都很好	
	Lj2：服务中心的服务一直都能满足我的期望	
	Lj3：总之，我对服务中心一直都很满意	
公众持续使用意向	Lx1：以后要办类似的事项时，我会继续来服务中心办理	Ralph Keng-JungYeh & James T. C. Teng[7] Sivaporn Wangpipatwong，Wichian Chutimaskul & Borworn Papasratorn[8]
	Lx2：如能选择，我还会来服务中心而不是其他地方去办理事项	

注：①France Bélanger & Lemuria Carter，" Trust and Risk in E-Government Adoption," *Journal of Strategic Information Systems*，Vol. 17，No. 2，2008，pp. 165 – 176.

②Xenia Papadomichelaki & Gregoris Mentzas，"E-GovQual：A Multiple-Item Scale for Assessing E-Government Service Quality," *Government Information Quarterly*，Vol. 29，No. 1，2012，pp. 98 – 109.

③Y. S. Wang，Y. W. Liao，"Assessing eGovernment Systems Success：A Validation of the DeLone and McLean Model of Information Systems Success," *Government Information Quarterly*，Vol. 25，No. 4，2008，pp. 717 – 733.

④Y. S. Kang，H. Lee，"Understanding the Role of an IT Artifact in Online Service Continuance：An extended Perspective of User Satisfaction," *Computers in Human Behavior*，Vol. 26，No. 3，2010，pp. 353 – 364.

⑤张龙：《移动服务质量与顾客满意研究》，博士学位论文，华中科技大学，2009。

⑥K. Lin，N. Chen，K. Fang，"Understanding E-learning Continuance Intention：A Negative Critical Incidents Perspective," *Behaviour & Information Technology*，Vol. 30，No. 1，2011，pp. 77 – 89.

⑦See X. Papadomichelaki，G. Mentzas，"A Multiple-Item Scale for Assessing E-Government Service Quality," *Government Information Quarterly*，Vol. 24，No. 1，2012，pp. 98 – 109.

⑧S. Wangpipatwong，W. Chutimaskul，B. Papasratorn，"Understanding Citizen's Continuance Intention to Use E-Government Website：A Composite View of Technology Acceptance Model and Computer Self-Efficacy," *Electronic Journal of E-Government*，Vol. 6，No. 1，2008，pp. 55 – 64.

三 数据分析和讨论

利用 SmartPLS 2.0 对收集到的数据进行模型计算和显著性检验。

（一）模型测度

首先，各指标的载荷系数分布于 0.793~0.925，均满足指标信度检验要求，表明各测量题项信度较高。其次，各指标 Cronbach α 值均大于 0.7，且综合信度（CR）均在 0.9 左右，表明内部一致性信度较高。最后，由潜变量相关矩阵（见表 2）可知，各潜变量的抽取平均方差（AVE）分布于 0.692~0.855，均高于 0.5 的检验标准，且所有潜变量与其他潜变量之间的相关系数均小于其 AVE 的平方根，满足收敛效度与判别效度的检验要求。[①] 另外，由于在信度和效度检验过程中，交叉载荷系数均较低，故无须进行共线性检验。因此，可以认为测量模型总体上满足要求。

表 2 潜变量相关矩阵

	Cronbach α	CR	AVE	TEC	GOV	INF	SYS	SER	CUM	SPE	CON
TEC	0.830	0.922	0.855	**0.924**							
GOV	0.847	0.908	0.766	0.787	**0.875**						
INF	0.927	0.948	0.820	0.666	0.635	**0.906**					
SYS	0.865	0.908	0.711	0.675	0.655	0.756	**0.843**				
SER	0.777	0.871	0.692	0.641	0.682	0.671	0.710	**0.832**			
CUM	0.846	0.907	0.765	0.683	0.713	0.666	0.655	0.649	**0.875**		
SPE	0.835	0.901	0.752	0.662	0.727	0.683	0.675	0.686	0.722	**0.867**	
CON	0.863	0.917	0.786	0.613	0.654	0.651	0.639	0.656	0.732	0.693	**0.886**

注：表中对角线上加粗数字为该行对应潜变量 AVE 的算术平方根。

[①] K. K. Wong, "Partial Least Squares Structural Equation Modeling (PLS-SEM) Techniques Using SmartPLS," *Marketing Bulletin*, Vol. 24, No. 1, 2013, pp. 1–32.

（二）模型检验

Bootstrapping 方法计算结果表明，各潜变量的可解释方差（R^2）均在可接受范围，潜变量的解释能力较强。同时，测量模型中 t 值分布于 25.193～95.132，表明观测变量显著性水平较高。结构模型中 t 值分布于 1.826～8.423，除一条路径（系统质量→累积满意度）不显著外，其他路径均较显著。模型计算结果如图1所示。

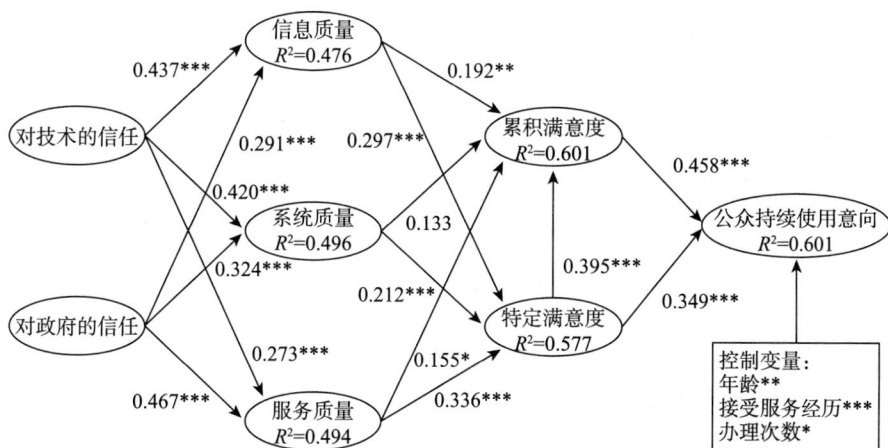

图1　模型计算结果

注："***"表示在 0.001 水平上显著（$t > 3.29$；$p < 0.001$），"**"表示在 0.01 水平上显著（$t > 2.58$；$p < 0.01$），"*"表示在 0.05 水平上显著（$t > 1.96$；$p < 0.05$）。

由图1可知，公众对技术的信任显著正向影响信息、系统和服务等三个维度的感知质量，因此，假设 H7a、H7b、H7c 成立。公众对政府的信任显著正向影响信息质量、系统质量和服务质量，证实了假设 H8a、H8b、H8c。各维度的服务质量均显著正向影响特定满意度，证实了假设 H4b、H5b、H6b；信息质量和服务质量显著正向影响累积满意度，而系统质量对累积满意度的影响不显著，因此，假设 H4a、H6a 成立，假设 H5a 不成立。特定满意度显著正向影响累积满意度，证实了假设 H1。累积满意度和特定满意度显著正向影响公众持续使用意向，因此，假设 H2、H3 成立。

四　研究结论与启示

（一）研究结论

本文以政务服务中心为研究对象，引入公众信任这一变量，拓展了政务服务中心服务质量研究范围。实证数据表明，信息、系统及服务质量能够较好地解释公众对政务服务中心的总体感知质量，特定满意度和累积满意度也能较好地解释公众满意度。接受服务的经历、年龄、办理次数等控制变量在不同显著性水平上影响公众持续使用意向，这对于开展分类服务具有启发意义。政务服务中心各维度感知质量均在 0.001 的显著性水平上受公众信任影响；在感知质量与满意度的关系中，特定满意度对各维度质量的反应更为敏感；两个维度的满意度均在较高水平显著影响公众持续使用意向。研究结果能为政务服务中心服务质量的持续改进提供理论依据与数据支撑。

（二）理论启示

首先，本文研究模型拟合度高，具有一定的借鉴价值。从整体上看，本文提出的模型具有较高的信度、效度，拟合程度较好，表明本文的理论模型与基层实际相符，具有较强的适用性，能为后续开展整体性研究，尤其是实证研究提供有益的借鉴。其次，本文提供了新的研究视角。以往的研究大多将信任作为结果变量来进行分析，而本文发现，信任对各维度质量有显著影响，这为后续研究提供了一个新的视角。最后，研究变量的细化能促进研究的精细化，增强实践指导意义。本文将满意度细分为两个维度，更有利于识别不同因素对满意度的作用机理，能为后续研究提供借鉴和参考。

（三）实践启示

首先，进一步提升社会公众满意度，从而增强公众持续使用意向。本文发现，相较于特定满意度，累积满意度对公众持续使用意向的影响更显著。政府职能部门通过政务服务中心提供政务服务时，不应该仅关注某一方面或某一次的服务质量，还应持续关注各服务环节，这样才能提高公众累积满意度，从而更好地促进公众产生持续使用意向。同时，累积满意度的累积性和稳定性特征可以作为政务服务中心过去、现在和将来绩效的重要标识，也能更好地预测公众的后续行为和动机。

其次，深化和融合线上线下服务，提升现场服务质量，促进满意度提升。三个维度的服务质量对特定满意度的影响比对累积满意度的影响更显著，而特定满意度又对累积满意度有显著正向影响，这可能是因为特定满意度在三个维度服务质量与累积满意度之间起中介作用。这表明政府在提高政务服务中心的服务质量时，应将重点放在如何提高特定满意度之上。当前，政务服务改革效果并不理想，绝大部分事项仍需要线下办理。已有方案并不能很好地满足政务服务改革需求，以武汉市为例，截至 2017 年 4月，在 913 项市级政务服务事项中，可全程"网上办"事项只有 69 项[①]，90% 以上的事项须申请人到办理窗口现场办结。本文发现，在"总体感知质量→特定满意度"的关系中，相较于信息质量和系统质量，现场服务质量的影响更大。因此，为提高整体服务质量，应注重现场服务质量的提升，投入更多的资源来提高现场工作人员的服务能力与素质，加强配套服务设施建设。另外，研究结果表明信息质量对特定满意度的影响也较显著，这要求政务服务中心在提供线上服务时，也要提高政府网站易用性、有用性和安全性，保证各渠道发布信息的一致性和及时性，使公众能够安全快速地查询、获取有用信息。

最后，加强政府公信力建设，提升政务服务中心总体感知质量。本文发现，在"信任→现场服务质量"关系中，相较于公众对技术的信任，公众对政府的信任在这一路径中具有更显著的影响。因此，政府必须从公众的视角出发，以"公民为中心"，高度重视政府公信力建设。一方面，应强化政府职能部门工作人员服务意识和社会公众的权利意识，创新公众参与机制，保障公众有序参与，引导公众形成合理预期，缩小公众预期与政府实际服务质量之间的差距，从而提高公众对政府的信任度；另一方面，

---

① 宋磊：《两年内实现八成事项网上办理》，《长江日报》2017 年 4 月 21 日，第 3 版。

应完善制度体系，清除"潜规则"意识，规范政府的行政行为，切实提高公众的改革获得感，提升政府公信力。

五　研究不足与展望

由于研究环境及条件所限，本文还存在以下不足：①虽然样本已涉及不同职业、不同年龄阶段、不同受教育程度的公众，但样本量难免存在局限性，研究结果的普适性有待进一步实证检验；②研究数据主要是横截面数据，难以从时间维度对各变量间关系进行研究。

政务服务中心服务质量的持续提升是"互联网＋政务服务"深化改革的重要内容，对相关理论研究与实践探索都提出了新的要求和挑战。本文仅就这一议题开展部分工作，后期还应对公民参与、信息公开等相关变量的影响及效度进行研究；同时，应加强纵向时序研究，提升研究的系统性与完整性。

本文作者为徐晓林、张梓妍、明承瀚，

原刊发于《行政论坛》2019 年第 3 期，

收入本书时有改动

电子政务与数字政府理论

"数字城市"：城市政府管理的革命

自 1998 年美国副总统戈尔首次提出"数字地球"这一概念及其国家计划以来，"数字城市"作为"数字地球"的中心环节，已成为解决城市信息需求问题的全新方案。一些发达国家几年前就开始了"数字家庭""数字社区""数字城市"的综合实验，而美国已率先跨入数字化时代，可以预见，"数字城市"将成为信息时代的国际化潮流。在我国，公用数据信息平台的搭建和 UPMIS（城市规划管理信息系统）、GIS（地理信息系统）、MIS（管理信息系统）、OA（办公自动化）技术已在城市公共部门广泛推广和应用，一些地方的"数字城市"方案已进入实质性论证和实施阶段，我国的"数字城市"正处于发展的关键时期。信息技术与社会互动的事实表明，数字化技术正以其细致而缜密的渗透与磅礴的气势，给城市政府管理科学化和现代化提供强有力的技术支持，而且通过促进经济转型和社会结构的演化，对城市政府管理模型、权能结构和行政理念产生巨大而深刻的影响，从而掀起城市政府管理史上的第三次革命。

一 "数字城市"将重铸城市政府的权能

哈贝马斯认为，技术是改变权力结构的重要杠杆之一，信息化无疑强化了这种杠杆的调节作用。"数字城市"是融合多种高新技术的计算机网络信息系统，它不仅能改变城市政府的生态技术环境，而且，"数字城市"构筑的虚拟空间将推进城市政府管理权能的嬗变。

（一）"数字城市"使城市政府功能输出输入发生"位移"

"数字城市"给城市带来无限的发展空间和机遇，同时也将伴随着社会结构调整促进政府角色的转换。诚如迈克尔·尼尔森所言："正像信息技术深刻地改变了美国的商业结构一样，我们可以预见计算机技术和信息交流技术的发展将极大地影响政府的结构和职能。信息技术和网络经济的发展将深刻地改变公众的期望和政府的工作方式。"[1]

首先，"数字城市"使城市政府具有更强的信息获得与控制能力，从而使政府职能向新的领域扩展，可以更集权、更有效地实现对社会的控制。①"数字城市"使城市政府能有效地将国家或国家级组织提供的信息和自身的需求结合起来，寻求有效的解决方案。②公共服务成为城市政府的核心职能。③促进社会公平将成为城市政府的重要职能。"数字城市"的重要特征就是信息资源的共享，它要求构建一体化的模式。网络越大，网络各部分的运行效率就越高，潜在功能就越强。更广泛的覆盖面和更多的参与者是"数字城市"发展的先决条件。④建立灵敏的公共安全预警保障机制成为城市政府的当务之急。在数字时代，对城市公共安全带来威胁的不仅来自有形的世界，还来自无形的电子虚拟世界。网络的滥用已经对国家安全构成了新的威胁，城市政府必须采取措施保障国家网络和重要信息设施的安全。⑤城市政府必须投入更大的力量致力于人力资源的开发，为市民创造更多的发展机会。如果说在工业技术时代，传统经济是一种自然资源和制造业的国别经济的话，那么数字经济就是倚重信息资源和金融服务业的全球化经济。在美、日等发达国家，生产过程中自然资源和人力资源的地位正在逆转。"数字城市"正在改变生产过程中脑力劳动和体力劳动的构成，与直接劳动相比，间接劳动的比重在不断提高。技能含量少的工作正在消失，知识工人成为劳动力需求的热点。吸引资本进入域内市场的最富竞争力的因素，就是劳动力的技能和知识积累。

其次，"数字城市"的建立和发展，导致城市政府的部分功能丧失。

---

① 参见〔美〕唐·泰普斯科特等《数字经济蓝图——电子商务的勃兴》，陈劲、何丹译，东北财经大学出版社、McGraw-Hill 出版公司，1999，第 56~136 页。

在工业技术时代，城市政府的社会职能具有不对称性。这主要是由信息传递工具的欠缺和信息传递渠道中人为因素造成的。而"数字城市"的建立，使市民、家庭和社区组织具有较强的自主性。因为，"数字城市"在更广泛的意义上实现了信息资源的共享，通过网络和信息传播媒介，市民更了解政府的运作过程，一些原由政府提供的服务，市民可通过其他渠道获得。此外，"数字城市"的发展使社区组织与公众在信息的交流与享用方面相对自由，亦即"数字城市"在一定程度上解放了政府，使政府能摆脱琐务，专司社会运行规则的设置及运转监控职责。可见，当网络技术渗透到城市社区组织、市民的日常生活与工作时，政府就会自行收缩行政决策范围，实现"小政府、大社会"的价值追求。"数字城市"使大量共享信息流通于互联网，并且信息不会因传递渠道障碍失真，信息的公开性、共享性、保真性使信息占有上的不对称现象大量减少。信息的对称性发展决定了政府某些方面职能范围应适当收缩，即政府因信息不对称而具有的协调作用要减小，某些权力要归还社会。换言之，"数字城市"为城市政府职能输出准备了条件，政府可以将社会性、公益性、自我服务性的事务从政府职能中剥离出来，交给第三部门（民间社团或社会中介组织等）承担，将本属市场的生产、分配、交换的经济职能归还市场。"数字城市"使城市政府部门职能收缩或流失，必然打破旧的权力平衡，从而导致城市政府管理方式发生革命性变化。

（二）"数字城市"将使城市政府管理民主化趋势取得突破性进展

一般而言，民主与政治相联系，效率与行政相联系。在行政领域难以套用政治领域的民主原则，更无从谈到民主化问题。但在"数字城市"时代，城市行政管理民主化是一种必然趋势，是一种潮流，势不可当。其原因在于数字化技术的高度发达将破坏以权力集中为特征的官僚体制的技术基础，必然导致城市政府管理的民主化。

首先，"数字城市"弱化了政府官僚集权机构的社会控制能力。美国著名未来学家托夫勒认为，权力质量层次逐渐增加的三种形式是暴力、财富和知识。现代信息技术的发展，打破了知识和信息被传统官僚机构垄断的局面，带来了知识和信息的社会化。作为财富和知识主体的社会、市场、公众的权力得到不断强化。尼葛洛庞帝教授把权力的分散视为数字化生存的四大物质之首，认为传统的官僚集权观念随着网络的发展将成为明日黄花。[①] 工业技术时代，大型计算机及其对信息的垄断处理方式是政府权威、组织乃至技术精英统治的象征。而西方非主流文化分子则宣称，各种数据库应是大众获得自主参政权利不可或缺的条件。美国早在 20 世纪 70 年代就出现了诸如以"社区记忆"为代表的民用局部网络雏形，其创意者的核心观念就是打破政府的信息垄断，竭力分享和传播信息。他们认为信息不仅是一种工业必需品或者商品，由于各种形式的权力包括公众的生计一天比一天更加依赖信息，对信息的了解与掌握就成了民主参政的生命线。事实上，一部电脑技术的发展史就是集权趋向分权的历史。其中有两个具有历史意义的重大转折，一个是电脑从中央控制式的大型主机转变为普通市民也可使用的个人电脑；另一个就是数字技术的兴起和网络的发展。前者类似贵族专有向平民化的转变，它强化了分权和平等的观念；后者使亿万台计算机连同光纤通信和卫星技术一起，交互作用，形成具有广泛渗透性的庞大蛛网，对打破城市政府信息垄断及由此衍生的集权控制潜在地具有破坏作用，它增加市民的选择机会也天然地符合民主精神。

数字城市所独具的媒介作用，具有鲜明的时代特征，使城市政府传统的管理方式面临前所未有的挑战。一是刺激城市社群的分化。与传统媒体电视相比，电脑网络更富个性。电视传播是单向的，选择面窄，自由度低。而"数字城市"具有的网络异步传输与交互式沟通使个人和城市社区组织能从容地选择和吸纳信息，它弱化了市民对政府和社团的依附，迫使城市政府放弃固有的权力运作方式，从而强化个人和群体的自主权。二是促进了城市政府与市民交流的平等。顺畅通达的电子访问大大削弱了严格的科层制等级观念，市民通过网络联系市长变得十分容易，"数字城市"无中心散布式的网络结构使平等自由的思想交流成为可能。三是提高了市民参与政府管理的能力。比特（bit）能以光速无障碍传播这一特质，结合网络"打不烂、堵不住"的设计原则，开创了信息多元传递和言论自由

---

① 〔美〕尼古拉·尼葛洛庞帝：《数字化生存》，胡泳、范海燕译，海南出版社，1996，第 269 页。

的全新格局，政府审查制度在网络上形同虚设；由于传播成本低廉，城市社区组织和市民通过网络传播其参政思想、表达参政意愿的能力大大增强。可见，"数字城市"在削弱政府集权控制的同时拓展了民主管理的内涵，提高了民意在政府运作中的分量，从而在很大程度上改变了未来政府管理的结构与模式。网络信息传递不受时空阻碍及政府控制的互动方式的影响，使人们在感知与介入世界方面获得了前所未有的、痛快淋漓的体验，它将极大地提高人们参与政府管理的兴趣。一个连线的、一拨即通的政府，每一项议案都可引来大量电子邮件，互联网将成为市民与政府对话的主要途径。

（三）"数字城市"深刻影响政府的决策品质与程序

"数字城市"作为高新技术手段，对政府决策的影响，主要表现在以下几个方面。第一，"数字城市"能提升城市政府决策信息的品质。首先，数字化网络技术大大提高了信息保真率，从而改变城市政府现行信息传递模式与组织结构：社区或市民借助网络多渠道将信息直接传至决策层，使信息传递渠道多元化；中间层级功能的消退，导致现代城市组织结构向中空化方向发展。以上变化的实质在于中间层级信息传递功能的网络替代，这就消除了信息传递至决策层的人为阻滞，使信息传递准确、及时，避免了信息传递失真。其次，网络拓展了决策信息源，改变了决策者的有限理性。赫伯特·西蒙认为，在管理决策过程中，决策者进行理性判断和抉择的能力是有限的；在有限理性下，决策只能达到满意化而不可能做到最优化。有限理性阻碍了政府决策科学化的实现，而人类存在有限理性的原因主要是信息的缺失或信息量不足。在 21 世纪的"数字城市"，互联网将各终端用户发展为潜在的决策信息源，他们的意愿、要求可随时在网络上发送。由于网络终端交互联系，其意愿表达会引发网上信息聚集，即某种意愿的表达可能带动其他用户就相关问题发表见解、表达意愿，从而把恰当的信息提供给政府的领导者，避免信息不完全产生的有限理性。

第二，"数字城市"能提高城市政府决策过程的透明度。

第三，"数字城市"将强化行政决策执行的监督，降低决策执行变形的发生率。一方面，它简化了监督信息反馈的传输渠道。"市长网页"直接与广大市民的网络终端相连，计算机网络替代了决策监督反馈的中间环节，可避免反馈信息的失真。从而形成强大的监督网络，以规范政府行为。另一方面，"数字城市"的建立使网络技术以"秘密投票"的方式确保监督者尤其是民众敢于监督。网络监督反馈避免了泄密的隐患，更能有效地保障监督者合法权益，消除其顾虑。简言之，网络监督安全系数高，为监督活动提供了技术保障。

二 "数字城市"驱动城市政府管理模式的重塑

科学技术是影响行政组织系统结构重组的基本变量，这是行政生态学的一个重要观点。约翰·奈斯比特也认为，信息化的政治结果是头重脚轻、集权机构的消失，我们将自下而上重新建立各种机构。他甚至预言，电脑将粉碎金字塔式的管理制度，"我们过去创造等级制、金字塔式的管理制度，现在由电脑来记录，我们可以把机构改组成水平式"。[①] 在约翰·奈斯比特看来，技术毕竟是手段，社会需要和社会进步才是目的。具有高智能、高创新性特征的"数字城市"不仅推动城市社会经济面貌的大改变，而且它作为城市社会范式转变的催化剂，始终与城市政府再造相联系，成为城市政府再造的工具和动力。"数字城市"既能促进城市政府管理的现代化、民主化、公开化和效率化，又对城市政府管理理念、治理结构、行政程序、工作流程、政府的制度供给产生重大冲击，从反面提出重塑城市政府管理模式的社会要求。

传统的金字塔式的政府管理模式是以威尔逊、古德诺的政治—行政二分法和韦伯的科层制理论为支撑点的。其构成模型是下层众多的管理机构和人员隶属于上层少量的领导机构和人员的组织管理结构，管理信息由下层向上层传输，管理权力则由上向下贯彻，在管理机构和人数上是下层多上层少，形成金字塔式的权力结构；管理权力是上层大下层小，形成

---

① 参见〔美〕约翰·奈斯比特《大趋势——改变我们生活的十个新趋向》，孙道章等译，新华出版社，1984，第255～336页。

倒金字塔式的权力结构。这种结构模式是工业技术革命的产物，其特征是高度的集权统一。在环境压力大但变化不多的情况下，这种模式可以充分发挥作用。而在现代信息社会，数字技术的发展和"数字城市"的建立，使这种高度集权的金字塔式管理模式受到严重挑战。数字技术加快了现代城市社会生产、生活的节奏，市场瞬息万变，市民的需求和社会生活朝多元化方向发展，这在客观上要求城市政府能及时、准确做出回应，迅速灵活地调整战略、策略。而金字塔式管理模式层级多、决策权高度集中，且存在难以完全克服的官僚主义作风和不负责现象，使这种结构模式从获得信息到做出决策再到调整政府的组织行为需要较长的周期，其结果往往是在迅速变化的环境面前显得机械、迟钝、呆滞，坐失良机，影响政府形象。

传统的金字塔式管理模式是以高层政府垄断信息为前提的，而下层政府和基层公众至多只能掌握有限的局部信息。不可否认，科层官僚制已经并将继续发挥作用。但科层制交流模式往往是封闭的、不自主的，这种交流结构似乎存在潜在的病理倾向。它的信息交流结构会导致失真：第一个解释是，一个组织在一定时期内处理信息的能力是有限的；第二个解释是，流经各个等级结构的信息，往往因其中地位较高者的意愿和敏感同地位低下者的屈从而被歪曲。维纳认为，一个系统的自组织程度越高，它所提供的信息量就越大；也可以理解为，当一个政府能最大限度地满足行政系统的信息扩容要求时，该政府的组织结构就越能适应信息化时代。而"数字城市"所营造的网络世界，一改过去单一的信息传递渠道为全方位、多层次、多形式、多途径跨越时空的传输渠道，管理上层与下层在信息获得的范围数量、时差上的区别在不断缩小。城市政府管理高层信息垄断权与决策管理的垄断权逐渐流失，把不合时宜的传统金字塔式政府管理组织结构改造成适应"数字城市"需要、以网络状水平式组织结构为特征的政府管理模式已成为重塑政府的世界性浪潮。这种模式的基石是柔性管理，其价值基础是分享主义、双胜双赢（win win solution）和感同身受；其突出特征是注重组织和个人的学习与创造、满足自我需求、个性的人文关怀和相互依存的团队精神。正如托夫勒在《权力的转移》引言中指出："在权力转移的黎明，我们生活在一个维持世界的权力整体结构正在分化的时刻。一种根本不同的权力结构正在形成。它出现在人类社会的每个层次上。"①

所谓网络状水平式管理模式，就是在信息传输渠道上除由下至上的垂直渠道外，还有同一层级的各管理机构和人员之间的横向渠道，不仅管理高层可及时获得全局性信息，而且处在不同层级不同部门管理岗位上的工作人员也能及时获得全局信息，政府高层不再是唯一能综观全局的特权阶层，甚至负责上下传递信息，居中间层级的政府管理机构及其工作人员也将失去存在的理由和基础。压平层级，精简影响信息传递速度和质量的中间层级，使政府管理的组织结构趋近水平式模式，成为重塑政府的必要环节；行政权和决策权适当分散到各层级、各部门的管理岗位，形成分层决策、分层行政的权力结构；在政府内部形成垂直和横向并存的网络式传输渠道，行政环境信息和政府指令信息的传输呈双向或多向性反馈型，这就使得政府组织不再是注重硬性管理，按科层官僚制原则构成的"管理机器"，而是按系统整体原则建构的、有限刚性和有限柔性相济的、能对行政生态环境及时做出反应的有机体，它是一种灵敏快速的决策系统和高效能高质量的政府管理系统。我们有理由相信，网络状水平式管理模式就是未来信息时代与"数字城市"需要相适应的城市政府管理模式，或许这也是托夫勒先生所期待的那种"权力结构"。未来的城市政府网络状水平式管理模式具有如下六个特征。

（1）技术行政。技术因素是影响权力的变量之一，这已被大量行政实践所证实。丹尼尔·贝尔甚至认为，"在后工业社会里，专门技术是取得权力的基础"。② 在信息化社会，"数字城市"使城市政府管理大规模采用知识密度大、科技含量高的行政技术，政府行政对技术的依赖程度加深，进一步巩固和提升了技术专家的治理地位，使其在政府管理事务中扮演更多的角色。信息化的种种迹象表明，以人为本对于网络社会而言具有特殊意义，信息技术专家将成为政府官僚体系中的生力军。

---

① 〔美〕阿尔文·托夫勒：《权力的转移》，吴迎春、傅凌译，中信出版社，2006。
② 〔美〕丹尼尔·贝尔：《后工业社会的来临——对社会预测的一项探索》，高铦、王宏周、魏章玲译，商务印书馆，1986，第212页。

（2）服务行政。在信息社会，城市政府由权力行政转变为服务行政，必须实现行政理念的超越：社区组织、市场、市民的意愿要求是政府行政的出发点；社区组织、市场、市民既是管理客体，更是服务客体，是政府行政体系运行的中心，而政府只不过是一个享有权威的公共服务组织；政府行政的目的是为社区组织、市场、市民追求自我价值、实现自我价值提供条件，并扫除公民在实现自我价值过程中的一切障碍。因此，方便服务对象是城市政府的最高行为准则。

（3）参与行政。在工业技术时代，科层集权等级制度和政府官员的自利性，导致政府组织结构层次迅速增长，甚至各种社会组织都承担着政府行政职能，这种多层行政是官僚机构"帕金森综合征"的必然反映。在数字化时代，现代信息技术促进文化、知识、信息的传播，能提高公众文化知识水平和组织管理能力，而"数字城市"既为市民获取信息、表达意愿创造物质条件，又为市民民主参与政府的决策与行政提供技术设施，由代议制民主向参与式管理过渡是信息时代的必然趋势。

（4）制度行政。亨廷顿认为："制度化程度低下的政府不仅是个弱政府，而且还是个坏政府。"① 政府的制度供给既是行政法制化的构成要素，又是行政发展的必要条件。在工业技术时代，虽然存在行政制度，但不完善，呈现以行政人格化、人情化为特征的非制度化行政倾向。"数字城市"使城市政府网站、社区网站、市民网站融为一体，由于使用人员众多，技术水平和安全意识千差万别，加之网络犯罪、黑客侵袭、计算机病毒传播等问题，严重危及国家安全、公共安全和公民合法权益。因此，把"数字城市"的发展纳入制度化轨道，对政府、社区、市民的网上权利与义务进行制度化规范，这既是民主的必然要求，又是民主的体现和保障。

（5）效率行政。20 世纪 70 年代以来，虽然许多国家的政府出于不同的考虑、打着不同的旗号、采取各不相同的措施进行行政改革，但目标却惊人地相近：裁减冗员、撤销一些行政机构、成建制地转移一些行政组织、降低行政成本、提高行政效率。"数字城市"的建立和发展为提高城

---

① 〔美〕塞缪尔·亨廷顿：《变革社会中的政治秩序》，李盛平等译，华夏出版社，1988，第 26 页。

市政府的管理效能提供了契机。

（6）公开行政。公开行政指城市政府在网上设置网站和主页，向公众提供非保密政府信息的检索服务。互联网将为政务公开提供方便、有效、快捷的载体。政府既掌握最大量的公共信息，又是法规、规章、政策的制定者，相对于公众，它居于信息强势地位。在农业技术社会和工业技术社会，官僚科层制政府的政治运作过程，是密不可知或不甚可知的领域。从而，本应制度化、程序化、公开化的政务运作，由于暗箱操作，制度运用往往为少数人或个别集团操纵，使制度依附于个人或集团私欲。因此，西方学者曾梦想把政府变成"玻璃缸里的金鱼"，清澈透明。在信息技术社会，数字城市政府为政务公开奠定了技术基础，也使西方学者的"梦想"成为可能。中国人大代表参选者的背景资料、政府官员的施政方案、某项重大工程的决策，以及大案要案的侦破、判决，诸如此类以往讳莫如深的信息，现在的数字化网络系统都能详尽无遗地、直接地披露。市民运用公众电子信息系统，可便捷掌握政府部门的工作状况；运用人机界面，能加强公众意见反馈与监督，如公众可通过 BBS 进行政务自由讨论，通过e-mail加强与行政领导者的各种沟通，参加"网络听证会"监督政府的施政方针，实现与行政系统的互动沟通。"民治政府""人人当家作主""民主"的理想将成为现实。

本文作者为徐晓林，原刊发于
《中国行政管理》2001 年第 1 期，
收入本书时有改动

数字治理对城市政府善治的影响研究

从行政哲学的角度分析，城市政府自产生伊始就承担着解决城市公共问题、提供公共服务、维护公共秩序的重任。城市政府职能的履行过程，也就是城市政府治理的过程。城市政府治理是一种历史活动，不同的时代对城市政府治理有着不同的要求。同样，城市政府治理模式也与社会发展的态势和城市发展程度紧密相连，不同的国家、不同的城市有不同的治理模式，同一个国家的同一个城市在不同时期也有不同的治理模式。随着"新公共管理"运动的兴起和信息技术的发展，传统的公共管理模式已经不能适应社会发展的需要。同样，传统的城市政府治理模式也无法适应现代城市高速发展和信息社会对城市政府治理能力的要求。"新公共管理"运动和信息技术的发展推动了城市政府治理模式的变革，在这场变革中，告别传统的城市管理，走向现代城市治理，实现城市政府善治，成为人类促进城市可持续发展的主动选择。

随着信息技术和电子政务的应用与发展以及治理理论的盛行，数字治理应运而生。作为电子政务与治理理论相结合的产物，人们对其寄予厚望，认为它是一种全新的、先进的治理形式，必然成为数字时代实现城市政府善治的新思路。在信息社会，数字治理在实现城市政府善治方面将产生什么样的影响，城市政府如何充分利用数字治理改进政府治理模式实现城市政府善治，已经成为世界各国政府和学术界广泛关注的问题。本文在对城市政府善治和数字治理进行全面阐释的基础上，构造相关模型，结合善治和城市政府善治的基本要素，对数字治理对实现城市政府善治的影响进行系统分析。

一　城市政府善治与数字治理的界定

（一）城市政府善治的概念分析

"治理"是指官方的或民间的公共管理组织在一个既定的范围内运用公共权威维持秩序，满足公众的需要，其目的是在各种不同的制度关系中运用权力去引导、控制和规范公民的各种活动，以最大限度地增进公共利益。而城市政府治理是指城市政治管理的过程，它包括政治权威的规范基础、处理政治事务的方式和对公共资源的管理，并且特别关注在一个限定的领域内维持社会秩序所需要的政治权威的作用和对行政权力的运用。对城市政府的治理实际上就是寻求和建立一个高效公正的政府，没有一个良好的适应时代要求的城市政府，城市治理的良好愿望就无法实现。

"善治"（Good Governance）即良好的治理，它常常与民主、市民社会（Civil Society）、公民参与、人权和社会的可持续发展等概念一同出现，在最近十年，它又与公共部门的改革紧密联系在一起。虽然大多数学者对于善治的范畴和内涵问题争论不休，但大家普遍认为善治具有五个方面的基本要素，即合法性（Legitimacy）、透明性（Transparency）、责任性（Accountability）、回应性（Responsiveness）和有效性（Effectiveness）[1]，这五个方面的基本要素体现了善治的主要内容，是衡量善治程度的重要指标。通过分析这五个要素，我们发现，善治是管理政治和社会经济关系的活动和体系机构，涉及民主价值观、规范和惯例，诚信服务，公平、诚实的业务往来[2]，是政府、经济社会和市民社会对公共事务的合作管理，使公共利益最大化的社会治理过程，也是对政府、经济社会和市民社会互动关系的有效管理。善治理论主张新的政治治理结构应当是多中心的、自

---

① 俞可平主编《治理与善治》，社会科学文献出版社，2000，第34页。

② Rogers W'o Okot-Uma, "Electronic Governance: Re-inventing Good Governance," http://www.commonwealthdigitalopportunitie s.com/ gif/eGover nance.

主的、分工合作与互为补充的，私人经济部门和以民间组织为主体的第三部门在新的治理结构中应该发挥日益重要的作用。因此，善治是国家权力向社会的回归，是市民社会走上前台与政府、经济社会共同分担社会治理责任的历史进程。善治的过程就是一个还政于民的过程，一个民主的广度和深度被不断拓展的过程，从而成为人们追求的理想的社会治理模式。

从善治的内涵和特征中，我们可以发现，城市政府善治意味着城市治理的主体是多元的，除了政府以外，各种机构只要能得到市民的认可，就可以成为城市公共权力的中心，公共权力不再被城市政府所垄断；城市政府善治意味着城市治理将是一个上下互动的过程，强调市民的广泛参与，并主要通过政府与市民建立合作、协商的伙伴关系，确立认同的或共同的目标等方式实施对城市公共事务的管理；城市政府善治还意味着处理城市公共事务的能力并不仅限于政府的权力，在城市管理中，应该实现管理方式和管理手段的多元化与多样化。

（二）数字治理的内涵阐释

数字治理（Digital Governance），也叫电子治理（Electronic Governance），是产生于电子商务和电子政务之后的概念，是数字时代全新的、先进的治理模式。[①] 从它诞生开始，人们就把它与民主、治理和善治等紧密联系在一起，并对它给予了高度的关注，2004 年在韩国汉城（首尔）召开的第二十六届行政学国际会议就专门把电子治理（数字治理）作为大会的主题加以讨论，并认为"它已经深刻影响到了统治的精义（essence）"。[②] 对数字治理的理解，有广义和狭义之分。从广义上讲，数字治理不是信息通信技术（ICT）在公共事务领域的简单应用，而是一种与政治权力和社会权力的组织与利用方式相关联的社会—政治组织及其活动的形式，它包括对经济和社会资源的综合治理，涉及影响政府、立法机关以及公共管理过

[①] Vikas Nath, "Digital Governance Models: Moving Towards Good Governance in Developing Countries," http://www.innovation.cc/volumesissues/nath-digital.pdf.

[②] 王浦劬、杨凤春：《电子治理：电子政务发展的新趋向》，《中国行政管理》2005 年第 1 期，第 75～77 页。

程的一系列活动；从狭义上讲，数字治理是指在政府与市民、政府与企业的互动和政府内部的运行中运用信息技术，易化政府行政，简化公共事务的处理程序，并提高其民主化程度的治理模式。① 本文所论述的数字治理主要是指狭义的数字治理。狭义的数字治理主要通过三个主体、两个层次来理解，三个主体是指政府、市民和企业②；两个层次分别指政府与市民（Government to Civil，G2C）、政府与企业（Government to Business，G2B）、政府与政府（Government to Government，G2G）之间的互动和政府内部运作的效率和效果（Inter-Government Efficiency and Effect，IEE）。互动，指的是政府产品和服务的提供，信息交换、交流、审批和系统整合等活动；政府运行，指所有后台办公过程和整个政府内部行政系统之间的互动。③

数字治理的战略目标是，为所有治理主体（政府、市民和企业）提供技术支持、简化治理过程、提高民主化程度。这个整体目标可以分为注重服务的外部目标和注重过程（政府运行）的内部目标。④ 外部目标是政府前台通过与不同服务对象的在线服务互动，较好地实现社会公众的需求和期望，它注重市民、企业和利益集团；内部目标是政府后台在运行中形成一个透明化、负责任和高效率的程序来履行政府行政管理职能，并能节约大量的行政成本，它注重政府本身。数字治理的战略目标需要由治理中的三个主体通过两个层次逐步实现。

城市政府善治是城市政府治理的理想模式，是城市政府治理模式进化的方向。要实现城市政府善治，需要有健全发达的市民社会，透明、高效、负责的城市政府和健康、有效竞争的经济社会。在传统的工业社会，科技、经济和社会整体发展的局限性以及信息的不完全性导致市场失灵和

① Michiel Backus，"E-Governance and Developing Countries," *IICD Research Brief*，No. 1，2001，http：//www. ftpiicd. org/files/ research/reports/report3. pdf.

② 市民社会与经济社会是两个集合性概念。"市民社会"中以市民为主体，"经济社会"中以企业为主体，文中有时根据需要，以市民和企业指代这两者。

③ 徐晓林、周立新：《数字治理在城市政府善治中的体系构建》，《管理世界》2004 年第 11 期。

④ Alliance for Converging Technologies，"Governance in the Digital Economy," http：//www. imf. org/external/pubs/ft/fandd/1999/12/tapscott. htm.

政府失灵，影响城市政府公共行政和市民社会自网络的形成，导致美好的善治理想无法实现。而在信息社会，随着信息技术尤其是网络技术和电子政务的应用与普及，信息的无界流动将把我们带入一个新的治理时代，电子政务的发展和推广催生数字治理，数字治理作为政府部门应用信息技术的必然产物，是电子政务与治理理论的完美结合，形成 SMART 治理模式，即简易的（Simple）、道德的（Moral）、负责任的（Accountable）、回应性的（Responsive）、透明的（Transparent）治理模式①，对城市政府善治的实现产生积极的影响。

二 数字治理能革新城市治理主体间的互动模式，形成良好的网络治理结构

城市政府善治不仅要求城市政府工作的有效性、责任性和透明性，而且还强调必须动员非政府组织和市民参与城市公共事务管理，在城市治理中形成一个以政府为主导的良好的网络治理结构。形成良好的网络治理结构，增进治理主体间的互动与合作，增强城市政府治理的合法性和有效性，是实现城市政府善治的关键环节。在传统的城市治理模式下，"只有处在金字塔顶端的人才能掌握足够的信息而做出熟悉情况的决定"②，非政府组织和社会公众既无了解政府信息的权利，更无参与城市治理的机会，城市治理的运作过程对于社会公众来说是密不可知的领域，城市政府成为城市治理的唯一主体，非政府组织、私人部门和市民在城市治理中被长期排斥在外，无法形成合理的有效的城市治理结构，城市政府善治的理想遥不可及。而在信息社会，数字治理利用信息技术和网络技术能够促进传统城市政府治理模式中 G2C、G2B、G2G 和 IEE 的全面变革，形成新的城市治理主体即政府、企业和市民之间的互动模式，增进三者之间的互动与沟通，促进城市网络治理结构的形成（见图 1）。

---

① Mastek，"E-governance Solutions，" http：//www. mastek. com.
② 〔美〕戴维·奥斯本、特德·盖布勒：《改革政府：企业家精神如何改革着公营部门》，上海市政协编译组、东方编译所译，上海译文出版社，1996，第 25 页。

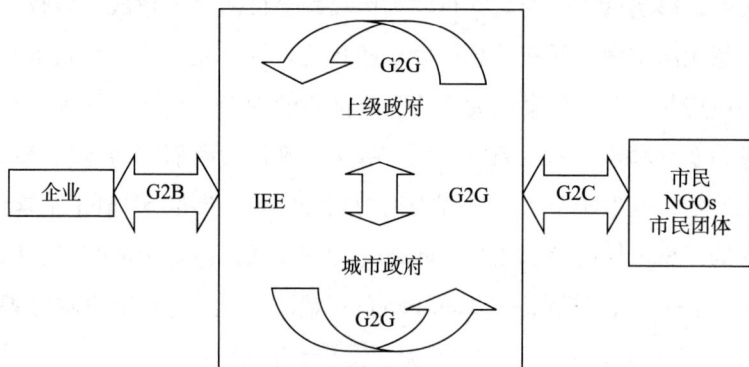

图 1　数字治理环境下城市治理主体互动模式模型

资料来源：Michiel Backus，"E-Governance and Developing Countries," *IICD Research Brief*，No. 1，2001，http://www.ftpiicd.org/files/research/reports/report3.pdf，有部分改动。

（1）在 G2C 方面，城市政府通过一站式服务（one-stop shops）和在线服务的形式向个人提供信息与服务，市民能够迅速、便捷地通过网络获得他们所需要的服务和信息，这种模式被称为泛传播模式（Broadcasting/Wider Disseminating Model）。① 数字治理采用泛传播模式能使城市政府向市民开辟更多可选的信息渠道，加强城市政府与市民社会之间的互动和沟通，使市民都能有平等的机会参与城市治理。这样就能增强城市治理机制的参与性和广泛性，同时也能使整个治理过程变得更加公开、更加透明。

（2）在 G2B 方面，城市政府通过一站式服务，利用电子商务语言（XML）与企业进行数字通信，为企业提供必要的服务和信息，能够减轻城市政府给企业带来的行政负担。这种互动可以通过关键流模式（Critical Flow Model）来实现。② 网络技术和电子政务中最薄弱的环节是不容易抓住关键信息，不能对有效信息和关键信息进行预处理即信息过滤、信息分类和信息排序等。数字治理采用关键流模式，直接与信息的特殊性和信息用户的不同类型相关，要求信息从源头就根据信息终端也就是信息接收者

---

① Vikas Nath，"Digital Governance Models：Moving Towards Good Governance in Developing Countries," http://www.innovation.cc/volumesissues/nath-digital.pdf.

② Vikas Nath，"Digital Governance Models：Moving Towards Good Governance in Developing Countries," http://www.innovation.cc/volumesissues/nath-digital.pdf.

的特殊性对信息进行预处理，从而能够很好地解决这一问题，加强城市政府与企业之间的信息互动与沟通，并使这种互动和沟通更具针对性、有效性，有利于城市网络治理结构的形成和完善。

（3）在 G2G 方面，数字治理通过关键流模式和比较分析模式（Comparative Analysis Model），使城市政府与上级政府、城市政府之间进行有效的互动和沟通。这主要体现在两大方面，一方面，协调政府间关系，在事务上形成有效合作；另一方面，能够充分利用网络信息存储量大的优势，进行公正、公开、透明化的城市政府绩效评估，充分提供"股权人"实施城市数字民主的机会。同时，这个模式也有利于推广"灯塔案例"（beacon case）、普及"灯塔标准"（beacon benchmark），增强城市政府的责任性、回应性和有效性，提升城市政府的治理能力。

（4）在 IEE 方面，通过电子政务的全部运行模式，运用企业中较好的实践经验，如成本管理、知识管理、客户关系管理等全面提高政府内部的办公效率，降低成本，对政府进行全面质量管理，这样将大大增强政府自身的行政和服务能力，使政府更好地承担起城市公共事务核心治理主体的责任，促进城市政府善治和城市的可持续发展。

（5）在数字治理中，通过 G2C、G2B、G2G 和 IEE 互动模式的运行，良好的城市网络治理结构得以形成。它是一个由政府、企业和市民等城市治理主体运用现代信息技术与网络技术，为了实现善治的理想而形成的一个彼此合作、相互依存、共享权力的动态的自组织网络系统。如图 2 所示，该网络系统不仅仅是由各个节点（城市治理主体）形成的静态网络实体，更是一个利用信息技术和网络技术，在网络节点的信息互动与传播过程中不断建构、解构与重构的开放性系统。各个节点之间在空间上呈离散状态，分布在社会的各个角落，通过彼此之间的频繁互动而形成城市治理的整体合力，用动态的协作网络替代传统治理模式中单一治理主体——城市政府组织中机械、僵化的刚性组织层级，将从很大程度上增强城市治理的动态适应能力。

在城市网络治理结构中，城市政府仍然是城市治理的核心主体，但已不再是唯一的主体，它与企业、市民进行协作而形成多种组织、多个层次和多个治理主体的多元治理格局，从而形成城市治理的社会整体合力。在

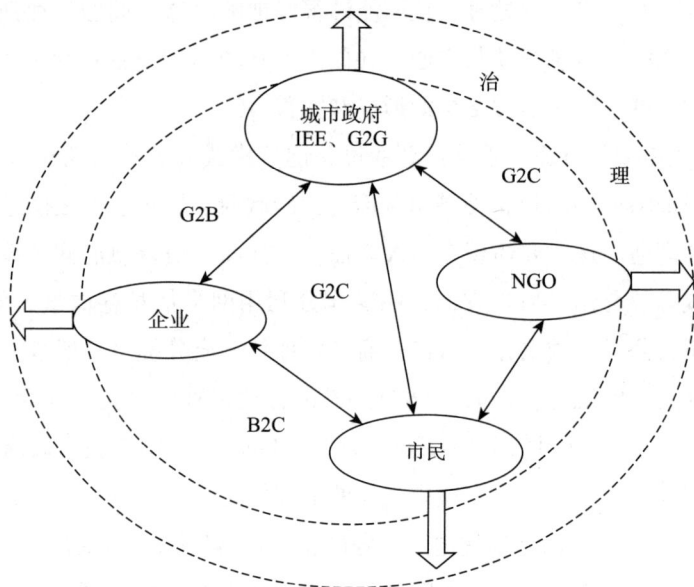

图2 城市网络治理结构模型

城市治理过程中，这种网络治理结构与单一主体治理结构在权力中心、组织关系、组织边界、运行逻辑、权力来源和信息流通等方面存在较大区别（见表1）。从这些区别中，我们能够进一步认识到，网络与信息技术的应用塑造了多个信息中心并形成了深入社会各个角落、纵横交错的信息流通结构，信息结构从传统的纵横方向向网络化、交互化方向转化，各个节点都能在网络上适时获取所需要的信息。这样的信息沟通的多种渠道与多种方式可以在相当大的程度上克服传统城市政府组织的层级沟通结构中存在的信息封锁、信息渠道堵塞以及信息传递的时滞。同时，也能使治理主体各自的核心优势经过主动优化、选择搭配，相互之间以最合理的结构形式结合，形成一个优势互补的有机体，有利于城市政府善治的实现。

表1 网络治理结构与单一主体治理结构在城市治理中的区别

	网络治理结构	单一主体治理结构
权力中心	多元	单一
组织关系	相互依赖	彼此独立
组织边界	模糊、柔性	明晰、刚性

	网络治理结构	单一主体治理结构
行动逻辑	信任、协作	权力、权威
权力来源	知识、信息	层级、地位
信息流通	多对多、直接	一对多或多对一、间接

资料来源：刘霞、向良云《网络治理结构：我国公共危机决策系统的现实选择》，《社会科学》2005年第4期，有部分改动。

三 数字治理能够促进市民社会的有效参与，巩固城市政府善治的合法性基础

城市政府善治依赖的不仅是成文的法律规范、规章制度和政策法规，更重要的是被人们普遍默许的行为规范、运营法则和潜在契约。这种被人们认同并自愿服从的权威就是善治的合法性。合法性越强，善治的程度也就越高。"所有经验都充分表明，在任何情况下，统治都不会自动的使自己局限于诉诸物质的或情感的动机，以此作为自身生存的基础。相反，任何一种统治都试图唤醒和培养人们对其合法性的信念。"① 这样的信念，是指权力以正当的方法行使；宪法的规定、法律以及官员的权力被视为有约束力的，因为它们是正当的；正当做的事被看作合法的。② 同样，对于城市政府善治来说，合法性信念的唤醒和培养也是非常必要的，并且从某种意义上讲还是必需的。唤醒和培养这种信念，取得和增强合法性的主要途径是尽可能增加市民的共识和提高其政治认同感。在数字治理中，市民社会的力量将得到不断增强，市民参与的有效性将不断提高，合法性的信念将不断被唤醒，城市政府善治的合法性基础将得到有效的巩固。

（一）数字治理促进市民自网络的形成，能增强市民社会的力量

善治表示国家与社会或政府与公民之间的良好合作，从全社会范围来

---

① 〔美〕罗伯特·A.达尔：《现代政治分析》，王沪宁、陈峰译，上海译文出版社，1987，第90页。

② 刘霞、向良云：《网络治理结构：我国公共危机决策系统的现实选择》，《社会科学》2005年第4期。

看，善治离不开政府，但更离不开公民。从某个小范围的社群来看，可以没有政府统治，却不能没有公共管理。城市政府善治的实现有赖于市民的自愿合作和对权威的自觉认同，没有市民的积极参与和合作，城市政府善治就无法实现。因此，城市政府善治要以强大的市民社会为基础。市民社会是国家和家庭之间的一个中介性的社团领域，这一领域由同国家相分离的组织所占据，这些组织在与国家的关系上享有自主权并由社会成员自愿结合而形成以保护或增进他们的利益或价值。① 城市的可持续发展要求社会、经济、环境的协调发展，协调发展就必须摆脱市场与城市政府的二元分庭抗礼的状态，而最好的解决途径是加强市民社会在城市治理中的作用，达到城市的善治。市民社会作为"第三只手"，在城市治理中充当市场竞争的参与者、政府行政的监督者以及政府决策的参与者、政府与市场矛盾和冲突的协调者的角色，发挥着重要作用，这一作用的大小与市民社会力量的强弱息息相关。

市民社会产生的基础是市民自网络的形成以及各种自网络及自网络之间的双向回应性，并且这种双向回应性越强，市民社会的力量就越强。拥有共同目标或相同价值观念的市民通过互动而组成关系网络，市民社会就得以产生。但在传统的工业社会，由于时空不统一、信息不完整，往往不能达到有效的信息回应，市民自网络难以形成。即使一些城市基本形成了市民自网络，但其双向回应性极弱，市民社会的力量也就很小，无法形成城市政府善治的社会基础。而在信息社会，这一障碍将得到比较彻底的解决，有效回应也将有机会达到最好的状态。在数字治理的环境下，市民通过现代信息技术尤其是网络技术和电子媒介工作、消费、交流信息、表达意愿和接受服务等一切与外界的"交换"活动，促进了数字市民社会的形成。数字市民社会具有信息社会的明显的时代特征，自网络覆盖面广，回应性强，从而力量十分强大。

（二）数字治理有利于提高市民社会参与的有效性

城市政府善治的合法性基础要通过强大的市民社会的有效参与才能形

---

① Robert D. Carlitz and Rosemary W. Gunn，"Online Rulemaking：A Step Toward E-governance，" *Government Information Quarterly*，Vol. 19，No. 4，2022，pp. 389 – 405.

成，没有市民社会的积极参与，城市政府善治无法实现。参与性是城市政府善治中政治民主的最鲜明的特征，城市政府、经济社会和市民社会在对城市公共事务进行协调性治理的过程中，强调的就是普遍的参与。在城市治理过程中，市场作为"看不见的手"通过价格调节需求以达到资源的合理配置，力求效率；政府作为"看得见的手"通过货币政策和财政政策调控宏观环境以达到社会效用的最大化，力求公平；市民社会作为"第三只手"通过集体作为或不作为和投票（包括用脚投票）表达意愿来实现"以民为本"的社会发展，力求民主。这就要求城市政府在治理中最大限度地拓宽市民社会参与城市治理的途径，提高市民社会参与城市治理的有效性。

信息技术的发展和数字治理的出现，给市民社会参与城市治理带来了新的内涵。首先，数字治理能提供市民社会参与城市治理的良好的信息环境。城市政府掌握着大量的公共信息资源，处于绝对的信息强势地位，而市民相对处于信息弱势地位，传统政府的运作和决策过程在很大程度上对公众而言是保密的，信息不对称是造成这一障碍的最大问题所在。城市政府门户网站的建立，将大大提升信息产生、提供、获取和处理的能力与速度，同时也保证了信息的真实性，从而使市民可以随时掌握政府信息，避免了信息不对称造成的判断非理性行为。其次，数字治理能提供市民社会参与城市治理的便捷渠道和技术手段。传统公共参与方式的有限性往往限制了公民参与政府治理的积极性，而"互动信息技术使选举和民意测验变得容易简单。任何在线上的人都可以参加"。通过政府上网，城市政府与公民之间通过各种电子渠道和网络平台连接起来，极大地方便了市民对城市治理的参与。最后，网络的独特性有助于激发公民的公共参与。[①] 网络的虚拟性能降低市民参与城市治理的不安全感，网络上的参与往往是主动自主的，而且这种参与可以随时加入、随时退出，有很大的自由权利。网络的互动性使市民不仅是信息的接收者，而且成为一种主动的生产者或选择者。网络提供的市民与政府官员直接的对话机会将增强市民的政治功效

---

① Robert D. Carlitz and Rosemary W. Gunn, "Online Rulemaking: A Step toward E-Governance," *Government Information Quarterly*, Vol. 19, 2002, pp. 389 – 405.

感，激发市民参与城市治理的热情。

谈到市民社会的参与，常常涉及民主。在数字治理中，传统的间接民主被具有直接性、快速性、平等性和廉价性的数字民主所取代。数字民主（digital democracy），又称"远程民主""电子民主"，是指公民通过电子网络直接参与政治，是民主过程中公民价值观念、政治观点或其他个人意见等的电子交换。[①] 数字民主的内容涉及的范围很广，包括在线选举、民意调查和在线立法等。"每代人必须为自己再造一遍民主，民主的本质与精髓乃是某种不能从一个人或一代人传给另一个人或另一代人的东西，而必须根据社会生活的需要、问题和条件进行构建。"[②] 数字民主是世界政治应用信息与通信技术的必然产物，是信息社会的再造民主。美国明尼苏达州的数字民主工程就是一个显著的成果。明尼苏达州的数字民主工程开始于1994年的大选，它在候选人和市民之间建立起互相交流政治问题的电子平台。到1998年，这个数字民主工程变得更加丰富多彩，开办了多个政治论坛，全世界的互联网用户都可以通过它与候选人交流，进行公共政策的讨论。

四　数字治理能增强城市政府的透明性和回应性，提升城市政府的治理能力

在城市政府善治中，城市政府虽然不再是城市公共事务的唯一治理主体，却仍然是核心治理者，承担着城市公共事务的宏观调控和部分公共产品的生产、发展和培育非政府组织、强化企业的公共责任、促进市民社会对城市治理的参与等重要职能。要实现善治的理想，城市政府就必须明确自身角色定位，不断提升治理能力。在信息社会，数字治理能推动政府信息公开，提高城市政府决策和公共行政的透明度，增强城市政府的回应性，促使政府"透明行政""阳光行政"，增进政府治理的有效性。

---

① Archil Bakuradz, "Prospects of Digital Democracy and E-governance in Georgia," http://www. isn. ethz. ch/onlinepubli/publihouse/misc/caucasus/bakuradze. pdf.

② 《新旧个人主义——杜威文选》，孙有中、蓝克林、裴雯译，上海社会科学院出版社，1997，第27页。

首先，数字治理推动政府信息公开，能增强城市政府的透明性。城市政府善治中的透明性指的是城市政府信息的公开性。每一个市民都有权获得与自己利益相关的政府政策信息。透明性要求城市政府能够及时通过各种传媒公开政府信息，以便市民能够有效地参与城市治理过程，并对这一过程实施有效的监督。信息技术和网络技术的迅猛发展将深刻地改变社会公众的工作方式和生活方式，从而迫使城市政府加快对新技术的利用，发展电子政务，转变政府职能，推行政府信息公开，有利于提高城市政府公共行政的透明度。同时，城市政府善治中的透明性还指城市政府、企业和市民之间以及市民内部相关信息的公开和沟通。在城市政府善治中，治理的运行主要依赖那些存在于治理主体间交流互动中的"虚拟链条"——彼此认同、接受并共同服从的义务契约——来对城市公共事务进行协调，这种协调机制至关重要，可以理解为广义的信任状态。对于一个行动持续可见而且思维过程具有透明度的人，或者对于一个完全知晓怎样运行的系统，不存在对他或它是否信任的问题。信任过去一直被说成"对付他人自由的手段"，但是寻求信任的首要条件不是缺乏权力而是缺乏完整的信息。① 在数字治理中，治理主体之间通过信息技术和完善的 G2C、G2B 和 G2G 运行模式进行信息的交流和沟通，数字代替个体名号，完整的信息"潜伏"在数字中可以全自由度流动，个体间都通过网络形成的虚拟空间互动。城市政府通过电子政务推行政务信息公开，在"后台"决策中广泛听取市民的意见，积极拓宽市民的参与途径，在"前台"服务中通过与市民的在线互动充分考虑市民的需要和便利，提高政府服务质量；企业和市民通过网络积极参与城市治理，充分表达自己的意愿，最终达成城市政府、企业和市民三者之间的信任，"虚拟链条"变得更加形象和牢固，治理的协调机制得以生效和有效运行并在一定程度上促进城市政府善治的实现。

其次，数字治理能增强城市政府的回应性。回应性是城市政府善治的重要特征，它是指城市政府工作人员和管理机构必须对市民的要求做出及时和负责的回应，不得无故拖延和没有下文。在必要时还应当定期地、主

---

① 〔英〕安东尼·吉登斯：《现代性的后果》，田禾译，译林出版社，2000，第29页。

动地向市民征询意见、解释政策和回答问题。城市政府回应程度越高，善治的程度也就越高。在数字治理环境下，一方面，信息技术在政府中的运用和 G2C、G2B 互动模式的运行能有效缩短城市政府回应的时间。以网络技术为支撑的 G2C、G2B 互动模式能够借助电子邮件、电子论坛等新兴技术，与市民建立一个迅速、有效的意见沟通渠道和反馈机制，使反馈信息快速、多渠道地及无摩擦地汇集到城市政府信息中心，并通过 IEE 模式传递给城市政府的相关部门，从而能迅速地做出有效的政府回应。[1] 另一方面，信息技术对政府组织结构的冲击，使城市政府的权力结构呈现分散的多中心体制。除了城市政府决策中心之外出现了多个有部分决策权的次决策中心，整个城市政府富有弹性和柔性，而且次中心的出现，大大减少了市民反馈信息的传递时间，提高了信息的保真率，使政府能够及时、有效地处理权力及能力范围内的事务，当然也就增强了整个城市政府的回应性。

五　数字治理将增强城市治理主体的责任性，构建有效的治理机制

责任性是指城市治理主体由于其承担的职责而必须履行一定的职能和义务。没有履行或不适当地履行职责，就是失职，或者说缺乏责任性。在善治理论中，责任性是一个十分重要的方面，只有城市治理主体明晰责任，各负其责，善治的局面才有可能出现。而在工业社会，城市治理主体的责任很难分辨出清晰的界限，人们很难界定承担责任的分水岭。就如格里·斯托克所说，治理主体各方面的责任趋于模糊，易导致逃避责任或寻找"替罪羊"。[2]

在数字治理中，城市治理主体即政府、企业和市民通过 G2C、G2B、G2G 和 IEE 四种运行模式对城市公共事务进行共同协调和治理，主体间的

---

① G. Starling, *Managing the Public Sector*, CA：Wadsworthco, 1993, p. 132.

② 〔英〕格里·斯托克：《作为理论的治理：五个论点》，华夏风译，《国际社会科学杂志》（中文版）1999 年第 1 期。

责任在治理中变得相对清晰，能形成各负其责、互动合作、相互制衡的有效的治理机制。我们可以从运行模式中治理主体所占据的位置，对它们的责任进行一个大致的界定和预测。在推行善治的过程中，市场是严格的"看不见的手"，它追求效率，主张竞争，承担着生产、分配、交换的经济职能；城市政府是城市治理的核心主体，它将朝着"小而强"的方向转变，将本属于市场的职能归还给市场，将社会性、公益性、自我服务性的事务交给市民社会尤其是民间社团和社会中介组织承担，主要在公共产品生产、公共服务提供、公共安全保障、公共卫生改善和国际交流等领域承担重要的职责；市民社会是联系政府与经济社会的桥梁，是协调市场和政府的重要力量，数字治理为其更好地参与城市治理提供了现代化的技术手段和便捷渠道。在数字治理中，通过 G2C、G2B、G2G 运行模式，城市政府、企业和市民能在承担各自职责的基础上对城市公共事务进行协调合作的共同治理，并又相互监督、互相制约，从而能构建有效的治理机制，推动城市政府治理朝着善治的方向发展。

结　语

数字治理不是善治的代名词，城市政府善治的运行机制主要是城市治理主体之间的信任机制和由其衍生的非正式的制度安排，一个成功的治理模式光靠技术是不行的，更应该注重制度的创新和治理主体能力的提升。但是，数字治理通过信息的全自由度流动及其对信息的全方位整合，能够深刻影响和全面革新城市治理主体之间的固有关系和互动模式，形成良好的网络治理结构；能够唤醒市民自治意识，促进市民社会崛起并逐渐强大，拓宽市民参与城市治理的途径，拓展参与的深度广度，提高参与的有效性，巩固城市政府善治的合法性基础；能够增强城市政府的透明性、回应性，提升城市政府的治理能力；能够明确城市治理主体的责任，形成有效的治理机制，是数字时代实现城市政府善治的理想选择。

信息技术的产生和高速发展正在深刻地影响和改变着社会生活和政府运作的传统模式，将为我们开辟一个新的公共管理时代。在这一发展趋势下，我们要深刻认识数字治理的重要作用，应当把数字治理的建设看作能够带来国家跨越式发展的重要契机。同样，在传统城市政府管理向现代城市政府治理转变、追求城市政府善治的过程中，也应该加快信息技术的运用和电子政务的建设，充分发挥数字治理在城市政府善治中的重要作用。作为一种新的治理模式，数字治理并非简单地引入和应用现代信息及通信技术的问题，而是涉及社会和政府多方面的变革，涉及政府工作人员理念的更新，涉及政府职能和行为模式的重新定位，涉及政府资源的重组和制度的创新，是一个多因素合成的系统工程，需要政府部门、社会公民和私人部门之间的有效合作和共同努力。数字治理的出现为数字时代实现城市政府善治提供了新的思路，也对城市政府管理提出了新的挑战，值得城市政府管理者和理论工作者的高度重视与深入探讨。

本文作者为徐晓林、刘勇，原刊发于

《公共管理学报》2006 年第 1 期；

《新华文摘》2006 年第 10 期转载，

收入本书时有改动

数字治理在城市政府善治中的
体系构建

一 数字治理的一般概念

数字治理（Digital Governance），也叫电子治理（Electronic Governance），是产生于电子商务和电子政务之后的概念，是数字时代全新的、先进的治理模式。数字治理，广义上讲是指在电子技术的支持下，整个社会运行和组织的形式，这包括对经济和社会资源的综合治理；狭义上讲是指在政府与市民、政府与企业的互动和在政府内部的运行中应用电子技术，易化政府行政及简化事务的处理程序，并提高其民主化程度。[①] 本文结合城市政府治理问题，主要针对狭义的数字治理来展开讨论。狭义的数字治理通过三个主体四个方面来理解，三个主体是政府、市民和企业；四个方面分别是政府与市民（G2C）、政府与政府（G2G）、政府与企业（G2B）之间的互动和政府内部运作（IEE）。互动，指的是政府产品和服务的提供，信息交换、交流、审批和系统整合等活动。政府内部运作，指所有后台办公过程和整个政府内部行政系统间的互动。

数字治理的战略目标是为所有治理主体——政府、市民和企业提供技

---

① Michiel Backus, "E-Governance and Developing Countries," *IICD Research Brief*, No. 1, 2001, http://www.ftpiicd.org/files/research/reports/report3.pdf.

术支持、简化治理过程、提高民主化程度。这个整体目标可以分为注重服务的外部目标和注重过程（政府运行）的内部目标。外部目标是政府前台通过与不同的在线服务互动，实现公众的需求和期望。在政府运作中应用信息与通信技术（ICT）可以促进与公众、市民、企业和其他团体的互动的高速化、透明化，提升政府的负责任性、运作效率。数字治理的战略目标必须由治理中的三个主体通过四个方面逐步实现。数字治理是新技术革命推动的结果和世界发展的需要，必然成为 SMART 治理模式，即简易的（simple）、道德的（moral）、负责任的（accountable）、回应性的（responsive）、透明的（transparent）治理模式。① 但这里必须强调的是，数字治理并不只是有关几个政府网站和 e-mail、服务网络化供给、信息传播的数字化途径的问题，而是它将改变治理的三个主体——政府、市民和企业的互动方式，将改变传统社会的价值链，对城市政府善治产生深远的意义。

二　城市政府善治在数字治理中的相关概念

（1）数字市民。直接民主的出现意味着市民将在城市治理中发挥越来越大的作用。城市政府善治要以强大的市民社会为基础。随着各种关系网络的不断出现、力量不断增强，拥有共同目标或相同价值观念的市民或私人部门通过互动而组成关系网络，市民社会就得以产生。数字时代的市民，通过电子媒介从事一切与外界进行"交换"的活动。数字社会的市民为了充分体现自己存在的价值，通过电子媒介迫切地、史无前例地表达政治意愿和参与意识，人终于向着真正意义上的"政治动物"迈出了坚实的一步。政府的存在基础是"以民为本"，如果市民被排除在政策制定之外，那么有效的数字治理的核心原则就被违背了。

（2）数字政治。当代社会的发展在一定程度上激发了大众的自主精神和自我意识，他们在参政、监督政治体系的活动、介入政治过程、控制权力运用方面也提出了进一步的要求。要解决这个问题，就得扩大政治活动

---

① M. L. Singal, "E-Governance: Transforming the National Bone Marrow," *Journal of Management Research*, Vol. 2, No. 3, 2002, pp. 165 – 175.

的领域，提升政治过程的开放程度，改变政治体系保守和狭窄的结构。进入数字时代，我们正在从"小册子宣传"时代向个人与个人进行政治互动的时代过渡，在这个时代，网络及电子政务的普及将推动我们由以集会为基础的工业时代的政治模式自主向数字的、网络政治生活转变。政治过程的开放性将被大大提升。在数字时代，越来越多的数字市民通过网络或其他数字媒介参与政治生活，能够控制社会舆论的导向并监督政治过程，这样会大大减少政治过程中的暗箱操作和官员寻租的行为。今天，全世界都在倡导阳光行政，阳光行政在很大程度上要以数字政治为前提，而这一切的实现要大大依赖于不断更新的信息与通信技术和数字治理（见图1）。

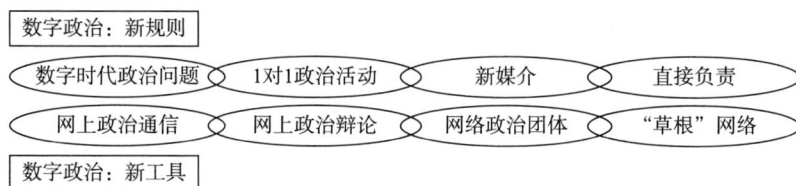

数字政治：新规则			
数字时代政治问题	1对1政治活动	新媒介	直接负责
网上政治通信	网上政治辩论	网络政治团体	"草根"网络
数字政治：新工具			

图1　数字时代的数字政治

资料来源：Alliance for Converging Technologies，"Governance in the Digital Economy，" 1999，p. 8。

（3）数字城市。数字城市主要是指应用信息与通信技术，创造一系列虚拟空间，使城市实体内部系统与系统外部能够在虚拟空间中进行信息交换，共同致力于城市及城市间的政治、社会和经济的治理。数字城市为市民提供了一种新的生存方式，即数字化生存，它通过信息与通信技术等现代科技手段为市民创造一个虚拟空间，通过宽带多媒体网络、地理信息系统等基础平台，整合城市信息资源，建设多种信息系统工程，实现城市经济与社会的信息化、政务与商务的电子化、生产与服务的智能化。数字城市政府在虚拟空间中与企业、市民进行信息互动，共同对公共事务进行协调性治理，实现城市政府善治。一般来说，数字城市治理主要通过如图2所示的功能结构来实现。

数字城市充分利用ICT对信息的全自由度传播和对信息的全方位整合的特点，对传统城市的治理职能进行变革。所有治理信息在统一的市域网内无界流动，政府与市民及企业通过信息网共同做出重大决策并对公共资源进行最合理的分配，市民和企业也能够通过市域网监督政府的行政过程和治理行动。值得注意的一点是，市域网健康稳定的应用必须在完备的政策法规和先进的技术标准下才能实现。

政策法规技术标准	城市政府决策							市民政府企业
	城市信息资源管理中心							
	电子政务	科技教育	智能交通	电子商务	智能社区	安全保障	信息服务	文化娱乐	
	城市公用信息平台							
	城市地理信息工程							
市域网								

图 2　数字城市总体框架

资料来源：马彦琳、刘建平主编《现代城市管理学》，科学出版社，2003，第 242 页，有部分改动。

三　城市政府善治主体在数字治理中的互动模式

数字治理利用 ICT 能够改变政府、企业和市民之间的互动模式，对 G2C、G2B、G2G 和 IEE 方面进行全面的革新。在城市政府数字治理中，城市政府与市民的关系包含两层含义，一是从数字治理的本质来说，市民是政府的"股权人"。换句话说，政府在治理中不是占据绝对支配地位的角色，它由市民选举产生，市民把一部分权利授权给它并进行相应的制度安排来使之发挥作用，同时也对之加以制约。政府要对市民负责。二是从政府的职能来说，市民是消费者。市民作为"消费"政府提供的服务的消费者，要通过缴纳一定的税和费作为代价。因此，政府与市民就是一种相互依赖、相互制衡的关系。数字治理体系包括两方面：一方面是有关数字治理的原则和规范等；另一方面是进行数字治理的主体，即政府、企业和市民等。数字治理的原则是简易、道德、民主、负责任、回应性、透明、法治等，与城市政府善治的特征非常相似。数字治理体系的构建就是以这些原则为指导，不论体系的规范、法制还是技术应用都是按照这些原则构建、施行的。

在城市政府治理中，应用 ICT 会使传统城市治理主体的运行产生质的变化。城市政府、企业和市民三者间将更多地通过电子媒介进行互动。G2B、G2C、G2G、IEE 的运行模式将更加体现善的特征（见图 3）。

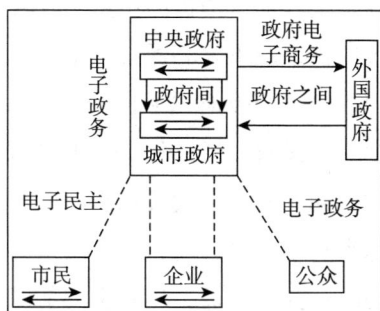

图 3 数字治理在城市政府善治中的体系

城市政府在进行数字治理时，政府、企业和市民的互动通过电子政务、电子民主和政府电子商务形成一个综合的治理体系。

（1）电子政务就是应用电子信息技术和管理理论，对传统政务进行持续不断的革新和改善，以实现高效率的政府管理和服务。[①] 这是国内普遍认可的电子政务广义的概念。政务有广义和狭义之分。其中，广义的政务泛指各类行政管理活动，而狭义的政务则专指政府部门的管理和服务活动。本文的电子政务概念即狭义的电子政务。在数字治理中，城市政府与上级政府之间、政府内部的互动以及政府向公众提供服务都是通过电子政务进行的。这里的电子政务可以分解成两个概念：一是政府的电子行政；二是向公众提供电子服务。

（2）电子民主，也称"数字民主"、"远程民主"和"计算机民主"。广义来说，电子民主指的是发生在城市政府与市民之间所有电子交流形式的活动和体系。狭义来说，电子民主是指选民与当选人之间所有数字交流形式的活动和体系。人们迫切要求政府在与市民的互动过程中更加开放，政治活动、服务以及可选内容满足知识型善治体系的特征要求。这有两个理由来解释这个问题。一是有远见卓识的市民整体更能够运用权利、发挥

---

① 徐晓林、杨兰蓉编著《电子政务导论》，武汉出版社、科学出版社，2002。

作用、承担义务等；二是作为政府服务的消费者，市民希望参与到政府服务的过程中，这样更能够确保服务满足他们的要求，使他们得到更高标准的市民待遇。

电子民主出现的标志是公众从消极的信息接收者向积极的政务参与者的成功转变。现在，人们越来越不甘心通过网络被动地"下载"——获得信息和服务，而是愈加热衷于积极地"上传"——参与政府服务。在工业时代，由于条件的限制，市民只能通过代议制来参与政治，借以表达自己的政治意愿。但是经过长期的发展，代议制已经成为利益集团取得政治地位的工具。间接民主越来越不合时宜了，电子民主的出现为人们提供了直接民主的舞台。政府的改革要依靠民主的新生。新的组织形式、新技术的应用和交叉的公私合作，所有这一切都要求一个广泛意义上的合法性给予支持。这不是从上到下的官僚体制的重组所能够提供的。电子民主可以超越官僚体制的最大弊端——严格的等级制度和难以逾越的部门间信息壁垒，通过电子技术的普及应用和配套软件（办公软件、规范、法律等）的建立健全，实现真正意义上的电子民主，实现城市治理的代议制民主向参与制民主的历史性转变。

（3）政府电子商务指的是业务往来的广义概念，不仅指买卖关系而且还有服务顾客、与伙伴企业合作以及在整个组织实体内的电子业务往来。它主要包括政府与政府之间、政府与企业或私人之间的信息与产品交换，还有企业或私人与政府之间的物品和服务的交易。理论上来说，政府电子商务的概念是从电子政务中细化而来的，所以本文在这里不展开讨论。

结　语

数字治理不是善治的代名词。诚然，信息社会能够巩固市民社会基础，促进市民社会崛起并逐渐强大；唤醒市民自治意识，巩固治理的合法性基础；拓宽市民参与社会治理的途径，提升、拓展参与的深度、广度和有效性；提高政府公共行政和决策过程透明度；等等。但是数字治理并不能就被认为是善治，善治是人类为自己设计的完美的社会综合管理模式，永远是我们追求的理想。这正如沙漠中的行人寻找传说中绿洲一样，也许它永远只是海市蜃楼，但是人们不会止步于寻觅的征途。数字治理并不会带来完全意义上的善治，但是它将带我们踏上一条追求善治的正确征途，使我们在追求理想的道路上快步前行。

本文作者为徐晓林、周立新，原刊发于
《管理世界》2004 年第 11 期，
收入本书时有改动

信息技术对政府服务质量的影响研究

20 世纪 80 年代以来，世界各国政府在直面信息技术的迅猛发展和世界经济一体化的飞速推进时，不断调整本国政策，提出了"重塑政府"（reinventing government）① 或"再造政府"（reengineering government）的口号，其中以英、美等国为代表的西方发达国家政府还对公共部门进行了实质性的行政改革。在这种旨在激发政府活力的世界性思考和发展趋势中，各国政府深刻认识到信息技术给传统公共行政带来的巨大冲击，不仅纷纷倡导从管理到服务的行政理念的转变，从以政府为中心到以服务对象为中心的转变，如法国在 1996 年制定法律明确规定，政府职能只是服务，没有管理，而且更加关注"顾客满意度"的研究，强调政府服务的质量。这种转变同时给政府提出了另一个亟待解决的问题：在以信息技术为基础的知识经济社会里，信息技术在提高政府服务质量方面产生了什么样的影响，以及政府如何充分利用信息技术努力提高服务质量。

一　政府服务的特性

在探讨信息技术对政府服务质量的影响前，介绍一下政府服务的特性是有必要的。只有先了解政府服务的特性，我们才能从深层次探究信息技术对它的影响。政府服务，更确切地说是一个由服务的辅助设施、服务的

---

① 〔美〕戴维·奥斯本、特德·盖布勒：《改革政府：企业家精神如何改革着公营部门》，上海市政协编译组、东方编译所译，上海译文出版社，1996。

载体、显性服务及隐性服务四方面组成的"服务包"（*service pack-age*）。[①]
在"服务包"中，服务的辅助设施表示服务的物质条件的支持，即政府
提供或生产服务的物理环境；服务的载体表示服务的中心内容，服务本
身就是这个载体的附属品；显性服务表示可以显现的服务内容及其表现
的效果；隐性服务表示隐藏在消费者潜意识中的对服务主体的认可和对
服务的感受，这直接关系到消费者对于服务的反馈和评价。政府提供服
务的过程，也就是服务包中的各元素共同运作的过程。每个元素都与服
务的质量息息相关。服务的辅助设施是政府服务能力的直观体现，它能
够影响消费者对于服务主体具有服务质量保证的信心；服务的载体是服务
能否开始和持续进行的关键，它的优劣是评价服务质量的标准；显性服务
是服务的中心内容，直接关系服务质量的好坏；隐性服务是服务的外延，
它是服务包能否可持续发展的决定因素。换言之，服务包的质量决定服务
的质量。

从服务包的概念中，我们可以看出服务具有不同于产品生产的性质，
下面就来看看政府服务的特性。[②]

（1）顾客参与性。提供服务与生产产品有很大区别。服务的提供应该
以顾客满意度为衡量标准来进行。而产品的生产过程更集中于产品本身，
如产品外观、质量等。服务包的提供要有明确指向性，否则，即便非常优
秀的服务对于有的消费者来说也不是高质量的服务。所以，在政府决定提
供某项服务之前，应该鼓励他们的消费者更多地以直接或间接的方式参与
公共决策，使消费者的角色从被动的转化成主动的、积极的，而不仅仅是
服务的消费者和事后"反射镜"。在美国，自主的思想被大力推崇，在国
内生产总值的计算中已经计入了消费者的贡献。

（2）同时性。服务的生产和消费是同时发生的。消费者的偏好和对服
务的评价在消费服务的同时就能体现出来。在提供服务的过程中，顾客也
在同时进行消费，换言之，就是服务没有库存。这就要求政府在提供服务

---

① James A. Fitzsimmons, Mona J. Fitzsimmons, *Service Management：Operations, Strategy, and Information Technology*, China Machine Press, 2002, p. 24.

② James A. Fitzsimmons, Mona J. Fitzsimmons, *Service Management：Operations, Strategy, and Information Technology*, China Machine Press, 2002, p. 25.

之前，就能准确地预测出服务的消费量，否则就会出现顾客等待的问题和服务能力过剩。服务能力选择、设备的利用、闲置时间的安排、顾客等待时间的平衡等问题，是政府需要思考的重要问题。要有效解决这些问题，不仅必须意识到服务的同时性，更要鼓励消费者通过有效途径表达自己的偏好，比如服务的类型、数量等。

（3）易逝性。服务是一种容易"腐烂"的商品。由于服务的生产和消费是同时发生的，服务一旦没有被消费，就会永远地逝去，不可能进行贮存，而且消费者的需求经常呈现巨大的波动，所以对于政府来说，有效提供服务是一个巨大的挑战。同时，这也是一个严峻考验。这要求政府能够准确预知服务需求的高峰与低谷时期，能够弹性地有效应对高峰时期对服务的大量需求和低谷时期设备的闲置及闲散时间的利用。为了提高服务质量，必须大大缩短消费者等待的时间，同时又不能出现服务能力的过剩。

（4）不确定性。这是政府服务最为显著的一个特征。产品是实物，消费者可以实实在在地感知，而服务带给消费者的更多的是一种感受或者概念的东西，所以，服务的创新也是无法申请专利保护的。服务的不确定性可以从两个不同的层面来理解。首先，消费者在"消费"政府服务之前，往往不能肯定其具体得到什么质量的服务。其次，服务通常是通过有形的载体发挥作用的，从长期来看，这可以形成消费者心理认可效应，这种心理认可效应也就是品牌效应，常常只是消费者过去消费经验的一种感受，而这种已形成的品牌并不能完全保证服务质量一成不变。但是相应的，服务的不确定性也给政府提出了一个难题，政府为了能够得到社会公众的认可，必须提高服务的标准化和规范化（如服务承诺制，效能建设的服务标准）水平，以最大限度地提高政府服务的确定性。

（5）异质性。政府服务的不确定性决定了消费者之间消费服务的异质性。政府服务无法如有形产品那样实现统一严格的标准化，每次服务带给消费者的效用、消费者感知的服务质量都可能存在差异。这主要体现在两个方面：一是服务主体方面，如政府服务人员的心理状况、服务技能、努力程度、情绪状态等，同一政府服务人员提供的服务在质量上可能有差异，同一环境下不同政府工作人员的不同态度会使消费者感知到不同的服务质量，也直接影响服务的效果；二是由于政府服务人员与消费者间相互作用，在服务的不同次数的购买和消费过程中，即使是同一服务人员向同一消费者提供的服务也可能会存在差异。

以上这些政府服务的特性，还有服务主体与服务客体的特殊性，使得"重塑政府"或"再造政府"任重道远。随着信息技术的普遍应用，这一进程将大大加快。

二　信息技术能深刻影响政府服务的特性

在现今社会，世界各国政府都在轰轰烈烈地进行着电子政务的建设，其中心主题就是要实现政府行政的透明化、决策的民主化，以资源的有效配置和充分利用为核心、以市场竞争为实现手段、学习和模仿企业管理方式从而更好地为社会提供服务。

首先，信息技术会拉近服务主体与服务对象——消费者的距离，改变二者之间的作用方式。信息技术给政府带来的最大冲击就是政府的组织结构将发生根本性变化。传统政府实行官僚体制，结构层次多、等级森严、部门之间存在结构壁垒，从整体来看组织结构呈金字塔形，而信息在向政府中心决策层传递时往往会出现熵的递减，信息被人为地扭曲而失真，使政府在决定应向社会公众提供什么样的服务及提供的数量时得不到准确、充足的信息。同时，社会公众也不能利用有效的途径来及时反馈信息，通常情况下，在政府和社会公众之间存在多层"过滤网"，到达政府决策中心的信息被"过滤"得寥寥无几或者全部变了质，信息系统只是"单行道"。进入信息时代，信息技术的大力推广，将催化早已"腐朽"的传统的政府组织结构从内部开始演变，从金字塔形向扁平式结构转变，组织层次大大减少、每个职位的管理幅度大大增加、层级内部的结构壁垒减少及按照服务事项划分部门，这些都有利于信息的流动，同时，社会公众也可以通过政府的网络服务端口进行信息传递。信息通过网络技术形成虚拟"多行道"，避开人为的过滤，从信息端口到信息库再到信息端口能够无摩擦流动。这样就为消费者充分参与政府的服务提供技术上的可能，也使得政府能够调动消费者"自己动手、丰衣足食"的积极性，同时，政府可以缩短服务人员的闲散时间，减少服务流失的损失和降低服务的异质性。在这一过程中，政府和社会公众的角色将发生转变，政府不再是纯粹的服务提供和生产主体，社会公众也不再是纯粹的服务消费者，服务的提供和生产由政府和社会公众共同完成，一方面能够节省政府单方面提供服务的转型成本和机会成本，另一方面也使服务更能接近社会公众的偏好，提高对社会公众的服务质量。

其次，信息技术的应用将改善政府的决策品质，增强政府服务的顾客参与性，降低易逝性和异质性。信息技术，特别是网络技术的发展，为政府的决策提供充分的技术支持。以往的信息缓慢、失真的传递演变成迅捷、无摩擦的流动，政府能够运用现代的统计方法，对消费者的需求进行分析、分类，科学地做出准确的决策，尽可能提供使消费者满意的服务；而消费者可以在消费服务过程中或者之后提出反馈意见，使政府能够及时调整、修正政策及执行方法。这种信息流动方式也将决定决策具有更高的品质，能够向着福利经济学所言的社会福利函数的理想前进一步。尽管肯尼思·阿罗（Kenneth Arrow）已经证明单一的社会福利函数只是个不可能实现的理想，但是在信息丰富且充分流动的条件下，政府能够最大限度地了解消费者的偏好，并把偏好相近的消费者划分成消费群，最后面向不同的消费群提供确定的服务，这样更有助于资源的合理配置，增进社会的整体福利。这一过程本身也是一个更为民主的过程。民主既作为政治目标和原则，也作为一种社会管理体制，是由该体制中社会成员大体上能直接或间接地参与或可以参与影响全体成员的决策的程度决定的。运用信息技术和现代统计方法，可以最大限度地提高社会成员的参与程度且降低参与成本，从而拓展民主的广度和深度以及扩大民主的有效范围。[①] 无疑，这也会从根本上提高政府服务的整体质量。由美国原副总统戈尔所领导的国家绩效评估委员会（National Performance Review，NPR）便对行政过程与效率、行政措施与政府服务的品质进行了重新探讨，提出"运用信息技术再造政府"（reengineering through information technology）的观念，想要通过"分散智慧"（distributed intelligence）的理念将信息与工具分散至整个组织当中，让员工能够集中信息并将其与工作紧密结合起来（collect infor-

---

① 〔美〕卡尔·科恩：《论民主》，聂崇新、朱秀贤译，商务印书馆，1988。

mation and work together），提升决策人员的能力，提高决策品质。①

最后，信息技术有助于政府提供"阳光服务"。西方学者曾梦想把政府变成"玻璃缸里的金鱼"，清澈透明②，也就是政府应该实行透明行政。政府应该通过电子政务把行政决策的制定及执行过程透明化，使社会公众不但能详细了解政府是怎样进行公共管理、治理国家的，而且能够通过有效途径参与决策和管理，即参与行政。与传统的官僚体制相比，信息社会的行政组织机构由于信息的交互式流动，能够自发地实行组织内部及组织外的监督机制。信息的交互式流动、公共行政的透明化会消除公民与政府之间及行政组织内部的信息结构壁垒，通过信息的反馈和汇集可以自发地产生互相监督的机制，这种机制时刻提醒决策者在近乎"裸露"的情况下，必须运用最大的理性进行决策，在完全的价值中立下执行决策，这样也就从技术上增强行政组织的整体理性，同时相应地也能增加政府官员的寻租、设租的风险，减少决策执行中的"黑暗成本"，提高市场效率，从而提升社会的总效用。从某种程度上说，政府决策的执行也是一种提供服务的过程。政府工作人员在提供服务时，如果在相对隔离的状态下，会出现寻租的冲动，这会大大增加异质服务给社会带来的损失，同时也会损害政府在社会公众心目中的形象。通过信息技术的应用，政府可以向消费者提供充分透明的"阳光服务"，在实现社会公平、公正的同时，大大提高政府服务的质量（见表1）。

表1　信息时代政府服务与传统政府服务的对比

要素	信息时代	传统
服务接触方式	屏幕对人	人对人
服务时间	任何时间	标准工作时间
服务地点	服务到家	定点服务
环境	电子界面	物理环境

资料来源：James A. Fitzsimmons, Mona J. Fitzsimmons , *Service Management*：*Operations*，*Strategy*，*and Information Technology*，China Machine Press ，2002，p. 243，笔者根据政府服务的特点做了改动。

---

① 张成福：《电子化政府：发展及其前景》，《中国人民大学学报》2000 年第 3 期。
② 徐晓林：《"数字城市"：城市政府管理的革命》，《中国行政管理》2001 年第 1 期。

三　信息技术能够填补政府"服务缺口"

美国得克萨斯大学的菲茨西蒙斯夫妇（James A. Fitzsimmons and Mona J. Fitzsimmons）认为，服务质量差距就是指消费者对服务的期望值与对实际提供的服务的评价之间存在的差距。[①] 由于服务的不确定性，服务质量很难用精确的数据来直接评估。经统计研究发现，消费者往往从五个方面来评价服务质量，我们称其为"服务质量维度"（Dimensions of Service Quality）。这五个方面按照对消费者的重要性的递减次序来排列，依次如下。

（1）可靠度（Reliability）。更准确地说，是稳定度。政府服务的提供应该不会随着时间、环境、对象的变化而变化，应该以同样的质量标准来完成。

（2）回应度（Responsiveness）。在政府服务的过程中，回应度包含两层含义：一是消费者一般都希望能够得到快捷、及时的服务；二是在接到消费者的反馈信息后，政府能够快速做出正面回应。

（3）信用度（Assurance）。信用度有以下一些内容：提供服务的能力、对消费者的尊重程度、与消费者交流的有效途径、服务主体把消费者的利益置于什么地位。

（4）移情度（Empathy）。简单地说，移情度就是指政府应该想社会公众之所想，急社会公众之所急，能够进行换位思考，设身处地地为社会公众着想。

（5）有形资产（Tangibles）。这主要是指提供服务的辅助设施的先进程度，相关辅助设施是否有能力提供优质服务，也是给消费者信心的一个非常重要的维度。[②]

消费者对服务质量进行评估的五个维度也是服务质量的五个方面，可以从这五个方面衡量政府服务质量的优劣。但消费者的期望与实际消

---

① James A. Fitzsimmons, Mona J. Fitzsimmons, *Service Management：Operations，Strategy，and Information Technology*，China Machine Press，2002，p. 45.

② James A. Fitzsimmons, Mona J. Fitzsimmons，*Service Management：Operations，Strategy，and Information Technology*，China Machine Press，2002，p. 44.

费服务的感受总是存在一定的差距，也即存在"服务质量缺口"，从某种意义上说，服务质量缺口是客观存在的，政府只能尽力去填补，但无法使之消失。这必须有的放矢，以上五个方面就为政府提供了最佳"箭靶子"。从对于消费者的重要程度的递减次序来看，可靠度是居于首位的。政府能可靠、稳定地提供高质量服务，不仅会提高政府的声誉和社会公众的信任度，更重要的是有利于社会稳定和社会公众对政府执政合法性的认可。就政府存在的必要性来说，社会公众之所以要这样的政府，选择这样的执政方式，就是希望政府能够为社会公众提供更大的福祉，而福祉能否实现就是看政府能否提供高质量的服务。在传统社会里，由于时空不统一、信息不对称，政府要想做到这点是很难的，政府无法及时、准确了解社会公众的需求，而社会公众也不能找到有效途径来表达偏好，往往是各忙各的，双方都不满意，而且造成资源极大浪费。在信息社会里，随着信息技术的产生和普遍应用，政府与社会公众能够进行有效、及时、直接的沟通，从而解决时空不统一造成的信息不对称问题，而且社会公众能够直接或间接地参与政府服务的决策和提供，不仅能够解决原来较为严重的回应度、信用度不足等问题，而且使社会公众对政府服务更加有信心，更加相信政府能够提供可靠、稳定、高质量的服务，也将巩固政府执政的基础。政府应该充分利用信息技术这一最有力的支持手段，严格按照这五个方面对自身进行改造，以提供更加优质的服务，尽量缩小与消费者期望的差距，努力填补服务质量缺口，为社会公众提供更大的福祉。

目前，世界各国已经开启了政府服务设施建设的进程，政府利用自身的资金优势和特殊的地位，不断提高政府办公自动化程度、不断改进服务方式，尽量缩小与消费者期望的差距，努力填补服务质量缺口。美国纽约州政府利用 Lotus Domino/Notes 构建电子政府系统，通过网站提供在线审批和发放许可服务，所有规模的企业都可以快速有效地获得信息和获知业务许可情况，借助 Lotus Domino/Notes 先进而可靠的工作流程功能，理顺多个政府部门之间的信息交换程序，使公民能够同时在线申请多项业务。经过深入地改革和调整，这个州政府已经把业务申请审批手续减少了 50%，为纽约州企业、政府和公民节约了近 30 亿美元。正如纽约州州长 George E. Pataki 所说："我们希望通过采用先进的技术，提升政府服务质量，推倒横亘在政府与公民之间的墙，让企业可以方便地在线处理事务，尽可能减少人为的时间浪费，帮助企业加快进入市场的速度。另外，通过采用高效率的工作流程，有效减少州政府事务处理的费用。"英国从 1994 年着手 E-Governance 的建设，目标是建立"以公众为中心的政府"。英国政府按照"平民化"的原则建设电子化政府，要求政府既要考虑到熟悉、了解信息技术的人，也要考虑到不熟悉、不了解信息技术的人。在信息社会里，政府作为最大的"信息处理部门"，服务的提供莫不依赖于适时、准确、相关的信息。在整个服务提供的过程中，政府必须了解社会公众的需求，了解环境的变迁，从而做出准确的战略决策。世界各国政府大力建设电子化政府，其核心就是要有效利用现代信息技术改革政府，通过不同的信息服务设施，在其更方便的时间、地点及方式下，跨越时空障碍全天候地提供政府服务，成为一个开放的、有回应力的、负责任和有效率的政府服务体，从而进一步填补政府的"服务质量缺口"。

四 信息技术将会增强政府服务回收的能力

对于一般意义上的服务业来说，提供质量差的服务意味着将失去现有和潜在的顾客，更严重的是必然大大损害企业的声誉，这也是比较致命的。但是对于政府来说，顾客或者消费者就是广大的社会公众，而且大多数服务项目都是特制的、没有竞争者的，或者被法律、法规限制为"独家经营"的。传统的政府很少关注消费者的需求和反馈意见，或者由于根本无法获得准确、充足的消费者信息，反应迟缓，没有采取及时、有效的补救措施，造成消费者对政府有一种不负责任的印象。信息社会的政府想要有效利用现代信息技术对政府进行再造，为社会公众提供"顾客满意"的服务，从而建立一个开放、有回应力、负责任和有效率的政府服务体。但是这并不意味着政府服务的完美化，不可能杜绝服务失败，那么政府服务的及时、有效的回收就显得尤为重要了。成功的政府服务回收不仅能够最大限度降低社会成本，而且更能够塑造政府负责任的整体形象，使广大社会公众对政府服务的质量更加有信心。从深层次的意义来说，也将巩固政府执政的基础。

服务回收（Service Recovery）是指在提供服务过程中或之后，服务主体对于劣质的服务进行有效、及时的补救的活动。[①] 服务回收不仅要求提供的补充服务能够使顾客满意，最主要的是要有效、及时，力求使由失败服务造成的损失降到最低。从政府提供服务开始到完成服务回收，要经过消费者的消费、收集消费者的反馈意见、进行意见调查分析、决策及执行服务回收，这一过程被称为服务回收时滞。服务回收时滞是客观存在的，但其长短对于一个负责任的政府而言，则主要取决于收集反馈意见进行决策所运用的手段，目前其最有效手段就是信息技术。

首先，政府运用信息技术能够缩短服务回收时滞。利用网络技术能够使反馈信息快速、多渠道地及无摩擦地汇集到决策中心，政府可以运用现代统计方法及时、准确地分析服务质量低下的原因，做出有效的、最低成本的服务回收决策，这对于成功的服务回收是至关重要的。每个单元所耗费的时间都影响着整个服务回收时滞。

其次，信息技术对政府组织结构的冲击，使政府的权力结构呈现分散的多中心体制。正如约翰·奈斯比特所描述的：由于新科学技术发展给社会生活带来的多样性和时效性，中央政府的集中决策越来越缺乏效率，谁是总统再也无关紧要，因为实际的政治力量，即把事情处理好的能力，已从国会和总统的手中转移到州、市、镇和邻里手里。[②] 中央政府富有弹性，次决策中心的出现也大大缩短了信息传递的时间，使政府能够及时、有效地处理权力及能力范围内的事务，当然也就能缩短服务回收时滞。这种时滞的缩短更确切地说是建立在确定的服务主体上的，次决策中心根据自身的服务能力和范围，利用信息技术充分了解社会公众的需求和偏好，能够以最低成本提供最高质量的服务，一旦服务失败，能够在最短时间内进行服务回收，这一切必须在同一服务主体前提下讨论，否则，并不会有效缩

---

① James A. Fitzsimmons, Mona J. Fitzsimmons, *Service Management*：*Operations*，*Strategy*，*and Information Technology*，China Machine Press，2002，p. 67.

② 〔美〕约翰·奈斯比特：《大趋势——改变我们生活的十大新趋向》，孙道章等译，新华出版社，1984，第100～101页。

短服务回收时滞。

从这个意义上来说，从 2001 年 6 月开始到 2002 年 6 月告一段落的我国国有股减持就是一次政府服务回收的最好例证。2001 年 6 月，国务院发布《关于减持国有股筹集社会保障资金管理暂行办法》，深、沪股市全面急剧暴跌，陷入了长期低迷状态。2001 年 10 月证监会宣布暂停执行减持，深、沪股市全线狂涨。2002 年 1 月 26 日，中国证监会利用信息技术，在短短的 3 个月内，汇集了来自社会各方的讨论方案共 4317个，并选出继续减持的方案"折让配售方案及配套措施"，结果也不是十分理想，2002 年 6 月政府决定停止国有股减持。① 而后，新成立的国务院国有资产监督管理委员会又表达了"为充实社会保障基金、加快建立现代企业制度"，在适当的环境和需要的条件具备的时候，继续进行国有股减持的决心。虽然国有股减持最终结果还没有看到，但是前期暂行办法的试行事实证明是失败的，这无疑是政府服务的一次失败。这次失败使很多股民遭受利益损失，但是他们应该庆幸这是发生在信息技术发达的今天，在减持的过程中，政府能够利用信息技术监控股市行情，及时接收股民们通过股盘反映出来的意见，并在短时间内修改方案。这是政府服务回收的一个最好例证，此项服务还没有结束，中国政府正在进行着服务回收，这将是一个长期的过程。虽然，在那一年里，股市总市值损失了超过 18000 亿元，但是从长期来看，随着信息技术的发展，政府服务回收能力的增强，谁又能够说政府服务回收完成后不能弥补这一损失呢？

结　语

信息技术的产生和发展为公共行政翻开了崭新的一页，同时也唤醒了社会公众的进步意识。政府服务，这个关系到社会公众最根本利益的话题，会一直被人们讨论下去。但是从世界各国政府世纪交替时开始的改革来看，我们不难发现，各国政府响应信息技术对行政组织结构的冲

---

① 杨斌：《国有股减持受挫与理论缺陷》，《读书》2003 年第 2 期。

击，已经迈出了"再造政府"的关键一步，政府服务意识也越来越深入人心。随着信息技术的普遍应用，政府服务能力的不断增强，服务质量缺口的逐渐填补，我们一定会看到一个能提供更高质量服务的负责任的政府。

本文作者为徐晓林、周立新，原刊发于
《中国行政管理》2004 年第 4 期；
《新华文摘》2005 年第 1 期转载，
收入本书时有改动

信息化与当代中国城市政府决策模型研究

　　随着经济全球化和信息时代的到来，城市发展步伐加快，城市公共事务的动态性和复杂性不断提高，城市政府决策呈现出环境复杂、数量激增、风险加大、不确定性增强等新的特点，传统的中国城市政府决策体制和决策机制已经难以适应城市经济社会发展的要求，主要表现在城市政府决策组织完备性和适应性较差、城市政府决策过程透明度和参与度不高、城市政府决策方法科学化和现代化程度较低等方面。种种问题导致城市政府决策低效、失效，严重制约着城市的可持续发展。本文着重对当代中国城市政府决策中存在的通过政府信息化可以解决而没有解决的问题进行简要阐述。

一　信息时代中国城市政府决策模型构建

　　城市政府决策是指城市政府及其领导者在城市管理过程中，为履行自己的职能，实现其对城市公共事务的管理，依法处理行政事务而进行的决策活动。其决策主体是城市政府及其决策者，包括市长、副市长、职能部门和直属部门；决策客体是整个城市的公共事务；决策形式包括市政府全体会议、市政府常务会议和市长办公会议；决策的目的在于有效解决城市管理中的实际问题。城市政府决策是城市政府管理的核心，决策正确与否直接关系到城市管理目标能否实现，决策质量的高低直接影响着城市经济社会的发展水平。

本文在借鉴西方学者政府决策理论模型的基础上，结合当代中国城市政府决策的特点和信息化对中国城市政府决策的影响，构建信息时代中国城市政府决策模型，对于深入研究信息化背景下中国城市政府决策优化的有效路径，推进城市政府决策的科学化民主化具有重要的意义。

（一）模型设计的理论基础

信息时代中国城市政府决策模型设计的理论基础主要有以下几种。①城市政府决策过程三阶段理论。综合比较西蒙、维特（Witte）、希伦克、哈利森等关于决策过程的观点和对当代中国城市政府决策活动的认真审视，我们认为，中国城市政府决策过程包括政府决策分析、政府决策制定和政府决策执行等三个阶段。②政府作用于公共领域的"吸纳—转化—产出"模式理论。从本质上讲，政府是一个公共服务和管理机构，它作用于公共领域时具有三种主要功能即吸纳功能、转化功能和产出功能，形成其作用于公共领域的"吸纳—转化—产出"模式。政府作用于公共领域实际上是一个系统过程，作为城市政府的重要行政活动，城市政府决策同样也具有吸纳、转化、产出功能，历经"吸纳—转化—产出"的过程。③信息化对城市政府决策过程的影响理论。在信息时代，信息技术的应用和发展深刻地影响着城市政府决策过程。首先，信息技术和网络技术的迅猛发展将推动政府信息公开，提高城市政府决策过程的透明度。其次，信息技术能为市民参与城市政府决策提供良好的信息环境、便捷的参与渠道和先进的技术手段，促进市民对城市政府决策的参与。① 最后，信息技术有助于发挥社会公众的监督作用，形成强大的监督网络，强化对城市政府决策执行的监督。

（二）模型设计及要素分析

信息时代中国城市政府决策模型是指导信息化背景下中国城市政府决策优化路径选择的基本理论和分析框架。因此，构建该模型应遵循这样几个原则：第一，全面性原则，即模型要系统分析信息化对中国城市静态决策体制和动态决策过程的影响，避免片面孤立地看待问题；第二，纲领性

---

① 李洋、柴中达：《信息化与我国政府治理变革》，《管理世界》2005 年第 2 期。

原则，即模型既要兼顾全面系统的原则，又不能过分细化和分散；第三，可操作性原则，即模型要充分体现当代中国城市政府决策的特点，并可以用来指导具体工作。基于上述原则和相关理论，我们构建了信息时代中国城市政府决策模型（见图1）。

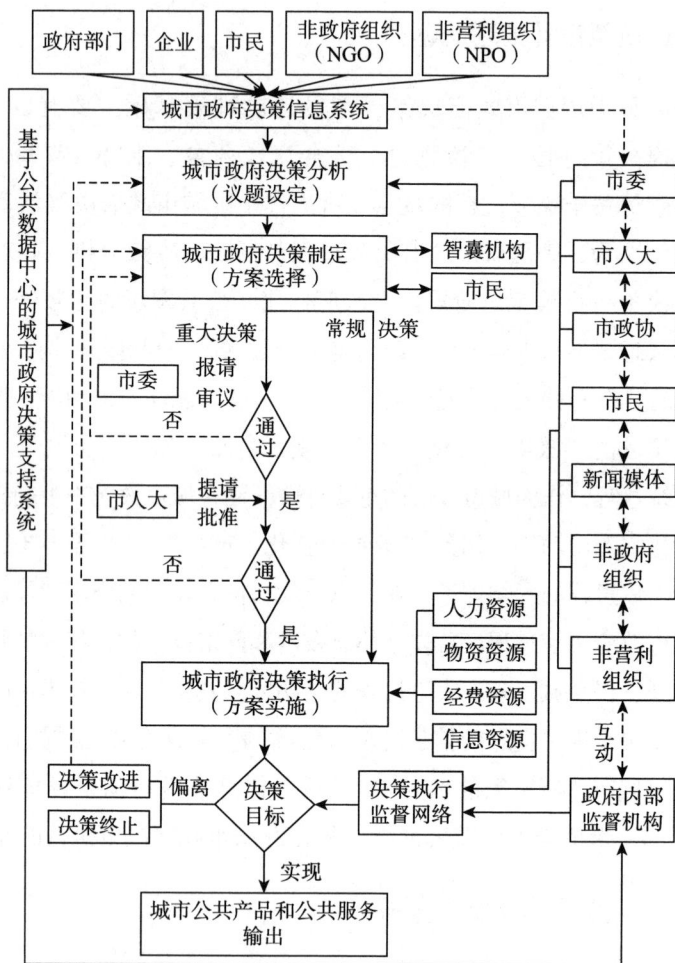

图1 信息时代中国城市政府决策模型

信息时代中国城市政府决策模型详细描述了信息化背景下中国城市政府决策的整个过程，体现了信息化对城市政府决策的影响和当代中国城市政府决策的主要特点。在模型中，以信息技术为基础的城市政府决策信息系统通过政府门户网站直接联系着政府部门、企业、非政府组织、非营利组织和广大市民，确保了城市政府决策信息的完备和真实。在城市政府决策分析阶段，城市政府既可以根据市委、市人大、市政协的指示或提议确定决策议题，又能够通过互联网充分了解市民和其他社会组织的建议，保证城市政府决策议题的公共性；在城市政府决策制定阶段，城市政府决策机构实现了与智囊机构以及广大市民的双向交流和互动，能够通过网络及时公开决策信息和决策进展情况，听取智囊机构和市民的意见、建议，具有很强的透明性和参与性；在模型中，对于城市公共事务治理的重大决策，城市政府可以将经过认真研究、反复讨论确定的决策方案通过办公自动化系统、视频会议系统报请市委审议，提请市人大批准。对于市委、市人大批准的决策方案，城市政府应加紧实施。对于市委或市人大暂时不予批准的决策方案，城市政府应按照市委、市人大的审议意见加以改进和完善，以确保方案的科学性和可行性。而城市政府的常规决策可以在制定方案后直接执行，不需要报请市委和人大审批；在城市政府决策执行阶段，市委、市人大、市政协、政府内部监督机构、非政府组织、非营利组织、新闻媒体以及广大市民所组成的强大的监督网络，通过互联网和利用先进的技术手段可以强化对城市政府决策执行的监督，对于偏离决策目标的城市政府决策，可以进行及时的信息反馈和决策修正，确保了城市政府决策执行的效力，能有效促进城市政府决策品质的提升。

信息时代中国城市政府决策模型是由决策信息、决策信息系统、决策支持系统和决策执行监督网络四个要素所构成的具有很强吸纳性、转化性和输出性的决策系统。在模型中，这四个要素相互影响、相互作用，共同促进城市政府决策的优化。正是由于这四个要素的有效流转和运行，信息化背景下的城市政府决策才具有了较强的科学性和民主性、较高的透明度和参与度，城市政府决策品质才得到了极大的提升。

二　信息化背景下中国城市政府决策优化的路径选择

在信息化背景下优化中国城市政府决策，既要重视信息技术的应用，又要推动决策体制的变革，做到相互促进，选择适当的优化路径和回应方式。

（一）积极推进政府信息化，促进城市政府决策组织变革

信息化推动城市政府决策组织结构由科层制向扁平化、虚拟化转变，减少中间管理层级，加强纵向与横向的沟通和交流，使整个组织成为一个柔性化的有机体。因此，应积极推进政府信息化，加快我国城市政府决策组织变革，再造信息时代的城市政府决策组织。首先，在机构设置上，既要重视决策中枢机构的建设，也要注重决策咨询机构的发展，完善决策组织机构要素；其次，在权力等级结构上，增大决策组织的管理幅度，裁减中间管理层级；最后，在权力形态上，要把集中的权力逐步下放，充分发挥基层组织机构的作用。通过城市政府决策组织的再造，逐步建立一个机构设置优化、结构形态合理、权力形态分化的新型决策组织体制，提高城市政府决策组织的完整性和协调性，增强其反应能力和决策效能。

（二）推动城市政府信息公开，促进市民对城市政府决策的有效参与

在新公共管理和新公共服务运动中，西方学者曾梦想把政府变成"玻璃缸里的金鱼"，清澈透明[1]，也就是政府应该实行透明行政，应该通过建立一种政务公开机制把政府政策的制定和执行过程在公众面前公开，使社会公众不但能详细了解政府是怎样进行公共治理的，而且能够通过有效途径参与决策和管理即参与行政。[2] 城市政府决策与市民的利益紧密相连，为了保障广大市民的知情权和参与权，城市政府必然要实行信息公开。城市政府部门应不断加快电子政务建设，及时公开相关决策信息，让市民逐渐了解政府决策过程，及时获取有关信息，行使自己参与城市政府决策的权利。同时，城市政府还应优化市民参与政府决策的环境，拓宽市民参与政府决策的渠道，增强市民参与政府决策的积极性和主动性。

---

[1] 徐晓林：《"数字城市"：城市政府管理的革命》，《中国行政管理》2001 年第 1 期。
[2] 〔美〕塞缪尔·亨廷顿：《变革社会中的政治秩序》，李盛平等译，华夏出版社，1988。

（三）创新城市政府决策制度、程序和方法，提高城市政府决策能力

城市政府要在积极推进政府信息化和加强电子政务建设的基础上，大力创新政府决策制度、程序和方式方法，努力提高自身决策能力。第一，要按照党的十六大关于完善决策制度的要求，建立并完善政府信息管理制度、信息公开制度、网上听证制度、网上专家咨询论证制度等信息化条件下促进政府决策科学化民主化的各项制度；第二，要按照制度化、规范化的要求制定一套透明的决策程序，在规范政府决策行为的同时体现信息时代政府决策公开、透明的特点，使市民能比较方便地通过网络对整个决策过程进行监督；第三，要借鉴西方的决策经验，不断创新城市政府决策的方式方法，充分利用现代信息技术开展决策活动，实现由经验决策向科学决策的转变；第四，要建立城市政府公共数据中心，实现政府信息资源共享，全面提升政府部门的信息搜集、分析、传递和利用能力，从而提高城市政府决策的科学化水平；第五，利用信息技术，构建共享平台，实现市委、市人大、市政府、市政协之间的信息共享和互动交流，以提高城市政府决策的效率和质量，推进城市政府决策的科学化民主化。

（四）加强教育培训，增强全社会的信息化意识

信息技术和电子政务的应用与发展对城市政府公务员尤其是决策者的知识和技能提出了更高的要求，这就要加强政府公务员尤其是决策者的信息与网络技术培训，全面提高他们在信息化条件下的决策水平。同时，要普及针对社会公众的信息化教育，增强广大市民利用信息技术的技能，提高他们获取政府信息的能力并激发其关注政府决策与参与政府决策的热情，促进城市政府决策的公开化民主化。另外，要高度重视信息社会的公平问题，城市政府要积极致力于消除"数字鸿沟"，使每一个市民都具有获得政府信息的权利和能力，从而公平地参与政府决策，真正行使自己的民主权利，促进城市政府决策的科学化民主化。

结　语

　　信息化的发展正在改变着人类几千年来形成的社会管理组织和结构形式，为我们开辟一个新的公共管理时代。在这一发展趋势中，我们要深刻认识到信息化的重要作用，把它看作能够带来国家跨越式发展的重要机遇。同样，在传统城市政府管理向现代城市政府治理转变、追求城市政府善治的过程中，也应该加快信息技术的运用和城市电子政务的建设，提高城市政府决策信息的质量，以及城市政府决策过程的透明度和参与度，推动对城市政府决策执行的改进和监督，改善城市政府决策品质，并以此提升城市政府行政效能，提高城市政府服务质量，推动城市政府治理变革，促进城市经济社会的全面可持续发展。

本文作者为徐晓林、刘勇，原刊发于
《管理世界》2006 年第 7 期，
收入本书时有改动

软科学研究机构在政府决策中的
功效、困境及对策研究

政府决策，又称行政决策，是国家行政机关及其领导者在行政管理过程中为履行自己的职能依法处理行政事务而进行的决策活动，也就是行政决策者为了达到某一特定目标，对若干备选方案进行选择以确定行动方案的过程。① 政府决策是行政管理的核心，是行政活动的先导和政府宏观管理的关键，政府决策正确与否直接关系到行政管理目标能否实现。党的十一届三中全会以后，党和国家在总结新中国成立以来经验教训的基础上，提出要加强政府决策的科学化、民主化，以保障判断和决策的科学性与正确性。随着我国现代化建设各项事业的不断推进和发展，传统的政府决策模式已经不能适应社会发展的需要，新的形势对政府决策能力和决策质量提出了新的要求。党的十六大报告明确指出，正确决策是各项工作成功的前提。要完善深入了解民情、充分反映民意、广泛集中民智、切实珍惜民力的决策机制，推进决策科学化、民主化。党的十六届四中全会更是将决策科学化、民主化作为党的执政能力和政府行政能力的重要内容加以强调。进一步完善决策机制，实行民主科学决策，成为提高党的执政能力和政府行政能力的重要措施。

改革开放以来，随着科技的不断进步和经济的日益发展，现代社会管理活动呈现规模越来越大、变化越来越快、影响越来越广的特点，社会管

---

① 竺乾威主编《公共行政学》，复旦大学出版社，2005。

理体制也发生了以横向分工和纵向分层为主要特征的根本性变革。社会管理活动和管理体制的变化对传统的决策观念和决策方式提出了新的挑战。为了满足解决由现代科学、技术和生产发展所带来的各种复杂社会现象和问题的需要，我国软科学研究机构应运而生，并在积极为现代化建设进行论证、规划和管理研究，提出建议和方案的过程中不断实现自身的进步，为我国科技、经济、社会协调发展做出了重要贡献。更为重要的是，20多年来，我国软科学研究机构始终把为政府决策科学化、民主化、规范化服务作为自己的重要功能之一，积极参与政府决策，为政府决策提供政策建议和智力支持，逐渐成为支撑政府民主和科学决策的重要力量，在政府决策中发挥着不可替代的作用。鉴于此，本文就软科学研究机构在政府决策中的功效、困境以及如何采取措施发展软科学研究机构促进政府决策科学化、民主化等问题进行探讨。

一 软科学与软科学研究机构的界定

如果把"软科学"的正式名称在中国的使用作为一个标志，我国软科学和软科学研究机构已经走过了20多年的发展历程。20多年来，我国学者在从事软科学研究的同时，也在不断探索软科学概念的界定。关于软科学的基本概念，诸如定义、研究对象、内容、体系结构、应用范围等，不同的学者有着不同的理解，学术界尚未完全形成共识。冯之浚认为，软科学是一门高度概括性的新兴学科，也可以说是一类学科的总称，属于交叉学科的范畴[1]；于景元提出软科学研究是指系统、综合地运用人类整个知识体系，指导解决复杂实践问题的研究；宋健指出软科学是支撑民主和科学决策的整个知识体系[2]；孔德涌主张软科学是以人与社会系统、人与自然系统为研究对象的，以解决政策和决策问题为研究目的的一门综合科学技术；成思危认为，软科学是一门新兴的综合性学科，它的研究对象是复杂的社会、经济、技术系统，包括组织、计划、控制、指挥、协调、交流

---

① 冯之浚主编《软科学纲要》，生活·读书·新知三联书店，2003。
② 转引自于景元《软科学研究及其方法论》，《中国软科学》1997年第6期。

等问题，其目的是为各种类型及各层次的决策提供科学依据。① 比较和综合不同专家学者的观点，我们认为软科学具有如下特点：软科学是相对硬科学而言的，其本身不是一门独立的体系化的专门学科，而是一个以系统理论、复杂理论和决策理论为基础的自然科学、社会科学、人文科学相互交叉、渗透形成的有机组合的学科群，其范围包括战略研究、规划制定、政策选择和管理组织等四大方面；软科学的研究对象是社会、经济等包含人为事物的开放的复杂的巨系统，它主要是在唯物辩证法和综合集成方法的指导下，从系统的观点出发，依靠定性与定量相结合的方法，集成多种知识，并应用现代高新技术来解决决策和管理实践中提出的复杂问题；软科学的宗旨和功能是为决策科学化、民主化、规范化提供智力支持系统，其目的是为各级管理和决策部门的决策提供科学依据和优化方案，推进决策的科学化、民主化。

软科学研究机构是指专门从事软科学研究活动的组织。20 多年来，尤其是 1986 年全国软科学研究工作座谈会召开以来，各种类型的软科学研究机构如雨后春笋般不断涌现。据统计，截至 2004 年底，全国共有软科学研究机构 1773 个，其中 1183 个是在 1986～2004 年成立的，占全国软科学研究机构总数的 66.7%。它们中间既有纯行政型的软科学研究机构，如直接为党和政府决策服务的各级党委和政府的政策研究中心；也有学术型的软科学研究机构，如各高等院校和科研院所成立的各种从事软科学研究活动的研究所（中心）；还有民营型的软科学研究机构。根据科技部相关统计调查情况以及新的软科学研究机构的发展现状，我们认为，我国现有的软科学研究机构主要包括以下组织和单位：国务院各部委、直属机构所属的从事软科学研究的研究机构；国务院各部委、直属机构所属的从事研究开发的机构下设的软科学研究机构（如院属所、研究中心或所属分所）；各省、自治区、直辖市、计划单列市及地区行署和地级市所属从事软科学研究的研究机构；国务院各部委以及各省、自治区、直辖市、计划单列市及地区行署和地级市所属党委及政府的软科学研究机构，如各种政策研究室；高等学校内的软科学研究

---

① 成思危：《世纪之交的沉思——论21世纪软科学的发展》，《中国软科学》2000 年第1期。

机构以及社会上从事评价、政策咨询和重大项目可行性研究工作的咨询机构。

二 软科学研究机构在政府决策中的功效

20 世纪以来，世界现代化进程不断加快，以大科研、大工程和大企业为特征的现代化大生产运动风起云涌。随着现代化大生产的发展，政府决策活动日益复杂化。决策目标的非线性、决策过程的随机性和决策结果的突变性构成了现代决策活动的三大特征。瞬息万变、因素众多的决策形势要求政府决策者做出正确、及时和有效的决策，否则就会造成难以挽回的损失，传统的政府决策模式已经无法适应决策复杂化的要求，在这样的背景下一大批软科学研究机构及其研究工作者进入政府决策领域，积极参与政府决策，为政府决策提供政策建议、智力支持、信息资源、人才支持和舆论保障，有力地促进了全社会决策意识的增强，推动了决策科学化、民主化和制度化建设，逐渐成为我国政府决策科学化、民主化的"思想库"和"助推器"。

（一）为政府决策提供政策建议，充当咨询参谋机构

著名政策科学家那格尔认为，思想库是产生可靠的、可以被有关部门接受的政策研究成果的重要机构。为政府决策提供有力支持是我国软科学研究机构的根本价值所在。在政府决策过程中，我国软科学研究机构充分发挥了这种支持和支撑作用，突出地表现在积极充当政府决策咨询的参谋机构，为各级政府决策提供政策建议等方面。

首先，软科学研究机构利用软科学研究领域的科研计划和基金项目，为国家重大战略决策提供重要支撑。近年来，我国软科学研究机构承担的国家软科学研究计划、国家自然科学基金和国家哲学社会科学基金的一些重大课题，如"当前我国农村若干重大问题实证分析与政策建议""中医药基础理论建设及农村初级卫生保健体系科技支撑研究""中国现代危机管理体系建设及公共治理结构改革""我国自主开发汽车工业发展战略研究""关于我国自主知识产权软件产业发展的战略研究"等均取得了重要

研究成果，已经被国家有关部门采纳，并为国家重大战略决策所采用。[①]
其次，软科学研究机构密切关注我国社会转型时期科技、经济和社会总体
发展战略规划问题，为各级政府宏观决策充当参谋。社会发展战略规划是
各级政府决策者关心的首要问题，也是软科学研究机构的重点研究领域之
一。多年来，软科学研究者从大量战略规划研究实践中，系统总结出一整
套关于战略规划研究制定直至实施的行之有效的理论方法和步骤，大大提
高了战略规划的客观性、可操作性和实施效益。近年来，我国软科学研究
机构对国家中长期科技发展规划、环渤海经济区发展战略、我国农村发展
战略以及有关省市的"十五"计划纲要、"十一五"规划，若干个科技、
经济、社会发展战略和规划，组织了科学的咨询研究与论证，提出了中肯
的意见和建议，得到了有关部门的重视。最后，软科学研究机构也针对各
级政府决策者关心的重大问题，组织研究，为政府决策提供对策建议。根
据各级政府的委托和要求，其对政府部门关心的重大问题进行研究论证，
并形成"内参"文章和内部研究报告，为政府决策提供对策建议，这也是
我国软科学研究机构发挥政府决策咨询参谋功能的一个重要方面。仅以
2003～2004年为例，我国软科学研究机构向各级政府部门递交内部研究报
告16758篇，在国家中央机关、部委及省（区、市）以及所属机构编制的
报送省部级以上领导参阅的内参上登载文章5494篇，其中2567篇获得各
级政府领导批示，直接成为主要的政策建议和决策依据，为优化我国政府
决策，提高政府决策质量，促进政府决策科学化、民主化做出了重要
贡献。

（二）为政府决策提供智力支持，充当预测认识机构

所谓决策智力支持，就是通过研究和分析形成新的政策主张，并且力
图使这些主张获得社会公众的支持和决策者的青睐。软科学研究机构的任
务不仅在于为政府决策提供政策建议和科学依据，而且在于充分发掘社会
发展的新思想，使社会公众和决策者逐步接受这些思想，并将其运用于具
体的决策实践中。为政府决策提供智力支持，使各级政府制定的各项政策

---

① 成思危：《大力发展软科学，促进政府决策科学化民主化》，《中国软科学》2005年第4期。

具有前瞻性、预见性和可行性，是软科学研究机构的重要功能，也是决策者和政府决策机构对软科学研究机构的真正要求之一。

软科学研究机构对政府决策的智力支持主要体现在两个方面。一是提出政策思想。软科学研究机构在软科学研究实践中充分发掘各种新的思想主张，并进行倡导，以期得到社会公众和政府决策者的肯定和支持，进而成为政策或获得立法。软科学研究机构已经逐渐成为我国各级政府部门思想观念的主要来源。二是开发研究方法。软科学研究机构不仅注重为政府决策提供政策建议和备选方案，同时也十分重视研究方法的改进和创新。20 多年来，我国软科学研究机构在借鉴国外先进经验的基础上发展和完善了一系列新的研究方法和预测技术，如"线性和非线性规划""动态规划""成本效用分析""系统分析""特尔斐法"，并将"模糊模型""系统动力学模型""投入产出模型"等引入决策领域，为各级政府决策提供了较好的分析工具。从长远来看，关于方法的创造性研究也将成为软科学研究机构促进政府决策科学化、民主化的重要途径。

（三）为政府决策提供信息资源，充当信息服务机构

获得可靠的信息是政府决策的基础，是政府决策的生命力所在。决策信息的质量往往决定着政府决策的水平，掌握高质量和完备的决策信息是政府决策科学化、民主化的重要前提。[①] 软科学研究机构凭借自身的优势，能够为政府决策的整个流程，即政府决策分析、政府决策制定和政府决策执行三个阶段提供完备可靠的信息资源，从而促进政府决策质量的提高。在政府决策分析阶段，软科学研究机构能够根据长期科学研究的实践，向政府决策者提供当前政府决策急需的相关信息，并为政府某一具体决策提供真实的决策信息；在政府决策制定阶段，软科学研究机构能够通过深入的调查研究，了解社会公众对政府某一具体决策的意见和建议，并及时向决策者反映，以保证政府决策的正确性；在政府决策的执行阶段，软科学研究机构通过追踪政府决策执行过程，促使政府对决策

---

① 徐晓林、刘勇：《数字治理对城市政府善治的影响研究》，《公共管理学报》2006 年第 1 期。

执行偏差进行纠正，减少决策失误、过时而导致的损失。另外，某些软科学研究机构还扮演着政府决策效果评估者的角色，通过独立客观的评价和鉴定，能有效地改进决策目标，完善决策系统，促进政府决策科学化、民主化。

（四）为政府决策提供人才支持，充当人才储备机构

软科学研究机构一方面向政府提出新的政策思想，提供新的政策建议；另一方面还积极向政府各个经济和社会管理部门输送人才，为政府决策提供人才支持，充当人才储备机构。经过 20 多年的发展，我国软科学研究机构的研究队伍不断壮大，水平日益提高。软科学研究机构在实现自身科研队伍可持续发展的同时还积极向我国各级政府领导岗位输送了大量优秀的软科学专家，软科学研究的经验为他们做好管理工作提供了重要基础，使他们具有丰富的决策科学知识、现代化的决策观念以及较强的综合分析能力和组织协调能力。在他们的带动下，更多的领导干部积极依靠和参与软科学研究，使我国干部队伍的专业化水平和现代化程度、领导艺术和决策水平不断提高，有力地促进了政府决策科学化、民主化。随着社会的进步和发展，我国软科学研究机构不仅将成为政府的"思想库"，而且还将成为各级政府主要的"人才库"。

（五）为政府决策提供舆论保障，充当政策宣传机构

政策宣传是政府决策有效执行的基础环节，政策宣传的质量直接影响到政府决策执行的效果。软科学研究机构的工作重点，除了开展软科学研究，获得研究成果之外，还包括思想的推广，即通过研究成果的广泛传播来引导舆论，宣传政策，促进政府决策的有效执行。软科学研究机构通过大量出版丛书、专著，发表学术论文，积极宣传政府政策和研究成果；通过与媒体建立联系、接受媒体专访等方式来引发社会公众对政府决策问题的关注，形成有利于其政策主张被政府决策者采纳以及宣传政策的公众舆论。仅在 2003 ～ 2004 年，我国软科学研究机构共发表学术论文 76919 篇，出版专著 5768 部，在报纸和网络上发表署名文章 7533 篇，接受媒体专访 5138 次，主要观点和思路被媒体引用达 30229 次，这些都对社会公众的决

策意识和政策观念产生了重要影响。同时，软科学研究机构还经常组织研讨会、论坛和讲座，通过这种常用的舆论动员方式来传播政策，为政府决策的有效执行扫除障碍。

科学的政府决策离不开科学的决策咨询，民主的政府决策包含着专家学者对政府决策的有效参与。日益发展壮大并积极参与政府决策的软科学研究机构将成为促进我国各级政府决策科学化、民主化的重要力量。

三　我国软科学研究机构发展存在的问题

我国软科学研究机构在短暂的发展历程中取得了丰硕的成果，在推进政府决策科学化、民主化进程中发挥了十分重要的作用。但是从总体上看，我国软科学研究机构的发展尚处于起步阶段，资金投入不足，科研能力不强，综合水平不高，还远远不能适应改革开放和现代化建设的需要，其发展面临以下几个方面的问题。

（一）政府和社会对软科学研究尚缺乏足够的重视，社会需求不足

自 1986 年全国软科学研究工作座谈会召开以来，我国软科学研究机构得到了较快的发展，数量不断增加，并且集聚了大量专业化优秀人才，为促进我国政府决策科学化、民主化发挥了重要作用。但是由于软科学研究普及程度不高，政府决策科学化、民主化制度不健全、约束力不强等，其作用尚未得到各级政府决策者的普遍认同和高度重视，决策咨询的必要性和重要性还没有被充分接受。一些政府决策者不重视发挥软科学研究机构的决策咨询参谋作用，对软科学研究成果和专家学者的决策建议不听取、不采纳，依然以个人经验作为决策的依据，"拍脑袋"决策的现象仍然存在，导致决策失误，耗费大量决策成本。另外，知识的价值还没有得到全社会的充分认识，社会公众对软科学研究机构的相关信息知之甚少，对其发展缺乏关注。软科学研究机构面向各级政府决策者和全社会需要提供咨询服务的拉动力不强，这已成为制约我国软科学研究机构发展的主要因素。

（二）软科学研究机构运行机制不完善，相关法律法规不健全

目前，我国软科学研究机构的运行机制和管理体制还不能完全适应市场经济和软科学研究机构发展的需要，软科学研究机构发展缺少配套的政策法规保障，大量的软科学研究成果得不到及时转化，造成软科学研究与决策管理相互脱节。这方面的问题突出表现在三个方面。第一，软科学研究机构独立性不足。保持自身的独立性和科学性是软科学研究机构开展政策咨询和建议活动应遵循的基本原则。现代决策活动不仅要求"谋""断"分离，而且还强调先谋后断，以保持软科学研究机构的独立性。但是由于政府职能错位，对软科学研究机构干预过多，一些"命令性""指令性"研究导致软科学研究工作参考效用后置，往往是政府先提思路，指定题目，软科学研究机构再进行调研论证，进行政策合理性和必要性的补充说明，缺乏对一些战略性课题的主动探索，在拟制备选方案的过程中，又常常受政府官员意志的影响，独立性不足。另外，还有一些软科学研究机构为了争取资源，把加强与政府部门的关系作为其工作重点，千方百计使自己的研究成果或政策建议迎合政府决策者的意图，无法实现自身对政府决策的有效参与。第二，对软科学研究机构的法律制度安排缺位。当前，我国有关软科学研究机构的法律制度还很不完善，有很多地方是空白。软科学研究和科技咨询业发展的中长期规划以及有关知识产权保护、软科学人才培养、激励机制等相关法规政策亟待出台，以调动广大科技工作者投身软科学研究的积极性。第三，软科学研究机构之间缺乏协调合作和资源共享机制。截至 2004 年底，我国共有软科学研究机构 1773 个，它们有着不同的隶属关系和主管部门，既有国务院各部委、直属机构所属的研究机构，也有各省、区、市所属的研究机构，还有高等院校和科研院所设立的软科学研究机构。由于所属层次和主管部门不同，软科学研究机构之间往往各自为政，缺乏协调合作机制，软科学研究的整体优势难以发挥，协同解决复杂问题的能力得不到提高。同时，由于缺乏资源共享机制，研究信息不能流通，研究成果不能共享，软科学研究低水平重复现象严重，创新不足，严重浪费了国家的科研资源。

（三）软科学研究投入不足，尚未形成多层次、多渠道的投入机制

2003～2004 年全国软科学研究机构统计调查结果表明，近年来，随着对软科学和软科学研究机构重视程度的提高，国务院各部门和各地方政府纷纷采取措施，加大对软科学研究的支持力度。软科学研究机构的经费来源也由过去完全靠政府拨款的单一渠道逐渐向以政府拨款为主，NGO 资助、企业赞助、个人捐助相结合的投入机制转变。但是，投入严重不足的困境仍然没有得到根本性改变。随着软科学研究的广泛开展和市场经济的深入发展，这种完全靠政府拨款的单一的投入模式和较低的投入力度已经不能适应软科学研究机构发展的需要和经济、社会发展对软科学研究的需求。例如，作为支持软科学事业发展的国家专项科技计划——国家软科学研究计划，不仅要满足科技、经济和社会发展领域重大战略决策的需求，同时，其还具有跨部门、跨学科、跨区域组织综合性研究的责任和支持学科建设与发展的义务。但是，国家软科学研究计划的投入长期处于较低水平，尽管 2003 年其经费从过去的 500 万元增加到了 1000 万元，但是与需求相比，投入依然不足。[①] 各级地方政府用于软科学研究的投入也长期处于较低水平，有的地方甚至远低于国家关于软科学研究经费应占各地科技三项经费 5% 的要求。据了解，发达国家对软科学的投入通常为其研究及开发经费的 5%～10%，而我国目前还不到 1%。这不仅极大地阻碍了软科学研究机构自身的可持续发展，而且将影响各级政府决策质量的提高。

（四）人才结构不尽合理，软科学研究整体水平不高

一方面，软科学研究机构人才结构不尽合理，整体素质有待进一步提高。在我国软科学研究机构的人才结构方面，自然科学出身或技术科学出身的研究人员仍占多数，而从事政治学、社会学、法学、经济学等研究的社会科学学者为数不多且参与不深。软科学学界特别强调自身的研究方法

---

① 成思危：《大力发展软科学，促进政府决策科学化民主化》，《中国软科学》2005 年第 4 期。

是定性与定量相结合的综合集成方法，但由于缺乏各类社会科学研究者的参与，其在定性研究的方面无论是广度还是深度都还不尽如人意。① 同时，软科学研究机构的研究力量较为分散，兼职研究人员较多，专职研究人员较少，缺少高层次的学术带头人和复合型人才，研究人员的知识结构和年龄结构都不尽合理，软科学研究队伍的整体素质有待进一步提高。另一方面，研究方法相对落后，软科学研究整体水平不高。目前，综合集成的系统研究方法尚未被广泛应用，任务分块、分头研究、机械汇总的方法仍占主导地位。研究单一问题的多，研究复杂问题的少；研究具体问题的多，从事理论创新的少；总体分析较多，预测研究较少，软科学研究的针对性、可行性和及时性不强，从而导致一方面一些科研成果得不到有效应用，另一方面又有大量迫切需要解决的问题得不到及时研究。同时，直接面向市场咨询主体的科技咨询业，受观念、意识和长期形成的研究方法的影响，服务水平与需求存在脱节，为市场经济和政府决策服务的软科学科技咨询体系和咨询市场亟待健全。这些都给软科学研究机构的发展带来了不利影响。

四　发展软科学研究机构促进政府决策科学化、民主化的对策

当前，我国正处在全面建设小康社会的历史进程之中，经济和社会发展进入快速转型时期，一些深层次的矛盾和问题逐渐凸显，政府管理和决策活动日益复杂化，软科学研究机构在政府决策体系中的重要地位日益突出，面临来自各个领域的紧迫需求。因此，根据实际情况，借鉴国外先进经验，积极探索我国软科学研究机构的运行模式，实现软科学研究机构的可持续发展，促进政府决策科学化、民主化，成为我国各级政府和广大软科学研究工作者面临的重要课题。

---

① 赵刚等：《发展中的中国软科学——中国软科学发展的回顾和展望》，《中国软科学》2005年第2期。

（一）提高各级政府决策者和社会公众对软科学研究的认识水平

软科学研究机构的发展需要有一个良好的社会环境，需要政府、社会公众等社会主体的支持和关注。一是要继续推进决策科学化、民主化的制度建设，规范政府部门决策行为，提高政府决策者对软科学研究的重视程度。当代社会发展迅速，知识更新和信息增长的速度不断加快，使得政府决策活动充满高度复杂性、风险性和不确定性，这对我国各级政府决策者的决策能力和决策水平提出了新的更高要求。要保证政府决策的正确性和科学性，避免决策失误给社会带来的巨大损失，就必须积极推进政府决策科学化、民主化的制度建设，规范政府部门决策行为，用制度促使各级政府决策者充分认识软科学研究机构在政府决策中的重要地位和作用，提高对软科学研究的重视程度，真正做到在开展决策活动时重视发挥软科学研究机构的咨询参谋作用，以专家学者的意见建议和软科学研究成果为决策的依据，防止"拍脑袋"决策。二是要进一步转变政府职能，减少政府对软科学研究机构的干预，扩大其自主权和增强其独立性。软科学研究是一项科学活动，必须依靠准确的信息、科学的方法和规范的程序，因此不能受过多条条框框的束缚。要进一步转变政府职能，防止政府"错位"，减少政府对软科学研究机构的干预，扩大其自主权和增强其独立性，以提高软科学研究的科学性和合理性。三是要通过宣传软科学和软科学研究机构来增进社会公众对软科学的了解，让社会公众关心软科学、关注软科学、学习软科学，增强科学决策意识。同时，要加快相关政策法规的制定，为软科学研究机构的发展提供良好的法律保障。

（二）增加投入，逐步建立软科学研究的多元投入机制

目前，我国软科学研究经费主要有三个来源：一是各级财政拨款；二是科技部的软科学研究基金，每年1000万元；三是国家自然科学基金委员会管理科学部用于支持宏观管理和政策研究的经费，每年大概有3000万元。此外，还有少量的国家专项经费。从总体上看，对软科学研究的投入力度还比较弱。因此，国家要加大投入力度，中央财政和地方财政应加

大对软科学研究的资助力度。有些研究可以申请有关部门和地方政府进行联合资助，有些课题可以通过开展国际合作争取中央部分支持。另外，还应当努力创造条件，推动软科学走向市场，积极争取全社会的支持，逐步建立以政府拨款为主，NGO 资助、企业赞助、个人捐助相结合的多层次、多渠道的多元投入机制，促进软科学研究机构的发展。

（三）加强软科学研究队伍建设，提高研究人员整体素质

软科学研究是智力、知识密集的专业科研活动，需要一大批具有较高素质和较高学术造诣的研究人员。各级政府和全社会要高度重视软科学研究人才的培养和软科学研究队伍的建设。通过实施软科学发展计划，培养和造就一批高水平的学术带头人和软科学研究的领军人物；围绕国家和省市软科学研究计划项目等重大科研任务，采取新的组织机制，通过持续稳定长期的大力支持，形成一批跨学科、跨部门、跨区域的高层次科研团队；大力引进相关人才，优化研究人员的专业、知识和年龄结构；积极创造条件，利用多种渠道，支持软科学研究人员到国际知名的研究机构学习，鼓励研究人员参加各种形式的软科学交流与合作，提高研究人员的科研水平，使他们既有本专业的深度，又有多学科的广度，还具有社会、经济、哲学的高度和展望未来的远见卓识。同时，还应根据时代的最新要求和软科学发展的最新特点，提前规划好软科学的人才储备，加强后备人才的培养。

（四）加强软科学研究机构能力建设，提高软科学研究的综合水平

加强软科学研究机构能力建设，提高软科学研究的综合水平是实现我国软科学研究机构可持续发展的根本举措。积极支持相关院所的转制工作，使软科学研究机构的总体布局更加合理，建立起比较完善的决策咨询和科技咨询服务体系；加强软科学重点研究基地建设，通过一段时间的努力，形成一批学科优势明显、研究基础扎实、在国内外具有较大影响力的软科学研究基地和决策支持平台；利用现代管理理念和信息技术，强化软科学研究机构的内部管理，推进信息化建设，提高软科学研究团队的管理

水平和科研实力；加强对软科学研究的组织管理，进一步探索提高软科学研究机构和研究人员积极性的管理模式；建立和完善突出软科学研究针对性、可行性和及时性特点的软科学研究成果质量评价标准，改革软科学研究成果评价评审机制，并以此促进软科学研究机构强化问题意识，更新研究方法，以提高软科学研究的综合水平。

（五）大力发展科技咨询业，推动软科学的产业化进程

着眼于未来软科学领域潜在的巨大市场，坚持科技和经济紧密结合，提高软科学的创新能力，加快研究成果转化，加速科技咨询业的发展，是推动软科学产业化的重要一环。首先要不断拓宽软科学研究领域，使软科学研究深入社会各个领域和层次，使软科学研究的人、财、物资源得到合理配置。其次要积极开拓科技咨询市场。一方面，要开拓软科学研究市场，对于重大软科学研究课题，既要开展联合协作进行攻关，又要引入招标、议标等竞争机制，提高软科学研究水平和可信度；另一方面，将软科学研究成果纳入技术市场管理轨道，推进软科学研究成果产业化、商业化，争取早日建成能为宏观调控和微观经营提供高质量服务的社会化综合决策咨询服务体系，形成繁荣的决策咨询服务市场。最后要加强科技咨询业的行业管理。一是各级政府应强化和完善科技咨询业管理机构，科技主管部门应参与对科技咨询企业的资格认定和审批，培育和扶持一批具有较大发展潜力的科技咨询企业，逐步提高科技咨询业的整体素质和综合竞争力；二是尽快制定科技咨询业管理条例，建立健全软科学研究咨询业的诚信制度、激励机制和问责机制，促进软科学咨询服务市场的健康发展。

（六）构建软科学研究机构协调合作和资源共享机制，实现软科学研究的资源共享

实现软科学研究机构的资源共享，是促进软科学研究机构之间加强交流合作、整合科研实力、避免重复研究、加快成果推广的基本前提，也是发展软科学研究机构促进政府决策科学化、民主化的重要举措。首先，利用现代信息技术和网络技术，建立全国软科学研究成果公共数据中心，并

在此基础上创建"全国软科学研究资源共享平台",以该平台为载体,定期发布软科学研究的重大成果、研究动态。通过这一全国性的软科学研究公共平台的建设和运行,促进全国软科学研究机构的交流合作与成果推广,实现资源共享。① 其次,鼓励研究人员以各种形式,让软科学研究成果为政府决策和社会公众服务。积极利用各种社会媒体、网络、国内外会议和软科学研究杂志等平台,传播软科学研究成果,促进研究成果共享。定期出版"中国软科学研究发展报告",选编一批重大研究成果出版"软科学研究成果"丛书。② 每年有计划地组织若干重要的国际性、全国性、区域性软科学专题研讨会,扩大软科学研究的社会影响力。最后,提高软科学管理水平。在国家层面上,国家软科学计划管理部门要加强与国家哲学社会科学基金和国家自然科学基金的联系与资源共享,加强各地方与各部门软科学研究机构的协调,积极有效地推进全国软科学研究机构资源共享机制的建设。同时,充分发挥中国软科学研究会等学术团体的重要作用,积极构建软科学研究行业协商机制,促进软科学研究机构之间的交流合作与和谐发展。

结　语

党的十六大以来,中央先后做出了全面建设小康社会、以人为本、落实科学发展观、提高党的执政能力、构建和谐社会、建设创新型国家等一系列重大战略部署。所有这些部署无不贯穿着决策科学化、民主化的要求。进入新时期,新的实践对政府决策能力和决策水平提出了新的更高的要求,党和政府也更加重视决策科学化、民主化建设,这些都为我国软科学研究机构的发展提供了难得的历史机遇。积极推进软科学研究,提高软科学对政府决策的支持和支撑作用,进一步推进政府决策科学化、民主化进程,成为新时期我国软科学研究机构的庄严使命和时代责任。面对新的

---

① 徐晓林、刘勇:《信息技术对城市政府决策品质的影响研究》,《中国行政管理》2006 年第 5 期。
② 赵刚:《关于我国软科学"十一五"发展思路的探讨》,《中国软科学》2005 年第 12 期。

形势和机遇，软科学研究机构要正视自身发展中存在的问题，积极探索和优化软科学研究机构的运行模式和管理机制，制定发展规划，明确发展目标；加强队伍建设，提高科研实力；突出能力建设，提高整体水平；强化问题意识，增强研究实效；采用先进技术，创新研究方法；构建共享机制，促进协调合作；争取社会支持，优化发展环境，以实现自身的可持续发展，更好地为政府民主决策和科学决策服务，为我国科技创新、经济建设和社会发展服务。

本文作者为徐晓林、刘勇、赵刚，原刊发于

《中国软科学》2006 年第 5 期，

收入本书时有改动

信息技术对城市政府决策品质的
影响研究

20 世纪 80 年代以来，随着经济全球化和信息社会的到来，西方发达国家兴起了一场试图打破传统公共管理理论和模式的束缚，用新的理论对政府管理进行根本性或方向性调整的"政府再造""重塑政府"运动。在这场旨在重振政府活力的新公共管理运动中，各国政府深刻认识到信息技术给传统公共行政带来的巨大冲击：信息技术将重塑公共管理理念，再造政府政务流程，引起行政组织结构变革，引发行政信息系统变迁，同样也必将对政府决策产生深刻影响。在以信息技术为基础的知识经济社会里，信息技术在改善城市政府决策品质方面将产生什么样的影响？城市政府如何充分利用信息技术努力提升政府决策品质，推进政府决策的科学化、民主化？这已经成为世界各国城市政府亟待解决的问题，也引起了学术界的关注。

一 政府决策品质的内涵

政府决策，又称行政决策，是国家行政机关及其领导者在行政管理过程中，为履行自己的职能，依法处理行政事务而进行的决策活动，也就是指行政决策者为了达到某一特定目标，对若干备选方案进行选择，以确定行动方案的过程。[①] 政府决策是行政管理的核心，是行政活动的先导和行

---

① 竺乾威主编《公共行政学》，复旦大学出版社，2005。

政管理成败的关键，政府决策正确与否直接关系到行政管理目标能否实现，政府决策质量的高低直接影响着经济社会的发展水平。

政府决策品质（Quality of Government Decision）是指社会公众对政府决策的满意程度，是社会公众对政府决策的主观预期与实际感知相比较的结果，取决于社会公众预期决策结果与实际获得决策结果之间的差距。它是评价和衡量政府决策质量与水平的综合性指标。20世纪80年代兴起的新公共管理理论认为，作为政府的重要行政活动，政府决策的最终目的和结果是形成科学可行的政策方案，并在运行过程中向社会输出高质量的"产品"和"服务"即公共产品和公共服务。作为一项管理和服务活动，政府决策虽然有着与一般服务不同的性质，但是和企业提供的产品与服务一样，"品质"是对它进行整体评价的重要指标。由于政府决策的特殊性，决定政府决策品质很难用精确的数据来直接评估。

综合中外政府部门和学者的看法，社会公众主要通过六个方面来评估政府决策品质，称为"决策品质维度"（Dimensions of Decision Quality），主要包括有效性（Effectiveness）、公平性（Equitableness）、透明性（Transparency）、参与性（Involvement）、回应性（Responsiveness）、可获得性（Availability）。社会公众对政府决策品质进行评估的六个维度，也是政府决策的六个方面，这六个方面的内容决定了政府决策品质的高低。在信息社会，信息技术的应用深刻地影响着这六个方面的要素，从而能够促进政府决策品质的提升。

二 信息社会对城市政府决策品质的要求

政府自产生伊始就承担着解决公共问题、提供公共服务、维护公共秩序的重任，政府职能的履行过程，也就是政府做出决策和实施决策的过程。政府决策是一种历史活动，不同的社会对政府决策品质有着不同的要求。随着知识经济和信息技术的发展，传统的公共管理模式已经不能适应社会发展的需要。同样，传统的政府决策体制和决策机制也无法适应信息社会对提升城市政府决策品质的要求。要改善决策品质维度的状况，提升城市政府决策品质，推进政府决策的科学化和民主化，必须对城市政府决策组织、决策流程和决策方法进行全方位的变革与创新，而这一切都有赖于信息技术的支持和城市政府信息化的推进。

（1）变革决策组织。传统的政府决策组织机构臃肿、层次繁多，导致决策环节增多、速度降低，决策信息阻塞不畅，信息"有效需求"不足，这些都严重影响城市政府决策品质的提高。因此，减少政府决策组织的垂直层，扩大水平层，使政府决策组织结构精简，有利于提高决策组织的决策速度和决策质量。行政生态学的一个重要观点是，科学技术是影响行政组织系统结构重组的一个基本变量。"我们过去创造等级制、金字塔式的管理制度，现在由电脑记录，我们可以把机构改组成水平式。"[①] 电子政务的应用与发展为这种变革提供了基础，它将使城市政府决策组织减少中间管理层，扩大管理幅度，传统的金字塔形结构逐渐压缩成扁平化结构，更加具有灵活性、有机性和适应性。同时，信息流将摆脱结构上的束缚，变得无孔不入，使每个层级都可以从最直接、最便捷和最廉价的途径获得信息，促使决策组织朝网络化和交互式变迁，从而能为改善城市政府决策品质奠定基础。

（2）优化决策过程。在传统的政府决策模式下，只有处在金字塔顶端的人才能掌握决策信息进而做出政府决策，行政下级和社会公众既无了解行政信息的渠道，更无参与决策的权利，政府决策运作过程对于公众来说是不可知的领域。在这样的情况下，政府决策和制度运用往往为少数人所操纵，难免出现暗箱操作甚至个人专断，这不但影响城市政府决策品质的提高，而且为政府官员寻租提供了便利。在新公共管理和新公共服务运动中，西方学者曾梦想把政府变成"玻璃缸里的金鱼"[②]，也就是政府应该实现透明行政，应该通过建立一种政府政务公开机制把政府决策的制定及执行过程公开在公众面前，使社会公众不但能详细了解政府

---

① 〔美〕约翰·奈斯比特：《大趋势——改变我们生活的十大新趋向》，孙道章等译，新华出版社，1984，第255~336页。

② 徐晓林、周立新：《信息技术对政府服务质量的影响研究》，《中国行政管理》2004年第4期。

是怎样进行公共治理的，而且能够通过有效途径参与决策和管理即参与行政。① 在这样的情况下，政府的决策信息和决策过程能够为公众知晓，基层的反馈也能迅速向上传递，在这种信息的交互式流动中，政府的反应力和社会回应力得到提高，公众的意愿在政府决策过程中得到强调，在公共政策中得到体现。

（3）创新决策方法。随着城市发展速度的加快，各种因"结构不良"而引发的突发事件逐渐增加，促使更多的城市政府决策变成了非程序性决策甚至是风险性、不确定性决策。在这样的社会背景下，传统的政府决策方法无法适应现实发展的要求。要促进政府决策科学化、提高城市政府决策品质，除了依赖决策组织、决策体制、决策程序的变革与规范外还要借助一套现代化的决策方法。目前，行政界普遍认为在决策的不同阶段要运用不同的技术方法，如在设立决策目标阶段收集决策信息要使用调查整理和情报技术，在制定策略方案阶段要使用评价技术、预测技术和可行性分析技术，在反馈阶段要使用反馈技术，同时在政府决策过程中还要加强定量化研究，注重运用一些现代自然科学与统计学的方法，以推进政府决策方法的现代化，保证城市政府决策的科学性。

三 基于信息技术的城市政府决策模型设计

在信息社会，开展对城市政府决策的研究，需要充分考虑信息技术这个关键因素，构建基于信息技术的城市政府决策模型。随着信息技术的发展和信息技术在城市政府管理中应用的深入，信息技术对城市政府决策的影响越来越显著，逐渐成为提升城市政府决策品质的重要保证。通过研究发现，信息技术对城市政府决策品质的影响主要体现在对城市政府决策信息和决策流程的影响上。笔者认为，完整的政府决策流程是指从政府决策分析到政府决策执行的整个过程，包括三个阶段，即政府决策分析、政府决策制定和政府决策执行。正是在此基础上，我们构建了基于信息技术的

---

① 徐晓林、周立新：《信息技术对政府服务质量的影响研究》，《中国行政管理》2004 年第 4 期。

城市政府决策模型（见图1）。

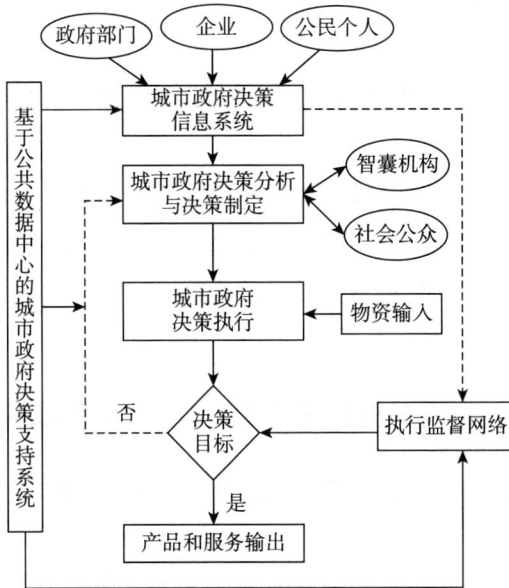

图1 基于信息技术的城市政府决策模型

　　基于信息技术的城市政府决策模型详细描述了信息社会城市政府决策的整个流程，体现了信息技术对城市政府决策的影响。信息是城市政府决策的基础，是连接决策主体与决策客体的桥梁。在模型中，以信息技术为基础的城市政府决策信息系统联系着所有社会群体和社会公众，确保了政府决策信息的完备和真实；政府决策分析和制定过程的公开性、参与性是实现政府决策科学化、民主化的重要途径。在模型中，城市政府决策机构实现了与智囊机构以及社会公众的双向交流和互动，能够及时公开决策信息和决策进展情况，听取智囊机构和社会公众的建议、意见，具有很强的开放性、包容性和民主性；政府决策执行是政府决策的实施阶段，对于实现政府决策目标具有重要的意义。在模型中，由专门的监督机构和社会公众所组成的监督网络，利用先进的技术强化了对城市政府决策执行的监督，对不符合决策目标的城市政府决策可以进行及时的信息反馈和修正。同时，以信息技术为支撑的基于公共数据中心的城市政府决策支持系统深刻地影响着城市政府决策的整个流程，在为决策者提供各种决策信息和解决方案的同时，大大减轻了决策者从事低层次信息处理和分析的负担，使他们专注于最需要决策智慧和经验的工作，提高了决策的质量和效率。

四　信息技术对提升城市政府决策品质的影响分析

大量的行政实践证实，技术因素是影响权力的重要变量之一。"在后工业化社会里，专门技术是取得权力的基础。"① 研究表明，在信息社会，信息技术能够为城市政府决策品质的提升和城市政府决策的科学化民主化提供强有力的技术支持。

（一）信息技术能够提高城市政府决策信息的质量

信息的获得是管理决策的基础，是管理决策的生命力所在，政府面临较私人部门更为复杂的外部环境，因而更加注重决策信息的质量。决策信息质量的高低主要取决于决策信息的真实性和来源的广泛性，而信息技术则能为城市政府决策信息质量的提高提供有力的技术保证。

首先，信息技术将改变现行的城市政府决策信息传递模式，提高决策信息的保真率。在传统的信息传递模式下，政府决策层获取信息的主要渠道是逐级汇报的书面材料。信息传递渠道单一，且不排除基层政府对信息进行自利性选择、过滤或修饰，造成了一定程度的信息传递失真。在信息社会，信息技术和网络技术将改变城市政府传统的信息传递模式组织结构：社会公众借助网络可以多渠道将信息直接传至决策层，使信息传递渠道多元化；中间层级功能的消退，导致现代政府组织结构向中空化方向发展。以上两大变化的实质在于中间层级信息传递功能的网络替代②，这就能消除信息与决策层之间的人为阻滞和时空限制，加快信息的传递速度，有效避免信息传递失真以及由信息迟缓和信息失真所引起的决策滞后和决策失误。

---

① 〔美〕丹尼尔·贝尔：《后工业社会的来临——对社会预测的一项探索》，高铦、王宏周、魏章玲译，商务印务馆，1986。

② Alain Pinsonneault, Kenneth Kraemer, "The Impact of Information Technology on Middle Managers," *MIS Quarterly*, 1993, pp. 271–292.

其次，信息技术能拓展城市政府决策信息源，增强决策者的有限理性。赫伯特·西蒙认为，在管理决策过程中，决策者的理性是有限的，他们不能进行完全的理性判断和抉择，决策只能达到满意化而不可能做到最优化。有限理性阻碍了政府决策科学化的实现，而人类只有有限理性的原因主要是信息的缺失、信息量不足。[①] 在信息技术条件下，依托信息技术和网络技术建立的城市政府门户网站将各终端用户（政府部门、企业、公民个人）都发展为潜在的决策信息源，他们的意愿、要求可以随时通过网络发送到城市政府决策信息中心，被政府决策层有选择性地使用。同时由于网络终端交互联系，其意愿表达会引发网上信息集聚，即某种意愿的表达可能带动其他用户就相关问题发表见解、表达意愿，从而把恰当的信息提供给城市政府的领导者[②]，有效地增强决策者的有限理性。

（二）信息技术能深刻地影响城市政府决策过程

在信息时代，信息就像一种血液，无时无刻不流淌在社会的每个角落，不但给社会单元带来营养，而且也深刻影响这些社会组成部分的运作模式和运行过程。信息技术促进电子政务的应用和发展，推动城市政府信息公开，从而能够提高城市政府决策过程的透明度，激发公民参与政府决策的热情，使城市政府决策民主化成为可能。

首先，信息技术推动城市政府信息公开，能提高城市政府决策过程的透明度。"没有任何东西比秘密更能损害民主，公众不了解情况时，自治即所谓公民最大限度地参与国家事务只能是一句空话。"[③] 长期以来，我国的政府信息一直处于封闭或半封闭状态，社会公众无权了解和获取，从而导致城市政府决策过程高度封闭，公众的知情权无法得到实现。而信息技术的飞速发展正在或将会改变这一局面。信息技术特别是网络技术的核心特征是信息共享，信息技术运用特殊的交互形式，可以突破时间和空间

---

① 〔美〕赫伯特·A. 西蒙：《管理行为》，詹正茂译，机械工业出版社，2004。

② 徐晓林：《数字城市：城市政府管理的革命》，《中国行政管理》2001 年第 1 期。

③ B. R. Barber, *Strong Democracy*: *Participatory Politics for a New Age*, Berkeley and Angeles: Universityof California Press, 1984.

的限制，实现海量信息的共享。① 城市政府可以在重大问题做出决策前在网上公布，让公众广泛参与讨论，经过反复充分的博弈，最后做出决策，这将使政府的决策过程暴露于阳光之下，可以大大限制暗箱操作的空间，降低权力滥用的可能，既充分体现了城市政府决策活动的透明度和权威性，又最大限度地保证了公众知情权和参与权的实现。

其次，信息技术促进公民对城市政府决策的参与。公民参与政府决策是指公民在政治运行过程中表达自己的思想、意图和价值取向，从而影响政府决策和政府行为的活动。它是现代社会民主制度赖以生存的基础，也是民主政治的基本特征之一。信息技术带来的新型的政府与公民之间的关系是一种更强调合作的关系，它能为公民参与城市政府决策提供良好的信息环境、便捷渠道和技术手段，使政府与公民可以通过网络进行直接的交流和沟通，从而促进公民对城市政府决策的参与。网络的独特性有助于激发公民的公共参与热情，网络的虚拟性能降低公民参与城市政府决策的不安全感，网络上的参与往往是主动自主的，而且这种参与可以随时加入、随时退出，公民有很大的自由。网络的互动性使社会公众不仅是信息的接收者，而且成为一种主动的生产者或选择者。网络提供的公民与政府官员直接的对话机会将增强公民的政治功效感，激发公民参与城市政府决策的热情。

（三）信息技术将强化城市政府决策执行的监督

城市政府决策执行过程中出现偏差的一个重要原因是行政监督不力，而信息技术的发展尤其是电子政务的应用将强化这种监督，有效地防止城市政府决策执行出现变形。一方面，信息技术能简化监督信息反馈的传输渠道。传统的行政监督主要是通过举报电话、传真、信函等进行，监督信息主要是经过烦琐的行政流程输往决策层，监督者与决策层被人为阻隔。随着网络技术的发展，"市长网页"直接与广大公民的网络终端相连，计算机网络替代了决策监督反馈的中间环节，避免了监督反馈信息在传输过

---

① S. Molly, C. Schwenk, "The Effect of Information Technology on Strategic Decision—Making," *Journal of Management Studies*, Vol. 32, No. 3, 1995.

程中的失真，同时还能加强监督者和决策者之间的互动。这无疑有利于发挥社会公众的监督作用，形成强大的监督网络，规范政府行为。另一方面，信息技术以秘密投票的方式确保监督者尤其是社会公众敢于监督。目前的监督方式与监督机制使受监督者极易获知监督者的情况。因此，监督者往往放弃监督权或使监督形式化，造成"监督缺位"和"监督失效"。而网络监督反馈则能避免泄密的隐患，更有效地保障监督者的合法权益，消除他们的顾虑。因此，信息技术为城市政府决策执行的监督活动的开展提供了强有力的技术保障。

结　语

信息技术的产生和高速发展正在深刻地影响和改变着政府运作的传统模式，将为我们开辟一个新的公共管理时代。在这一发展趋势中，利用信息技术提高城市政府决策品质和城市政府运作效率，以便使其更好地为社会公众服务已经成为城市政府信息化的重要目标。为了适应公共行政的发展潮流，更好地运用信息技术提升城市政府决策品质，除了增加硬件、软件设备以外，还需要城市政府在信息技术的需求、组织方式与管理模式、未来发展方向等方面进行整体性、合理性的规划。同时，最紧迫的是要加快城市政府信息化建设相关法律法规的制定，培养和造就一支符合信息时代要求的高素质的决策队伍。随着信息技术的普遍运用，政府决策信息质量的提高，政府决策过程透明度和公众参与性的增强，政府决策执行监督的强化，城市政府决策品质将得到极大的提升，西方学者"玻璃缸里的金鱼"的梦想将会成为现实。

本文作者为徐晓林、刘勇，原刊发于
《中国行政管理》2006 年第 5 期，
收入本书时有改动

数字城市：城市发展的新趋势

20 世纪 90 年代以来，以信息技术为代表的高新技术迅猛发展，极大地推动着世界经济、政治、文化等领域的深刻变革。为迎接知识经济的挑战，美国率先提出国家信息基础设施和全球信息基础设施计划；欧洲正在实施信息社会战略；新加坡制定了建设东南亚"智慧岛"的知识经济发展战略。信息化城市或地区有一个共同的名字：数字城市（Digital City）。

一 数字城市概况

数字城市，是指综合运用地理信息系统、遥感、遥测、网络、多媒体及虚拟仿真等技术，对城市的基础设施和功能机制，进行自动采集、动态监测管理和辅助决策的技术系统。通俗地说，就是在城市规划建设与运营管理中，包括城市生产与生活的方方面面，充分采用数字化信息处理技术和网络通信技术，将城市的各种信息资源加以整合并充分利用。从城市规划、建设和管理的角度看，数字城市可概括为"43VR"，即"地理数据4D 化、地图数据三维化、规划设计 VR 化"。"地理数据 4D 化"，包括数字线划图、数字栅格地图、数字高程模型、数字正射影像图。"地图数据三维化"，是指地图数据由现在的二维结构转换为三维结构。"规划设计 VR（Virtual Reality，虚拟现实）化"，是指规划设计和规划管理在 4D 数据、三维地图数据支撑下，将现有的二维作业对象和手段升级为三维和VR 结合作业对象与手段。

数字城市建设，是指将有关城市的信息，包括城市自然资源、社会资源、基础设施、人文、经济等各个方面，以数字的形式进行获取、存储、管理和再现，通过对城市信息的综合分析和有效利用，为提高城市管理效率、节约资源、保护环境和可持续发展提供决策支持，有效促进城市系统各要素间和谐相处。数字城市是城市现代化建设的主要内容，能为城市可持续发展提供不竭动力，是城市现代化的必由之路。

数字城市可创建一种新的社会经济系统。数字城市引起人类生活方式和工作方式的转变。市民在家就可实现电子购物、电子娱乐、网上教育及远程办公，在节约生活成本的同时，也有效地减轻了交通等各方面的资源压力。数字城市带动新兴产业的发展，信息产业将成为城市经济发展的主导产业，信息技术、高新技术与服务业日益融为一体，由此带动生产性服务业的迅速发展。

数字城市能提升城市政府决策的品质。数字城市可提供与公众进行有效沟通的渠道，为政府内部的信息沟通提供有效的方式，因为网络拓展了决策信息源。数字城市中的决策支持系统（DSS）、专家系统（ES），通过应用"数字挖掘"等技术手段，把海量信息改造成可直接使用的知识，能为决策者提供专业技术支持，这对提高政府决策的品质具有重大意义。

数字城市可为公众搭建"一站式"服务平台，为公众参与和监督政府管理提供有效手段。随着数字城市的发展，尤其是城市电子政务的应用，政府可通过门户网站等方式为公众提供"一站式"服务平台。通过该平台，政府与社会公众不但能够进行有效、及时、直接的沟通，而且社会公众也能够直接或间接地参与政府决策。同时，数字城市的发展，有利于打破信息垄断，让政府信息与公众共享。公众有机会对政府的各种管理行为实施有效的监督，从而有效地遏制腐败现象。

二　国外数字城市的发展

从 1993 年"信息高速公路"概念正式提出，到 2000 年"数字城市"提法正式确认，数字城市建设得到了一定程度的发展。纵观国外数字城市的发展历程，大致可划分为三个阶段：起步期、发展期、成熟期。就目前国外数字城市发展的总体状况而言，大多数国家处于数字城市的发展期，像美国、加拿大等发达国家正在逐步向成熟期靠拢。

以信息基础设施建设为中心的数字城市起步期。此时，数字城市的概念尚未明确地提出，各国信息化的发展以信息基础设施的建设为主要目标。1993 年 9 月，美国克林顿政府全力推进一项引起全世界关注的高科技项目——"信息高速公路"，即国家信息基础设施建设。因此，1993 年可视为数字城市建设起步的标志性一年。1994 年 1 月，美国政府在《国情咨文》中明确提出，要把美国的每一间教室、每一个图书馆、每一家医院，乃至企业、商店、银行、新闻机构、会议厅、娱乐场所的电脑数据都联系起来，形成覆盖全国的"信息高速公路"网。与此同时，英国伦敦也在积极推进"数字伦敦"计划，到 2001 年 1 月，已有 40% 左右的市民家庭使用互联网。

以电子政务、电子商务和社区信息化建设为中心的发展期。发达国家开始通过电子政务、电子商务和社区信息化建设，有效推动经济社会的全面信息化。至该阶段发展后期，数字城市信息资源共享，面向市民的数字城市在线公共服务，越来越受到各国政府的高度重视。比如，1998 年 9 月，美国副总统戈尔正式发出"数字化舒适社区建设"的倡议，约有 60 个城市同时进行数字化建设，现已建成一批"智能化生活小区（数字社区）"示范工程。2000 年，美国总统克林顿宣布建立第一家政府网站，目的是减少"橡皮图章"，使向政府申请贷款和合同竞标等活动能通过网络进行。此举被视为国外数字城市建设全面进入发展期的标志性事件。2001 年，布什启动政府改革计划，电子政府是这一改革计划的重要内容。目前，美国电子政务已进入全面发展阶段，形成了"网站多、内容全、网连网"的特点。2004 年 8 月，全美已建政府网站逾 2.2 万个，可搜索到的分站点超过 5100 万个。

其他发达国家和地区也迅速推广电子政务。1999 年 12 月，欧盟提出"电子欧洲"，并发布建设欧洲信息社会的战略规划——《电子欧洲：所有人的信息社会》。该战略规划在电子政务建设方面，明确了互联网对于政务信息公开的重要意义。为落实"电子欧洲"战略的总体目标，2005 年 6 月，欧盟出台新的信息化战略"i2010 计划"，并于次年推出《i2010 电子政务行动计划》，以指导公共服务领域更好地运用信息技术。2002

年，澳大利亚政府提出以"更优的服务、更好的政府"为目标的电子政务发展战略，整合政府和部门之间的网上服务，促进信息在不同层级政府及部门之间共享，面向公众提供一站式服务。2006 年，日本正式出台《IT 新改革战略》，提出通过在行政领域灵活应用信息通信技术，提高国民生活的便利程度，简化行政环节，提高行政效率及行政行为的透明度，建成世界上最便利、效率最高的电子化政府。

电子商务也同步得到了迅速发展。2003 年，德国电子商务业务额首次突破 1000 亿欧元，德国成为欧洲最重要的电子商务市场。2005 年 11 月，德国 50% 以上的工业生产和 80% 以上的出口依靠最先进的信息与通信系统。在其制造业中，约 50% 的增加值和新增就业机会及 50% 以上的出口业务都与信息通信技术创新联系在一起。

以知识管理和智能决策为中心的数字城市成熟期。面向知识处理和决策支持是数字城市高度发达和成熟的主要特征。首先，发展成熟的数字城市应是集知识的创造、储存、加工和传播于一体的综合性知识管理系统。随着数字城市的不断发展，应用数据挖掘技术，从海量数据和信息中挖掘出潜在的知识，形成可共享的"知识库"，是数字城市走向成熟的关键。其次，发展成熟的数字城市应是一个知识搜集、分析和应用的智能决策支持系统。成熟期数字城市应将知识管理与经济社会的运转过程紧密结合起来，能够为经济社会各主体的自身决策提供强大的信息支持和知识支持，从而提高整个社会的管理水平和运行效率；应将知识管理和城市政府的决策过程紧密结合起来，实现决策信息采集，决策目标分析，决策方案产生、评价、执行和反馈的自动化、智能化，从而提高城市政府的决策品质。目前，发达国家的数字城市建设正在不断地趋向成熟，但无一敢言已经迈入成熟期。

三 国外数字城市发展的主要经验

数字城市建设以提高公共服务质量为目标。把推动建设数字城市作为提高政府管理效率和公共服务质量的有效手段，是一条值得重视的经验。国外数字城市的建设旨在整合各种城市信息资源，通过门户网站等为市民提供一站式服务。比如，新加坡的公民可以在网上报税和投票。"e-Citizen"

是新加坡政府众多提供在线服务的门户网站之一，公民只用一个用户名和密码就可与不同的政府部门打交道。新加坡国家图书馆系统共有76家图书馆，读者每天24小时可任选一家图书馆还书。还有，以前用人工方法申请组建一家新公司要耗时两天，并根据公司规模的不同缴费1200～35000新元；而现在通过电子服务，只需要2小时和200新元。又如，美国的圣选戈数字政府门户网站，可直播市议会会议现场，滚动发布各类城市新闻和公告，在"每周专题栏目"中展示各种不同的机构服务事项，市民对政府服务的满意度2004年就达到93%。

注重统一管理、统一规划和顶层设计。数字城市的规划和实施是一项长期、复杂的工程。在发展数字城市的过程中，各国政府都采取了一定的策略。主要经验有以下几方面。

（1）建立统一的信息化管理体制。比如，英国首相任命电子事务大臣（e-Minister），全面领导和协调国家信息化工作，并由两名官员（内阁办公厅主任、电子商务和竞争力部部长）协助其分管电子政务和电子商务。联邦政府各部门也相应地设立电子事务部部长一职，并组成电子事务部部长委员会，为电子事务大臣提供决策支持。内阁办公厅下设电子事务特使办公室，专职负责国家信息化工作。电子事务特使与电子事务大臣一起，每月向首相汇报有关信息化工作的进展，并于年底递交年度报告。由联邦政府各部门、授权的行政机构和地方政府指定的高级官员组成国家信息化协调委员会，协助大臣和特使处理国家信息化工作。

（2）制定统一的信息化发展规划，指导数字城市建设的实践。比如，新加坡制定《政府ICT指导手册》，对信息化应用行为进行规范，组织培训。另外，美国的《2002年电子政务战略》，韩国的《信息化促进基本计划》、《网络韩国21世纪》和《2006年电子韩国展望》，日本的《e-Japan战略》和《电子政府构建计划》等，都是比较成熟的信息化规划，有力地推动了这些国家数字城市的快速发展。

（3）强化数字城市的顶层设计。为了保证数字城市建设中不同系统的兼容性和互操作性，各国城市政府都采用一定的技术和手段，进行数字城市系统的顶层设计。比如，美国以市场需求为导向，应用企业架构（EA）思想构建了"联邦企业体系架构"（FEA）；英国政府基于政府资源的信息管理，发布了电子政府交互框架（e-GIF）；德国政府发布"面向电子政务应用系统的标准和体系架构"（SAGA），针对电子政务应用软件的技术标准、开发过程、数据结构等进行规范。

重视城市基础地理空间信息资源的开发与共享。城市基础地理空间信息是区域自然、社会、经济、人文、环境等信息的载体，是数据城市的基础。发达城市非常重视基础地理空间信息的开发、利用和共享。比如，瑞典乌普萨拉市把不同的数据库及电子地图连成电子地理信息系统，电子地图上不仅显示城市水管和学校的地理位置，而且显示不同年龄人口的分布信息，为制订全局计划及各种发展计划提供完善的信息。在美国，有关地理空间信息的"开发、使用、共享和发布"，由联邦地理数据委员会（FGDC）负责实施和协调。FGDC 相继向社会发布可共享的数字规划图、数字正射影像、数字高程模型、土地利用和土地覆盖数据，地名信息等测绘产品，以及数据采集的标准、数据的交换标准、元数据标准等数十个标准。

重视城市政府各职能部门之间的协作与共享。在数字城市建设中，成立全国性的领导机构进行统一协调，有利于推动各部门的协调与合作。同时，为了避免同一信息的重复采集和存放，政府建立跨部门的信息交换和分析系统，建立一体化的政府信息分享系统，方便不同部门使用共同的数据库，实现信息共享，大大降低数据保存和维护的费用，避免重复申请和重复认识。比如，2002 年芬兰政府成立了全新的国家信息管理委员会，目的是加强政府各部门在信息管理方面的协调工作。美国行政管理和预算局于 1995 年 4 月提出建立"综合部门数据中心"，目的是消减数据库的数量，降低成本。政府信息服务基地还能为部门间的信息资源共享提供平台，并在此基础上建设全国性的无线通信服务系统。比如，挪威政府把推进信息的重复使用和共享作为数字城市建设的一项重要工作，并在 1993 ~ 1995 年完成了政府信息资源管理政策的制定。其中，公共数据采集被认为是政策起草所涉及的首项内容，也是信息链中最重要的部分。

本文作者为徐晓林，原刊发于《求是》2007 年第 22 期；

《中国人口报》2008 年 1 月 16 日第 3 版转载，

收入本书时有改动

电子决策：预防行政领导
职务犯罪的有效手段

一 电子决策概述

（一） 电子决策的内涵和特点

电子决策是政府信息化环境下的一种新型决策模式。电子决策的本质是政府应用信息技术等电子化手段实现决策过程的自动化和智能化。随着信息技术的发展和广泛应用，其对决策信息、决策组织结构、决策效率、决策权力等方面已产生深刻影响，电子决策可以看作信息技术推动政府决策模式变革的一种结果，电子决策具有如下几个基本特点。

电子决策是一种科学化的决策模式。所谓科学决策，就是在科学决策理论的指导下，形成科学的决策体制、决策组织，并且科学地提出决策的目标，按照科学的决策程序，运用科学的决策方法而进行的决策。[①] 决策科学化的本质是充分应用专业技术知识和信息技术实现决策的可重现性和可重复性。电子决策应用信息技术手段将科学的决策程序、科学的决策方法固化在管理信息系统和决策支持系统里，能去除人为的干扰，其必然是

---

① 刘雪明、刘东文：《"政府决策科学民主化机制"研讨会综述》，《中国行政管理》2006 年第 6 期。

一种科学化的决策。

电子决策是一种民主化的决策。决策民主化就是要依法保证公民充分参与，保证公民有畅通的渠道充分表达其偏好，在决策过程中深入了解和充分考虑公民的偏好。电子决策应用互联网和通信技术能为公民与政府提供双向沟通平台，公民有渠道就某项即将出台的决策充分发表个人意见。可见，电子决策是一种基于民意的决策，是一种民主化的决策。

电子决策是一种群决策。群决策通过一种在成员之间进行的有关假定、证据和解释等信息的交换，达成意见一致性。① 我国城市政府决策还基本停留在经验决策和领导个人决策等非科学的决策模式，决策失误较多，究其原因主要是领导者的个人才智、经验和精力有限。电子决策是面向决策组织所有成员的开放平台，每个决策组织成员都可以独立地依据组织赋予自身的决策权力，就决策问题表达自身的偏好，电子决策在集结所有成员偏好的基础上，从备选方案中优选出一致满意的方案进行执行。群决策机制的建立，可以防止个别领导或少数人操纵决策结果。

电子决策是一种智能化的决策。信息技术的广泛应用是电子决策的最大特点。在电子决策模式下，各个决策环节都通过特定的信息系统予以实现，如问题发现和报警系统能自动识别需要关注和解决的问题，采集系统能自动采集决策问题的基本信息，专家系统能自动给出每个备选方案的评价结果以及实施后可能出现的后果。可见，电子决策能实现决策程序的自动流转，能突破决策者在知识面、反应速度等方面的瓶颈，能有效提高决策的质量和效率。

电子决策是一种虚拟化的决策。在电子决策环境下，政府决策过程变得不可见和虚拟化。一方面，决策者之间的沟通交流和协作是在虚拟的环境中完成的，不需要面对面，但可以紧密合作。另一方面，决策者的部分决策权力被程序所替代，不需要人为的参与，就能按照事先的约定和规范做出最终的决策。

（二）电子决策的层次框架

电子决策的层次框架模型由决策体制层、决策实体层和决策系统层构

---

① P. Thagard，*Coherence in Thought and Action*，Cambridge，Ma：Mit Pressthagard，2000.

成。决策体制层是基础层，决策实体层是中间层，决策系统层是应用层。决策体制层主要包括决策组织、决策机制、决策权力配置、决策流程等。决策组织是决策的实施机构，主要包括决策委员会、决策核准委员会、决策咨询委员会、决策执行委员会、决策监督委员会等。决策机制主要包括察觉机制、沟通机制、公众参与机制、专家参与机制、制约机制和协调机制。[1] 决策权力配置主要是解决决策权能在各个职能部门之间的划分问题。决策流程是对决策问题提出、决策信息采集、决策问题分析、各方偏好信息集结、决策准则确定、备选方案设计、备选方案评价和后果预测、决策方案选定等决策过程和环节的设计。

决策实体层主要是对决策问题的描述集合。每个决策问题的描述内容包括决策目标、决策环境、备选方案集、后果集、决策准则集等。[2] 决策目标用来表示决策人的愿望或决策人所希望达到的、努力的方向集。决策环境是对决策问题所处的自然状态和时空状况的一种描述。备选方案集用来表示决策人可能采用的所有行动的集合。后果集用来描述每种可选方案的各种可能后果的集合。决策准则集用来描述决策者必须遵循的原则。

决策系统层主要包括政府业务系统、政府信息资源共享平台、群决策支持系统（GDSS）、专家系统（ES）、决策监察系统、决策反馈系统等。政府业务系统是政府各个职能部门管理信息系统的统称。政府信息资源共享平台是各种政府数据创建、管理、维护的综合平台，是政府信息资源整合、集成和获取的基础平台，是协同办公的数据支持中心，是电子决策的数据支持中心，为应用系统提供数据访问、提取和转换服务。群决策支持系统综合应用通信技术、计算机技术和决策支持技术，同时关注社会需要和活动任务，能系统地指导讨论的方式、时机和内容，能提供构造决策分析模型的技术[3]，是电子决策的工作平台。专家系统是电子决策的专业技术知识支持中心。决策监察系统是权力机关监督决策权力是否正当使用的窗口。决策反馈系统能及时反馈决策方案执行的状况，以便决策者及时调

① 王满船：《政府决策机制的内涵及其完善》，《国家行政学院学报》2003 年第 6 期。
② 岳超源编著《决策理论与方法》，科学出版社，2003。
③ G. DeSanctis and R. B. Gallupe, "A Foundation for the Study of Group Decision Support Systems," *Management Science*, Vol. 33, 1987, pp. 589 –609.

整决策。

决策体制层、决策实体层、决策系统层是相互联系的整体，是电子决策的基本要素，也是电子决策实现的先决条件。电子决策能从体制和技术两个层面规范决策行动，能实现决策的科学化和民主化，更重要的是能有效预防决策者滥用决策权力。

二 电子决策能从机制上有效预防行政领导职务犯罪

科学规范的决策程序是预防职务犯罪的必备条件之一。职务犯罪的基本特点是行政领导不按照基本法规，而利用自己职务上的便利和决策权力为自己或他人谋取私利，其本质是决策者有意做出了损害公共利益的错误决策。要预防职务犯罪的发生，就要通过建立科学规范的决策程序防止行政领导故意做出有损公共利益但利己的不正当决策。电子决策通过推动政府决策机制的改革，建立科学规范的决策程序，能有效预防职务犯罪的发生。

首先，电子决策的发展能逐步改变政府决策的组织结构和决策模式，使滋生职务犯罪的土壤逐渐消失。政府组织中的决策可分为三个层次：一是战略层次的决策；二是管理控制层的决策；三是管理操作层决策。其中战略层次的决策主要是高层管理者考虑的范围，决定组织未来的走向，管理控制层的决策则主要集中于组织资源使用的效率，管理操作层的决策则涉及具体任务的实施。信息技术的运用能改变这种决策组织结构，"我们过去创造等级制、金字塔式的管理制度，现在由电脑记录，我们可以把机构改组成水平式"。[①] 具体来说，电子决策的发展，使得原有决策组织结构中专门从事信息收集和处理的中层机构大量减少，同时决策组织结构趋于扁平化。[②] 这种决策组织结构的扁平化，使得行政领导不再位于政府官僚组织结构的塔尖，其所拥有的决策权力也将受到严格的限制和制约。

---

① 〔美〕约翰·奈斯比特：《大趋势——改变我们生活的十个新方向》，梅艳、姚琮译，中国社会科学出版社，1984。

② R. R. Rainey, "The Public's Interest in Public Affairs Discourse, Democratic Governance, and Fairness in Broadcasting: A Critical Review of the Public Interest Duties of the Electronic Media," *Geo. L. J.*, Vol. 2, 1993, p. 269.

其次，随着政府信息化和电子决策模式的发展，政府决策机制逐渐由单个领导决策机制向群决策机制转变。无论代表大会、领导班子，还是咨询机构，在决策理论中都称为群（group），群所作的决策称为群决策（group decision making），或称多人决策。[①] 群中的成员各有所长，也各有偏好，群决策就是要集中群中各位成员的意见，充分利用众人的经验和智慧，发挥集体的优势，形成集体的意见，制定出符合广大群众利益的正确决策，而不是谋取个人私利的不正当决策。如果个人决策带有固有的情感性，那么群决策就要求，通过在成员间共享大家对不同行动、目标的肯定或否定的情感，以达到一种情感的一致。群决策者的决策是对理性认知和感性因素的一种综合，社会心理机制能促进群决策者内部达成情感的一致。情感感染、利他主义、争论方法、类推、移情作用等机制能传播个人的感情态度，从而导致决策方案的冲突。感情驱动的群决策者之间的交互能导致包括达成一致意见等在内的有趣结果。[②] 可见，群决策机制是一种每个成员独立表达自身偏好，逐步达成一致意见的决策机制，能确保决策过程和结果不被少数人操纵。同时，在群决策过程中，个人偏好和决策信息在成员间相互公开，群决策机制是能保证群体成员间互相监督的机制。总之，群决策能在决策机制上有效地防止行政领导的决策权力被滥用，可以被看作在政府决策组织内部防止职务犯罪的第一道防线。

最后，电子决策能推动建立科学规范的决策程序。电子决策模式在实际中主要表现为各种类型的管理信息系统、决策支持系统、群决策支持系统和专家系统。这些系统的建设过程既是决策业务重组和梳理的过程，也是决策程序规范和简化的过程。已制定好的各种决策准则和规范主要通过计算机软件程序来实现，在软件程序的编制过程中，这些准则和规范也就自然而然地固化在程序里了。这有点信息技术强迫相关主体执行决策准则和规范的意味，当然在实际中还需要健全的系统权限管理和安全机制做保证，不然也可能无法避免人为的干涉。不过，至少在客观上决策程序难以

---

① 岳超源编著《决策理论与方法》，科学出版社，2003。

② Paul Thagard, Fred W. Kroon, "Emotional Consensus in Group Decision Making," *Mind & Society*, Vol. 5, No. 1, 2005.

被人为地任意改变和超越，如，群决策支持系统能帮助群体有效改进群决策的过程，实现更快、更满意和更好的决策。①

三 电子决策能实现政府决策过程的透明化和决策民主化

决策信息的不公开和决策过程的不透明是当前行政领导职务犯罪发生的根本原因之一。在不公开、不透明的决策环境下，行政领导就能够"暗箱操作"，就敢于滥用决策权力，职务犯罪自然就难以避免。同时，决策过程中公众参与的缺失，使决策权力失去基本的监督机制，腐败的发生就成必然。当然，决策信息的公开和决策过程的透明是公众参与决策，保证决策民主化的基础，两者缺一不可。在电子决策环境下，决策过程的透明化和决策民主化能够得到很好的保证。

首先，电子决策能构建新的政府沟通机制，为决策信息的公开提供技术支撑。在传统的决策模式下，决策组织各相关主体间的信息传递和交换都是通过正式的层级权威体系进行的，金字塔顶端的决策者和金字塔底层的决策者之间难以进行直接的沟通。一方面，不管是自上而下的信息传递，还是自下而上的信息传送，各参与者都能从自身利益出发，对信息进行过滤和删减，以免将对自身不利的信息传递出去，因而信息失真的现象就经常发生。另一方面，行政领导往往会以各种理由，利用各种手段，封锁一些本该公开的信息，以免给自身带来不必要的麻烦，这将导致严重的信息不对称。在这种环境下，政府职能部门就成为一个个"黑箱"，外人难以知道这个"黑箱"正在发生或已经发生了什么事情，行政领导的"暗箱操作"就能顺利开展，腐败分子也能堂而皇之地"瞒天过海"。在电子决策模式下，信息技术将彻底改变信息采集、存储、加工、传递的方式，政府组织内部成员之间、政府组织与公众之间能全面地实现信息资源共享，处于不同行政层级的决策者几乎能同时获取各种信息。在电子决策模式下，信息资源共享将成为决策者获取信息的主要方式，行政决策部门

---

① J. F. Nunamaker et al. , "Information Technology for Negotiating Groups: Generating Options for Mutual Gain," *Management Science*, Vol. 37, No. 10, 1991, pp. 1325 – 1345.

的决策者不需要烦琐的权威信息链就能直接获取自身决策所必需的各类信息。当然，在信息资源共享方式下，信息将向任何人开放，行政监察部门的决策者能实时获取某决策问题的事实前提信息和价值前提信息，以及决策准则和最终的决策结果，任何滥用决策权力的迹象都可被及时发现，从而能有效遏制决策者的违规操作和腐败行为。

其次，电子决策能再造政府决策流程，能有效实现决策过程的透明化。政府职能部门的任何一项决策一般包括决策问题构造、决策问题分析、决策方案产生、决策方案评价和后果分析等决策过程。这每一个决策环节都存在决策者违规操作的可能和机会，要有效防止行政领导滥用决策权力，就必须实现决策的透明化操作。在传统的决策方式下，政府只会对外公布最终的决策结果。在政府组织内部，除了真正参与决策的主要领导之外，其他人对决策过程也一概不知，社会公众就更不了解诸如重大政策之类的决策是怎么出台的，在他们心中这些永远都是"谜"。正是决策过程的不透明，给行政领导提供了广阔的活动空间，以权谋私等滥用决策权力的职务犯罪行为不断滋生。在电子决策模式下，各种群决策支持系统和专家系统的广泛应用，让决策过程像"玻璃缸里的金鱼"一样清澈透明，政府组织内部各成员的决策行为都互相公开。尤其是电子监察系统和联网核查系统[1]的投入使用，让监察部门能实时监控政府职能部门的决策过程。在这种决策模式下，行政领导难以"节外生枝"，通过操纵决策过程，让决策结果偏向于个人利益的最大化。由于政府组织的任何一项决策都是在给定的价值前提和事实前提的基础上做出的，决策者是否以实现社会利益最大化等组织价值目标为决策准则，进行备选方案的选择，在透明化的电子决策模式下，社会公众和行政监察人员都能看得非常清楚。如，深圳市纪检部门曾经做过一项统计，深圳建市以来，因腐败而被绳之以法的党员干部中90%以上涉嫌行政审批违纪违法——领导干部腐败就是利用手中握的权力"批"出来的。[2] 2006 年，深圳市 28 个部门的 197 项非行政许

---

① 徐晓林：《联网核查：对政府管理过程实施监督的思考》，《光明日报》2004 年 11 月 29 日。
② 任建明、杜治洲：《网络效应催生反腐新气象》，《人民论坛》2007 年第 14 期。

可的其他审批事项被纳入监控。① 在这个监察系统下，软件系统会自动采集每一项行政审批办理过程的详细信息，监察机关同步监控行政审批的过程。服务窗口上还设有视频监控，能够现场监督公务员的服务态度和办事效率等情况。一旦审批过程中发生了违规行为，或者有发生违规行为的苗头，系统将根据预先设置的每一项行政审批事项的审批内容、法律依据、审批条件、审批程序等 14 个规范化要素和罚则，分别给予"预警"、"黄牌"和"红牌"警告，还自动通知行政审批责任人，同时监察机关将进行调查处理、督促整改。这在很大程度上减少了行政首长"一支笔审批"、权钱交易、权色交易等腐败现象。同样，2006 年，广州市财政局利用电子化财政监督信息系统，查出了多个违规使用财政资金的事项，针对这些违规事项财政就收回资金 1.3 亿元。② 可见，决策过程的透明化是预防行政领导职务犯罪的有效途径。

最后，电子决策能为公众参与政府决策创造有效渠道，能推动决策民主化。决策民主化是预防行政领导职务犯罪的重要机制之一。在我国，社会公众的偏好是政府决策的事实前提，社会公众的利益是政府决策的价值前提，即民意是政府决策的基础，群众利益最大化是政府组织决策的价值目标。国家权力机关赋予政府的行政决策权力是为人民谋福祉的。要实现此决策价值目标并非易事。决策者在缺乏公众有效监督的机制下，极易利用手中的决策权力谋私利。决策民主化，即公众的广泛参与是保证政府决策实现这一决策价值目标的重要机制，也是防止腐败的有效手段。在传统的决策环境下，公众难以了解政府的决策信息，更难参与决策。在电子决策环境下，信息技术能为公众参与政府决策提供多种方式。广大公民可以通过政府门户网站，了解政府的动态，随时表达自己的意见和建议；可以通过网络直接和政府高层进行在线沟通；可以通过上网进行投诉，也可以及时了解投诉处理的状态和结果。这种方式本身就能给决策者的决策行为安置密密麻麻的"电子眼"。政府也可通过自身的门户网站，就某项具体

---

① 任建明、杜治洲：《网络效应催生反腐新气象》，《人民论坛》2007 年第 14 期。

② 《广州市大力推进电子网上财政监督》，东莞纪检监察网，2007 年 10 月 10 日，https://dgjj. dg. gov. cn/dgjj/swlq/201701/81c665c7639448d0a0230aa1ef8cd7a9. shtml.

的决策广泛征集社会公众的意见和建议，将民意作为决策的基本依据。最主要的还是，公众可以在纪委和监察部门的举报网站上直接举报各类腐败分子，行政领导的违规行为在网络世界里几乎无藏身之地。据调查，80%的职务犯罪是通过举报发现的。① 举报在反腐工作中具有不可替代的作用，充分发挥举报的作用对于有效打击腐败尤为重要，而互联网可以提高举报的效率，提高腐败的发现率。

结　语

电子决策的发展成熟，能从制度、技术等多个层面建构预防行政领导犯罪的防护网，但是，电子决策模式的建立并非易事，需要决策体制创新和政府信息化的同步发展。

本文作者为徐晓林、李卫东，原刊发于
《"构建和谐社会与深化行政管理体制改革"研讨会
暨中国行政管理学会 2007 年年会论文集》，
收入本书时有改动

---

① 《广州市大力推进电子网上财政监督》，东莞纪检监察网，2007 年 10 月 10 日，https：//dgjj. dg. gov. cn/dgjj/swlq/201701/81c665c7639448d0a0230aa1ef8cd7a9. shtml。

电子政务成熟度评价的四个基本维度

前　言

　　关于电子政务成熟度的研究，国内外学者提出了很多思想和观点，但目前还没有一个公认的评价标准，还没有很好地解决达到什么样的标准才算成熟的电子政务的问题。结合中国的实际，本文认为，业务重组、流程再造、资源共享、组织虚拟是评价电子政务成熟度的四个基本维度。

　　业务重组是一切工作的开始，因为只有明晰的业务界定、划分和配置，才能创造良好的政府业务环境，才能充分发挥政府组织的效能。流程再造是政府工作流程的重新设计，业务重组是流程再造的基础，没有业务重组，流程再造就很难成功，政府的信息化和智能化也就难以实现。可见，业务重组和流程再造是电子政务建设的重要内容，也是各种电子政务应用系统建设的前提条件。否则，电子政务的建设只会把不规范的业务和流程固化在软件程序中，使其更加难以改变。所以，业务重组和流程再造无疑是电子政务成熟度评价的基本维度。

　　资源共享是人类追求已久的美好理想。随着城市信息化的不断推进，政府组织创造了丰富的信息资源，其与其他社会资源最大的不同之处在于：政府信息资源具有边际效益递增效应，经济贡献难以度量；具有天生的共享特性和易传播性。但由于缺乏整体规划和管理，政府信息资源多采用多头采集、重复存放、分散管理、各自为政的管理机制，导致"信息垄断"和"信息孤岛"，为电子政务的发展造成直接障碍。因此，必须把资源共享作为评价电子政务成熟度的一个基本维度，反之，电子政务的决策支持、协同办公、"一站式"公共服务平台都无法有效实现。组织虚拟是电子政务发展的最终表现形式，是电子政务高度成熟的直接体现。当然，电子政务建设只要做好了业务重组、流程再造、资源共享等关键点，那么组织虚拟也是水到渠成之事，不必刻意追求。

一　业务重组

目前，我国政府职能部门的权能存在诸多交叉和重叠。这使得政府的某些职能部门管理权限划分不清晰，给电子政务的实施带来体制和机制上的障碍。在我国政府中，不同的职能部门有时会涉及同一业务的管理，同一业务的办理需要几个部门的协同和配合才能完成。这种管理模式通常会导致政府的错位和缺位的发生：一件有利可图的事情，相关的职能部门可能争着管；而很多需要政府来管好的事情，相关职能部门又相互推诿，谁都不愿意费力来管。比如，各级政府对电力管理就牵涉若干部门：用电的综合平衡和发电的基建投资，由政府计划部门的能源物资部门统管；日常用电的管理，由政府经济部门的能源部门统管；生产用电的调度，由经济部门的生产调度部门统管；用电分配和综合管理，由政府电力部门统管；农村用电，由政府农电部门负责……这易造成相互扯皮，谁也统管不了谁。以某地方政府业务职能配置为例，可以看出政府各部门职能之间普遍存在交叉和重叠（见表1）。

表1　某地方政府业务职能配置情况

业务职能名称	相关职能部门
食品安全管理	卫生部门、食品药品监督管理部门、质量技术监督部门、经济部门、物价部门
流动人口管理	劳动与保障部门、公安部门、人事部门
环境保护	环保部门、农业部门、林业部门、经济部门、国土资源部门

业务职能名称	相关职能部门
卫生安全管理	卫生部门、食品药品监督管理部门、质量技术监督部门、物价部门
应急管理	安全生产监督管理部门、食品药品监督管理部门、出入境检验检疫部门、水利部门、地震部门
对外贸易	国税部门、工商部门、经济部门、商务部门
能源利用与开发	国土资源部门、国有资产管理监督委员会、水利部门、林业部门、经济部门
职称考试	教育部门、人事部门、信息产业部门
市场监管	卫生部门、食品药品监督管理部门、质量技术监督部门、经济部门、物价部门、商务部门、发展和改革委员会、工商部门
企业监管	工商部门、税务部门、经济部门、物价部门、商务部门
自然资源保护与利用	环保部门、农业部门、林业部门、经济部门、国土资源部门、发展和改革委员会、水利部门
规划管理	发展和改革委员会、建设部门、财政部门、交通运输部门、科技部门、环保部门、国土资源部门
房产管理	建设部门、国土资源部门

这种职能的交叉和重叠是我国政府管理体制的深层问题，如果进行业务重组则可有效地解决这个问题。

业务重组就是对政府的所有职能部门进行重新梳理和划分，避免政府职能交叉和重叠。业务重组的本质是政府权能的重新配置和政府权能实现方式的转变。业务重组旨在按照政府组织的战略目标和定位，对政府组织的权能重新配置，以便能更加科学、有效地应用信息技术手段，提高组织的管理水平和服务质量。可见，业务重组是电子政务建设的基础性工作，是电子政务成熟度评价的基本维度之一。

业务重组一般包含以下两方面的内容。

（1）政府业务的重新梳理和界定。如果政府的职能范围边界不清楚，在实际运转中就会出现政府"缺位"或"错位"的现象。业务重组就是要清晰、准确地界定每项业务的具体内容，这有两层含义：首先要明确政府的业务范围，其次要明确界定每项业务的内涵。

（2）政府权能的重新配置。只界定每项业务的范围和内涵还不够，还必须将所有业务进行科学合理的组合，组建若干个必要的职能部门。政府权能的配置就是划分职能部门，让各个职能部门共同承担起政府的职能。首先，根据业务之间的关联程度、执行效率以及对公众的便捷程度等因素组建职能部门；其次，依法为各职能部门赋予一定的行政权力和职责。从范围上讲，业务重组包括不同级政府之间的业务重组问题，同级政府的不同职能部门之间的业务重组问题。

（1）不同级政府之间的业务重组问题。这是垂直业务重组问题，牵涉中央政府和地方政府之间如何划分权能的问题。这种业务重组往往伴随着全国性的体制改革，是一场声势浩大的政府管理变革。

（2）同级政府的不同职能部门间的业务重组问题。这是横向或水平业务重组问题，影响范围仅仅限于某一级政府内部。这种业务重组的目标是进一步明晰职能部门间的分工，理顺职能部门间的业务关系，加强职能部门间的协作，提高整体的工作效率和公众服务质量。

业务重组具有以下三个特点。

（1）全局性。业务重组往往牵涉全部政府组织，是一种全面的业务梳理和重新组合，将导致政府管理方式的变革。

（2）革命性。业务重组的本质是政府权能的重新配置，能转变政府职能的实现方法，往往给经济社会带来巨大的冲击。

（3）艰难性。权力的重新分配是业务重组的外在表现形式，所以业务重组无疑会受到强烈的反对和阻碍，在实践中推动业务重组存在一定困难。

二 流程再造

再造，就是对整个体系进行重新设计。政府流程再造（Government Process Reengineering，GPR）是指在一定的政治环境下，对政务流程进行审视和再思考，通过对原有流程进行清理、简化和整合，以实现政务作业流程的科学化和高效化[①]，也即通过流程优化设计，使政府能够更好地为

---

① 〔美〕拉塞尔·M. 林登：《无缝隙政府：公共部门再造指南》，汪大海等译，中国人民大学出版社，2002。

公众服务。政府流程再造旨在重新设计传统的官僚制组织过程，理顺政府政务流程，为顾客提供便捷化、整合性的公共服务。① 也有学者认为，政府流程再造是指以现代信息技术、系统思想为基础，以最大限度地满足公众服务需求为出发点，把与公众服务有关的各个方面，按一定的方式有机组织起来，形成一个完整的服务流程的过程。②

政府流程再造是由企业业务流程再造（Business Process Reengineering，BPR）的概念发展而来的。企业业务流程再造是指对业务流程进行根本性的（fundamental）重新思考和彻底性的（radical）再设计，从而使企业的绩效水平在产品、服务质量、顾客满意度、成本、工作效率等关键指标上显著提高。③ 国内学术界关于政务流程再造的一般性提法为政府业务流程重组④或政府再造⑤等。实际上，政府与企业的流程再造有着本质的差别。对政府来说，业务重组和流程再造是两个完全不同的概念，只有进行了业务重组之后，流程再造才可能成功。可见，政务流程再造是对政府的办公和服务流程作根本性的思考和彻底重建，其目的是在管理效率、决策水平、服务质量等方面取得显著提高。

在信息化建设的发展过程中，信息技术能为政府流程再造提供基本方法和工具。政府流程再造无不伴随着信息技术的应用，信息技术的发展也有力地推动着政府业务流程再造的进程。在信息技术环境下，政府的决策过程、执行过程、监督过程、反馈过程都将发生深刻变革。

（一）基于信息技术的政府决策流程再造

决策活动是行政活动中的典型活动，行政执行是决策活动的继续，决策之前的调查研究、分析判断也是决策活动的组成部分。⑥ 可见，政府管

---

① 胡德平：《政府流程再造的理论探讨及其实践路径》，《四川行政学院学报》2006 年第 4 期。

② 王树文、李青：《政府改革与政府流程再造》，《理论学刊》2004 年第 12 期。

③ M. Hammer，J. Champy，*Reengineering the Corporation：A Manifesto for Business Revolution*，New York：Harper Business，1993.

④ 董新宇、苏竣：《电子政务中政府流程重组的模式选择》，《理论与改革》2004 年第 4 期。

⑤ 王泽群、刘清：《浅论西方"政府再造"运动的背景及其主要理念》，《江西农业大学学报》（社会科学版）2004 年第 3 期。

⑥ 〔美〕赫伯特·A. 西蒙：《管理行为》，詹正茂译，机械工业出版社，2004。

理的过程就是决策制定的过程，因此政府决策流程再造是政府流程再造的基础环节。

基于信息技术的政府决策流程再造将彻底改变决策信息采集、决策信息加工、决策方案制定、决策方案选择的整个决策过程。

首先，信息技术能优化城市政府决策信息采集的模式、过程和品质。信息是政府决策的基础，科学决策要有信息质量的保证。①信息技术能提高信息保真率，从而改变政府现行信息传递模式与组织结构，社区或市民借助网络多渠道地将信息直接传至决策层，使信息传递渠道多元化；中间层级功能的消退，使现代政府组织结构向中空化方向发展。以上两大变化的实质在于，中间层级信息传递功能的网络化替代消除了信息与决策层之间的人为阻滞，使信息传递准确、及时，能避免信息传递失真。②信息技术能拓展政府的决策信息源，增强决策者的有限理性。赫伯特·西蒙认为，在管理决策过程中，决策者进行理性判断和抉择的能力是有限的；在有限理性下，决策只能达到满意化而不可能做到最优化。① 有限理性阻碍了政府决策科学化的实现，而造成人类有限理性的原因主要是信息的缺失或信息量不足；而互联网等信息技术将各终端用户发展为潜在的决策信息源，他们的意愿、要求可随时在网络上发送。由于网络终端交互联系，其意愿表达会引发网上信息聚集，即某种意愿的表达可能带动其他用户就相关问题发表见解、表达意愿，从而把恰当的信息提供给政府的领导者，避免信息不完全产生的有限理性。

其次，信息技术能实现政府决策信息加工的自动化和智能化。决策者拥有了大量决策信息之后，如何加工处理海量信息是决策者面临的最大困难，而信息技术的发展将很好地解决这一难题。在信息技术条件下，决策者可借助各种信息系统和统计分析软件，从海量信息中提取和挖掘有价值的信息。

最后，各种决策支持系统和专家系统能依据基本的决策信息，自动为决策者生成若干可选的方案。一方面，可以避免决策者为寻求和制定决策

---

① 〔美〕赫伯特·西蒙：《管理行为——管理组织决策过程的研究》，杨砾等译，北京经济学院出版社，1988。

方案耗费大量的时间；另一方面，可以弥补决策者在某些专业知识方面的不足。这在政府应急决策中非常重要，政府决策者面对紧急情况，如何在最短的时间内拿出可行的处置方案，既是对决策者的重大考验，也是对政府管理能力的巨大考验，信息技术将改变政府寻求和制定决策方案的整个流程。

（二）基于信息技术的政府执行流程再造

传统的金字塔式的政府管理模式是：下层众多的管理机构和人员隶属于上层少量的领导机构和人员的组织管理结构，管理信息由底层向上层传输，管理权力则由上向下贯彻。在管理机构上，下层大上层小，形成金字塔；在管理权力上，上层大下层小，形成倒金字塔。这种结构模式是工业技术革命的产物，导致业务流程分散到庞杂的组织机构中，存在很大的随机性和灵活性，执行效率也比较低下。

在信息技术环境下，尤其在电子政务实施过程中，信息系统的建设一般要进行业务需求分析和数据需求分析，通过绘制政府业务流程图和数据流程图，可以很好地梳理和优化政府的业务流程；在流程再造的基础上，让业务流程作为一种标准和规范固化在信息系统里，这样可以有效规制政府的行为，防止人为的"暗箱操作"。

（三）基于信息技术的政府监督反馈流程再造

信息技术将强化对行政决策执行的监督，降低决策执行变形的发生率。一方面，信息技术能简化监督信息反馈的传输渠道，政府门户网站直接与广大市民的网络终端相连，可避免反馈信息的失真，从而形成强大的监督网络，以规范政府行为；另一方面，互联网技术以"秘密投票"的方式确保监督者尤其是民众敢于监督，网络监督反馈能避免泄密的隐患，更能有效地保障监督者合法权益，消除其顾虑。简言之，网络监督安全系数高，为监督活动提供了技术保障。

可见，政府流程再造是电子政务系统建设中的重要环节，只有完成了政府流程再造，电子政务才能发挥应有的效益。所以，流程再造是评价电子政务成熟度的基本指标之二。

三　政府信息资源共享

共享是在一定的政策体制、激励措施和安全保障的基础上，在一定范围内的所有成员之间相互协作、共同使用彼此资源的一种机制。所谓政府信息资源共享，就是在一定的政策体制、激励措施和安全保障的基础上，在政府内部、政府与政府之间，共同使用政府信息资源，以提高公共管理和公共服务水平与质量的一种机制。

（一）政府信息资源共享的四个层次

政府信息资源共享从需求和内容上可划分为四个层次，由低到高依次为同级政府各职能部门之间的资源共享，不同层级政府之间的资源共享，国家权力机关与政府之间的资源共享，政府与企业之间和政府与公民之间的资源共享等。

（1）同级政府各职能部门之间的资源共享是政府信息资源共享的基础部分，是其他层次资源共享实现的基础。其主要内容是：政府数据在各职能部门之间合理分布，避免重复采集、重复存放和重复加工；各职能部门方便地访问和获取公共数据以及其需要的其他职能部门的专有数据。其目的是：提高政府内部的办事效率，加强各职能部门之间的合作，通过整合各职能部门分散的数据库、信息系统、信息基础设施，开展协同式网上办公，为企业和公民提供"一体化"的政府信息服务打下良好的基础。

（2）不同层级政府之间的资源共享的主要内容是：下级政府方便地访问上级政府的信息，以及上级政府访问、获取和分析下级政府的信息。其目的是：加强上下级政府的沟通，为领导提供决策支持。

（3）国家权力机关与政府之间的资源共享的主要内容是：国家权力机关实时访问政府数据，并做相应分析。其目的是：实现国家权力机关对政府的动态监督，变事后惩处的监督方式为事先预防，建设透明的阳光政府，有效地遏制腐败。

（4）政府与企业之间和政府与公民之间的资源共享的主要内容是：政务公开，让企业和市民能方便地通过网络获取自己所需要的政府信息。其目的是：为企业和市民提供优质、便捷的信息服务。

（二）政府信息资源共享的意义

资源共享是人类追求已久的美好理想，它在充分重视个体潜力的同时，特别强调合作，减少资源的浪费与冲突。政府信息资源共享更具有特别的意义。

（1）政府信息资源共享是职能部门之间开展协同办公的需要，能提高政府管理的效率；

（2）政府信息资源共享是构建节约型社会的需要，能带来良好的经济效益；

（3）政府信息资源共享是为市民提供一体化电子服务的需要，能带来良好的社会效益；

（4）政府信息资源共享是政府正确决策、整体规划的需要，能有效提高政府的决策水平。

可见，如果不把资源共享作为电子政务建设的重要内容和发展目标的话，为政府提供决策支持和为公众提供"一站式"服务等电子政务的建设目标和功能定位就无从谈起，所以，资源共享是评价电子政务成熟度的基本维度之三。

四　组织虚拟

组织虚拟（Organization Virtual）是一种规模较小但能发挥主要职能，难以确定边界的、虚实结合的新型政府组织形式。组织虚拟以虚拟现实技术为基础，是一种为用户提供主动、不间断、随时随地的服务的组织存在形态。虚拟是指用信息技术营造的网络世界和数字平台，它与现实世界和自然平台构成了我们当今的世界。虚拟作为一种独特的中介方式，必然成为人与人之间、人与各种社会组织之间、社会组织与社会组织之间沟通的一种中介方式，也必然成为政府与社会、公众联系的手段与途径。① 电子

---

① 　齐明山：《从现实政府走向虚拟政府的政府变革》，《新视野》2002 年第 6 期。

政务发展的目标就是让政府组织虚拟化，让政府管理从现实世界走向虚拟世界，从自然平台走向数字平台。

组织虚拟状态下的政府是这样一种政府：它的组织存在于组织间的网络以及互联互通的信息系统内，由许多覆盖在正式官僚机构之上的虚拟机构组成。组织虚拟具有如下特点。

（1）职能部门虚化，部门化程度很低。随着信息技术的发展和应用，电子政务将实现真正的组织虚拟，人们无须关心实体政府的存在，在线就可获取政府提供的各种信息和服务。

（2）组织边界模糊或消失。组织虚拟状态下，人们无须关心政府职能部门的存在，政府组织成为事实上的单一体，能为人们提供"无缝隙"的"一站式"服务。

（3）政府的部分功能流失。处于组织虚拟状态的政府将把社会性、公益性、自我服务性的事务从政府职能中剥离出来，交给第三方部门承担，将本属市场的生产、分配、交换的经济职能归还市场，政府的部分功能收缩或流失。组织虚拟状态下的政府与传统政府在各个方面的特征都有不同之处（见表2）。

表2　组织虚拟状态下的政府与传统政府的特征的比较分析

比较维度	组织虚拟状态下的政府	传统政府
组织架构	网络化、扁平化组织	垂直化、职能化组织
管理理念	以"顾客"为中心	以"政府"为中心
状态	动态、多变	静态、稳定
沟通方式	信息流	指令流
决策模式	群决策、决策支持、智能决策	"拍脑袋"
运作方式	协同工作，流程再造	部门分割，流程分散
监督方式	联网核查，事先预防和实时监视	事后审计和查处
反馈方式	网上民意调查，网上信访、在线投诉	上访，投诉

在组织虚拟状态下，政府就是一个看不见、摸不着的有机系统。这个有机系统中储藏着政府用户需要的信息、知识和虚拟服务。用户可以随时随地获取这些信息和服务，他们不会关心这些服务是由谁提供以及怎样提

供的。也可以说，政府是一个透明的"黑箱"，"看似无物，其实有物"。一句话，在组织虚拟状态下，政府是一个信息和知识的储藏加工中心，是虚拟服务的生产和派送中心。

组织虚拟有四个方面的基本要素。①信息系统。组织虚拟依靠信息技术来整合信息，组织虚拟建立在信息系统之上，各种信息系统是组织虚拟实现的基础。②信息资源共享。组织虚拟以信息资源为依托，以信息资源在组织内部的充分共享为前提。③信息流。组织虚拟实现后，政府组织主要依靠信息流完成沟通，数字化公文的自动流转是组织内部沟通的主要方式。④工作流。组织虚拟实现后，政府组织内部依靠"工作流"自动实现管理的决策、执行、监督、反馈等过程。组织虚拟是政府管理思想的变革，是政府管理的未来模式。组织虚拟的实现是以电子政务发展高度成熟、高度发达为前提的。虚拟政府主要依靠各种信息系统来实现组织虚拟，反过来，政府要真正实现组织虚拟，必须具备很高的信息化水平：政府信息资源充分共享，政府业务流程自动流转，在线服务可靠、完善、持续。可见，组织虚拟是电子政务发展的战略目标，是评价电子政务成熟度的基本维度之四。

本文作者为徐晓林、李卫东，原刊发于

《电子政务》2007 年第 8 期，

收入本书时有改动

基于信息技术的政府群决策模式研究

党的十六届四中全会提出了科学执政和民主执政，这是我们党执政理念的一次飞跃。科学执政和民主执政的本质是决策的科学化与民主化。当前，我国政府决策还基本停留在经验决策等非科学的决策模式，决策失误较多，究其原因主要是：领导者的个人才智、经验和精力有限，决策信息失真，决策过程的透明度、参与度、回应度不够，决策支持系统与实际的决策程序脱节等。如何通过决策模式的改革与创新，实现决策的科学化和民主化是摆在我国政府面前的重大课题。本文认为，基于信息技术的群决策模式是政府决策模式创新和改革的有效途径。

一 基于信息技术的政府群决策模式的内涵、要素和体系结构

(一) 基于信息技术的政府群决策模式的内涵

从严格意义上来讲，政府的每一项决策都是由多个人（或群体）完成的，政府所做的决策也会影响到一群人甚至所有人。群决策（Group Decision Making）就是把不同成员的对于方案的偏好按某种规则集结为决策群体的一致或妥协的群体偏好。① 也即，群决策就是群所作的决策，或称多人决策。群决策的目标是把决策群体中每个决策者的偏好归纳为群的偏

---

① C. L. Hwang, *Group Decision Making under Multi-Ple Criteria. Methodsand APPlications*, Berlin, New York, Springer-Verlay, 1987.

好，然后根据群的偏好对一组方案进行排序，从中选择群体最偏好的方案。

政府群决策模式是政府组织在群决策过程中组织结构形式、决策权力配置方式、偏好集结方式等的统称。政府群决策具有以下特点。①公共性。政府群决策一般是一种公共的、社会的选择。政府群决策的结果往往与社会中的每个人息息相关。②多目标性。由于经济社会问题的复杂性和交错性，政府群决策一般都要同时达到多重目标。③长期性。政府群决策的结果形式一般为法律法规，有效期限可能长达几年或几十年甚至几百年。④风险性。政府群决策若最终形成满意的方案结果，将给整个社会的发展带来巨大的效益。但一旦决策失误，往往会给整个社会带来不可挽回的巨大损失。

基于信息技术的政府群决策模式旨在通过充分应用信息技术，实现政府群决策过程的智能化和自动化。①基于信息技术的政府群决策模式让群体成员充分表达自己的偏好成为可能。由于政府的决策群体结构复杂，人员基数较大，有效地采集每个人的偏好信息是群决策达成满意解的前提条件。信息技术的发展和广泛应用，为有效地、可靠地采集和传递偏好信息提供了强大的工具。②基于信息技术的政府群决策模式能实现偏好集结过程的自动化和智能化，大大缩短政府群决策的周期，可避免延误时机，能帮助决策群体及时做出可行的、满意的决策。

（二）基于信息技术的政府群决策模式的要素

基于信息技术的政府群决策模式的要素主要包括决策群体结构、决策目标集、方案集、参数空间、后果集、决策准则集、偏好信息集、知识库、信息系统。

政府决策群体结构主要由政府决策委员会、决策核准委员会、决策咨询委员会、公民、决策执行委员会、决策监督委员会等决策子群体构成。①政府决策委员会一般是指政府管理机构的组成成员，是按照行政层级组成的政府组织。政府决策委员会的成员因行政权力和行政级别的高低而拥有不同的决策权力，其偏好影响最终决策结果的权重也有所不同。在现实中，政府决策委员会一般等同于行政机关。②决策核准委员会一般是最高权力机关，拥有决策方案的审查权和否决权。我国的决策核准委员会是人民代表大会，西方国家的决策核准委员会多为议会。③决策咨询委员会一般是指由某领域的专家组成的决策顾问团，目的是弥补决策委员会在某专业领域知识的不足。决策咨询委员会参与政府群决策有多种形式，可能是第三方独立的咨询机构，也可能是政府的内部专业机构。我们认为建立开放式的共享公共决策思想库能整合和集结全社会范围内的各类专家的意见和偏好，能为政府群决策提供决策思想、理念和思路。④公民享有决策过程和结果的知情权以及充分表达自身意愿的权利，是政府决策群体中基数最大的子群体。公民对某项提案或政策投票的过程就是一种社会选择的过程。⑤决策执行委员会一般负责政府所制定的某项决策（或政策）的执行工作。⑥决策监督委员会负责监督和评估决策执行委员会执行决策的过程和结果，以保证决策的贯彻和落实。可见，政府决策委员会、决策核准委员会、决策咨询委员会处于战略决策层，决策执行委员会、决策监督委员会处于管理决策层。公民处于事务决策层，也会参与战略决策和管理决策。战略决策层的决策结果是管理决策层进行决策和管理的政策框架，管理决策层的决策结果能为事务决策层的决策者提供行为框架。同一层级的不同决策子群体首先形成自身的群偏好，然后通过本群体的群偏好来影响最终的整体群偏好。一般来说，决策子群体之间具有一定的相互独立性，可以形成各决策子群体之间决策权力的相互制约机制，能在一定程度上避免整体群偏好被少数人操纵。

决策目标集用来表示决策人的愿望或决策人所希望达到的、努力的方向集。方案集用来表示决策人可能采用的所有行动的集合。参数空间用来表示决策问题本身所有可能的自然状态。后果集用来表示决策问题的各种可能的后果。决策准则集用来表示决策过程中必须遵循的原则。偏好信息集用来表示决策群体中各成员偏好信息的集合。知识库用来表示与决策问题相关的专业知识和技能的集合。信息系统是决策过程中各个环节所用到的应用软件、数据库、决策支持系统、专家系统的统称。信息技术是政府群决策过程正常运转的基本工具，政府群决策的每个环节都离不开信息系统的支撑。

二 基于信息技术的政府群决策模式的框架模型

（一）基于信息技术的政府群决策模式的逻辑模型

在构建基于信息技术的政府群决策模式的数学模型之前，我们现作如下的假定和说明。

设政府决策委员会由 q 个成员组成，用 $Q = \{1, \cdots, q\}$ 表示决策委员会中成员的集合。$u = 1, \cdots, q$ 表示成员个体，假定政府决策委员会中每个成员拥有相同的决策权限，决策委员会中个人的偏好记作 $>_u$。

设决策咨询委员会由 e 个成员组成，用 $E = \{1, \cdots, e\}$ 表示决策咨询委员会的集合。$v = 1, \cdots, e$ 表示成员个体，假定决策咨询委员会中每个人的决策权限均等，决策咨询委员会中个人的偏好记作 $>_v$。

设公民由 p 个成员组成，用 $P = \{1, \cdots, p\}$ 表示决策公民的集合。$w = 1, \cdots, p$ 表示成员个体，假定公民中每个人的决策权限均等，公民中个人的偏好记作 $>_w$。

设决策执行委员会由 m 个成员组成，用 $M = \{1, \cdots, m\}$ 表示决策执行委员会的集合。$X = 1, \cdots, m$ 表示成员个体，假定决策执行委员会中每个人的决策权限均等，决策执行委员会中个人的偏好记作 $>_x$。

决策群体的总体群偏好记作 $>_G$。

方案集用来表示可供选择的行动方案集合，记作 $A = \{\alpha_1, \cdots, \alpha_m\}$ 第 i 个方案记作 α_i。

参数空间用来表示所有可能的自然状态，$\theta = \{\theta_1, \theta_2, \cdots, \theta_n\}$。

后果集可记作 $C = \{c_{ij}\}$，用来表示决策问题的各种可能的后果 c_{ij}（$i = 1, \cdots, m, j = 1, \cdots, n$）的集合，$c_{ij}$ 用来表示决策人采取行动 α_i、真实的自然状态为 θ_j 时的后果，即 $c_{ij} = c(\alpha_i, \theta_j)$。

决策目标集可记作 $O = \{o_1, o_2, \cdots, o_n\}$，知识库记作 K，信息系统记作 I。

那么，方案集生成函数可构造为：$A = F(\theta, C, O, K)$。政府群决策分析首先要构造决策问题，依据参数空间、后果集、决策目标集、知识库，借助决策支持系统等信息系统或人工能找出若干个决策方案。同时在正式提交其他决策群体投票之前，应用选优法、满意值法等方法尽可能地筛除一些较差的方案，以减少群决策分析的工作量。在实际中，一般以两到三个方案为宜。当然，这个过程可以听取决策咨询委员会或公民的意见。下面，我们依据上述假设和说明，应用 Borda 函数来构造战略决策层和管理决策层的群决策模型。

1. 战略决策层群决策模型

对于政府决策委员会 Q，方案集 A 中每个方案 α_i 的 Borda 分，即 Borda 函数为：

$$f_Q - B(\alpha_i) = \sum_{y \in A \backslash |\alpha_i|} N(\alpha_i >_u y)$$

其中 $N(\alpha_i >_u y)$ 表示群 Q 中认为 α_i 优于 y 的成员数，$f_Q - B(\alpha_i)$ 表示 α_i 与其他备选方案比较 $m-1$ 次中，所得票数的总和。

对于决策咨询委员会 E，方案集 A 中每个方案 α_i 的 Borda 分，即 Borda 函数为：

$$f_E - B(\alpha_i) = \sum_{y \in A \backslash |ai|} N(\alpha_i >_v y)$$

其中 $N(\alpha_i >_v y)$ 表示群 E 中认为 α_i 优于 y 的成员数，$f_E - B(\alpha_i)$ 表示 α_i 与其他备选方案比较 $m-1$ 次中，所得票数的总和。

对于公民 P，方案集 A 中每个方案 α_i 的 Borda 分，即 Borda 函数为：

$$f_P - B(\alpha_i) = \sum_{y \in A \backslash |ai|} N(\alpha_i >_w y)$$

其中 $N(\alpha_i >_w y)$ 表示群 P 中认为 α_i 优于 y 的成员数，$f_P - B(\alpha_i)$ 表示 α_i 与其他备选方案比较 $m-1$ 次中，所得票数的总和。

记政府决策委员会 Q，决策咨询委员会 E，公民 P 对最终群偏好的影响因子分别为常数 q_0、e_0、p_0，且满足：

$$0 < q_0 < 1, 0 < e_0 < 1, 0 < p_0 < 1; q_0 + e_0 + p_0 = 1$$

则：

对于整个战略决策层，方案集 A 中每个方案 α_i 的 Borda 分，即 Borda 函数为：

$$f_B(\alpha_i) = q_0 f_Q - B(\alpha_i) + e_0 f_E - B(\alpha_i) + p_0 f_P - B(\alpha_i)$$

这样，我们就可以得出 $f_B(\alpha_i) > f_B(\alpha_j)$ 的所有序列，因此得出 $\alpha_i >_G \alpha_j$，也即得出群的偏好，从而选择出大家都满意的决策方案。概括起来，战略决策层群决策模型可表示为：

$$\begin{cases} f_Q - B(\alpha_i) = \sum_{y \in A \setminus \{\alpha_i\}} N(\alpha_i >_u y) \\ f_E - B(\alpha_i) = \sum_{y \in A \setminus \{\alpha_i\}} N(\alpha_i >_v y) \\ f_P - B(\alpha_i) = \sum_{y \in A \setminus \{\alpha_i\}} N(\alpha_i >_w y) \\ f_B(\alpha_i) = q_0 f_Q - B(\alpha_i) + e_0 f_E - B(\alpha_i) + p_0 f_P - B(\alpha_i) \end{cases}$$

2. 管理决策层群决策模型

同上，对于决策执行委员会 M，方案集 A 中每个方案 α_i 的 Borda 分，即 Borda 函数为：

$$f_M - B(\alpha_i) = \sum_{y \in A \setminus \{\alpha_i\}} N(\alpha_i >_x y)$$

其中 $N(\alpha_i >_x y)$ 表示群 M 中认为 α_i 优于 y 的成员数，$f_M - B(\alpha_i)$ 表示 α_i 与其他备选方案比较 $m-1$ 次中，所得票数的总和。

对于公民 P，方案集 A 中每个方案 α_i 的 Borda 分，即 Borda 函数为：

$$f_P - B(\alpha_i) = \sum_{y \in A \setminus \{\alpha_i\}} N(\alpha_i >_w y)$$

其中 $N(\alpha_i >_w y)$ 表示群 P 中认为 α_i 优于 y 的成员数，$f_P - B(\alpha_i)$ 表示 α_i 与其他备选方案比较 $m-1$ 次中，所得票数的总和。

记决策执行委员会 M，公民 P 对最终群偏好的影响因子分别为常数 m_0、p_0，且满足：

$$0 < m_0 < 1, 0 < p_0 < 1; m_0 + p_0 = 1$$

则：

对于整个管理决策层，方案集 A 中每个方案 α_i 的 Borda 分，即 Borda 函数为：

$$f_B(\alpha_i) = m_0 f_M - B(\alpha_i) + p_0 f_P - B(\alpha_i)$$

这样，我们就可以得出 $f_B(a_i) > f_B(a_j)$ 的所有序列，因此得出 $a_i >_G a_j$，也即得出群的偏好，从而选择出大家都满意的决策方案。概括起来，管理决策层群决策模型可表示为：

$$\begin{cases} f_M - B(a_i) = \sum_{y \in A \setminus \{ai\}} N(a_i >_x y) \\ f_P - B(a_i) = \sum_{y \in A \setminus \{ai\}} N(a_i >_w y) \\ f_B(a_i) = m_0 f_M - B(a_i) + p_0 f_P - B(a_i) \end{cases}$$

（二）基于信息技术的政府群决策模式的类型分析

由上述战略决策层和管理决策层群决策模型可以看出，政府决策委员会 Q、决策咨询委员会 E、公民 P 对最终群偏好的影响因子分别为常数 q_0、e_0、p_0，其大小能决定政府决策的科学化和民主化程度。

（1）独裁型政府：$q_0 = 1$，$e_0 = p_0 = 0$。独裁型政府的所有决策都不考虑专家和公民的意见，这样的政府容易背离公民的意愿，也经常做出缺乏科学依据、缺乏远见的决策，其决策结果可能会给社会带来巨大的灾难。当然这只是一种数学的量化描述，只能说明政府的决策模式，并不代表独裁型政府就一定是不好的。政府决策委员会的成员一般都由政治家组成，只要他们以追求公共利益最大化为决策目标，保证社会的公平公正，就无可厚非。

（2）科学型政府：$0 < q_0 < 1$，$0 < e_0 < 1$，$p_0 = 1$。科学型政府一般建立了完善的咨询机制，在决策时会充分考虑决策咨询委员会的意见，e_0 越大，说明其决策科学化程度越高。当 $e_0 = 1$ 时，可称其为完全科学型政府，这在现实生活中一般不多见。当然，并非 e_0 越大越好，由于资源的有限性与需求的多元化、无限性以及利益上的冲突，在政府决策过程中事实判断与价值判断之间并不总是一致的，科学在知识层面上的客观性并不能保证政府决策中的理性或客观性。[①] 政府决策还是应该坚持价值判断优先原则，因为符合科学原则的决策并不一定符合公平与公正的价值原则。从这个意义上来说，$e_0 > 0$ 的价值不在于决策咨询委员会的群偏好能最终决

---

① 曹永胜：《科学家在政府决策中的参与及作用》，《科学技术与辩证法》2003 年第 2 期。

定决策结果，而在于政府决策委员会的群偏好是建立在对相关领域科学知识和事实的充分认知的基础之上的。我们可以肯定的是，在对决策问题的客观规律充分把握的基础上，人们所作的价值判断和决策一般是令人满意的，是更能保护公共利益的。

（3）民主型政府：$0 < q_0 < 1$，$0 < p_0 < 1$，$e_0 = 1$。民主型政府的决策一般在其决策时会充分考虑公民的偏好，公民的投票结果可直接影响政府的决策结果。p_0 越大，说明其决策民主化程度越高。当 $p_0 = 1$ 时，可称其为完全民主型政府，这类政府在现实中也不多见。同样，并非 p_0 越大越好，只要确保政府决策委员会的群偏好是建立在对公民偏好的充分了解的基础之上就可以了。

（4）科学民主型政府：$0 < q_0 < 1$，$0 < e_0 < 1$，$0 < p_0 < 1$。科学民主型政府的决策一般会同时充分考虑专家的意见和公民的偏好。

三　基于信息技术的政府群决策模式的体制框架

基于信息技术的政府群决策模式能很好地实现政府决策的科学化和民主化，但在实际运行中还需要一定的体制和机制保证。从以上分析中可以看出，政府决策群体中各子群的偏好对群决策偏好的影响因子常数的大小直接影响着决策结果。其本质是决策权力在各子群中如何划分的问题，也即不同的决策权力划分方法将导致不同的决策结果。决策权力的合理配置是基于信息技术的政府群决策模式能正常运转。也可以说，基于信息技术的政府群决策模式的体制框架就是关于决策权力配置的制度安排。

（一）建立完善的集体决策制度

一般来说，政府决策委员会的成员因行政权力和行政级别的高低而拥有不同的决策权力，其偏好对最终决策结果的影响权重也有所不同。但是，如何通过体制改革和机制创新，保证每个决策者能够依据法律赋予的决策权力，独立地充分地表达自己的偏好，是需要首先解决的一个重要问题。因为只有这样，政府群决策问题才可能接近满足无关方案独立性、非强加性、非独裁性等社会福利函数的条件。首先，制定政府决策委员会决策权力配置法案和决策程序，明确每个决策者在决策过程中享有的权利和应承担的决策责任，明确决策问题构建、预选方案征集、预选方案投票（决策人偏好表达）、偏好信息的集结、预选方案评价和分析等决策过程的准则。如《重庆市政府重大决策程序规定》从提高决策水平、保证决策质量着眼，从准备、决策、执行三个方面入手：规范"谁来决策、决策什么、怎样决策、决策后果"四大基本环节；建立了决策议决、决策公开、决策评审、决策听证、决策反馈、决策评估、决策追责等七项决策制度；设立了决策责任、承办责任、执行责任、专家责任及其他责任等五大法律责任，形成了政府重大政务事项决策机制的基本框架。① 其次，建立决策核准制度。政府决策委员会的最终决策，应该由权力机关进行原则性核准，审查其是否符合有关的法律条文和公共利益，决策过程是否存在被人以某种方式操纵的问题。

（二）建立完善的决策咨询制度

Arrow 指出，"没有一种方法能并合个人的偏好序以获得能满足某些朴素条件的社会排序结果"②，也即任何一项社会选择都可能被决策者操纵。决策咨询委员会独立地表达自己的偏好，决策咨询委员会的群体偏好或结论切实影响政府决策委员会的群偏好，是决策科学化的基本保障。否则，所谓的专家咨询和论证只能流于形式，没有论证之前，结论也许已经确定。首先，要依法确立决策咨询委员会的重要地位。决策咨询委员会如何参与政府决策的过程？是不是政府可以让其参与，也可不让其参与？如果决策咨询委员会一致否决了决策方案，政府决策委员会又觉得其可行，该怎么办？这些都是在决策咨询实施中必然要面对的问题，只有通过立法解决。其次，要依法保证决策咨询委员会委员的独立性，使其能真实客观地表达自己的偏好，避免其成为为已有的决策寻找"科学的依据"的工具。

---

① 李鹏：《政府决策：向"三拍"说不》，《重庆日报》2005 年 10 月 20 日。
② 转引自岳超源编著《决策理论与方法》，科学出版社，2003。

（三）建立完善的民主决策制度

政府决策的准则就是追求公共利益的最大化，维护正义和公平。可以说，政府的每一项决策都关乎每一个公民的切身利益。所以，在决策中充分考虑公民的偏好已成为各国政府追求的目标。

（1）依法建立公民参与政府决策的有效机制，也即通过法律保证公民的偏好表达能最终影响政府的决策。因为，如果没有相应机制保证的话，政府听取民意很可能是一种表象，在很多情况下，公民的偏好虽然被充分表达了，但难以对决策结果产生一定的影响。

（2）依法推动政府决策过程的公开、透明，完善听证制度。政府决策的公开和透明是公民参与政府决策的前提条件，因为公民只有充分了解政府决策的有关信息，才有表达偏好的可能。听证制度是公民集中对政府决策方案表达自己的偏好的有效形式。

（3）建立和完善公民网上参政议政的机制与平台。听证制度虽然可以有效表达公民自身偏好，但是参与人数毕竟有限。互联网能为公民表达决策意见和偏好提供有效渠道与平台，但需创建一种有效机制。确保通过公共参政议政平台，收集公民的偏好成为政府决策的重要环节，任何人都无法回避。

结　语

基于信息技术的政府群决策模式能充分应用信息技术实现政府群决策过程的智能化和自动化，能为群中成员表达自身偏好、加强群内沟通提供有效工具。基于信息技术的政府群决策模式也是政府决策科学化和民主化的有效模式。

本文作者为徐晓林、李卫东，原刊发于
《江西社会科学》2008 年第 10 期；中国人民大学
复印报刊资料《公共行政》2009 年
第 2 期转载，收入本书时有改动

论我国横向府际行政协调的十大转向

多政区协作一直是我国区域政策的倡导性模式，而不平衡性放权又是促进政府创新，实现经济、社会发展的主导机制，进而将政府间相互离散的行政行为连接并整合在一起，避免横向府际关系随着放权"各顾各，相互打架，相互拆台，统一不起来"。[①] 保证公共行政体系的整体性，实现行政协调，是我们必须关注的问题。横向府际行政协调，即政府间横向行政关系的协调涉及地理空间管理、公共危机治理、基础设施建设、环境治理等诸多内容，是公共行政共生性关系的外在表征和内在需求。从传统公共行政学对科层制的强调，到新公共行政、新公共服务对协商模式的重视，再到新公共管理运动对市场机制的倡导，直至当前的网络治理、协作治理、整体型治理等对多元机制综合的关注，其基本的诉求即在于实现行政体系的优化、高效、协调运转，增强公共行政体系的能力与效力。然而，横向府际行政系统外在生态的不确定性、内在结构的复杂性以及协调机制自身的缺陷导致府际行政协调机制的预期效能不达。本文拟以一种前瞻性的方式对横向府际行政协调的应然走向进行分析，以期为府际行政协调机制的完善与创新、国家治理效能的提升有所助益。

一　重塑府际行政思维：由本位行政向开放行政转变

行政思维是政府对行政行为价值的一种认知模式，它是横向府际行政

---

① 《邓小平文选》第 3 卷，人民出版社，1993，第 278 页。

· 220 ·

关系变革的先导机制，直接影响行政协调的成效。要保证权力运作的合理导向和放权后府际和谐，避免"一放就乱"形成新的区域大战，首先必须进行政府行政思维重塑。横向府际行政整合的实现需要行政思维的重塑，为整体性政府的建构塑造理念前提。任何府际关系从本质上讲都是一种利益关系，在利益资源有限的预期下，政府间更多地存在的是对立意识。而这是实现府际行政协调最基本的障碍。就如市场关系一样，良性的共生性利益关系的建立，其前提或基础是信任关系的建立。然而，信任不是凭空养成的，"行动之协调和互动网络之形成是借助于理解过程而进行的，就此而言，主体间共享的信念构成了社会整合的媒介"。① 只有树立府际观念、他域观念，跳出行政区、经济区来看府际关系，以开放的整体型府际观而不是封闭的本位型府际观谋求公共事务解决或行政目标的实现，才能产生一种主体间认知，创造具有可理解性、可沟通性的信任型府际行政关系。

在行政行为中，如果政府行政人员各自的意志能在互动之中达到某种一致性认知或协调，那么他们所代表的政区问题自然也就容易达成行政协调。其中，行政领导者的行政思维直接影响着组织内规章建构的价值导向；塑造着整个政府组织成员的行为模式；影响着组织内成员之间及组织与外部组织之间的关系。因此，行政领导者的思维重塑是必要的。而且这种行政思维革新的模式必然是整体性的或者团队性的，在行政协调的各方之间以及各自的组织内部展开。只有这样才能实现成员间价值观念的联合，在协调系统内形成一种"默会知识"，达致共同愿景。而且，当这种革新在组织间展开时，知识的网络化或者说"知识联网"就实现了。这使组织成员间在知识上相互补充、相互竞争，一方面，有助于超越西蒙式的有限理性，另一方面，有助于促进知识革新。此时，一种强烈的府际信任感不仅超越了对立的地方性关系，同时，也缓和了市场型差异导致的府际利益冲突。反过来，信任是一种复杂性简化机制。② 作为沟通的一个一般

---

① 〔德〕哈贝马斯：《在事实与规范之间：关于法律和民主法治国的商谈理论》，童世骏译，生活·读书·新知三联书店，2003，第43页。

② 参见〔德〕尼克拉斯·卢曼《信任：一个社会复杂性的简化机制》，翟铁鹏、李强译，上海人民出版社，2005，第30页。

化的媒介，它为行动者提供了"在主体间通过选择或短或长的链条来传递行动"的能力①，从而延伸了个体行动者的资源链条，提高了其在复杂情境中的行为能力。

二　调整行政权力结构：由效率主导向公平导向转变

府际关系实际上是政府之间权力配置与利益分配的关系。② 权力结构内含着利益结构，权力结构的调整实际上就是利益平衡的一种机制，是权力与权利在不同政府间重新分配的过程，是各级政府行政地位、行为空间和行为能力的变化。随着差异性放权改革的施行，地方所掌握的、可运用的资源数量也逐渐增加，其角色从被动接受上级政府发展战略、政策和发展目标的执行者转变为地方经济、社会和文化等方面发展的制度供给、创新主体和推动者。地方利益由隐变显，由弱变强，由公变私，谋利行为由消极被动变为积极主动。权力结构调整的自上而下的性质，对于地方政府而言是一种政治机遇。这种机遇强调的是政府外部的资源，作为一种鼓励机遇的行为出现的条件，它能降低府际集体行动的成本。然而，"权力下放不均等所形成的梯度分权格局"③，使不同的地方享有不同的权力和能力，获取不同的优惠政策，处于不平等地位，也压制了地方政府在府际行政协调中的积极性。而如果这种差异长期扩大，会引起人们在心理上的对立，进而在处理府际经济纠纷、环境污染、公共危机等方面的问题时，容易失去解决问题的公正立场，削弱府际行政协作的向心力。其一旦与民族宗教问题结合在一起，就很容易使社会矛盾激化。

"正当的独立性，正当的权利。……都应当争。这种从全国整体利益出发的争权，不是从本位利益出发的争权，不能叫做地方主义，不能叫做

① 参见〔美〕林南《社会资本——关于社会结构与行动的理论》，张磊译，上海人民出版社，2005，第150页。
② 谢庆奎：《中国政府的府际关系研究》，《北京大学学报》（哲学社会科学版）2000年第1期。
③ 薄贵利：《集权分权与国家兴衰》，经济科学出版社，2001，第198页。

闹独立性。"① 倾斜性放权的模式选择具有历史合理性，但其价值导向的适时调适也具有现实必要性，即从以经济建设为中心的、效率主导的倾斜性放权向以公共服务为中心的公平导向的倾斜性放权转变。这一价值的调适并不是否认权力结构建构中效率价值的重要性，而是要更加注重政区、区域权力的公平性。将效率价值限制在一个合理的范围内，实现效率与公平价值的动态平衡。基于这一差异化公平，高级政府"应该善用手中拥有的资源，给予相对贡献较大的劣势资源者较多的资源，以提高其在网络核心中的地位，同时扭转网络结构内不均衡的资源配置形态"。② 其中，行政区的撤并、直辖市的设立等行政区划改革，是权力结构调整的剧烈形式。因为行政区划的变动内含着治理权范围的变化，以及自主行为空间和行为能力的变化。"块块基本格局的变化也正是随着国家行政区划的调整而进行的。"③ 但是，行政区合并、大都市政府的设立在省域内、邻里政府间由于文化同质性等原因更易进行，非相邻的跨政区合并则是不现实的。而且行政区划调整要考虑政治、经济、文化、社会等多方面的因素，行政区合并的机会成本也难以估量。因此，调整放权的价值结构应成为更合理的选择。通过权力结构和利益结构配置的价值调适，来引导府际行政关系运行的方向。这种权力结构的重塑也意味着府际协作结构的管理将从科层制式的高—低、中心—外围系统转变为一种更为扁平化的、协商型治理系统。

三 革新府际行政关系结构：由单极主导 向多核互动转变

横向府际关系亦即政府间的横向关系，既包括地域相邻的政府间关系，也包括地域间隔的同级政府间关系。同时，在区域合作之中，各个主体的行政级别也许并不对等，但是，在经济合作关系以及合作的法律关系

① 《毛泽东文集》第 7 卷，人民出版社，1999，第 33 页。
② 赵永茂等：《府际关系》，（台湾）元照出版公司，2001，第 385 页。
③ 关山、姜洪主编《块块经济学——中国地方政府经济行为分析》，海洋出版社，1990，第 1 页。

上，它们的地位是平等的，因而，这也塑造了一种横向的府际关系。[①] 但是，在实践之中，一些地方政府在府际关系中追求单极发展，争夺府际领导权。而一些地区为了换取政绩也存在出卖政区利益的行为，甘愿将这种控制权和自主权转让出去。这就形成了府际行政关系中金字塔式的单极主导模式。这往往易形成"以大欺小""以强压弱"的局面。虽然这种模式的府际关系在合作治理中会产生一定的带动和示范效应，但拥有领导权的地方政府对资源具有强吸纳性。这种资源"盘剥"现象的存在，使该模式的带动能力和其他地区的行政自主性受到了牵制。然而，这又是受经济中心型的行政协作模式影响的。因为在一定区域内，政府间由于区位差异、政治地位差异、自然资源禀赋差异等，往往形成一方对另一方的依附。协作中议价能力的差异，必然形成单极主导的中心—外围的等级格局。在这种关系结构中，单一的权力型协调处于主导位置，因而也就面临着更大的失灵的可能。这与经济理论上的中心—辐射结构与中心极带动愿望相去甚远，"市管县"体制的效用不达可作为一个例证。而管理幅度以及中心地理论都揭示了中心政府协调范围的有限性。

单极主导形成的单向依赖是一种压制个性色彩的机械化的、无争议的服从结构。一方面使跟随型合作方丧失了积极性、主动性和创新性；另一方面，也不利于形成多元发展的模式，不利于形成科学发展的良性格局。同时，在单极主导的合作系统中，由于各主体通过单一产业链或技术链条串联，次级主体以承接性产业结构为主，因而，其抗风险能力必定较弱。因为，"其无法采取分散的结构来更好地控制和处理它与动荡的环境之间的关系所引发的冲突和问题"。[②] 在公共产品供给问题上，这种结构却易形成主导者规避成本、弱势者不愿承担成本的困境。因为，没有平等的协商，就无法形成合理的成本分担和利益分享结构。同时，相对弱者很可能"役使"强势者，对强势者的发展或者资源的利用产生一种反方向制约效应，从而迫使强势者就范。这种役使就是"惰性役使"。而且，这种单极

---

① 可参见杨宏山《府际关系论》，中国社会科学出版社，2005，第18页；张紧跟《当代中国地方政府间横向关系协调研究》，中国社会科学出版社，2006，第8页。

② 〔法〕米歇尔·克罗齐耶、埃哈尔·费埃德伯格：《行动者与系统——集体行动的政治学》，张月等译，上海人民出版社，2007，第202页。

主导下"剪刀差"式的利益分配格局,也易形成单极主导下的"强关系"合作格局。而在"强关系"的"锁定"下可能会形成协作体系的封闭以及对外排斥性,以保护既得的收益分配格局。而弱势者单一的资源获取结构,以及在协作系统中的这种强依赖性"嵌入",使其"脱嵌"也更为困难。应当认识到,发展以某一城市为中心的城市圈目的不在于发展一个城市,而在于实现带动效应,推动区域内开放与区域外开放,促进整体生产力水平提升。因而,要适时实行多核战略,从而促进行政资源在多个中心之间流动,促进资源的优化配置。同时,它有利于通过不同"核"之间的横向攀比式竞争,激发地方政府的创新精神,并促进府际制度性学习和知识扩散,因而是一种鼓励创新的关系结构。此时,政区政府能力的提升,也推动着协商型协调模式以及跨区域网络化治理的形成。

四 变革府际治理方式:由政区行政 向跨(区)域治理转变

政区亦称行政区,"通常是指一个国家的地方行政机关所辖的区域。它是一个静态的概念,泛指行政区域的范围"。① 按照传统的政府理论,公共事务的治理只能由具体的辖区政府来负责,政府间责、权、利应该明确分工。而这种"政区行政"在闭合、有界的行政区域单位内形成了"三叶草式"离散型治理形态。地方政府以行政区为界实施行政行为,即使有外向型行政活动也多限于招商引资等经济活动上,形成了我国特色的"行政区经济","在一个孤立系统(一个与外界没有接触的系统)中,熵总是向着它的极大值增加"②,行政区的资源的有限性以及能力有限性,促使通过跨域治理来进行资源结构的更新与优化,实现行政资源的自我再生成为必需。治理是以非政府权力为核心的多中心的问题解决模式。"跨域治理是指针对两个或两个以上的不同部分、团体或行政区,因彼

---

① 刘君德、靳润成、周克瑜编著《中国政区地理》,科学出版社,1999,第3页。

② 〔西德〕H. 哈肯:《协同学引论:物理学、化学和生物学中的非平衡相变和自组织》,徐锡申等译,原子能出版社,1984,第2页。

此之间的业务、功能和疆界相接即重叠之处而逐渐模糊，导致权责不明、无人管理与跨部门的问题发生时，借由公部门、私部门以及非营利组织的结合，透过协力、社群参与、公私合伙和契约等联合方式，以解决棘手难以处理的问题。"① 另外，跨域治理作为一种"他我"导向的治理模式，也被称为府际网络治理。产业链延伸、跨地区投资、邻里政府公共问题、公共危机事件等现象的出现使所涉及的主体已由单一的政区政府组织向跨政区的（包括企业、非政府组织、公民等主体在内）多元主体的治理格局转变。它们作为一种政府权力的替代机制，降低了高级政府的行政协调成本。

首先，为实现利润最大化，企业家会本能地在更大范围内搜寻最佳的资源组合方式，而不受行政区边界的限制。企业的资源寻求与分工、交换网络往往推动了府际关系网络化趋向的形成。由于企业连接着市场、消费者（公民），同时也和其他企业、政府、社会相联系，因此当企业在一个区域集聚，府际产业分部形成集群效应时，就使府际形成了上下游产业投入关系（也称"成本关联"）和消费者集中（也称"需求关联"），从而实现府际关系循环累积的自我强化效应。因此新公共管理者认为，"在很大程度上，企业或市场发展出的合同制将取代公法或公共行政在公共部门中作为协调机制的地位"。② 其次，由于非政府组织（NGO）具有组织边界模糊化以及利益边界非行政区性等特点，它可以动员民众参与府际合作项目，可以对府际行政协调内容与形式进行监督。NGO 也是政府间复杂关系网中的信息集结点，作为信息的收集、整合与输出、发散中心，从而成为府际交易成本的节约机构。最后，舆论作为公民意见的聚合而承担批评、监督功能时，对于政府行政协调的价值导向、方式选择、机制设置等进行引导，成为一种府际横向协调的促动力，从而有利于引导政府行政协调朝向整体性公共利益最大化的合作模式发展。而且，上级政府也可以利用新闻媒体这一较为独立的载体来对横向府际行政行为进行监督。同时，宣传是动员支持和确保结盟的重要方式，媒体舆论在府际公共政策活动中

---

① 李长晏、詹立炜：《跨域治理的理论与策略途径之初探》，《中国地方自治》2004 年第 3 期。
② 〔英〕简·莱恩：《新公共管理》，赵成根等译，中国青年出版社，2004，第 168 页。

有着"政策宣讲"的作用，对公众进行价值塑造和社会动员，从而为横向府际行政培育了社会资本，有助于府际政策执行效力的提升。

五 改变府际行政协调模式：由关系型协调向法制化协调转变

这里所指的关系型协调包含体制型权力关系与社会性人情关系两种类型。在分级管理的行政体制下，上级通过财政、人事等手段控制下级政府的行为能力，协调府际行政关系也成为一种必然的选择。但是，"以政府主导来对区域合作的事项进行过于具体的安排，本身就可能妨碍区域合作、交换和分工网络的形成"。① 它降低了横向行政主体间自我协调的可能，限制了自主协调能力的开发，强化了行政依附性。虽然权力协调具有灵活性、权威性特点，但也具有不稳定性和主观随意性的弊端。在我国"差序格局"式的情面关系型社会中还存在一种人情关系协调，与官员个人关系的亲疏甚至决定着合作对象的选择。这不仅是出于情感因素的考虑，也是减少交易风险和降低交易成本的一种方式。官员之间的这种信息传输机制较之于层级化的信息传达具有"法约尔桥"的便捷特征。情面文化的作用也产生了一种声誉机制的激励与协调作用，即产生了一种内在驱动的主动协调的效果，使得这种非正式的协调机制具有运用灵活、成本低的特性；然而，同样也存在稳定性不足和制度化程度不够的缺陷。这都使横向府际行政关系的协调形成人治化、随意化的特征：虽然权力、人情关系型协调模式具有灵活、效率高等诸多优势，但它们只能作为法制化协调的补充模式而存在。行政改革、创新面临不可预期的、潜在的巨大成本。不明确的、非制度化的上下级关系，在潜规则作用下加剧了人们的焦虑心理，"为了缓解焦虑，组织成员往往运用防御性机制，这极大地影响着组织内部的文化、行为等同一性和组织的创新过程"②，导致政府角色认知

---

① 景体华主编《2004～2005年：中国区域经济发展报告》，社会科学文献出版社，2005，第274页。

② 马骏、叶娟丽：《西方公共行政学理论前沿》，中国社会科学出版社，2004，第6页。

混乱，影响政府的职能定位，使横向的行政协调关系难以形成理念与功能上的一体化。

同时，基于权利、义务对等的平等协商对于行政协调而言是一种不依赖外部管理的自我实施机制，然而，交换双方均有清楚的责任和义务规范，这有助于发展人与人之间的普遍信任。柯武刚等新制度主义学者赋予了"制度"以资本的特质，将"制度视为一种宝贵的生产性资产，称其为制度资本"。① 法制是对权力和权利的界定，是对资源优化配置权的保障。政府行为机制的法制化可以作为一种预期固化机制和风险抵偿机制来降低交易成本，有助于抵消、替代潜规则等非正式规范影响。以法律化权利的形式增进对行动的激励，能鼓励府际协作行为的重复性发生，从而有利于交易双方的信任和合作。这就需要制定"地方府际关系法"等基本法律法规，来保障政府的治理权力，并以此来规范府际合作与协调行为，明晰府际合作、府际冲突等问题中的基本原则和基本方式。这有助于政府系统内部的行政资本的形成，提高行政协调系统的治理效能。同时，将行政协作作为公法上的权利义务关系，是为了避免地方行政法规的行政区效力性所导致的行政行为合法性不足的尴尬，也使跨区域合作的组织机构运行有法可依。但"迄今为止，我国还没有法律对行政协助做出系统的规定。行政协助实践还没有受到法律的调整，在许多情况下，行政协助是按照行政领域一系列潜规则和行政惯例而运作的。其非正式性、随意性特点比较突出"。② 目前，我国需以《行政程序法》的制定为契机，将府际行政协助纳入其中，对于府际行政协助的主体、内容、方式、时间、规则等要件进行完备的法律性规定；通过法律的形式对合作的范围以及各方权、责、利界限及其冲突解决方式进行规定；采用否定式列举的形式对于不合理的方式或者范围加以限制。这将是降低跨域行政协调成本、提高行政效率的一种稳定机制。不过府际合作的行政法构建在目标模式上，应该体现公共利益最大化的价值导向。

---

① 〔德〕柯武刚、史漫飞：《制度经济学：社会秩序与公共政策》，韩朝华译，商务印书馆，2002，第144页。
② 杨解君、孟红主编《特别行政法问题研究》，北京大学出版社，2005，第4页。

六 制定府际战略规划：由"单打独斗" 向战略协同转变

横向府际行政协调是一种动态格局，而非静态的现象，这一协调维持的条件是各方参与者离心力与向心力的动态平衡。行政协调只有运用相应的动态适应性机制，才能使府际协调系统作为一个整体，不断适应变化的行政生态，保证协作体系利益分配的合理性，保证合作意识与动机的持续性，实现合作系统的再生和延续。府际战略规划的实施，使府际行政协调从适应性协调走向动态协调，实现了府际动态治理。府际战略规划与上级主导制定的区域战略不同，区域战略是高级政府或者国家在宏观层次上对经济区域、地理区域的战略定位，而府际战略规划更多的是行政区政府间的自我协调以及战略合作行为。府际战略规划是国家或者高级政府区域战略指导下的策略型府际协调规划，同时也是政府间以协调的形式对国家不平衡型战略发展模式的一种补充。府际战略规划可以在不同方面和不同行政层次上展开。既可以包含为促进区域经济开发和机构优化而进行的基础设施规划以及自然资源规划等，也可以包括为提供跨行政区公共服务而进行的流动人口管理以及危机管理等规划；既可以在中高级政府层次上进行，也可以在基层政府层次以及通过授权或协议框架下的部门之间乃至社会组织之间进行。这使政府组织与部门在决策和行为上实现各个领域的相互关联，彼此互补，保持一致，从而实现战略性协同。

战略规划把分散的政府行为连接到一起，实现集体行动。这可以减少同类之间的竞争造成的资源损耗或将来不必要的内耗，实现竞争成本的内部化。"使个体免受强迫、威胁、歧视或者不公平竞争。而且对个体意志的扩展，扩张到远远超过靠他自己的微弱的行为所能做到的范围。"① 同时，还能够通过协调合作增强相对于外在竞争者的实力，获得更大的获益空间和更多的获益机会，可以联合推动有利于跨区域的政策、规划的实施。同时，提高了国家区域政策的问题针对性和政策有效性，使国家区域

---

① 〔美〕康芒斯：《制度经济学》（上册），于树生译，商务印书馆，1962，第89页。

政策监督以及区域政策绩效评估更易实现。然而，公共行政组织有着自身的价值取向和规范，因而，府际战略规划的目的不仅在于通过分析环境和识别自身优势、劣势，实现长期的经济竞争优势，更主要的是通过这一规划实现公共行政资源的跨区域优化，增强跨区域整体公共服务的适应性能力，从而促进公共福祉在更大范围内的增量型实现。但府际战略规划不仅仅是文本意义上的，更多地需要跨域治理来实现府际战略管理的动态性，避免由任期导致的府际行政协作的不连贯性。业已存在的如《泛珠三角区域合作框架协议》《长江三角洲地区环境保护工作合作协议（2009—2010年)》等府际协议不仅缺乏应有的战略性，也缺乏深层次的跨域治理机制的支撑，而府际信息系统则为府际战略协同提供了技术支持。

七　建设府际信息系统：由信息自闭向开放共享转变

在府际行政合作系统中，"即使所有参与者都期望目标达成共识，一般也不能完全自主地选择实现这些目标的策略，因为每个人要选择正确的策略，就要了解其他人所选择的策略"。[1] 信息是行政决策的要素，"没有通讯联络，则人类的相互合作简直难以迈出第一步"。[2] 而当前的数字化网络技术大大提高了信息保真率，拓展了决策信息源，改变了决策者的有限理性。[3] 而"如果要使信息对组织有用处的话，信息就必须加以协调，也就是说，必须在组织内部产生信道"。[4] 即需要建立一种通过信道把许多观察者联合起来的体系。府际信息系统作为一个"连接桥"将若干个"信息孤岛"连接起来形成"公共数据中心"，从而可以为府际行政决策提供信息支持，实现偏好集结过程的自动化和智能化，形成府际群决策模式。同时由于各方对对方的行为反应都是一种对策性的匹配优化，因此对

---

① 〔美〕赫伯特·A. 西蒙：《管理行为》，詹正茂译，机械工业出版社，2004，第75页。
② 〔美〕R. J. 斯蒂尔曼编著《公共行政学：观点和案例》（下册），李方等译，中国社会科学出版社，1988，第60页。
③ 徐晓林：《"数字城市"：城市政府管理的革命》，《中国行政管理》2001年第1期。
④ 〔美〕肯尼思·J. 阿罗：《信息经济学》，何宝玉等译，北京经济学院出版社，1989，第205页。

各方的行为效果可以给予良好预期。同时，"不确定性是由组织在某一时间点上的预测能力水平来决定的；随着预测技术的进步，不确定性减小"。① 当代信息技术的发展，弱化了时间、空间的限制，使信息的存储、获取更为及时和准确、充分。特别是虚拟现实（Virtual Reality）技术的运用②，使复杂环境下的协作各方或者协调主体形成虚拟当事人在场的网络结构。其可以辅助各层级组织管理，对各种非结构化与非常规化的问题做出决策，能"大大缩短政府群决策的周期，避免延误时机，帮助决策群体及时做出可行的、满意的决策"。③ 而这种虚拟在场的特性也更好地推动府际战略合作共识的达成。信息技术弱化了府际协作之中由信息不对称引起的不平等地位，使平等协商及多元合作的府际网络治理成为可能。

整合的府际信息，可以使互动组织内部和组织之间减少搜寻与获取信息的费用，实现组织间资源与功能的互补协调，促进府际战略规划的科学性、合理性以及更为有效的监督和执行。借助于府际信息系统，府际可沟通的边界得到了延展，可协调的范围也扩大了，从而扩展了组织内合作成员的容量，减轻了府际协调机制的限度压力和交易成本负担。而信息技术的运用也提高了信息传输的完整性和准确性，使横向府际监督的信息更为完整，使相互监督的有效性提升了，也提高了协调效率和协作准组织系统的环境适应性能力。由于这种行政协调并非一次性的交易行为，而是具有持续性互动的特性，因而可以增加交易的层次、提高交易的频度。政策制定者以及政策之间更容易形成信任关系。而信息共享促进了共享性理念与共享新思维的形成，使得政府创新扩散过程以及知识（显性与隐性）的规模经济和学习过程相互递增、相互激励。同时，由于退出成本所承担的信誉损失、效率损失等的存在，府际行政协议的履行具有内在的自我实施、

① 〔美〕杰弗里·菲佛、杰勒尔德·R.萨兰基克：《组织的外部控制——对组织资源依赖的分析》，闫蕊译，东方出版社，2006，第74页。

② 虚拟现实技术是借助于计算机技术及硬件设备，实现一种人们可以通过视、听、触、嗅等手段所感受到的虚拟环境。它不仅仅是一个媒体或高级用户界面，也是为解决工程、医学、军事等方面的问题而开发设计的应用软件。见徐晓林、杨兰蓉编著《电子政务导论》，武汉出版社、科学出版社，2002，第166~167页。

③ 徐晓林、李卫东：《基于信息技术的政府群决策模式研究》，《江西社会科学》2008年第10期。

自我执行的动力和功效。这种内部自我监督效应在一定程度上缓解了"集体行动"的困境。此外，府际信息系统包含横向府际信息主体以及高层政府的信息系统，因此也更有利于高层政府实现全局视野下的外在协调与府际合作方的自为协调。

八　建构跨（区）域评价机制：由底线竞争向共生发展转变

横向府际行政关系是一种竞争性共生关系。但传统上，作为一种软约束机制的政绩考评主要以单一行政区为中心，评价体系主要围绕 GDP 总量、投资规模、税收状况等偏重反映经济增长速度的指标。而且在行政实践中，"官员的选拔任用是以横向相对业绩比较的激励形式，并非自下而上的合法性认同形式，代理人之间的合作可能性较小"。① 在"一手高指标，一手乌纱帽"的压力型体制下，自上而下的层级性指标加码使下级政府有效完成上级的指标需求成为中心任务所在。而地方保护主义制约了市场规模的扩大和有规模经济特性产业的发展，阻碍了要素在空间上的合理配置，造成资源配置整体效率的损失。有的地方为吸引政区外资源而进行你死我活的"底线竞争"，陷入了恶性竞争的泥潭。如在基础设施建设方面既存在重复建设的现象，也存在规划和建设不衔接的问题；在生态环境保护方面，一些地方以牺牲毗邻地区的环境质量换得本地区的经济增长，上下游地区之间也没有形成利益补偿的长效机制，为上游一些地区发展高污染产业提供了借口。也就是说，目前的政绩评价机制诱发了横向府际矛盾的产生和强化而不是弱化和消除。不完善的激励结构塑造了不合理的府际关系模式。

这里我们所说的跨（区）域政府评价机制，作为一种行为纠错机制和引导机制，是一种跨行政区的评价机制，不同于以单个行政区为评价对象，以经济效率为中心的，自上而下单向进行的评价机制。跨（区）域评价机制内容上由以经济为中心向包含经济、社会、文化等多领域转变，不单是对行政绩效的评估，还有对政府声誉、公信力、政府能力、生态环境

---

① 臧乃康：《多中心理论与长三角区域公共治理合作机制》，《中国行政管理》2006 年第 5 期。

的评价，更着重于府际协调、府际合作，着重于发展之中的科学性、战略性，坚持经济与社会、人文、自然环境等指标的结合。评价的主体注重上级政府与同级政府以及作为权力委托者的公民等多元主体的结合。其中，以民众为主体的政区间互评是这一评价模式的核心所在。同时，对于府际行政关系上的违约行为在区域合作组织或者上级政府的主导、监督下公布，并适时评比政府信任度，并加以宣传，以此来促进政府履约。此外，当评估结果与政府组织评价以及官员个人的考核相结合时，声誉信息对于每个政府来说将是重要的，因为这涉及政绩、招商引资、政治信任及官员的政治命运，进而有利于由使命感驱动的横向府际行政关系的萌发。

九　重建行为动力机制：由政绩驱动向使命感召转变

政绩作为政府及行政人员天生的行为动力，既有作为行政核心价值的经济、效率等指标，也有形象、荣誉意义上的符号价值。目前，府际行政关系主要是以经济型政绩为中心的单一动因推动的，公共服务和社会管理领域的府际行政合作还处于较低层面。[①] 虽然我们在府际观上正实现由行政区向经济区的转变，但由经济区、行政区向服务区的转变过程尚未启动。无论在府际协调的内容上，从政府间的资源互补到技术联盟，还是在区域政策的设置上，从经济特区到两型社会试验区、城乡统筹发展试验区等所体现的都是经济中心性，缺乏满足公共产品有效供给的横向协作以及体现和谐社会建设的"和谐社会建设试验区"，这都是在府际关系上缺乏对"公共服务"这一基本使命考虑的表现。这种现象是由于"长期以来，人们习惯于从生产力空间布局的角度来解决区域之间的协调发展问题，通过一个又一个的'国民经济建设五年计划'或特殊区域经济发展战略规划进行项目安排，以期解决区域协调发展问题"。[②] 但对于一个转型社会来说，区域间的协调发展不仅是一个经济问题，更重要的是一个社会管理体

---

① Gabriella Montinola et al. , "Weingast Federalism, Chinese Style: The Political Basis For Economic Success in China", *World Politics*, Vol. 48, No. 1, 1995, pp. 50 – 81.

② 殷存毅：《区域协调发展：一种制度性的分析》，载《公共管理评论》第 2 卷，清华大学出版社，2004，第 25 页。

制和行政管理体制的转型问题。随着科学发展观和建设服务型政府改革发展目标的确立，政治环境的变化使得政府政绩的内涵和表征多元化，开始从单一的经济指标向政治与社会指标、经济指标并重转变。然而，在《环境影响评价法》和《规划环境影响评价条例》以及类似于绿色 GDP 的"综合指标体系"中，经济因素仍占据中心位置，政绩驱动效应依然强势。要实现府际行政协调的持续性就需重建府际合作的动力机制：由以经济效率为中心的政绩型行政向以公共服务为中心的使命型行政转型。这种联合不需要行政命令，也不是从外部的强行捏合，完全是根据自身需要激发的自觉合作，因而最直接、最有效。

虽然横向府际关系不存在明确的权力关系和财政关系，但为解决某些共同事务所结成的正式或非正式的公共行政关系对各级政府来说具有十分重要的意义。① 其中跨（区）域公共服务的联合供给是基本任务所在。跨（区）域公共服务是受益对象不限于本（区）域内居民个人或组织的一种府际共享品。它同样面临由外部性而产生的"搭便车"现象，及其所导致的联合供给动力不足问题，使跨（区）域公共服务供给处于真空地带。而行政区化的公共服务供给模式，则导致了缺乏规模效益的"巴尔干化"问题。而社会福利最大化的实现就是要让具有外溢性的公共服务的供给实现规模效应，打破公共服务提供的地区主义。通过横向的合作，根据各自的优势进行劳动分工，促进区域内资源开发与资金的合理使用，"以协作的形式完成集体利益的组织化过程，使个体能够收获团队生产的利益，产生更高水准的写作生产力"②，就能走出府际公共产品供给的"囚徒困境"。同时，公共服务的供给，在不同行政区之间同时进行时，能产生一种标杆效应，更易于上级组织以及公众的监督管理，提高公共服务供给的效率、品质，增强政府供给能力。而且，公共服务的横向联合供给为合作各方提供了更为广阔的供给机制选择空间，增强了各方公共服务供给能力，而更能优质、高效地回应公民的公共需求。此外，作为副产品，合作增强了各

---

① 林尚立：《国内政府间关系》，浙江人民出版社，1998，第 97 页。
② 〔美〕迈克尔·麦金尼斯主编《多中心治道与发展》，王文章、毛寿龙等译校，上海三联书店，2000，第 385 页。

方之间的信任，发展了社会资本，增强了政府合法性，从而为其他方面的合作奠定了资源基础。实际上，任何情况下政府的政绩心理都是不缺乏的，缺乏的只是以公共利益为价值追求的政绩心理和合理的政绩导向机制。

十　提升府际行政协调能力：由行政资源向行政资本转变

公共行政是政府高效地运用行政资源实现公共福祉的过程。这里的行政资源指能为行政系统的存在、运行、发展提供支持的物质因素和精神因素的总和。资源以一种存量的形式存在，它既指先赋的如自然资源、区位资源，也指自致的如社会资源、政策资源和财政资源。但在政府提供公共服务、实现公共价值的过程中，丰富的行政资源是前提，诸种行政资源的资本化运用是关键。马克思也正是在这个意义上区分了货币与资本的含义。"因为只是在这个不断更新的运动中才有价值的增殖。"① 行政资本是在行政行为过程中加以运用或动员的，并且为行政目标的实现产生促进作用的行政资源。资源仅仅是一种存在状态，而资本是可以创造价值的资源，是资源的动态表征。更确切地说，行政资本不仅是一种政府职能有效履行的保障，更是政府职能有效履行的结果。也就是说，政府要注重存量资源的开发和资源的增量扩展，更要注重资源在行政过程之中的运用与流转。如此，行政资源才能是生产性的，这有助于府际能力型信任的形成，并促进平等协商的实现，且建基于能力对等上的府际行政关系更易发展内在的自我协调机制。

反之，只有内在能力的提升才能使其他政府组织与场域的资源供应者相信所投入的资源是有回报的，并在价值实现的预期下产生信任与形成合作。而且，放权改革作为一种政治机遇，它可以在不同程度上为行政主体所认识和把握。这种认识程度和把握能力的差别也导致了在这一制度变迁下行政资源发掘与资本化运用效果的差别。能力的增强是对可选择范围的

① 《马克思恩格斯选集》第2卷，人民出版社，1995，第168页。

一种内部扩展。这改变了对行为环境的认知，从而有可能更为全面地掌握或重新评估环境信息，改变行为收益预期，形成新的资源识别、获取空间。而在自我能力认知不足的情况下，容易形成对地区存量资源的出卖行为。同时，在不同的行政诉求下，行政资源结构与内容是不同的，行政资源所要实现的功能也有差异。因此，要根据时代或行政目的来调整不同资源供给者的相对地位，完善行政资源结构，才能达到预期效能。然而，政府尤其是基层政府所辖范围有限，在自然资源的数量与种类结构上存在约束性，难以形成一个完整的公共产品供给链条。封闭的"块块行政"，则使资源的规模化效应难以实现。单纯地依靠上级的财政支持是不现实的，这就产生了通过联合实现成本分担、资金筹集，减少单方面资源结构限制的现实诉求，而提升建基于开放的府际行政思维之上的府际资源识别、资源获取、资源配置与资源转化的能力仍然是实现这一诉求的关键所在。

结语　准组织化——横向府际行政协调的实质

首先，横向府际行政协调的目标是形成一种类似组织的整体性行为，但对于政府间行政而言，更可能的是形成一种"准组织化"的行为。所谓准组织化（Quasi-organization）即非实体组织或类组织功能化。通过这种组织化，将各方资源（财政、人力、土地、自然资源等）纳入一个整体性的规划框架之中，确定总体一致的目标（政治上的、经济上的、社会上的等），并通过理念、制度、结构、技术等组织要素的整合来支撑这一协调和联合行为目标的实现。换言之，横向府际行政协调的效果具有组织的内部结构与运作的特性。其次，组织意味着协作系统的功能耦合、成本内部化，具有降低交易成本、实现规模化经营、扩展个人行动能力、协调个体行为等多种功能。因此，横向府际行政协调从基本作用或者目的上来说具有实现组织功能的性质。最后，准组织化也是分析府际行政协调系统有效的方法。组织存续的关键是组织"再生产"的不断实现和组织内部与外部的公平，即合作各方能够在此组织内部得到因"组织化"而带来的额外收益，以此刺激其继续合作的欲望。横向府际行政关系协调机制与效果的持续性亦取决于此。同时，准组织化作为一种分析模式，也意味着我们可以系统的观点对横向府际行政关系加以分析。本文的分析即是基于这一理念展开的。

不过，"我们能够对混沌系统短时间内的运动进行预测，却无法预言在遥远的未来会发生些什么"。① 行政协调机制的构建是一种对行政生态进行简化处理得到的结果。而且，制度不是万能的，任何制度都具有不周延性的缺陷。横向府际行政协调本质上仍然处于一种混沌的不确定性之中。因此只有避免机制建构中那"致命的自负"，才能使横向府际行政关系的协调走出"囚徒困境"。

本文作者为徐晓林、朱国伟，原刊发于
《中国行政管理学会 2010 年会暨"政府管理创新"
研讨会论文集》，收入本书时有改动

---

① 〔德〕施特凡·格雷席克：《混沌及其秩序：走近复杂体系》，胡凯译，百家出版社，2001，第 19 页。

解释与取向：运动式治理的
制度主义视野

——以"治庸问责"风暴为背景的分析

对于运动式治理这一具有中国特色的治理模式，分析其产生的原因、运行机理及影响不仅仅具有理论意义，更有实践意义。然而，从制度主义的视角去观察这一现象，仅仅表示解释这一问题的着力点。本文没有采取所谓的政治学制度主义、社会学制度主义以及经济学制度主义或理性选择的制度主义的单一理论范畴，也不局限于所谓的新制度主义或旧制度主义的理论界限①，而是在一种宏观的视野下，工具性地运用制度主义的理论。此外，本文是以时下"治庸问责"风暴为背景进行分析，对于"治庸问责"这一运行时间较短的制度来说，评价其效果必定是有所偏颇的，只能从这一"风暴"的性质来探究此种政府治理行为的内在机理，将其置于运动式治理的框架之下进行阐释与预测，并给予相应的对策建议。

一 治庸问责：从一场运动到常态化的治理

自 1997 年党的十五大提出了"依法治国，建设社会主义法治国家"的方针后，我国颁布实施了《全面推进依法行政的决定》《党政领导干部

---

① 关于制度类型的区分及其整合趋势的研究，可参见何俊志、任军锋、朱德米编译《新制度主义政治学译文精选》，天津人民出版社，2007，第 1～18 页。

引咎辞职暂行规定》《行政许可法》《全面推进依法行政实施纲要》《公务员法》《政府信息公开条例》《国务院关于加强市县政府依法行政的决定》《行政监察法》《国务院关于加强法治政府建设的意见》等法律法规。随着这一系列法律文件的出台，2003～2004 年以"非典"、"开县井喷"和"北京密云踩踏事件"等为典型，2008 年以山西襄汾溃坝事故、三鹿"毒奶粉"事件、河南登封矿难、深圳"9·20"火灾等为典型，先后在中国刮起了两场"问责风暴"。

其间，2005 年深圳市以创建和谐深圳、效益深圳为目标，掀起"责任风暴"，实施"治庸计划"。2006 年兰州市实施"治庸计划"，对不作为的平庸干部进行惩治。2009 年 9 月党的十七届四中全会提出："加大治懒治庸力度，着力解决干部管理不严问题"①，这成为地方政府实施"治庸问责"政策的基本依据。2010 年 5 月山东宁津县、2010 年 8 月山西省开展了以优化发展环境、提高机关效能为目标的"治庸"计划。② 2011 年 4 月武汉市委、市政府剑指 50 种损害投资发展环境行为以及得过且过、业绩平庸等 10 种"庸病"，掀起"治庸问责"风暴。与此同时，湖南、厦门等地也开始实施治庸计划，"治庸问责"风暴涉及面越来越广。

从历史的角度看，时下的"治庸问责"风暴并非一个新话题，而是有着制度（政策）与实践背景的。同时，这一风暴也已经不是某一地方政府掀起的偶然性的运动，而是具有了常态化的趋势。但是，这种常态还未形成制度，仍然是以地方政府为主体自觉进行的，因此称其为常态化的运动。从历史角度与涉及范围来看，其正成为具有中国特色的"运动式治理"模式。

二 "治庸问责"风暴：运动式治理的制度主义阐释

运动式治理是一种非常规的公共治理模式，与依赖于常规性的机构与

---

① 《十七大以来重要文献选编》（中），中央文献出版社，2011，第 154 页。
② 《中国地方探索政府机关"治庸"长效机制》，新华网，2011 年 5 月 7 日，http://news.xinhuanet.com/politics/2011－05/07/c_121388496.htm。

制度的治理模式不同，它以政治与行政主体的自觉动员为特征。运动式治理既作为一种非常态的制度安排出现，也以运动式的制度安排为表征，可以将其置于制度主义的视角下来阐释其产生的合理性与必然性。

（一）满足公共企业家制度安排效率需求的选择

运动式治理下的制度变迁多源于政治—行政领导意志，进而体现在机构层面与机制层面，通过他们来发现制度创新的可能性空间和了解制度安排的进程，并依赖他们来推进制度创新。这些推动制度变迁和制度创新的政治—行政领导则成为以创新精神实现公共资源优化配置的"公共企业家"。公共企业家提出思想，并担当起保障讨论、妥协和创新性解决的重负①，担当起制度变迁之"初级行动主体"的角色。然而，这种选择受到了公共企业家任职期限的限制，他们为了实现任期目标，必须在短期内通过制度设计来强化资源动员能力，这就导致制度创新或制度变迁存在较为明显的运动式特征，直至制度衰竭，进而到下一届行政领导上任开始新的制度替代。因而，只有以不断重复的制度建设来强化原有的制度理念，才能保证制度效能的延续。

同时，一个制度安排所涉成员越少，其安排的效率越高。多中心的制度安排形式虽然更符合民主的制度诉求，但是也因为主体的多元与过程的复杂性使制度预期目标多元化，且往往在过程意义上存在效率损失。这对于追求单一或较为集中目标的公共企业家而言，在存在时间限制的情况下是无法或不愿接受的。降低了制度协商的成本，制度时滞也随之缩短了，这也是奥尔森在强调集体行动时小团体效率的意义所在。公共企业家的这种预期，强化了封闭式的制度安排，也提高了行政性资源动员的效率。因而，制度安排的偏好就倾向于运动式的模式。

（二）动力源单一的强制型制度变迁的选择

运动式治理的动力源既可能来自政治系统内部，也可能源于社会公众

---

① 〔美〕迈克尔·麦金尼斯主编《多中心体制与地方公共经济》，毛寿龙译，上海三联书店，2000，第421、422页。

的需求或社会危机事件的激发，还可能是这两个方向互动选择的结果。但是，只从"治庸问责"这一政府自我革命式的运动式治理模式来看，其更具有政治—行政主导的性质，"慵、懒、散"现象的出现也是行政组织内部动力机制缺乏的表现。在"风暴"来临之前，行政组织内部部门间、行政人员之间、岗位之间已经形成了一种稳定性状态，也可以称为制度依赖下的制度惯性。而在行政系统缺乏开放性、外部制度竞争尚未形成、社会力量制约不足的情况下，只有依靠内部的行政力量才可破除旧有制度运行的路径依赖和行为惯性。

如前所述，公共企业家的创新行为是制度变迁的关键因素。改革是如此地依赖机构负责人的利益和信念，以至于任何一个颇具改革精神的人的偶然上台对改革做出解释都具有极重要的意义。① 只有依靠公共企业家去克服既得利益群体的制度阻力，才能形成制度供给。尽管在更为宏观的视野下，这一强制型的制度变迁是经济发展环境差，企业、公民等要求提高行政效率，政府要求改善自身形象，从而提高地区竞争力等外部需求所引致的，但即使是诱致型的制度变迁，也需要政府法令的引入才能实现。因而，判断这一运动式制度变迁模式的利与弊，必须将其纳入不同的历史周期和制度环境下进行分析。

（三）以资源动员提升制度实施效率的方式选择

制度设置不仅作为一种行为指向，也作为资源整合系统而存在，制度生命的存续与效能的实现也需要资源加以支持。在政府系统内部，行政目标是多元而分散的，在运动式治理的情境下，将有限的行政资源重新排序、整合，运用到如"治庸问责"这一任务上来，从而实现目标预期。这种资源动员往往是以行政意志的方式介入的，在行政体制内部的科层治理模式下，这种行政干预能实现资源的优先运用。同时，解决一个社会问题的职责往往分散于不同的功能性部门之中。比如，作为"治庸问责"的背景因素之一的投资发展环境问题，涉及发改委、公安、城建、城管、商

---

① 〔美〕詹姆斯·Q. 威尔逊：《美国官僚政治：政府机构的行为及其动因》，张海涛等译，中国社会科学出版社，1995，第274～275、447页。

务、工商、财政等不同的部门。运动式治理有利于调动不同部门的资源，实现政府间、部门间的合作。在此次"治庸问责"风暴中，武汉市"治庸办"作为一个综合协调机构，对行政系统内部资源就进行了重新组合、配置。

运动式治理的目标较为单一，并以一个阶段性目标集为支撑，如"专项斗争""集中整治""专项治理"等指称，"大干×××天天，实现（或保证）×××""发扬×××精神，实现×××"等新闻报道和日常生活中经常用来展现政府作为的口号式标语。运动式治理朝向一个明确的目标，具有目标管理的显著特征。比如，武汉市的"治庸"行动就是朝向"优化投资环境"这一主要目的，兰州、厦门、深圳的"治庸"风暴也同样指明了其"优化服务环境""提高市民满意度"等目标。同时，也因为有集中的资源支持，武汉在不到一个半月的时间内就问责了135人[①]，山东宁津查处64人，山西4个月共有421名官员被处分，摘了30名官员的"乌纱帽"[②] 等。可以说"治庸问责"是目标管理的一种中国模式。

（四）实现制度均衡的一种适应性选择

制度变迁是一个供给与需求相平衡的过程。制度的需求既来源于政府内部，如争夺稀缺的经济发展资源、吸引企业投资、防止企业资本外流等，也可能来自政府外部，如更高的公共服务水平、更好的企业投资环境等较为急切的社会或政治需求。动态目标牵引下的运动式行为是一种断续式均衡的实现模式。这种制度变迁均衡虽然是一种强制性的实现，却表现为一种被动的、适应性的方式。它既依赖于公共企业家的出现，以企业家精神来实现政治价值诉求，也依赖于外在公共事件或者社会关系压力的激发。然而，政治—行政领导人是按任期制变动的，而社会事件或公共问题是以发生、发展、消退的逻辑不断变换主题出现的，以至于"每次运动式执法为下一次类似的行动提供了契机——当问题的严重性积累到一定程度

---

① 《半月26名干部被问责》，荆楚网，2011年5月17日，http://hbrb. cnhubei. com/html/hbrb/20110517/hbrb1383451. html。

② 《中国地方探索政府机关"治庸"长效机制》，新华网，2011年5月7日，http://news. xinhuanet. com/politics/2011 - 05/07/c_121388496. htm。

后，下一次运动式执法便到来了"。① 因而，这种制度均衡必定只能是运动式的、适应性的均衡。

此外，公共企业家主导的这种变迁由于并不要求社会的一致同意，而仅仅是被许多人或是一个群体所认同，因而可以将其视为一种"集体改进"。② 但是，"这些局部秩序有着它们的局限性。它们的活力与它们的适用范围变动不同：不同行动者的参与活动发生着变化，根据诸种情境的变化，相关具体的行动系统的'诸种领域'或是得以拓展，或是变得更为狭小"。③ 换言之，运动式治理下的公共企业家根据不同问题，将不同行动主体有选择性地纳入行动集体之中，实现着制度变迁发起者或利益相关者获取潜在制度收益的需求，即实现了局部均衡。这种均衡亦是适应不同的需求而运动式地变动着。

（五）制度竞争推动下的制度试验方式

地方政府受到了经济社会发展水平等政绩指标的约束。公共企业家式的制度创新，实际上满足了经济、社会发展需求的地区间竞争的要求。在深圳、武汉、宁津等地的制度创新之中，主要动力之一就是投资发展环境差这一因素，武汉还并列成立了"治庸""投资发展环境"两大专班办公室。通过创新的制度设计来提高制度的生产力，同时，通过制度的生产来激发行政系统的社会生产力，降低政府与企业、政府与社会之间的交易成本，提高行政效率与社会效率。但是，地方政府自觉的制度安排，"这种分散化的自发选择过程，通常是在元规则内部展开的，而元规则会使这种演化保持在一条连续的路径上，并使它具有适当的可预见性"。④ 客观地讲，包括"治庸问责"在内的很多运动式的制度安排都是在中央或省级等

① 唐贤兴：《中国治理困境下政策工具的选择——对"运动式执法"的一种解释》，《探索与争鸣》2009 年第 2 期。
② 〔瑞典〕汤姆·伯恩斯：《经济与社会变迁的结构化——行动者、制度与环境》，周长城等译，社会科学文献出版社，2010，第 304 页。
③ 〔法〕埃哈尔·费埃德伯格：《权力与规则：组织行动的动力》，张月等译，上海人民出版社，2005，第 179、173 页。
④ 〔德〕柯武刚、史漫飞：《制度经济学：社会秩序与公共政策》，韩朝华译，商务印书馆，2000，第 477～478、473 页。

高级政府的政策要求或价值指导下进行的，或者都可以找到相应的依据，如很多地方政府文件以邓小平理论、"三个代表"重要思想、科学发展观为元政策指导。在更高层规则内演化的这些制度，对个人和组织产生良好作用的将会得到采纳和仿效，而做不到这一点的将被终止。这是一种分散化的试错过程。①

同时，在"治庸问责"中各部门的次级制度创新引发了在岗位责任制、绩效考评机制、干部教育培训机制、奖勤罚懒机制等方面的竞争与试验。作为副产品，上级政府的制度试验为下级政府机构的制度试验提供了自主权和一定的空间，也推动着下级政府机构的制度创新、制度学习和制度竞争。在强化了行政集权的可能性的同时，也可能促进行政组织内的制度建设。诸种"非人格机制代替了对下属进行控制的命令型权威而成为协调和控制的主要手段"。②

（六）制度约束的缺乏为运动式治理提供了制度空间

制度空间是制度变迁方式选择以及制度集合构成选择的自主性范围。"现存法律限制着制度安排的演化范围，也影响安排革新的形态和安排创新所需要酝酿的时间。"③ 运动式的制度安排正是由于既有的制度环境为其提供了空间可能，即一种支持性的制度环境为这一行为提供了制度合法性。行政首长负责制是我国一个基本的行政制度。但是，当这一制度的约束力量缺乏时，制度边界就会模糊，相应的制度影响力就会泛化并存在扭曲、失调的可能。这根源于我们的立法、司法制度以及社会权力机制的功能发挥不足、公共企业家的权力边界的制度限定不明，缺乏约束机制，进而易导致权力的随意运用，并以运动式的方式安排制度变迁和创新进程。

---

① 〔德〕柯武刚、史漫飞：《制度经济学：社会秩序与公共政策》，韩朝华译，商务印书馆，2000，第477~478、473页。

② 〔美〕彼得·布劳、马歇尔·梅耶：《现代社会中的科层制》，马戎、时宪民、邱泽奇译，学林出版社，2001，第180页。

③ 〔美〕R.科斯等：《财产权利与制度变迁——产权学派与新制度学派译文集》，上海三联书店、上海人民出版社，1994，第3页。

启动制度变迁的程序依赖于行动者的资源动员能力，或者通过权力来影响政治与行政系统机制的有效性。而政治与行政主导的制度变迁，意味着资源集聚于行政系统内部，社会缺乏通过制度化的方式启动制度变迁的机制，也缺乏相应的资源以及能力来影响行政系统。不成熟的市民社会以及既有制度潜能的未开发，使得运动式的制度安排成为一种行政机制获得了实际的合法性，却缺乏来自政治与社会的深入审查，进而将制度安排的成本转嫁给了下级组织或者社会公众。如是，在制度创新的初期，缺乏成本约束和制度制衡，为运动式治理提供了制度空间。

三　运动式"治庸问责"的潜在弊端

无论是政府、团体还是个人，其推动制度变迁的目的都在于获得制度的"潜在利润"，即实现效用最大化。对于政府来讲，效用最大化的受益者应该是社会或（集合意义上的）公民。但是，并非任何制度变迁或制度创新都能提高制度效率，增进社会效用。运动式治理模式下的"治庸问责"，同样也潜藏着诸多弊端，其潜在的成本消解着自身的收益。

（一）制度结构缺陷可能强化机会主义作风

"制度是一个社会的游戏规则，更规范地说，它们是为决定人们的相互关系而人为设定的一些制约。制度构造了人们在政治、社会或经济方面发生交换的激励结构。"① 运动式的治理不仅没有消除机会主义的行政行为作风，反而可能会强化这种机会主义的存在。运动式治理的经验已经从一种历史的角度给行政人员提供了认知预期。制度是一种信息浓缩的集合②，而当这一信息集合是以运动式的方式供给时，它所提供的信息也给

① 〔美〕道格拉斯·C. 诺斯：《制度、制度变迁与经济绩效》，刘守英译，上海三联书店，1994，第303～304页。
② 青木昌彦将制度解释为一种博弈主体之间共享的信念的信息的浓缩。体现在制度当中的浓缩信息使得理性有限的参与人能够有效地收集和利用信息，这些信息是使其行为与变动的内外环境保持一致所必需的。参见〔日〕青木昌彦《比较制度分析》，周黎安译，上海远东出版社，2001，第12、15页。

人一种运动式的存在，形成制度客体的心理预期短时性与行为短视性。另外，信息是不对称的，其效果不可预测，制度性风险的存在作为一种制度事实，却因其模糊性而获得了权威性。

制度的结构缺陷可能导致制度真空。由于制度设计的着力点在行为层次，对组织层次以及理念层次的影响却是有限的。这种着力点的偏颇，使得这种运动式的制度没有能力强化行政人格这一深层次的、较为持久的影响因素。同时，运动式治理的模式为了在短期内体现制度效能，必然存在扩大化倾向。在"治廉问责"风暴中的行政人员更多的担忧是一种不知道制度实施"度"的畏惧心理。如果他们成功避开了此次"风暴"也就恢复了旧有的"慵、懒、散"的习惯性行为。"事实上的接受，并不意味着道德上的接受。"① 行动者虽然会将这些制度视为一种约束机制，但是只要有可能，他们就会绕开这些约束，道德风险仍然无法避免。

（二）政府主导可能强化行政集权

制度是集体对个体的行为约束。当作为集体的大多数成员短期内对制度的合法性缺乏信任或者对制度的适应性不足的时候（实际上这是必然的，因为对新制度的行为调适、行为固化需要一个周期，而制度的效果又有时滞性），为了实现制度的落实，行政领导集权就成为必然的选择。也正是由于运动式制度的预期不明，下层行政人员为了消除不确定性风险带来的威胁，会寻求权力中心或者制度制定者、阐释者的庇护。因而，运动式治理在强化了机构内政治的同时，也强化了组织领导者的权威，行政集权随之强化。

在"治庸问责""主要领导亲自抓、负总责"的情况下，行政制度创新的领导意志表征得到强化，制度实施机制建设的行政领导主观意志也得到强化。对于行政领导和行政组织而言，运动式治理强化的"政绩"心理更多的是一种"表忠心""献政绩"的行政附和行为，无论是机构内部的制度建设还是行为、技术层面的改革，都往往沦为形式，从而使行政体制

---

① 〔法〕埃哈尔·费埃德伯格：《权力与规则：组织行动的动力》，张月等译，上海人民出版社，2005，第 179～173 页。

整体上强化了主观行政、人治行政，不利于法治政府的建设。

（三）制度摩擦的存在可能增加制度成本

制度的创新或者变迁基于一定的制度环境，这种制度环境既有宏观的法制环境、文化环境、政治环境，也有微观的、组织内部的组织文化环境、组织制度环境等。制度设置就是为了降低组织面临的内外部复杂性，降低交易成本，提高协调效率。但如果缺乏制度设置前期的制度清理，就可能存在新旧制度之间的制度摩擦。新旧制度形成的制度集合可能造成对行政人员的双重或多重行为引导，从而产生行为冲突，也使行政人员的行为适应能力周期无法跟上制度变迁的速率。行政主导的制度变迁在资源获取上具有较大的优势，在新制度介入行政部门之后，原有的行政资源排序就必须根据现有的制度需求重新组合，影响行政工作的原有秩序。同时，运动式的制度安排，实际上否认了制度生产的时间需求或者试错的、修正的过程等。因而，可以说，运动式的治理模式是不符合、不尊重制度变迁规律的一种体现。

制度摩擦也会增加制度实施的成本。当一项制度被设计出来之后，尤其是以运动式的方式介入既有的制度环境之后，将引致部门内部的一系列的次级制度行为，形成次生制度之间的竞争。然而，运动式的制度供给所形成的制度替代，可能使新旧制度失去正常运行秩序，无法有效地发挥其效能。同时，在上下对口、职责同构的行政体制下，各单位相应成立"治庸问责"工作办公室，这种纵向的制度安排模式，将促使横向地区间、部门间短时间内实现制度模式的扩散或复制。"不适当的制度转化会导致制度变迁供给的偏向。"① 尽管政府主导的制度变迁效率较高，但潜在的危险是，假如作为学习摹本的制度本身存在问题，那么制度扩散得越快其危险性越大。

（四）适应式的制度创新可能导致制度生命周期短暂

制度安排往往是一种供给—需求的结构性模式。间断式的制度创新，是实现断续式均衡的路径之一，而是否实现制度均衡或断续式均衡则取决

---

① 〔美〕R. 科斯等：《财产权利与制度变迁——产权学派与新制度经济学派译文集》，上海三联书店、上海人民出版社，1994，第350页。

于这一制度的生命周期。因为，制度均衡的实现需要一定的制度稳定来体现其生产力。作为一种实用主义的治理模式，运动式治理有着天然的短期功利主义的内在。它往往从现实政府运作中存在的问题甚或领导认为存在的问题出发展开，这种需求既可能来自国家或者高层政府、行政领导的意志，也可能来自社会公共舆论、公共需求。制度效能衰减或者惰性的产生，主要是由于缺乏外在主体需求的激励。需求表达机制的缺乏使很多制度的潜在效能并未真正发挥出来就归于淘汰或搁置，结束了生命。这种封闭的制度改革也因为缺乏对现实社会或者制度环境的外在关注，仅仅能以适应性的方式，等问题累积到一定程度之后才进行，缺乏前瞻性的适应能力和引导能力。因而，面对多元且复杂的社会问题，这种制度安排更多是战术性、对策性的，并以取得阶段性的效果为主要目的。随着问题或需求的变化，制度自身必然是短命的。

（五）封闭式的制度创新可能降低制度效能

各个地方的制度设计具有极为明显的封闭特征，即制度的设计都源于政治与行政系统内部。这种封闭的制度选择在制度价值、制度内容以及制度实施上都先在地具有排斥性，制度实施的信息也是自下而上地单向度存在。这种封闭性导致制度设计缺乏对制度环境的良好适应，意味着其制度生命周期短暂，也不利于制度的自我矫正。此外，运动式治理模式往往伴随着政治动员来获取相应的资源支持，当制度运行的"风暴"过后，资源动员也就减弱了，相应地汲取政府内部与社会的资源支持的动力也将逐渐弱化，其效能必然也是短暂的。

运动式治理作为一种政治—行政意志较强的、预期不稳定的制度设置，其实施程度以及在部门、基层政府中的贯彻程度是难以保障的。中层政府领导的制度供给行为，既可能无法体现高层政府的意志，也可能无法满足社会、公民的实际需求，可能是最为缺乏效能保证的。

四 "治庸问责"如何不再是运动

"治庸问责"是朝向提高行政效能的，要实现效能提升，避免运动式的出现，就只有以制度化的方式来保障。如亨廷顿所言，"制度化是组织和程序获取价值观和稳定性的一种进程"。① 某一行为制度化的过程，也是一种行为由一个制度规约的"道德的行为"转变为"事实的行为"的过程，即从应该实施某种行为，转化为单纯地实施某种行为的过程。② 这一制度化的结果并非要否定公共企业家的作用，而是要改善运动式治理的结构与增强其效果，使其真正成为常态化的运动，"运动"的性质也就消失了。

（一）以整体性制度安排增强制度的外部性

"治庸问责"的制度构成是多元的，体现在不同的部门与职能机构之中。因此，行政领导层的制度设计要有整体性思维。具有整体性的制度观才能发现制度的真空所在，才能够减少制度之间的摩擦，实现制度的相互促进，提高"治庸问责"制度安排的整体性效率。同时，制度的效能在横向上有着边界性，在纵向上也有着限度性，一项制度必定只能在一定范围内发挥其最大的效用。只有价值诉求一致、功能耦合、相互支持的制度才是有生命力的，即在制度设计上更多地强调一种理念供给，提供制度创新的环境，鼓励各部门形成符合自身工作实际的制度设计，通过战略整体型思维模式引导下的制度变迁实现制度在历时性与共时性上的互补。如此，才能在实现"治庸问责"的同时促进关联性制度功能的有效发挥，在有限的制度边界范畴内，使制度的影响实现扩散，使制度的外部性得到最大化的实现。

"治庸问责"制度设计的根本目的不在于惩治，而在于通过制度激励实现组织整体以及行政人员个体的行为精进、效能提升。因而，制度设计应从群体和个体两个层面着手，并以重塑行政人员价值、提高组织整体效能为基本目标。在以个体为中心的制度安排下，强调制度的最终落实载体

---

① 〔美〕塞缪尔·P. 亨廷顿：《变化社会中的政治秩序》，王冠华等译，生活·读书·新知三联书店，1989，第12页。
② 参见〔美〕林恩·G. 朱克尔《制度化在文化延续中的作用》，载〔美〕沃尔特·W. 鲍威尔、保罗·J. 迪马吉奥主编《组织分析的新制度主义》，姚伟译，上海人民出版社，2008，第88~89页。

是个人无疑是正确的，但是，制度的安排与实施涉及决策层、部门（地区）管理层、行政人员等多个主体，不仅仅是个人。制度有其层次性的要求，也有不同场域的差异性要求。在设计制度时，不仅要关注"慵、懒、散"这一普遍化现象，还需要注意不同岗位、不同层级、不同部门之间的差异性。既要强调制度对个人的有效性，也要强调对组织群体的有效性，才能避免制度的制裁对下不对上、对人不对事，真正实现整体联动，公平有效。

（二）以伦理价值弥补正式制度的非周延性

公务员队伍作为一个职业队伍，是一个没有私利追求的、实现公共性价值的职业性组织。在制度设计上要以促进行政人员的人格完善、提升其价值追求为基点。同时，这一基点又是以满足公民的需求、实现为人民服务或者实现公共利益为终极价值标准的。"伦理控制是官僚机构的根本性控制。它低廉、可靠、在伤害之前发挥作用而非仅仅事后提供惩罚或赔偿。"① 对于缺乏为公共利益服务的责任感的公共行政人员来说，制度越是强化，其机会主义行为动机反而愈加强烈。因而，在制度这一并非万能的机制面前，弥补制度的内在缺陷、防止制度失灵的唯一方式就是寻求伦理的控制。缺乏伦理控制的行政以及行政人员，是无法保证一个制度有效施行的。

制度的不周延性是一个客观事实。如果仅仅期望以正式制度安排来断续式地实现制度均衡，那么制度安排必定是滞后的。行为者是嵌入文化生态之中的，伦理、文化价值等非正式制度既是正式制度安排的支持性机制，也是一项制度安排的内在构成。然而，从目前"治庸问责"的实践来看，其缺乏这种必要的非正式制度建设的辅助。只有正确的价值诉求，才能产生有道德的制度设置。正式制度与非正式制度相耦合的制度安排，有利于提高人们对制度的认知度和遵从度，也是提高制度运行效率、降低制度实施成本的有效路径之一。这就要考虑制度设计的价值基点，考虑制度

---

① 〔美〕B. 盖伊·彼得斯：《官僚政治》，聂露、李姿姿译，中国人民大学出版社，2006，第344页。

所涉的利益相关方的价值诉求。因而，不能将制度设计的目标简单地局限于经济目标领域或者政治任务范畴，而应该具有更为现实的社会性关怀，这也是制度生命力的根源所在。此时，行政系统内部的秩序也就由一种"人为秩序"变为一种"文化濡化"下的"自发秩序"了。

（三）细化实施机制延展制度效能

制度实施机制是制度改革中往往被忽视的一个关键内容。所谓制度实施机制就是制度得以有效运作的可操作的具体手段。机制是把制度预期与制度结果联系起来的中间变量。[①] 我们无法以功能主义的态度期望制度可以自动执行，并达到预期。它需要机制的支持与转化才能实现，包括制度转化机制、制度扩散机制、制度更新机制与制度评估机制等。制度是一种理念倡导，在制定出来之后就成为制度性事实而具有了规范性的和符号性的标准意义。然而，这一价值的有效实现却不能仅仅依赖于制度文本自身，还需要通过细化的机制设计以及技术手段来加以支持。尤其是，制度安排是一个纵向多层级的、横向多部门的制度集合，每一个层级和部门都有着细化的要求，以保证其可操作性。但是，如果制度的创新仅仅限于技术操作层面或者仅仅限于提高既有职责的实施效能而不触及任务性质、职责范围本身，实施机制的强化也无法改变制度效果的"运动式"宿命。

同时，"治庸问责"从一定程度上讲更为主要的是发挥既有制度的潜能。在各地"治庸问责"制度制定之前，我国已有《行政许可法》、《公务员法》、《行政监察法》以及《行政机关公务员处分条例》等诸多法规制度，各地也有相应的具体实施办法。因而，细化执行机制，扩大既有制度执行效能的时间和空间规模，也是减少运动式治理循环的方式之一。

（四）开放制度系统防止制度功能失调

从前瞻性的视角而非从被动的、适应性的角度来进行制度设计，是提升制度的规范与引导能力、避免运动式治理的方式之一。只有开放的制度

---

① 关于制度变迁机制的研究，可参见〔美〕约翰·L. 坎贝尔《制度变迁与全球化》，姚伟译，上海人民出版社，2010，第62~88页。

才能允许行为者通过创新的行动对新环境做出这种前瞻性的反应。这种开放包括内部开放与外部开放两方面。就当下来看，内部开放是较易被系统内行政权力所排斥的。制度得到了集体的认可才会自我实施，才能内化为一种行为习性，进而具有追求效率、责任的文化常态。同时，对内民主的制度安排，才能使中下层行政管理人员承担起管理责任，实现权利和责任的对等与平衡。因此，应通过行政自主权和一系列的激励机制安排，促进中低层管理人员开展多元化的制度创新，而要达成这种设计模式，就必须实现领导放权，通过"让管理者管理"强化管理者责任，以及通过评估管理者来强化基层与部门管理，即所谓"战略的思考，民主的行动"。

激励与约束平衡的制度才是合理的制度。如果制度激励功能匮乏，或惩戒功能弱化（消失），失去了其内在均衡，制度功能就可能扭曲。私人企业家没有市场的约束就会功能失调，这导致权力垄断，牺牲消费者的利益。没有有效的公民声音约束的公共企业家也会出现类似的机能失调。有了公民声音作为基本的约束，公共企业家就会提高效率。[1] 但由于行政权有着不同于产权的公共性特征，衡量规范行政权的行政制度之绩效的准则与方法（包括有关制度规则），也就必然同衡量规范产权的经济制度之绩效的准则与方法不同。不能以公民个体的认同为唯一标准，而应当以个体认同与集体认同的有机统合为标准。行政制度绩效的评估与衡量必须是体制内评估和体制外评估的结合。[2] 当前，在加强政府法治化建设中提高司法机关的独立性以及对听证制度的重视等，从制度上来看都是实现制度制衡、防止功能扭曲的机制之一。

（五）以多元的动力源促进制度自我更新

制度的变迁与创新是初级行动主体与次级行动集体相互配合、互动的结果。强制型的制度变迁逻辑在其他主体意识不足的情况下具有一定的必然性，但是，即使是强制型的制度变迁，制度效能的有效达成还需要其他

---

① 〔美〕迈克尔·麦金尼斯主编《多中心体制与地方公共经济》，毛寿龙译，上海三联书店，2000，第 421、422 页。

② 江美塘：《制度变迁与行政发展：公共行政之制度理论的比较研究》，天津人民出版社，2004，第 247~248 页。

主体加以配合。同时，制度所面临的环境是多变的，如果动力资源单一，且维系于政治—行政领导的权力资源，那么，在复杂的制度需求面前制度的适应能力是有限的。一方面，权力资源是有限的，公共企业家不可能全知全能；另一方面，权力资源的持续供给效率也面临挑战，公共企业家的关注点或者责任并非单一的，不可能将所有的权力都用来维持"治庸问责"的制度运行。制度生命力的持续需要不断的资源更新，而这依靠多元主体的资源供给才能实现。通过多元主体的不断刺激，可以防止制度惰性的产生，实现自我更新，矫正制度失灵，实现制度修复，避免间断式地通过领导届满更替来实现制度变迁或者制度更替。这种自我更新的制度是一种常态化的制度设置，是法治化的体现和要求。

此外，从某种程度上讲，"只有政府小些，官僚主义才会少些"。[①] 多元动力源的存在不仅可以作为制度资源的供给主体，还可以作为制度实施的承载主体。就政府组织而言，避免"庸、懒、散"，提高效能，除了以制度推进和提高个体能力之外，分散政府的职责，简化审批权力，下放、分化公共服务功能，也是一种路径选择。多主体、多中心的制度结构是降低制度执行成本、提高制度执行效率与效益的方式，也是一种成本分担机制和制度效益增进机制。[②] 然而，这些又有赖于制度的开放，只有开放的系统才能使不同的主体有可能成为动力源之一，才能不断实现与外部制度环境系统的信息等资源的交换，使制度变迁的动力常态化。

结　语

运动式治理有着政治与社会的必然性和合理性，从建设法治政府、责任政府、服务型政府的目标来看，这似乎又是一个必然的阶段性选择。政

---

① 〔美〕詹姆斯·Q. 威尔逊：《美国官僚政治：政府机构的行为及其动因》，张海涛等译，中国社会科学出版社，1995，第 274～275、447 页（这里之所以说"在某种程度上"，是因为这一表达依赖于非政府的公共服务提供主体是否存在"官僚化"的可能）。

② 这方面的典型研究，可参见〔美〕埃莉诺·奥斯特罗姆《公共事物的治理之道——集体行动制度的演进》，余逊达、陈旭东译，上海三联书店，2000；〔美〕迈克尔·麦金尼斯主编《多中心体制与地方公共经济》，毛寿龙译，上海三联书店，2000。

府的改革与目标实现，需要经历一个从责任建设的领导个体自觉到责任建设的组织群体自觉的过程。运动式治理是激发责任意识的一个机制选择，可以视作"治庸问责"之路上的一个必经阶段，但是，并不能就此忽视其潜在的弊端，拒绝对其加以改进。

本文作者为徐晓林、朱国伟，原刊发于《学习与实践》2011 年第 8 期；中国人民大学复印报刊资料《公共行政》2011 年第 11 期转载，收入本书时有改动

电子政务：科学执政和民主执政的
技术支撑和运行保障

胡锦涛同志在中国共产党第十七次全国代表大会上的报告中强调，要按照科学执政、民主执政、依法执政的要求，改进领导班子思想作风，提高领导干部执政本领，改善领导方式和执政方式，健全领导体制，完善地方党委领导班子配备改革后的工作机制，把各级领导班子建设成为坚定贯彻党的理论和路线方针政策、善于领导科学发展的坚强领导集体。[①] 党的十七大修改并通过的《中国共产党章程（修正案）》正式以党规党纪的形式把"坚持科学执政、民主执政、依法执政"确定下来，科学执政和民主执政被提升到党的建设伟大工程的高度。但是，如何科学地界定科学执政和民主执政？在政府管理和运行的过程中，如何确保科学执政和民主执政真正实现是亟须解决的重大问题。本文认为，基于互联网的电子政务建设能为科学执政和民主执政提供重要的技术支撑与运行保障。

一 科学执政和民主执政的概念模型

科学执政有两个层面的内涵。在宏观和战略层面，科学执政，是指执政要尊重和符合客观规律，以科学的思想、科学的制度、科学的方式来配

---

① 《胡锦涛文选》第 2 卷，人民出版社，2016，第 653 页。

置和运用国家权力，治国理政。① 在微观和策略层面，就是指在调查研究的基础上，充分应用专业技术知识和信息技术实现决策过程专业化、规范化、程序化、智能化。

同样，民主执政也有两个层面的内涵。在战略层面，民主执政就是指执政党在执政过程中，领导和支持人民当家作主，使人民的主人翁地位得以切实保障，使人民的民主权利得以充分实现，全面实现人民民主，严格依照民主制度和程序来运用权力、管理国家和社会。② 在策略层面，民主执政就是健全民主制度，丰富民主形式，扩大公民有序的政治参与，在决策过程中，依法保证公民充分参与，保证公民充分表达其偏好。

由此可见，科学执政和民主执政的本质是决策的科学化与民主化。决策科学化的本质是充分应用专业技术知识和信息技术实现决策的可重现性和可重复性。决策的民主化就是决策中对公民偏好的充分考虑，并非由公民来进行决策。这和政治上的民主是有区别的，政治上的民主则必须由公民进行决策。

科学执政和民主执政必须有科学的制度与技术来实现。当前正在积极推进的电子政务可为科学执政和民主执政提供技术保障。

决策是人们为了达到或实现一定目标，在一定信息和经验的基础上，根据客观条件，采用一定的方法，从若干个行动方案中，选择一个满意而科学的方案进行分析、判断和抉择的过程。决策的要素包括：决策主体、决策目标、可选方案、决策前提、决策结果。由此可见，决策就是决策主体根据决策前提和决策目标进行方案选择的过程。决策模型中，决策主体是决策人和投票人，分别用 P 和 C 表示，这里我们假定决策人是追求公共利益满意化的有限理性人，投票人是追求个人利益满意化的有限理性人。决策目标用 A 表示。决策前提一般包括价值前提和事实前提。价值前提包括投票人的偏好信息和决策人的价值观，分别用 $C = C$ （C_1，C_2，$\cdots$，C_n）和 $P = P$ （P_1，P_2，$\cdots$，P_m）表示，其中 C_1，C_2，$\cdots$，C_n 表示 N 个公民，P_1，P_2，$\cdots$，P_m 表示 M 个党员。事实前提包括决策问题的事实信息和专门

---

① 卓泽渊：《中央重申三大执政要求》，《瞭望》2006 年第 28 期。
② 卓泽渊：《中央重申三大执政要求》，《瞭望》2006 年第 28 期。

技术知识，分别用 $I = I (I_1, I_2, \cdots, I_n)$ 和 $E = E (E_1, E_2, \cdots, E_m)$ 表示，其中 $I_1, I_2, \cdots, I_n$ 表示 N 条相关信息，$E_1, E_2, \cdots, E_m$ 表示 M 个专家，这里假定专家是追求真理的理性人。用 F 表示可选方案，如果有 N 个可选方案，则可用 $F_1, F_2, \cdots, F_n$ 来表示。在决策过程中，在拟定和设计了各种可行方案之后，最关键的就是评价和预测每个方案所对应的一组结果。决策科学化的关键是科学准确地考察每个备选方案会导致的预期结果。在事实前提中的专门技术知识就是发现某方案的哪种结果确实会发生的手段，应用知识发现每个备选方案的唯一可能的结果是科学决策的集中体现。所以，构造决策函数就是求解每个备选方案的预期结果的函数。这个函数的输入是决策目标 A，决策前提 C、P、I 和 E，输出是方案的预期结果。据此，我们可以构造以下几种决策函数。另外，由于在实际应用中，$C = C (C_1, C_2, \cdots, C_n)$，$P = P (P_1, P_2, \cdots, P_m)$，$I = I (I_1, I_2, \cdots, I_n)$，$E = E (E_1, E_2, \cdots, E_m)$ 的求解一般涉及非常复杂的算法，要综合使用数据总结、分类发现、聚类和关联规则等数据挖掘技术，在大量的数据中开采出能对决策者起直接支持作用的信息或知识，所以，本文不给出上面几个函数的具体表达式。

（一）民主但不科学的决策函数

$$F_1 = F_1(A, C);$$

$$F_2 = F_2(A, C);$$

$$\cdots$$

$$F_n = F_n(A, C);$$

在此决策函数中，第 i 个方案的预期结果用 $F_i = F_i (A, C_1, C_2, \cdots, C_n)$ 表示，经过比较 $F_1, F_2, \cdots, F_n$ 来确定决策结果。此决策函数能充分考虑投票人的偏好，并由投票人通过投票表决决策结果。但是，这个决策函数没有考虑决策人的价值理念和专家的专业技术。根据西蒙有限理性的理论，由于投票人知识的不完备性，以及预期体验和真实体验不总是一致而导致的价值观和偏好的非一致性等现实人所具有的局限性，因此，他们对方案结果的判断往往有所偏差，他们的决策往往是不明智的，也是不科学的，他们的决策结果并不总是对自己有利。

（二）技术主导的决策函数

$$F_1 = F_1(A,E)\text{；}$$

$$F_2 = F_2(A,E)\text{；}$$

$$\cdots$$

$$F_n = F_n(A,E)\text{；}$$

在此决策函数中，第 i 个方案的预期结果用 $F_i = F_i$ （A，E_1，E_2，$\cdots$，E_n）表示，经过比较 F_1，F_2，$\cdots$，F_n 来确定决策结果。20 世纪以来，技术在整个世界中的地位迅速提升，所以，人们越来越难准确地判断对许多重要决策而言特别重要的技术议题是哪些。于是人们倾向于把决策问题全部交给真正了解事实又能明白内在含义的专家处理，上面的决策函数能很好地描述技术主导的决策模型。当然，专家决策也只能在一定程度上保证决策的科学性。

（三）科学、民主的决策函数

$$F_1 = F_1(A,C,P,I,E)\text{；}$$

$$F_2 = F_2(A,C,P,I,E)\text{；}$$

$$\cdots$$

$$F_n = F_n(A,C,P,I,E)\text{；}$$

在此决策函数中，第 i 个方案的预期结果用 $F_i = F_i$ （A，C，P，I，E）表示，其决策过程是决策人综合考虑 A，C，P，I，E 的信息，通过比较 F_1，F_2，$\cdots$，F_n 来确定决策结果。此模型有以下特点。①能综合考虑决策的价值前提和事实前提。由于决策前提几乎都是事实和价值混合在一起的，我们必须同时考虑价值观的选择和事实信息的客观条件。而在这个模型中，不但能充分考虑投票人和决策人的价值观，而且能充分考虑决策问题的事实信息和专门技术知识。②能全面地体现民主性。由于决策函数中的 C 是投票人偏好的综合，所以能考虑每个人的偏好，每个人都可以影响决策结果。P 是决策人的偏好的综合，能很好地集思广益，跟我们党集体决策的原则相一致。E 是众多专家意见的集成，能很好地体现每个专家的自主性和独立性。可见，C、P、E 都能很好地体现民主性。③能从根本上保证科学性。第一，决策人对最终决策权的拥有能保证我们党执政规律、社会主义建设规律和人类社会发展规律以及我们党的指导思想的贯彻实施。第二，投票人或公民的广泛参与能保证我们党的决策是在充分掌握民情、民意的基础上实施的，能体现执政为民的执政理念。第三，对各种事实信息的充分掌握和分析，能保证人们对客观事实的基本把握。第四，专家的咨询作用使专业知识在决策中被充分应用，能保证决策符合已被证实了的科学规律。④能落实决策相关部门充分调查研究、公众广泛参与、专家集中论证、党和政府最终决定相结合的决策机制。

二　电子政务对科学执政和民主执政的技术实现

（一）电子政务可提供与民间进行有效沟通的渠道，保证决策的科学性和民主性

沟通对决策过程具有重要的影响作用。沟通就是一个组织中一个组织成员（或投票人）向另一个组织成员（或决策人）输送决策前提的过程。决策人能否制定一项明智的决策取决于其他人能否把制定一项明智的决策所需要的决策信息传输给他。决策能否贯彻实施取决于决策人能否把决策传输给他希望影响其行为的组织其他成员。[①] 这种双向的信息流动，既可体现决策的民主性，也能保证决策的科学性。向决策中心（或决策人）传输的信息包括决策问题本身的信息，也包括表达投票人偏好的建议和意见。当前，以信息技术的广泛应用为特点的电子政务能为这种信息的双向流动提供传输的高速公路，能为我们党提供真实、可靠、充分的决策前提，能为我们党按照科学、民主的决策模型进行决策提供基础性保障。由于网络的普遍性可保证 $C = C\ (C_1,\ C_2,\ \cdots,\ C_n)$ 的基数足够大，可保证 $C = C\ (C_1,\ C_2,\ \cdots,\ C_n)$ 最接近实际情况，这就能保证我们党在决策中

---

① 〔美〕赫伯特·A. 西蒙：《管理行为》，詹正茂译，机械工业出版社，2004。

充分地掌握公民的意愿，让我们党能真正地代表最广大人民的根本利益。①电子政务可为党和政府充分、及时了解民情提供便捷的途径，通过政府门户网站可以有效地开展民意调查等；②电子政务能为公民提供自由发表言论的渠道，如党和政府通过各种社区网站或政府门户网站上的网络留言、热点调查等版块及时了解社会动态和各种潜在的社会问题，为各种决策提供丰富可靠的信息支持；③电子政务可以实现网上选举，网上投票表决重大事项，为健全民主制度、丰富民主形式、扩大公民有序的政治参与提供有效的途径，可构成民主执政的有效支撑。

（二）电子政务能为党和政府内部的信息沟通提供有效的方式

党和政府内部进行畅通的信息交换与共享，对我们党的科学执政和民主执政起重要作用。①电子党务作为电子政务的形式之一，可落实和发展党内民主，是政治体制改革和政治文明建设的重要内容。电子党务可贯彻落实党员权利保障条例，建立和完善党内情况通报制度、情况反映制度、重大决策征求意见制度，逐步推进党务公开，提高党组织工作的透明度，使党员更好地了解和参与党内事务。营造党内不同意见平等讨论的环境，鼓励和保护党员讲真话、讲心里话。②电子政务可为党和政府发现与处理各种重大或突发事件提供信息支持。由于传统的执政方式下，党中央和国务院对基层问题的了解是靠基层政府的汇报来完成的，往往会出现隐瞒或谎报事实真相的情况。但在电子政务环境下，党中央和国务院通过各种信息搜索或数据挖掘工具能及时发现一些重大的潜在问题和隐情，及时采取有效的措施。

（三）电子政务通过统一的协同工作应用平台让各级党委和政府实现资源共享、信息交换、信息应用，为党和政府的决策提供强有力的信息支持

在传统条件下，在党和政府的日常办公中，人们往往需要花费大量的时间进行面对面的讨论和交流意见，才能做出某项决策。但在电子政务环境下，党和政府的信息流可以畅通地传递，也即科学、民主的决策模型中的决策人可以在充分的相互交流中达成一致意见，最终得到相对一致的价

值偏好信息 $P = P$（P_1，P_2，$\cdots$，P_m）。①电子政务通过建立统一的政务内外网，可以在保证信息安全的情况下便捷地实现上下级党组织和不同地区、不同行业和同级部门之间的信息交换和信息共享；②电子政务通过建立网络实时会议系统、网上论坛等协同业务平台，打破时间、地域的限制，使人们能随时随地参与协同工作，获取自己决策所需要的各种信息，大大地提高决策的准确度或满意度；③通过建立政府公共数据中心①，可以有效地保证执政党、政府职能部门最大限度地实现信息共享和协同办公，可保证决策信息的充分性、准确性和一致性，同时也可实现对政府决策管理过程的动态监督，有效地加强决策监督和遏制腐败。

（四）电子政务系统中的决策支持系统，可为决策人提供有力的信息支持

决策人在决策过程中尽可能多地掌握与决策问题相关的信息，是保证决策科学性的事实前提。但是，在信息时代，相对于决策人处理信息的能力来说，信息量是多了而不是少了。一个组织的高层所接触的多数信息来源于组织外部，因此，信息的形式和信息量都不受控制。信息载体包括报纸、行业杂志、技术期刊、网页等。然而，作为决策人的组织高层的注意力是有限的②，所以，在决策人处理信息的能力有限的情况下，面对庞大的决策信息，决策人在决策过程中面临两个困难：如何求解 $I = I$（I_1，I_2，$\cdots$，I_n）；如何科学地评价各种备选方案。如果不借助一定的技术手段，这两个问题是非常难以解决的。但是，电子政务系统中的决策支持系统可以很好地解决这一问题。它使计算机能够充当组织外部信息的过滤器，对各种信息进行识别、获取和选择性的吸收，并转换成适合组织内部信息流和信息系统的形式。决策支持系统是辅助决策者利用数据和决策模型解决非结构化或者半结构化决策问题的人—机交互系统。①决策支持系统可以对决策问题自身的信息和各种外部信息进行加工提炼，自动求解出 $I = I$（I_1，I_2，$\cdots$，I_n），把大量的数据和信息通过各种挖掘技术变成能直

---

① 李卫东：《政府信息资源共享的原理和方法》，《中国行政管理》2008 年第 1 期。
② 〔美〕赫伯特·A. 西蒙：《管理行为》，詹正茂译，机械工业出版社，2004。

接为决策者提供决策支持的知识；②决策支持系统能帮助决策者明确决策目标和决策问题，建立和修改决策模型，自动提供各种备选方案，并对各种方案进行评价和优选，通过人机交互系统进行分析、比较和判断，协助决策人完成决策，能保证决策的科学性。

（五）电子政务系统中的专家系统，为决策人提供专业技术知识支持

要保证决策是科学的，就要保证在决策制定中能应用专门的技术知识。一般情况下，决策人在某专业知识方面的缺乏是决策可能失误的主要原因。在现实中要得到 $E = E\ (E_1,\ E_2,\ \cdots,\ E_m)$，并依此进行决策是相当困难的。但是，在电子政务环境下，专家系统可以很好地解决这一问题。专家系统能模拟人类专家解决问题的方式和方法，利用专家知识解决一般人难以解决的问题。可以说，专家系统是一个（或一组）能在某特定领域内，以人类专家水平去帮助决策人裁决该领域中困难问题的信息系统。①专家系统通过知识获取、表达、存储、编排，建立知识库及其管理系统，利用专家的知识和经验求解专门问题；②专家系统采用基于知识的程序设计方法，系统的工作是在环境模式驱动下的知识推理过程；③专家系统不仅会对用户的提问给出答案，而且能够对答案做出解释，并提供答案的可信度估计。可见，电子政务中专家系统的应用能保证专门技术在决策中的充分应用，能实现科学化的决策。

（六）电子政务可建立有效决策反馈机制，保证决策在实施中不断得到修正和改进

由于决策不可能完全符合客观实际，同时决策环境在决策实施过程中会发生连续的动态变化，这必然要求决策人进行决策的实施跟踪，及时掌握新情况，并调整决策方案。反馈的目的就是对不断变化着的决策前提做出应有的反应，其关键在于反馈的及时性和反应的灵敏性。在传统方式下，这是非常困难的。但是，在电子政务环境下可建立有效的决策反馈机制。①党和政府可以通过网上的论坛社区或通过政府门户网站上的专项调查、问卷调查、投诉建议等获得公民对某项政策在实施过程中的意见，并

根据公民的反应做出积极的回应。这样不但可以及时纠正决策错误，而且将极大地推进服务性政府和回应性政府的建设。②电子政务可以通过各种信息系统将决策实施过程中产生的新数据及时返回给决策中心的决策人，决策人借助一定的工具对返回数据进行分析，可以发现存在或潜在的问题，并及时采取有效措施。

由以上分析可看出，电子政务可为科学决策和民主决策构建有效的信息沟通渠道、决策支持系统、专家咨询系统、决策评价系统、决策监督系统、决策反馈系统，能为科学执政和民主执政提供坚实的技术支撑和运行保障。

本文作者为徐晓林，原刊发于

《企业经济》2011 年第 9 期，

收入本书时有改动

互联网虚拟社会的特征与管理

一　互联网虚拟社会的概念与特征

（一）互联网虚拟社会的概念

互联网虚拟社会，就是基于互联网而形成的一种具有特定社会结构和社会关系的社会。理解互联网虚拟社会概念，需要注意以下三点：①基于互联网形成，并随互联网技术的发展而发展；②形成了特定社会结构，运行也必然遵循一定的规律；③主体和主体之间必然发生联系，产生社会关系。

（二）互联网虚拟社会的特征

（1）虚拟。互联网虚拟社会最主要的特征是虚拟。"虚拟"是一个外来词语，其对应的英文是 virtual，来源于拉丁词语 virtualiter，以前我们讲虽然虚拟这种方式不是现实的、真实的，但从今天互联网虚拟社会的发展状况来看，它就是现实的、真实的。所以用"虚拟"一词不是很准确，不过暂时尚未有更合适的词语代替。

（2）移动。互联网虚拟社会第二个特征是移动。根据中国互联网络信息中心（CNNIC）2011 年 7 月发布的第 28 次《中国互联网络发展状况统计报告》，截至 2011 年 6 月底，中国手机网民规模为 3.18 亿人，占网民总数量的 65.5%。移动互联网以手机为载体，将互联网、物联网和移动通信网络有机融为一体。移动互联网是一个很重要的概念，我们所面临的政治风险在很大程度上来源于移动互联网技术的发展。

（3）融合。互联网虚拟社会第三个特征是融合。移动互联网使报纸、广播、电视、电话、手机、互联网、物联网得到了有机的整合和统一。移动互联网在重塑互联网虚拟社会的同时，也正在渗透到人们生活的方方面面。

（4）泛在。互联网虚拟社会第四个特征是泛在。互联网虚拟社会可以提供无所不有和无所不在的信息服务，用户也可以进行无所不能的活动。泛在环境还导致互联网虚拟社会的结构具有很强的空间环境适应性和高度的动态自组织性。泛在使我们对突发事件的防控面临很大的挑战。所以在泛在时代，我们既要注重对突发事件的防控，更要注重对潜在风险的治理。

（5）个性。互联网虚拟社会第五个特征是个性。移动、融合和泛在功能最终给用户带来的是个性化服务，它以用户为中心，关注用户信息需求。

（6）膨胀。互联网虚拟社会第六个特征是膨胀。互联网虚拟社会一直处在不断膨胀的过程中，网民规模不断膨胀，微博、SNS 等基于手机的自媒体的出现导致网络舆情呈现指数级增长，这种增长是一个很值得关注的问题。

二　互联网虚拟社会与现实社会的比较

（一）互联网虚拟社会与现实社会的差异

互联网虚拟社会与现实社会的差异首先表现为人们的体验，它带来了与在现实社会中完全不同的体验，如很多人在网上说话放得开，甚至为所欲为，而在现实中则会收敛很多；其次是草根话语权的差异，与现实社会不同，互联网虚拟社会结构是扁平化的，因此，网络舆论场的影响力主要由草根阶层的力量促成。

（二）互联网虚拟社会与现实社会的趋同

互联网虚拟社会与现实社会的主体构成结构趋同。互联网虚拟社会主体的特征由早先与现实社会相差较大到越来越接近现实社会的行为主体，主体心理和行为逐渐统一。主体心理和行为逐渐统一源于网络主体的虚拟行为开始现实化。

（三）互联网虚拟社会与现实社会的互动

首先，互联网虚拟社会积极反映现实社会；其次，互联网虚拟社会反作用于现实社会；最后，互联网虚拟社会与现实社会同步互动。

三　加强互联网虚拟社会管理

（一）互联网虚拟社会管理是当今世界各国政府治理面临的共同议题

互联网虚拟社会管理是当今世界面临的一个重大现实问题和共同挑战，也是中国政府治理面临的新情况和新问题。虚拟社会管理现在是党中央和国务院高度重视的国家重大战略需求。

（二）中国互联网虚拟社会面临巨大的政治风险

互联网虚拟社会成为蕴藏巨大能量的公共领域。大量负面网络舆情影响着虚拟社会和现实社会，"颜色革命"在移动互联网时代更易得逞。基于网络的群体性事件已成为移动互联网时代社会运动的重要形式，一旦出现恶性网络群体事件，将直接危及社会稳定和政治安全。

1. 网络谣言

谣言虽自古有之，但在互联网时代，谣言无处不在。谣言的广泛传播，一方面与互联网虚拟社会的网民心理密切相关；另一方面，群体极化是谣言大范围传播的关键。更重要的是，新的传播载体微博的出现，使得网络谣言更容易传播，而且不易击破。

2. 网络推手

探求"事件背后的事件"、挖掘"网络推手"已经成为互联网虚拟社会管理亟待解决的问题。相关主体选择网络推手的动机有"营销动机"和"政治动机"。"网络推手"刻意将网络民意引至敏感话题，其言论有明显的情感倾向，感情色彩高度一致。研究网络推手，要着重把握"人"的因素。

3. 政治参与

加强虚拟社会管理，必须扩大参与群体，优化参与过程，创新参与方法。实际上，目前网民与政府之间存在大量可以共建但未共建的领域，其共同利益和共同合作的可能性在实践中被严重低估。如果没有很好地引导网络舆论，很容易产生异化行为，其后果可能是抗争政治的激进化，甚至出现大规模的群体性事件，进而影响社会和谐稳定。

本文作者为徐晓林，原刊发于
《电子政务》2011 年第 9 期，
收入本书时有改动

论政府信息能力建设

一 政府信息能力的内涵

何谓信息能力？1974 年美国信息产业协会（IIA）主席 Paul Zurkowski 首次提出信息能力这一概念。他认为，"所有经过训练的在工作中善于运用信息资源的人称为具有信息能力的人，他们知道利用多种信息工具及主要信息资源使问题得到信息解答的技术和技能"。[①] 美国图书馆协会于 1989 年在信息能力总统委员会的报告中指出：一个人要具有信息能力，就必须具有认识到何时需要信息，以及查询、评估和有效利用所需信息的能力，而那些真正具有信息能力的人是知道如何学习的。

国内学者大多认为，信息能力就是各社会主体在信息活动的各个阶段中所表现出来的能力的综合。也有人认为信息能力或信息素质就是人们获取、评价和使用信息资源的能力。[②] 同时，徐仕敏还提出社会信息能力的概念。他认为，社会信息能力就是一定范围内所有个体和组织的信息能力的集合，社会信息能力的层次结构包括：个人信息能力、社会信息能力、政府信息能力。社会信息能力的要素结构包括：信息知识能力、信息编码能力、信息整合能力、信息再生能力。[③]

---

① 孙凌云：《国内外关于信息能力的研究概况》，《情报杂志》2003 年第 6 期。
② 徐仕敏：《国内信息能力研究述评》，《图书情报工作》2002 年第 7 期。
③ 徐仕敏：《社会信息能力的内涵及结构》，《图书情报工作》2003 年第 4 期。

那么，什么是政府信息能力？政府信息能力的内涵是什么呢？笔者认为，政府信息能力是政府应用信息技术实现政府职能的一种执政能力，是执政能力的重要组成部分。具体来说，政府信息能力的内涵有以下三个方面。①政府信息能力的本质是执政能力，在我国集中体现为党的执政能力。②政府信息能力是政府信息活动中开发、管理、加工、应用信息的能力的综合。③政府信息能力是政府应用信息技术的能力，是政府在政府管理过程中充分应用信息技术，提高政府管理效率和决策水平，提高政府服务质量的能力的综合。

二　政府信息能力的构成模型

政府信息活动一般包括四个方面的内容：政府应用信息技术实现政府信息的采集、加工、存储、传递活动，我们称其为政府信息资源管理过程；政府应用信息技术实现政府社会管理、经济调节等管理职能的活动，我们称其为政府信息应用过程；政府应用信息技术实现政府公共服务职能的活动，我们称其为政府信息服务过程；政府应用信息技术进行自我革新的活动，我们称其为政府信息革新过程。可见，根据政府信息能力在政府信息活动中的不同表现，可以将政府信息能力划分为政府信息资源管理能力（GIMA）、政府信息应用能力（GIAA）、政府信息服务能力（GISA）、政府信息革新能力（GIRA）。用一个函数模型可表示为：政府信息能力 $GIA = F(GIMA, GIAA, GISA, GIRA)$。这个函数模型表明：①政府信息能力是政府信息资源管理能力、政府信息应用能力、政府信息服务能力、政府信息革新能力四种能力的集成，是一种综合能力；②政府信息资源管理能力是政府信息能力的基本内容，是实现其他三种能力的基础；③政府信息应用能力、政府信息服务能力是政府信息能力的最终体现；④政府信息革新能力是政府信息能力不断得到增强的保障。

政府信息资源管理能力。"信息资源管理是指组织为达到预期的目的，运用各种手段，对信息的生产、流通、分配、使用等全过程的信息设备、人员、资金等诸要素的综合管理。各个机构在实现其目标时，除了购置和利用一般人力、物力、财力资源外，还必须计划、管理和控制信息资源，对职能不同但目标都是满足机构信息需求的活动进行协调和统合。概而言之，信息资源管理就是利用全部信息资源实现自己的战略目标。"① 可见，一般认为，信息资源管理是对信息、信息设备、信息人员等的综合管理。政府信息资源是指一切产生于政府内部或虽然产生于政府外部但对政府各项业务活动有影响的信息的统称。② 这种定义把政府信息资源看成政府数据或信息内容。一般来说，信息资源有狭义和广义两种理解。狭义的信息资源是指信息内容本身；广义信息资源是指信息及相关要素的集合。③ 本文提到的政府信息资源泛指广义的信息资源。可见，政府信息资源管理能力主要是指对政府信息内容及信息相关要素实施有效管理和有效利用的能力。政府信息资源管理能力主要体现在以下四个方面。①政府信息需求分析能力。信息需求分析是信息资源管理的基础，也是信息系统建设的出发点，是达到信息资源建设和管理目标的关键。信息需求分析的核心就是弄清楚处在不同管理层次的政府管理人员对信息的具体需求，以及社会、企业和公民等"顾客"对政府信息的需求。这样，就可保证最终提供给"顾客"的信息和信息系统是其所需要的。②政府信息内容管理能力。其主要是指对政府数据实施采集、加工、存储、检索、更新的综合能力。政府信息内容管理的核心是确保政府全部数据的完整性、准确性、实时性和可访问性。③政府信息资源共享能力。政府信息资源共享是国家权力机关与政府之间、政府各职能部门之间、政府与社会之间、政府与企业之间、政府与公民之间共同使用政府信息资源的一种机制。要实现政府信息资源共享，就必须实现政府信息资源的统一规划、统一开发、统一管理、共同使用。政府信息资源共享可以有两种理解：一种是狭义的理解，即政府信息内容的共享；另一种是广义的理解，即除信息内容外，包括网络基础设施、信息系统、信息人才在内的全面的共享。笔者认为，在实践中应推进广义的政府信息资源共享，这样，可以有效地节

---

① 陈晓东：《信息资源管理的内涵追溯及其发展前瞻综述》，《图书馆界》2004 年第 2 期。
② 刘强、吴江：《政府信息资源分类共享方式的研究》，《中国行政管理》2004 年第 10 期。
③ 肖明编著《信息资源管理》，电子工业出版社，2006。

省政府信息化所需要的人力、物力。政府信息资源共享水平是政府信息资源管理能力的重要体现。④信息基础设施的运行维护能力。其主要是指政府确保信息基础设施正常安全运行的能力。信息基础设施主要包括网络基础设施、信息系统、其他相关设备和系统软件等。其中，信息安全防护能力是其核心内容，信息安全防护重点是保护基础网络和重要信息系统的安全。

政府信息应用能力。政府信息应用能力是政府应用信息技术实现政府管理职能的能力。政府的管理职能主要是经济调节、市场监管、社会管理三个方面，信息技术能有效提高政府这三个方面的管理能力。政府信息应用能力主要体现在以下四个方面。①信息战略规划能力。随着信息技术的广泛使用，各种原来的实体组织将变成虚拟组织，政府也将由传统政府向电子政府逐渐转变。支撑各种虚拟组织运转的主体是各种各样的信息系统，电子政府同样要通过建立各种各样的信息系统来实现政府管理目标。具有战略性的规划是信息系统工程实施的起点，也是信息系统工程的基础。政府信息战略规划的目的就是发现和评估政府的信息需求，并在评估信息需求的基础上，建立这些信息需求的信息结构，进而建立支持相应信息结构的业务系统结构，并确立支持业务系统所必需的技术结构。可见，政府信息战略规划能力是政府信息应用能力的基础，是政府在信息时代所必须具有的能力。政府信息战略规划必须支持政府的战略目标，要能满足政府各个管理层次的需求，应该保证信息的一致性、共享性，应该能适应公共组织和管理体制变革，符合信息技术发展的方向。②政府信息决策能力。信息技术的广泛使用，使得政府的决策模式逐渐向信息决策转变。信息决策的本质是充分应用专业技术知识和信息技术实现决策过程专业化、规范化、程序化、智能化。政府信息决策能力就是政府应用信息和知识，实现决策科学化、民主化的能力。政府信息决策的内涵包括两个方面：充分应用专业技术知识和信息技术实现决策的可重现性和可重复性；决策中充分考虑公民偏好，实现决策的民主化。③政府信息协作能力。互联网的基本功能之一就是协同办公。信息技术尤其是网络技术的广泛使用，使传统的"层级"的组织机构逐渐被改变，"扁平"式的组织机构正在形成，横向的业务合作越来越普遍。信息时代是一个协同工作的时代，政府的信息协作能力是政府信息应用能力的重要方面，也是执政能力的重要体现。政府信息协作能力主要包括不同机构间的任务的协作、信息资源组成部分间的合作、信息系统间的合作、信息系统的技术元件间的协作等内容。① ④政府知识管理能力。随着信息社会的发展和完善，信息资源将极大丰富，政府面临的问题不再是如何生产和处理更多的信息，而是如何从"浩瀚"的信息中提炼出政府和"顾客"所需要的知识，知识管理将成为组织的核心任务。政府知识管理能力就是政府组织积累知识、传递和共享知识、更新和应用知识的综合能力。政府知识管理的主要任务和目标是：发掘政府固有知识，引导政府知识更新；挖掘政府隐性知识，实现政府知识共享；传递和应用政府知识，实现政府管理目标。

政府信息服务能力。政府信息服务能力是指政府应用信息技术实现对社会、企业和公民提供网上在线办事等公共服务的能力。在落实科学发展观和全面建设小康社会的新形势下，强化政府公共服务职能是政府职能转变的重要内容，建设公共服务型政府是我国深化行政管理体制改革的目标。公共服务型政府是以市场为导向，以企业、社会和公众为主体，以提供公共服务为特征的政府行政模式。② 它以提高公共管理质量和公共服务水平为目标，以发展为主题，是市场经济条件下政府管理的一种新模式。在信息社会里，社会对公共服务的需求会发生很大的变化，信息服务成为公共服务的主要需求。在信息社会里，为"顾客"提供信息服务是公共服务型政府的主要任务，增强政府信息服务能力是增强政府公共服务能力的关键。政府信息服务能力主要体现在两个方面。①政府信息支持能力。政府信息支持能力是政府通过各种手段为市民和企业提供有用信息的能力。在信息时代里，信息是市民和企业不可或缺的资源，信息是一种重要的公共产品，为市民和企业提供他们需要的信息是政府的重要服务职能。②政府在线服务能力。政府在线服务能力是政府通过互联网为市民和企业提

---

① 〔美〕托马斯·巴克霍尔兹：《明天的面孔：开启后信息化时代的钥匙》，黄瑾、任志宏、赵昌毅译，北京工业大学出版社，2000。

② 罗德刚：《论全面推进地方公共服务型政府建设》，《中国行政管理》2004年第7期。

供远程办事服务的能力。互联网技术可打破时空的限制，能让人们在一个虚拟的环境里进行沟通和交流。政府如何应用现代信息和通信技术，将各种办事服务和审批服务通过网络技术进行集成，在互联网上全方位地向社会提供优质、规范、透明的服务，是政府信息能力建设的重点内容之一。政府信息服务的具体内容包括政府为企业提供的电子采购与招标服务、电子税务服务、电子证照办理服务、信息咨询服务等，政府为市民提供的教育培训服务、就业服务、电子医疗服务、社会保险网络服务、社区信息服务等。

政府信息革新能力。政府信息革新能力就是在信息技术条件下，政府通过治理模式、管理思想、组织结构、管理方式、管理策略等的转变，让政府管理体制适应信息时代发展要求的自我革新能力。"信息技术与社会互动的事实表明，数字化技术正以其细致而缜密的渗透和磅礴的气势，给城市政府管理科学化和现代化提供强有力的技术支持，而且通过促进经济转型和社会结构的演化，将对城市政府管理模型、权能结构和行政理念产生巨大而深刻的影响，从而掀起城市政府管理史上的第三次革命。"[1] 可见，信息技术和信息化正在引起世界经济和社会的巨大变革，其对传统的政府管理模式造成巨大的冲击。如何应对这种冲击，如何适应信息技术带来的革命性变化，将是政府信息能力面临的直接考验。如何通过自身的持续变革来适应快速变化的形势，是政府信息革新能力建设的重点。政府信息革新能力主要包括政府学习和应用各种新技术、新思潮以及引领自身和社会变革的能力。

三　发展电子政务，推进政府信息能力建设

政府信息能力内涵丰富，其内容随着时代发展不断地变化和翻新。政府信息能力是执政能力的重要内容，是信息时代执政能力建设的重要方面。提升信息能力是政府在信息时代所面临的迫切任务。但如何提高政府信息能力呢？笔者认为，政府信息能力主要取决于四个要素：政府公务人

---

[1]　徐晓林：《"数字城市"：城市政府管理的革命》，《中国行政管理》2001 年第 1 期。

员、政府信息资源、政府信息系统、信息技术。政府公务人员的信息技术水平和信息技术的发展是提高政府信息能力的基础。在某种意义上，政府信息能力也可以看成政府公务人员信息能力的综合体现。所以，政府公务人员要熟练掌握信息技术知识和信息技术应用技能，不然政府信息能力就无从谈起。当然，政府信息能力是一种信息技术的应用能力，信息技术的发展和成熟是政府信息能力提升的又一必要条件。但政府信息资源和政府信息系统是政府信息能力的两个关键点，政府信息系统是政府信息能力的骨架，政府信息资源是政府信息能力的血和肉。没有政府信息资源和政府信息系统，政府信息能力就成为空中楼阁。所以，政府信息资源建设和政府信息系统建设是政府信息能力建设的主要内容，而政府信息化和电子政务建设是政府信息资源建设和政府信息系统建设的唯一途径。

电子政务建设是推动政府信息化的关键所在，能有效提高政府信息资源管理能力、政府信息应用能力、政府信息服务能力和政府信息革新能力。在一定条件下，电子政务建设就是政府信息能力建设。政府信息资源建设是电子政务建设的核心内容和任务，电子政务建设无疑会提高政府信息资源管理能力。电子政务的建设任务主要有以下四个方面：政府间的电子政务、政府与企业间的电子政务、政府与居民间的电子政务、提高政府内部运行效率和有效性。[1] "政府间的电子政务" 和 "提高政府内部运行效率和有效性" 可提升政府信息应用能力。面向知识处理的电子政务和面向决策支持的电子政务的建设可直接提高政府知识管理能力、政府信息决策能力。

"政府与企业间的电子政务" 和 "政府与居民间的电子政务" 可提高政府信息服务能力。政府服务能力集中体现为政府能否为 "顾客" 提供方便、快捷、优质、全面的公共服务。但在传统社会里，由于时空不统一、信息不对称，政府很难在服务提供之前，有效、准确地了解 "消费者" 的需求偏好、需求量、需求的服务提供方式等，政府也就难以主

---

[1] 全国干部培训教材编审指导委员会组织编写《信息化与电子政务》，人民出版社，2004。

动提高服务质量，政府的公共服务能力也难以有效提高。[①] 但在信息社会里，随着信息技术的产生和普遍应用，特别是电子政务的全面实施，政府与社会公众能够进行有效、及时、直接的沟通，而且社会公众也能够直接或间接地参与政府服务的决策和提供，不仅解决了原来较为严重的回应度、信用度缺乏等问题，而且使社会公众对政府服务更加有信心，更加相信政府能够提供可靠的、稳定的、高质量的服务。可见，电子政务建设可以全面提高政府服务质量，是政府提高信息服务能力的有效途径。

提高政府信息能力对电子政务建设提出了新的要求。①电子党务应成为当前电子政务建设的重点内容之一。电子党务建设是信息化时代党的业务工作发展的必然趋势，是提高党的执政能力和决策水平的一项重要工程，是科学执政和民主执政的基础和保障。电子党务的建设一开始就要按照"总体设计、标准统一"的原则进行建设，注重与政府信息系统的整合，为党的决策提供有力的信息支持。②面向知识处理的电子政务应成为电子政务建设的新目标和新方向。面向知识处理的电子政务的主要目标是在政府信息支撑环境的基础上利用知识管理技术提高政府的决策能力，建立基于网络的分布式政府结构，并通过分布式的"一站式政府"服务中心提供跨部门的政府业务服务。[②] ③面向政府的决策支持应成为电子政务建设的主要目标和功能之一。科学执政和民主执政要求电子政务的建设首先面向政府部门的决策支持以提高政府部门决策的准确性和科学性，使政府能为整个国民经济和社会的发展提供科学的规划和宏观调控。④建立跨平台、跨体系、跨区域的互联互通和共享的政府信息资源库作为电子政务建设的核心，在此基础上强化电子政务的顶层设计，推动跨部门、跨系统的协同应用。⑤加大政府上网工作的力度，完善和健全对政府"顾客"的在线服务，积极推进公共服务。⑥推动电子民主建设，保证政府在决策过程中能广泛听取民意、集中民智，不断落实和推进民主执政。

---

① 徐晓林：《电子政务与政府服务》，《光明日报》（理论版）2003 年 10 月 16 日。
② 国家信息安全工程技术研究中心、国家信息安全基础设施研究中心编著《电子政务总体设计与技术实现》，电子工业出版社，2003。

结　语

《中共中央关于加强党的执政能力建设的决定》明确指出：执政能力建设是我们党执政后的一项根本建设。① 政府信息能力是执政能力建设的重要思路，是信息社会对执政能力建设的根本要求。电子政务建设是政府信息能力建设和执政能力建设的有效途径，是落实"科学执政、民主执政"的关键。

本文作者为徐晓林，原刊发于
《企业经济》2009 年第 7 期，
收入本书时有改动

---

① 《中共中央关于加强党的执政能力建设的决定》，人民出版社，2004，第 3 页。

论云计算对电子政务的革命性影响

引　言

云计算（Cloud Computing）是信息技术发展历程中最具革命性的重大进展。云计算能提供位置透明性和协议无关性的"云服务"[①]，它将颠覆传统互联网的服务模式，把人类带入移动互联网和物联网时代。云计算能把个人用户的数据和程序从个人电脑移到"云端"，从而打破人类对固定高性能终端的依赖，能让用户通过网络获取各种各样的资源和服务[②]，这将深刻影响网络用户的生活娱乐方式和工作方式。云计算能为电子政务提供先进的计算模式和基础架构，使政府信息资源由原来的"分散"管理模式逐步转变为"集中"管理模式，它对电子政务的架构体系、建设模式和发展战略都将产生深刻影响。

云计算技术及服务正逐步成为全球信息技术产业发展的战略方向，云计算中心将成为全球信息化建设的战略重点。各国政府都在积极开展云计算战略部署，以抢占信息资源开发利用的制高点[③]：为了有效发挥云计算的优势，美国联邦政府于 2011 年 2 月正式发布了首份关于云计算的战略报告

---

① 杨正洪等编著《企业云计算架构与实施指南》，清华大学出版社，2010，第 10～12 页。
② Sheu P. C-Y. et al. , "Semantic Computing, Cloud Computing, and Semantic Search Engine," IEEE International Conference on Semantic Computing, 2009.
③ 邱刚、李军：《主要国家云计算战略及启示》，《物联网技术》2012 年第 2 期。

《联邦政府云计算战略》；2010 年 10 月 6 日，德国经济部长宣布启动《云计算行动计划》，德国政府将为中小企业提供专门的技术和资金支持，挖掘云计算的巨大经济潜力；2010 年 8 月 16 日，日本经济产业省发布了《云计算与日本竞争力研究》报告，将从完善基础设施、健全制度、鼓励创新等三个方面推进日本的云计算发展；韩国在 2009 年 12 月公布了《云计算全面振兴计划》，从 2010 年开始执行，试图在 2014 年前使韩国成为全球云计算强国。另外，2012 年 1 月 26 日，欧委会副主席兼欧洲数字议程委员尼莉·克洛斯在瑞士达沃斯举行的"世界经济论坛"上宣布，欧盟将启动"云计算公私伙伴关系行动计划"。① 在这种背景下，中国应该及时调整国家信息化与电子政务发展的总体规划及战略部署，以应对云计算带来的机遇和挑战。

一 云计算将重构电子政务的架构体系

中国的传统电子政务在网络层面采用"三网一库"结构，由机关内部办公网、办公业务资源网（以下简称"专网"）和公共服务网（以下简称"外网"），以及"信息资源库"构成；在应用层面上，由国家级电子政务系统、省级电子政务系统、地市级电子政务系统和县级电子政务系统构成，以"金"字系列工程为代表的纵向电子政务系统建设形成"纵强横弱"的应用架构；在技术层面上，主要由基础设施层、数据资源层、应用支撑层和应用层构成。当前，中国电子政务的架构体系存在诸多问题：在网络基础设施方面，中央和地方关键技术路线不统一，影响了网络的纵向互联互通；部门业务专网仍然大量存在，政务网络整合工作推进困难；国家电子政务内网建设的顶层互联互通协调不畅和纵向延伸边界不清；一些地方电子政务网络各自为政，缺乏统一规范，难以互联互通。② 在数据中心方面，普遍面临能耗效率、资源整合、绿色成长、快速响应和信息安全等诸多问题的挑战，突出表现在分散建设分散管理、扩容压力日益增大、"信息孤岛"仍然存在、运行

---

① 《欧盟将启动云计算公私伙伴关系行动计划》，《办公自动化》2012 年第 5 期。
② 《"十二五"电子政务网络建设如何推进?》，《信息化建设》2012 年第 2 期。

成本居高不下、节能降耗亟待加强和风险控制存有隐患等多个方面。[①]

　　在云计算环境下，"政府云计算中心"（以下简称"政府云"）将成为电子政务的基础架构平台。"政府云"是一种面向政务应用的超级计算中心，应用云存储和虚拟化等云计算技术和理念，统一部署政务信息资源。"政府云"能充分利用资源云，一个机构或者部门可以不建立独立的数据中心；能充分利用云服务，把大量的应用和服务放在云端；能充分应用第三方的专业化服务，确保电子政务的安全。[②] "政府云"主要由政府云基础设施层、政府云资源池层、政府云数据库层、政府云平台层等构成，"政府云"的体系结构如图1所示。

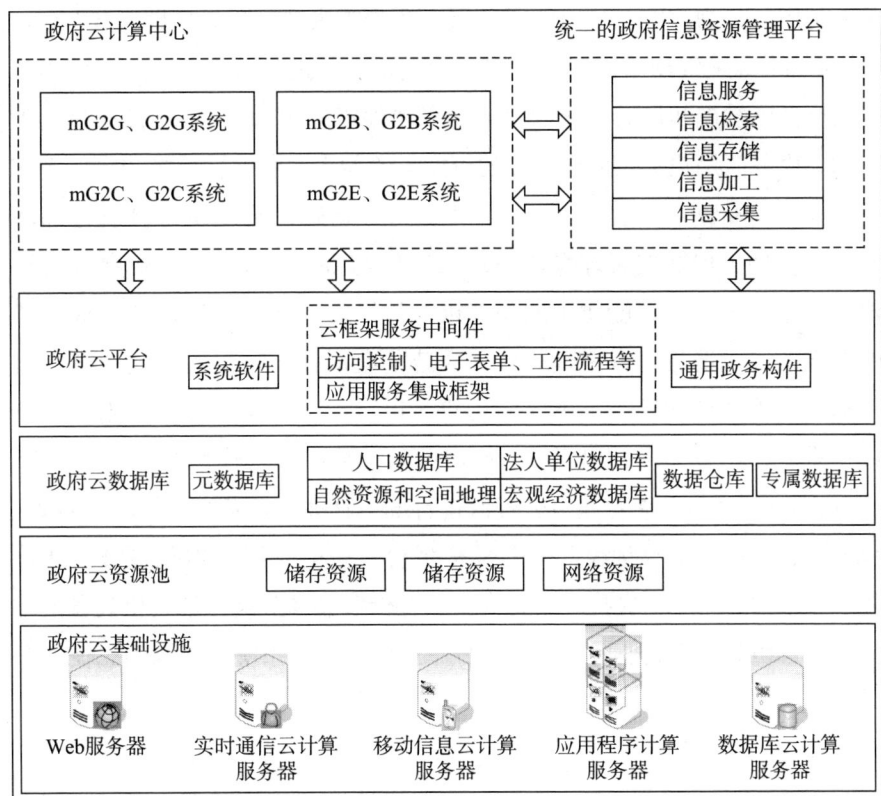

图1　"政府云"的体系结构模型

①　张秀杰、郝婧：《建设北京新一代电子政务数据中心》，《投资北京》2011年第7期。
②　汪玉凯：《电子政务需要政务云——2012年中国电子政务展望》，《信息化建设》2012年第1期。

政府云基础设施层由原有的电子政务基础设施和移动政务基础设施构成，主要包括各类机房、各类网络基础设施、各类服务器和各类计算机。"政府云"建设主要是整合原有信息基础设施，提高利用率，而不是将原有的信息基础设施废弃后重新部署新的硬件基础设施。

政府云资源池层能实现对存储设施、计算设施和网络设施进行虚拟化的统一管理。在云计算环境下，互联网上某些节点信息资源以服务的方式变为动态的、可伸缩的虚拟资源，为广大用户共享和使用，利用互联网上的计算机和服务器形成一种超强的计算能力，为全球各地的个人和组织服务。[①] 因此，政府云资源层的目标就是运用虚拟技术，将硬件基础设施变成一种服务，为政府系统内的"节点"用户提供"基础设施即服务"（Infrastructure as a Service，IaaS）。基础设施即服务是指以服务的形式向用户提供可高度扩展和按需变化的服务器等硬件资源。[②] 系统供应商通过基础架构即服务向用户提供同颗粒度的可度量的计算、存储、网络和单机操作系统等基础资源[③]，用户无须了解底层的云基础设施，便可自由地部署和运行软件，但需要管理操作系统、存储与部署的应用。[④] 政府云资源池层应用虚拟化软件能将不同物理机的计算能力和存储整理合并成虚拟的资源池，也能将每台物理机拆分成若干虚拟机，将配置不同的虚拟机根据实际需要分配给需求不同的用户，运行不同的应用程序，当出现负载过重时，可自动虚拟迁移。[⑤] 如借助云计算中心操作系统——云海 OS（Operating System）能对政府云资源进行统一管理。云海 OS 采用"linux + Xen"开放标准技术路线，兼容异构平台，全面采用虚拟化、分布式计算、分布式存储等，支持"云计算 + 云存储"整体架构，能提供设备的虚拟整合与切分、强大兼容性保证、分布式并行文件系统、资源动态流转等功能。[⑥]

---

① 〔美〕芬加（Peter Fingar）：《云计算：21 世纪的商业云平台》，王灵俊译，电子工业出版社，2009，第 20～34 页。
② 朱近之主编《智慧的云计算：物联网的平台》，电子工业出版社，2011，第 63～64 页。
③ 王洪亮：《浪潮云计算理念（3）云计算的层次架构》，《科技浪潮》2010 年第 4 期。
④ 贾一苇等：《美国联邦政府云计算战略》，《电子政务》2011 年第 7 期。
⑤ 谈圳：《云计算虚拟化技术研究》，《信息技术与信息化》2012 年第 1 期。
⑥ 张建成等：《云计算方案分析研究》，《计算机技术与发展》2012 年第 1 期。

政府云数据库层主要实现数据组织与管理、数据集成与管理、分布式并行处理和数据挖掘功能：数据组织与管理采用分布式的存储技术，为用户提供高可靠、高并发和高性能的数据并行存取访问；数据集成与管理采用分布式数据管理技术，实现对非确定性、分布异构性、海量和动态变化的数据处理与分析；分布式并行处理通过映射和化简两步实现任务在大规模计算节点中的调度与分配；数据挖掘基于浅层语义分析和深层语义分析技术，在大量结构化的数据、半结构化的文本和图形图像数据中，提取潜在的、事先未知的、有用的、能被人理解的数据。①

政府云平台层主要为各类政务服务和应用系统提供基础性的平台支持。各类政务业务系统都需要操作系统、数据库系统等系统软件，云框架服务中间件，以及各类通用政务软件等作为支撑平台。所谓云框架服务中间件是信息化建设和运营服务的软件基础设施，处于底层系统和高层业务逻辑之间的中间层，基于云计算模式构建和运营，是一个面向服务的可复用的设计架构，能为构件复用提供运行和互操作环境。云框架服务中间件通常包括单点登录、访问控制授权、流程、电子表单等基础性构件。② 政府云平台主要基于"平台即服务"（Platform as a Service，PaaS）进行建构。平台即服务也可称其为"云计算操作系统"，能向终端用户提供基于互联网的应用开发环境。云传播平台层是开发和搭建云传播服务的支撑系统，主要包括应用编程接口和运行平台，可细分为"开发组件即服务"和"软件平台即服务"③。

在政府云应用层，云计算通过提供位置透明以及和协议无关的"云服务"，颠覆传统互联网的服务模式。政府系统中的"节点"用户运用政务平台层提供的各类应用接口（Application Programming Interface，API），可快速部署各类业务系统和应用系统。社会公众用户可使用各类固定或移动的终端，通过互联网、移动互联网等渠道随时随地访问自己需要的政务服务。

---

① 刘正伟等：《云计算和云数据管理技术》，《计算机研究与发展》2012 年第 S1 期。
② 赵斌、王姝：《我国电子政务云框架服务体系研究与实践》，《信息化建设》2011 年第 4 期。
③ 朱近之主编《智慧的云计算：物联网的平台》，电子工业出版社，2011，第 63～64 页。

二 云计算将改变电子政务的建设模式

在传统的"终端计算"模式下，政府信息资源建设主要基于互联网，采用"独立建设、各自为政"的模式。多数政府职能部门建设有独立的信息系统，每个信息系统又建有自己的信息中心，从而拥有各自的数据库、各自的操作系统、独自开发的应用软件和用户界面，且彼此间不能互操作。这种"多头采集、重复存放、分散管理、各自维护"的信息化建设模式，在缺乏统一规划和标准的情况下，使得各自建设的系统与网络最终成为一个个"信息孤岛"。这些"信息孤岛"各自为营，彼此之间难以互联互通，严重制约着政府信息化的进一步发展。

假设一个省级政府下属 20 个地级市政府，每个地级市政府下属 50 个职能部门，若按照上述建设模式，就需要重复建设 1000 个"数据中心"，重复购买 1000 套操作系统、数据库系统等系统软件，重复开发 1000 套应用支撑软件，重复开发 1000 套各类业务系统，重复配备 1000 个信息资源的管理和维护团队。若按一套信息资源管理体系 100 万元计算，则需要花费 10 亿元。

云计算将改变组织信息化建设的模式，大幅减少政府和企业在数据中心建设方面的重复投资。[1] 大型企业组织可独立建设自己的"私有云计算中心"，中小企业可租用大型"公共云计算中心"的"基础设施即服务"、"平台即服务"和软件即服务（Software as a Service，SaaS）等平台。政府运用云计算，可采用政府门户网站群的新型建设模式，能有效整合资源，提高运行效率，实现节能减排：以"基础设施即服务"的模式搭建支撑网站群应用的云计算基础平台，以"软件即服务"的模式搭建网站群内容管理云计算应用平台；运用公有云和私有云环境保障网站群系统安全和信息安全。[2] 据风云在线网（www.cnsaas.com）介绍，基于"软件即服务"平台，企业

---

① G. Minutoli et al. , "Virtual Business Networks with Cloud Computing and Virtual Machines," International Conference on Ultra Modern Telecommunications & Workshops, 2009, pp. 1 - 6.

② 丛培民：《云计算架构下的网站群应用实践》，《计算机系统应用》2012 年第 2 期。

用户采取租用方式获取信息化服务，可免除信息技术的投入成本，可以永远在线获取最快速便捷的信息化应用。同时，云服务提供商通过硬件设施投入、网络新技术的应用和运维保障机制来为用户提供电信级的运维保障服务，确保数据信息安全。另据博云网（www.byzone.cn）介绍，博云网充分利用云计算和软件最新技术，为广大软件用户提供海量"软件即服务"产品和专业化的软件租赁服务。

在云计算模式下，通过"政府云"可实现政府信息资源的"统一规划、统一建设、统一管理、共同使用"。硬件基础设施是移动政务和电子政务建设的共同基础。移动电子政务建设也可以选择不再投资建设新的硬件基础设施，只需应用"虚拟技术"，整合原有的各类计算机、服务器、网络设备等硬件资源，建立统一的"政府信息资源池"，包括计算资源池、存储资源池、网络资源池。通过统一的"政府信息资源池"管理平台，就可满足各类移动政务和电子政务的硬件需求。假设一个省级政府下属 20个地级市政府，每个地级市政府建设一个"政府云"，大体上可减少 980个"数据中心"，节约 980 套系统软件、980 套支撑软件、980 套业务系统和 980 个维护团队的费用。即使按一个"政府云"花费 1000 万元计算，也可节约 8 亿元。若全省建立一个大型的"政府云"，则节省的费用会更多。由此可见，云计算为政府信息化所节约的成本是巨大的，至少可以省去原有成本的 80%。如美国联邦政府把云计算、虚拟化和开源列为节约电子政务支出的三大手段：2009 年，通过采用云计算技术，美国联邦政府在电子政务领域节约了 66 亿美元；美国联邦政府综合服务管理局的电子邮件系统向云计算平台迁移，减少了 17 个冗余数据中心，共节省了 1500万美元；美国国防部空军个人信息中心对信息系统进行基于云计算的改造，将信息查询时间从 20 分钟缩短到 2 分钟，每年还可节省 400 万美元；美国复苏和再投资委员会使用 Amazon 的 IaaS 建立了网站，2010 年就节省了 33.4 万美元，2011 年节省 42 万美元；美国计划消除 800 个政府机构的数据中心，以重新整合政府数据中心，建设一批基于云计算的数据中心。①

另外，中国信息技术企业提出的"云计算中心解决方案"已经能为云

---

① 徐杰：《政务云的国际对比》，《信息化建设》2012 年第 1 期。

计算技术在电子政务建设中的应用提供良好的技术保障。如华为桌面云（SingleCLOUD）是一个端到端的云计算数据中心解决方案，能让一台服务器变成几台甚至几十台相互隔离的虚拟计算资源，能让中央处理器、内存、磁盘等硬件变成可以动态管理的"资源池"，从而提高资源的利用率，简化系统管理，实现服务器整合。

三　云计算环境下中国电子政务发展的战略思考

（一）国际借鉴

2012 年 3 月，联合国经济和社会事务部发布的《2012 年联合国电子政务调查报告：面向公众的电子政务》显示：中国以 0.5359 的综合指数排名第 78 位，比 2010 年下降了 6 位，但同时中国在透明度和开放性方面有所进步；韩国以 0.9283 的综合指数继续占据全球电子政务发展排行榜的首位，名列第 2～10 位的是荷兰、英国、丹麦、美国、法国、瑞典、挪威、芬兰和新加坡；全球电子政务发展指数平均值为 0.4882，高于 2010 年的 0.4406，反映出大多数国家在致力于改善在线服务以迎合公民需求。[①] 联合国 2010 年度发布的《金融危机时期电子政务的利用》报告显示：在电子政务准备度方面，中国排名第 72 位，在全球 183 个国家和地区中前 3 位为韩国、美国和加拿大；在电子化参与度方面，中国排名第 32 位，前 3 位为韩国、澳大利亚和西班牙；就电子政务发展区域布局而言，其与各区域信息产业发展水平紧密关联，相关布局洲际排名为欧洲、美洲、大洋洲、亚洲、非洲；在全球排名前 35 位的国家中欧洲国家占 70%，亚洲国家占 20%。[②]

由此可见，虽然中国的电子政务建设已经取得了显著成就，但与发达国家相比还存在相当大的差距。在新一轮的信息技术革命和电子政务建设浪潮中，中国必须积极部署云计算战略，发挥引领作用，实现跨越式发展，才能达到世界先进水平。

---

① 《联合国发布 2012 年全球电子政务调查报告》，《电子政务》2012 年第 4 期。
② 周玉建、张京：《电子政务发展现状的调研分析》，《信息化建设》2011 年第 8 期。

（二）利用云计算契机实现跨越式发展

要发挥技术上的后发优势，采用云计算等新型信息技术实施电子政务系统建设，实现"跨越式"发展。云计算等新一代信息技术将深刻影响世界各国信息化建设的内容、目标和模式，中国已经较好地在各个层次部署了云计算的发展战略。中国在《中华人民共和国国民经济和社会发展第十二个五年规划纲要》中提出"新一代信息技术产业重点发展新一代移动通信、下一代互联网、三网融合、物联网、云计算、集成电路、新型显示、高端软件、高端服务器和信息服务"，明确提出将云计算、物联网、新一代移动通信、下一代互联网作为战略性新兴产业的培育重点。据《中国证券报》2011 年 10 月 21 日报道，由工业和信息化部负责制定的《云计算"十二五"规划》已形成草案。工业和信息化部及国家发展和改革委员会于 2010 年 10 月 18 日联合印发《关于做好云计算服务创新发展试点示范工作的通知》，确定在北京、上海等五个城市开展云计算服务创新发展试点示范工作。另外，2012 年 5 月 30 日国务院常务会议审议通过的《"十二五"国家战略性新兴产业发展规划》也将云计算列为重点支持项目。而在国家信息化和电子政务建设中，对如何有效应用云计算等新型信息技术还未出台有关的规划纲要。

（三）注重顶层设计避免重复建设

要强化电子政务的顶层设计，制定统一的"政府云"建设规划和标准指南，推进信息资源共享。2006 年 3 月 29 日国家信息化领导小组印发《国家电子政务总体框架》（国信〔2006〕2 号），设定了构建国家电子政务总体框架的目标，从服务与应急系统、信息资源、基础设施、法律法规与标准化体系、管理体制等方面描述国家电子政务总体框架的内容构成，已为中国电子政务建设制定了基本的行动指南。为了保障国家整体电子政务发展的协调性，需要强化国家、省、市、县层面的电子政务顶层设计。[1]目前，重复建设在中国电子政务发展中较为普遍，经常见到地方政府各职

---

① 焦宝文主编《政府 CIO 战略管理与技术实施》，清华大学出版社，2004，第 215 ~ 222 页。

能部门投资建设功能几乎完全一样的系统，重复投资、重复开发问题较为严重。如省政府有综合门户网站，各地级市、县（市）也有自己门户网站，各级政府的所有职能部门也都有自己独立的门户网站。第29次《中国互联网络发展状况统计报告》发布的数据显示，截至2011年12月，中国政府网站数量已达51185个。对某城市的市民来说，若要获取某项服务，面对庞杂的政府网站群可能会不知所措，常常需要在不同网站上重复提交自己的信息。

新出台的顶层设计方案在与《国家电子政务总体框架》（国信〔2006〕2号）和《电子政务标准化指南》保持一致的基础上，应全面引入云计算的理念和技术，提出统一的"政府云"建设规划和标准指南，逐步建立"一体化"的电子政务系统。

国外部分国家正在为消除电子政务的重复建设而努力。法国政府为避免重复建设，为公民提供统一的访问入口做了较多尝试：为避免过多政府网站在功能上重叠和混淆，2011年法国政府整合了200个政府网站，并计划于2012年底将各类政府网站从之前的600多个整合为60个。① 韩国政府在2010年3月编制了《IT重复投资消除计划》：截至2010年12月底，韩国132个中央和地方机构中已经有100个机构应用了韩国政府2003年12月发布的《政府范围内总体架构框架》，应用普及率达到75.8%；2010年审查发现21个重复工程和20个相似工程，去除这些重复工程和相似工程共节省8880万美元。② 这些国家的成功经验和做法为中国后续的电子政务规划和建设提供了参考。

（四）缩小数字鸿沟实现全民共享

要重视数字鸿沟问题，运用云计算技术，同时面向互联网、移动互联网和物联网等多种网络开发电子政务应用，不断扩大电子政务服务的覆盖面。

政府投入大量人力物力推行电子政务建设，旨在为广大公民提供快捷

---

① 彭梦瑶：《法国电子政务："一站式"服务》，《信息系统工程》2011年第7期。
② 王璟璇等：《电子政务顶层设计：国外实践评述》，《电子政务》2011年第8期。

优质的服务，让每位公民均等享有获取电子政务服务的权利，这是电子政务发展的基本目标。而第29次《中国互联网络发展状况统计报告》发布的数据显示，截至2011年12月，中国网民规模突破5亿人，达到5.13亿人，全年新增网民5580万人，其中手机等移动终端网民规模达到3.56亿人，占整体网民比例的69.4%，较上年底增长5285万人；中国互联网发展的地域差异依然延续，北京市的互联网普及率已经超过七成，达到70.3%，而云南、江西、贵州等省份的互联网普及率不到25%。总体上来看，虽然中国已进入移动互联网时代，但还存在较为严重的"数据鸿沟"问题，信息化发展的地区差异较大，部分公民尤其是广大农民较难顺畅获取各类电子政务服务。

当前，政府信息化建设的内容被人为划分为电子政务和移动政务，正在逐步形成两个大型的"信息孤岛"。从用户的视角来看，电子政务的本质是面向台式计算机等固定终端的政务服务模式，移动政务的本质是面向智能手机等移动终端的政务服务模式。由于移动终端计算能力的严重不足，移动互联网高级应用较难真正实现。云计算可把个人用户的数据和程序从个人电脑移到"云端"，能打破人类对高性能固定终端的依赖，让用户像用电一样通过网络获取各种各样的资源和服务。[1] 运用云计算，同一政府应用系统可同时通过互联网和移动互联网向用户提供服务，原有的电子政务和移动政务将融为一体，能让用户运用台式机、笔记本、智能手机、平板电脑和上网本等各类终端随时随地获取政务服务。这将有效地扩大电子政务服务的覆盖面，进一步提高电子政务建设的社会效益。

结　语

综上所述，云计算可破解当前电子政务发展的困境，将对电子政务的架构体系、建设模式和发展战略产生深刻影响。中国电子政务建设应充分

---

[1] P. C-Y. Sheu et al. , "Semantic Computing, Cloud Computing, and Semantic Search Engine," 2009 IEEE International Conference on Semantic Computing, 2009.

发挥技术上的后发优势，采用云计算等新型信息技术，强化电子政务的顶层设计，通过"政府云"建设推进信息资源共享，同时要重视数字鸿沟问题，不断扩大电子政务服务的覆盖面。

本文作者为徐晓林、李卫东，原刊发于

《电子政务》2012 年第 10 期，

收入本书时有改动

智慧政务：信息社会电子治理的
生活化路径

信息技术作为社会发展的结构化产物，也作为一种社会结构嵌入我们的日常生活之中，建构着我们的交往与生活方式。一个不争的事实是，我们在不断地向信息化的生活迈进。如果说，公共治理模式作为社会化的产物，所表达的是一种政府与社会关系，那么，在信息社会来临之际，信息技术的跃迁式发展使公民在偏好表达、日常沟通、信息传播等方面发生变化的时候，政府不仅需要适应信息时代的技术升级，也需要适应技术发展所带来的社会生活方式的变化，以及社会对政府公共服务内容与方式产生的新要求。进而，公共治理模式也必然走向革新。

一 电子治理：信息社会的公共治理范式

随着不同社会领域的信息技术趋向集成，越来越生活化，信息技术从影响政府业务流程到组织变革，再到职能重塑，以至于改变政府与社会关系。在促进政府组织内部不断变革的同时，也不断塑造着政府的治理模式。当前，这一治理模式我们通常称为电子政务（E-Government），它一般被定义为：依赖于互联网或信息技术，使政府更加透明，促进公民参与，实现更为高效和优质的公共服务。① 实际上，在公共治理的发展历程中，信息技术对电子政务的影响呈现出阶段性的特征（见图1）。

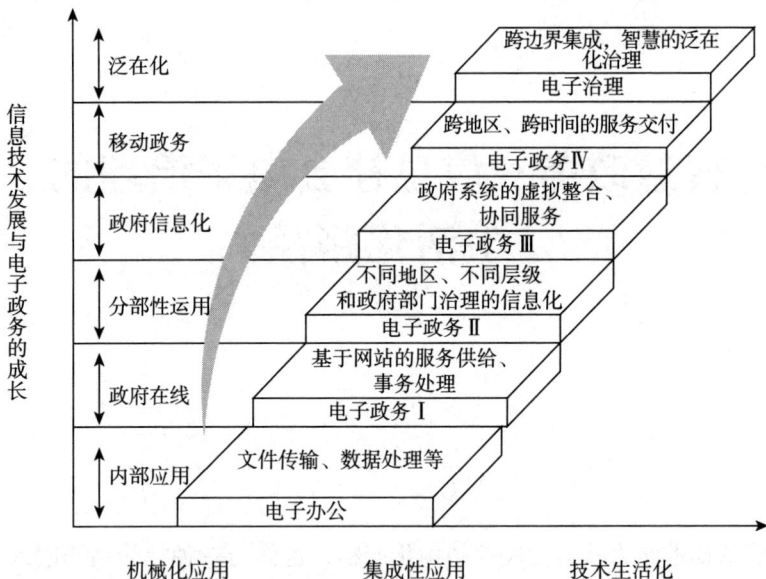

图1 信息技术发展与电子政务的成长

信息技术在政府中的最初运用是办公自动化（Office Automation）。主要是利用计算机技术和通信技术、现代化的办公设备等来代替手工作业，提高办公效率。该阶段以文件处理为核心，可以说是电子政务的准备阶段。第二阶段是网上政府、政府在线（Government Online）或数字政府（Digital Government）阶段。它较为关注依赖于政府网站或信息平台的在线服务，如服务申请、在线登记等。政府建立自己的门户网站，向公众发布信息，完成部分公共服务事项。这也是 E-Government 的最初含义，即电子政府阶段，我们称其为电子政务 I。第三阶段是信息技术在政府系统内不同政府部门以及不同层次和地区的政府治理中的运用。人们对

---

① S. S. Dawes, "The Evolution and Continuing Challenges of E-Governance," *Public Administration Review*, Vol. 68, 2008, pp. 86 – 102; Z. Y. Fang, "E-Government in Digital Era: Concept, Practice, and Development," *International Journal of the Computer*, Vol. 10, 2002, pp. 1 – 22; S. C. J. Palvia, S. S. Sharma, "E-Government and E-Governance: Definitions/Domain Framework and Status around the World," 5th International Conference on E-governance (ICEG), http://www.cs-i sigegov.org/1/1 – 369. pdf.

E-Government的含义理解与界定也开始由电子政府转变为电子政务，即实现了由内而外的扩展性理解。这是目前大多数国家和地区所处的阶段。此时，信息技术渗透到政府的各项工作和工作场所中。但分散化的应用也造成了互不连接的"信息孤岛"，这是目前政府面临的一大困扰。这一阶段可称为电子政务Ⅱ。也正是在这一困境的推动下，电子政务开始走向不同层级和部门之间的信息化整合，以期实现协同治理。此时可以认为是电子政务发展的第三阶段，即电子政务Ⅲ。随着信息传输网络的融合，借助移动通信设备以及手持电脑、个人通信助理、掌上电脑等PDA（个人数字助理）设备中无线技术的运用，电子政府已经进入了移动政务（M-Government）阶段。此时社会治理的虚拟互动平台不再局限于政府专网或某一网络载体。治理主体间实现了跨时间与跨空间的信息发布与收集，公民亦开始以跨时空的方式参与到公共事务中来，公民的主体性与主动性明显增强。我们认为这是电子政务发展的第四阶段，即电子政务Ⅳ。

现实中，电子政务发展的各阶段界限并不明确，而是交叠存在的。电子政府也从未彻底地实现。但显而易见，在电子政务或者电子政府的概念理解与实践中，其更多的是以政府组织为中心，将公民视为"顾客"，强调服务的供给。而随着泛在化信息时代的来临，Web 3.0、智慧感知、信息挖掘等技术被运用到电子政务中来，电子政务概念也有了发展性的解释。例如，有学者认为，电子政务是一个包含内容广泛的政府创新行动。通过发挥与利用信息和通信技术的驱动作用，递送高质量、无缝、集成的信息和公共服务，重构政府部门的业务和流程，整合系统应用及功能，我们实现了以公民为中心的电子包容和电子民主。[①] 也有学者开始区分 E-Government（电子政务）和 E-Governance（电子治理）的概念，认为电子政务主要表示依靠信息技术实现公共部门提供或委托的服务，而电子治理则被用来表示所有其他活动（如民主的管理，确保公共机构等决策的透明度）中电子政务的启用。[②] 也有学者认为电子政务理论与实践的不断发展

---

① 徐晓林、杨锐主编《电子政务》，华中科技大学出版社，2009，第33页。

② T. Bovaird，"E-Government and E-Governance: Organisational Implications，Options and Di-lemmas，" *Public Policy and Administration*，Vol. 18，No. 2，2003，pp. 37－58.

所涵盖的如提高公共服务质量、公民的电子参与以及推动更为负责、透明的政府改革等共同构成了电子治理的概念内涵。① 可见，在当前的概念运用上，电子政务与电子治理存在涵盖性的解释。这说明，电子治理正在成长之中，只是还远远未被以一种治理范式的身份从理论上予以确认。

我们认为，电子治理是政府、公民以及社会组织等主体以信息技术为载体，针对公共问题实现合作共治的过程。善治是电子治理的价值指向。当信息技术以生活化的方式渗透到公民的日常生活之中时，泛在化的信息技术就成为政府与社会组织、政府与公民之间共有的信息交互平台。同时，随着个性化信息终端设备的普及，以及服务对象和领域的多样化，政府支配式的治理与服务供给模式被肢解。以政府为中心的技术运用格局发生了转变，开始在社会内部扩散，政府与社会实现了信息互通，政府与公民、企业、非政府组织等治理主体间实现了跨边界的集成。这促使电子政务由业务或职能驱动转向公民驱动，由政府目标主导到社会需求主导。而电子政务也将向一种新的阶段演变。从这个意义上讲，电子政务的不断完善过程仅仅是一个过渡性阶段②，依赖于信息技术平台的电子治理将成为信息社会下的治理范式。相比较而言，电子治理更强调公民在治理过程中的主体性。它要求人们不仅关注政府组织以及服务过程的信息化建设，还要关注治理主体间的互动，以及治理主体凭借信息技术实现合作治理的能力。

二 对生活化电子治理的渴求

在信息技术的发展重塑着人类的交往结构和交往模式的同时，政府治理能力也被寄予新的期望。信息社会后现代式的碎片化生存状态，使共同的意义更加难以寻求；公共需求的"公共性"越来越"弱"，一致性公共

---

① S. S. Dawes，"The Evolution and Continuing Challenges of E-Governance，" *Public Administration Review*，Vol. 68，2008，pp. 86 – 102.

② 联合国最新的调查表明，电子政府或电子政务建设与电子治理的优化是高度相关的。从而证实了我们的理论概括。可参见 H. Y. Qian，"Citizen-Centric E-Strategies Toward More Successful E-Governance，" *Journal of E-Governance*，Vol. 34，No. 3，2011，pp. 19 – 129。

服务的规模也越来越小；公民对于服务提供渠道又都有自己的偏好。"这导致在电子公共服务中'一刀切'的方法不再有效。"① 人们越来越不满足于政府仅仅提供一般化的大众公共产品，转而要求政府对自身的个性化需求做出回应，以自我为中心向政府提出需求，评判公共服务质量。这也是网络论坛、博客、微博等诸种新兴媒介被称为"公民媒体"的原因之一。进而，公共决策与公共服务所运用的信息也就更为分散而多源，使电子治理必然以个体或者小规模群体为中心。如果电子治理仅应用于远离日常生活层面的公共事务的解决和大众化公共服务的回应，那么，公民必然逐渐失去对电子治理的信任与支持。

网络社会的崛起使去身份化的社会交往成为可能。Web 3.0 下的平台应用理念使虚拟与现实相连，尤其是"SNS"社交平台的运用和社交模式的发展，实现了社会网络的无边界拓展，信息化连接成为信息社会下的生活方式。有研究表明，如果虚拟社区以现实的社群为基础，或者当这些虚拟社区能培养出共同的兴趣，那么诸如网络、规范和信任等将得到加强，社会资本和公民的参与将会增加。人们之间的在线互动与社会资本的指标如普遍信任之间是正相关关系。② 这种无边界的联系，使原本弱小的公民个体通过信息技术以"弱连接"的方式发展为群体，使自我身份感得到实现，并强化着对自我的认同。但这也可能加深群体以及个体之间的界限感。因而，所谓"公共需求"也就越来越从自身的情感出发，从日常生活出发，越来越"小型化"。当公民在这一虚拟的公共领域发现其与己无益的时候，必然逐渐退出，"电子公民"精神也许仅仅是昙花一现，社会资本同样会不断减少，信息技术也就沦为娱乐化的互动载体。

电子政务在实现政府与公民及企业等社会组织之间更多地联合的同时，新技术也使政府开始按需提供服务。当前，以公民需求为导向的电子

---

① P. Verdegem, G. Verleye, "User-centered E-Government in Practice: A Comprehensive Model for Measuring User Satisfaction," *Government Information Quarterly*, Vol. 26, No. 3, 2009, pp. 487 – 497.

② A. Blanchard, T. Horan, "Virtual Communities and Social Capital," *Social Science Computer Review*, Vol. 16, 1998, pp. 293 – 307; S. J. Best, B. S. Krueger, "Online Interactions and Social Capital: Distinguishing Between New and Existing Ties," *Social Science Computer Review*, Vol. 24, 2006, pp. 395 – 410.

公共服务安排已经受到更多的重视。[①] 电子政务中"客户关系管理"理念的运用就是一种表现。但由于"顾客"购买力、行为能力的差异，市场化的理念无法实现对公民的平等对待。以政府网站或政府专网为载体的信息与服务供给是静态、单向的，用户更多是被动参与。换言之，公民的主体性地位并没有得到真正的尊重和实现。加之技术条件限制及公民技术能力贫困、信息贫富不均等数字不公问题的存在，以致"往往最需要政府服务的人因为不拥有技术而不能获得服务"。[②] 同时，传统的电子政务模式是网站—公民，或者政府信息平台—公民的关系模式。在这种模式下，公民与政府之间是存在空间距离以及行为间隙的。而且，技术设施或者平台也与公民之间存在距离。信息技术没有实现支持随时随地的、个性化需求的功能。可见，以抽象的公民为中心的电子政务设计以及服务设计是远远不够的，它还要面对具体的公民，走向以公民日常需求为中心的治理与服务的优化。

三　智慧政务：走向日常生活的电子治理

电子治理的生活化需求在传统的治理模式下是无法真正实现的。一方面，政府缺乏必要的手段来感知公民个性化需求的内容，无法判断这种需求的必要性和真实性。另一方面，政府并不是全知全能的，政府也缺乏相应的能力来有效地响应公民的需求。对个体、群体以及地区等不同公共服务规模的需求信息进行真实而敏捷的采集成为提供高效优质的个性化服务的基础。而更为现实的是，信息社会因多元化而变得复杂化，它需要政府去主动感知、聚合各种信息，更为积极地收集来自公民的需求信息，真正走进公民的日常生活世界，不断地自我更新与调适，实现可持续的治理，以及不断提供公共服务。只有更加贴近其日常生活才能识别其需求的真实

---

① J. Vandijk, "Explaining the Acceptance and Use of Government Internet Services: A Multivariate Analysis of 2006 Survey Data in the Neth-erlands," *Government Information Quarterly*, Vol. 25, 2008, pp. 379 – 399; C. Centeno, R. Van Bavel, J-C. Burgelman, "E-Government in the EU in the Next Decade: Vision and Key Challenges," http:/ftp. jrc. es/EURdoc/ eur21376en. pdf.

② A. Dugdale et al., "Accessing E-Government: Challenges for Citizens and Organization," *International Review of Administration Science*, Vol. 71, 2005, pp. 109 – 118.

性，才能满足其需求的特殊性。同时，在学术界早已有学者倡导旨在运用集体智慧的智慧社区建设，以提高社区生活质量。① 而"智慧城市"概念的提出以及国内外实践的逐步开展，不仅推动着电子服务等电子治理内容的发展，电子治理本身也被视为新兴的"智慧城市"建设的一个新媒介。②"智慧"的生活成为信息社会的一种愿景。这就使更具智慧性的政府成为必需。

智慧政务（Smart Government，SG）则是响应上述要求，变革治理模式的一种回应性选择。依靠智慧感知、信息挖掘、云计算、虚拟现实以及物联网等技术，科技变得更加智慧化，开始具有了"思考"的能力。高速的网络传输、Web 3.0 的语义网结构以及个性化的信息终端设备，赋予技术以更强的文化敏感性，改变了公民和政府间沟通的方法，也实现了以公民或服务对象为中心的无处不在的信息跟踪服务。在泛在技术（Ubiquitous Technology）发展的基础上，通过多元的信息接收设备，将政府服务嵌入到公民的日常生活之中。人们可以通过基于身份信息的基础型数据库与基于生活动态信息的个人化数据库，以"智能匹配"技术进行服务需求信息的动态传播、采集及总体分析，实现信息的实时更新、整合以及服务内容、服务方式的动态调适；也可以通过得知其即时需求，以个性化推介技术提供可预见性的服务。因此，我们在这里使用"smart"这一词语的时候，已经赋予其更多的"智慧"（Wisdom）的意义。

智慧政务是依赖信息技术实现主动、高效、个性化公共服务的过程，其目的在于实现以公民为中心的智慧服务。如果说传统的电子政务存在"民主赤字"、"数字鸿沟"、信息超载等问题，那么，智慧政务将会主动去纠正这些问题。此时，它不再单纯地依赖公民的信息能力，而是通过对弱势群体的需求响应、对"数字鸿沟"的跨越、电子易用性的提高、促进文化融合共生等方式推动着包容性电子政务的发展。它通过更加开放的、跨地区、跨身份的合作治理，实现跨边界整合与动态协同，使依赖于公民参与、"顾客"

① A. Coe et al., "E-Governance and Smart Communities: A Social Learning Challenge," *Social Science Computer Review*, Vol. 19, 2001, pp. 80 – 93.

② K. A. Paskaleva, "Enabling the Smart City: The Progress of City E-Governance in Europe," *International Journal of Innovation and Regional Development*, Vol. 4, 2009, pp. 405 – 422.

到访等被动响应的、有限制的公共服务向满足不同公民需求的包容性、无边界的"泛在化服务"（Ubiquitous Services）扩展，实现了社会利益融合。智慧政务将电子政务研究的价值指向和价值中心归于人，将治理的行为重心转向人的生活，使公共服务更加人性化，以实现每个公民更美好的生活。生活化是智慧政务的本质所在，它表征着一种新的电子治理阶段的来临。

四　智慧政务的交互型治理结构

传统电子政务的理念假设是："当顾客和一个虚拟的政府机构互动时，他们似乎在与一个紧凑的物质的机构互动，可实际上，他们是在与多个机构互动，这些机构仅通过数字网络就可以被整合。"① 亦即，它将公民看成遵循自利动机讨价还价的"消费者"，而在智慧政府的愿景下，它则尊重公民的权利与主体性，遵循协商民主。只是这种交互协商已不再局限于政府与公民之间，而是跨越政府、企业、社会组织等多元主体的边界。政府在信息技术支持下，通过多层次、跨区域、跨部门、跨领域的信息资源开发和共享机制，实现信息由单一系统共享向多系统共享的转变。公民共享、共用公共信息，实现公共责任的共同承担和社会信息资源的最优化运用。此时，随着以政府组织为中心的服务转向以社会为中心的服务，服务的提供主要由邻里互动、社区互助、非营利组织与市场机制等负责，政府需要做的是促进其之间更加紧密地互动与合作。

虽然治理作为一种主体间关系的表达，互动是必然的构成，但是这种互动存在平等与否、主动与被动之别。在电子治理中，交互将成为这一治理模式下的常态化行为，而在智慧政务中这种互动的性质正在发生变化，它将由面对面的互动转变为非共同在场的交互。而且这种交互是围绕着生活需求展开的。政府之外的交互主体被当作现实中的公民认真对待，而不再被定义为被动性的"电子公民"。换言之，智慧政务将传统电子政府或者电子治理模式的主体—客体关系，将政府与公民的主体—客体关系，转变为政府与公民

---

① 〔美〕简·芳汀：《构建虚拟政府：信息技术与制度创新》，邵国松译，中国人民大学出版社，2004，第29、30页。

的主体—主体关系，将公共服务的供给与选择关系，转变为需求与回应以及主体间互动的关系。此时，治理主体是多元的且不确定的，是去身份性、去中心性的平等合作，它形塑着一种交互式的新电子治理模式。

当前，对整体型治理、电子整合和跨组织信息集成的要求实际上就是对强化政府间互动的要求。然而，这些仍然限于政府层面，也就是说，在服务需求与服务实现、服务提供方与服务需求方之间存在"缝隙"。在智慧政务下，公民与各种小型化的社会组织可以借助信息网络利用集体智慧，以自组织的方式来实现自我服务，通过技术性的手段实现自我治理与合作治理的结合。这种治理使公共服务的时空间隔缩小了。公共服务成为环绕于公民个体与家庭、社区等小型单位的个性化的日常生活构成。因而，智慧政务时代的电子治理不用再担心碎片化（Fragmentation）和次优化（Sub-optimization）的批评。因为，此时针对每个需求主体的服务都是最优的。

在泛在化信息技术的应用下，依赖于多元的移动终端接收设备，个体的互动已不再局限于现实生活中面对面的共同在场的交往，社会主体之间实现了非共同在场的协调。公民的需求在日常生活之中的各种形式下都实现了无时空限制的发布与回应。而且在服务过程中，作为服务需求的响应者，其也是多元的。公民需要可以通过存在于身边的非政府组织或邻里组织、社区机构以及兴趣群体等实现互动性满足。当这种需求的共性与规模超越了合作自治组织的能力范围时，才向上递阶到相应层次的政府安排阶段。此时，散落分布的社会组织治理能力得到了有效的发挥和运用，社会治理真正成了"公共"治理。而依赖于信息技术，政府在各个层级上职能的剥离与前置使缩小政府的直接服务范围成为可能，也使政府在规模上成为最小的而在服务范围上又是无所不在的。它所搭建的信息处理中心成为信息网络中的核心机构，其主要责任在于搭建和维护一个开放、理性的互动平台。

五　走向技术民主

作为对一种可持续的、包容性的治理模式的追寻，我们赋予了电子治理时代的智慧政务诸多美好的期待。此时，人类似乎越来越依赖于技术，但是，当我们将其运用到日常生活之中，作为服务载体的时候，人类不再受其奴役，而是以主体性的方式实现了对技术的宰制。可以说，智慧技术的发展所带来的是人类的一次新的解放。而这次解放需要政府以智慧的方式去发现和适应。因而，我们所要担心的似乎不是技术本身，而是技术价值的实现者——政府及其合作伙伴。然而，作为一个智慧治理过程，智慧政务内在的特征是开放、透明与包容。这使政府组织和社会组织在承担公共服务功能，以及在为公民服务的过程与效果方面将受到动态的监督。同时，在理论上，当电子政务中的公民满意度研究，服务采纳与接受行为研究以及服务质量研究等与智慧政务实践结合的时候，无疑也会促进智慧政务的发展，并能够有效防止其价值失灵。在更为政治化的意义上，智慧政务过程中的动态交互所产生的协商民主形式与代议制民主是可以相互促进的。因而，代议民主制度在更高的层次上约束着政府行为，并且促使政府更为积极地行使其对非政府组织、社区组织以及企业等组织行为的公共性监督功能。可以说，智慧政府及其智慧的治理模式是积极民主观与消极民主观的整合。因为，选择的主导权已经为公民所掌握。

不可否认，还有很多人没有进入网络世界，也没有使用现代信息设备，缺乏相应的信息能力。因而，政府在推进信息化基础设施建设的同时，必须开发和有效运用电子化以外的公共服务渠道。治理的生活化趋势亦是不可逆转的，但智慧政务所表征的电子治理生活化有着自身的隐忧。随着政府对个性化需求的重视，以及对公民需求的前瞻性给付，私人欲求对政府治理公共性的侵蚀可能会更加明显，在公共生活泛化的同时，也使公共生活的真正主题更加模糊。政府的公共决策与公共服务也就更加难以确定着力点。当然，这也许意味着真正实现了政府干预范畴的最小化，是技术民主的另一种表达。因而，一个完美的技术时代为我们所展开的不仅是更为幸福的生活，我们享受着它所带来的一切收益的同时，所要承受的东西也许同样多，对此还有很多课题等待着我们来发掘和研究。

本文作者为徐晓林、朱国伟，原刊发于
《自然辩证法通讯》2012 年第 5 期，
收入本书时有改动

基于电子证件的政府公共服务
信息资源共享

广泛使用的传统印刷防伪证件，在防伪、防冒用方面存在很多无法解决的问题，比如易于伪造和复制、不具备唯一性、可辨识性差。采用了无线射频识别（Radio Frequency Identification，RFID）技术的身份证、电子护照等具有高防伪性能的新型电子证件的出现，给证件防伪提供了新的思路。RFID 电子证件可能用于不同的应用信息系统，这些信息系统可能属于政府、企业或各种组织机构，它们需要验证电子证件并在授权范围内获取相关信息，然后向政府公共信息服务系统请求检索。证件所有人、应用系统、政府公共信息服务三者之间是多对多的关系，形成网络化的互动模式。因此，建立电子证件、应用系统、政府公共服务信息三者之间无缝集成的业务模型和技术框架，对于建立基于电子证件的公共服务信息资源共享平台将具有重大的理论价值和现实意义，将极大地提高政府公共信息的利用价值，并保证信息安全，防止滥用、误用。

本文拟结合公共服务信息资源共享的理论和电子证件的技术特点，提出一套以电子证件为基础的政府公共服务信息资源共享平台的总体技术框架模型，并对推动信息共享平台的建设提出了一些看法，同时以电子房产证为例，提供了推动电子证件的推广应用和政府公共服务信息资源共享深化发展的一些经验。

一　电子证件在政府公共服务信息共享中的应用优势

政府公共服务信息资源管理是一种集成性和综合性的管理活动，是公共部门为了实现特定的目标，以现代信息技术为手段，对政府公共服务信息进行采集、加工、存储、交换、共享、开发利用，对信息活动各要素（信息、组织机构、人员、设施、资金、技术等）进行规划、组织、协调、指导、培训和控制，实现政府公共服务信息资源的合理配置，有效地满足公共、政府和社会信息需求的活动过程。[①]

信息共享是信息资源管理的重要内容，是指不同层次、不同部门信息系统间，信息和信息产品的交流与共用。与其他人共同分享信息资源，可更加合理地配置资源，节约社会成本，创造更多财富。信息共享是提高信息资源利用率，避免在信息采集、存贮和管理上重复浪费的一个重要手段。

电子证件作为访问政府公共信息的主要身份认证手段和检索对象，可以和政府公共信息系统实现良好的对接，在信息安全和保密的条件下实现公共服务信息资源共享，可更加合理地配置资源，节约社会成本，创造更多的价值，在便利性、协同性、安全性方面具有不可比拟的优势。

二　基于电子证件的政府公共服务信息平台的技术框架

电子证件对于解决"信息孤岛"、信息重复采集以及信息不一致等问题，对构建跨部门、跨平台、跨语言、跨硬件的无缝集成的信息交换和共享平台都有重大作用，所以建立基于电子证件的政府公共服务信息平台是实现政府信息资源共享的正确选择。《国家电子政务总体框架》科学地将电子政务的社会功能、技术关键、管理要素有机组成统一的、动态的整体，并划分为五个部分：服务是宗旨，应用是关键，信息资源开发利用是主线，基础设施是支撑，法律法规、标准化体系、管理体制是保障。[②] 以

---

① 蔡立辉、于刚强编著《电子政务》，清华大学出版社，2009，第267页。
② 陈拂晓：《深度解析〈国家电子政务总体框架〉》，《计算机世界》2007年1月29日。

此为基础，结合 RFID 技术的特点及信息平台的建设实践和经验，笔者认为，基于电子证件的政府公共服务的总体技术框架可由六个层次两大保障体系共同构成（见图 1）。

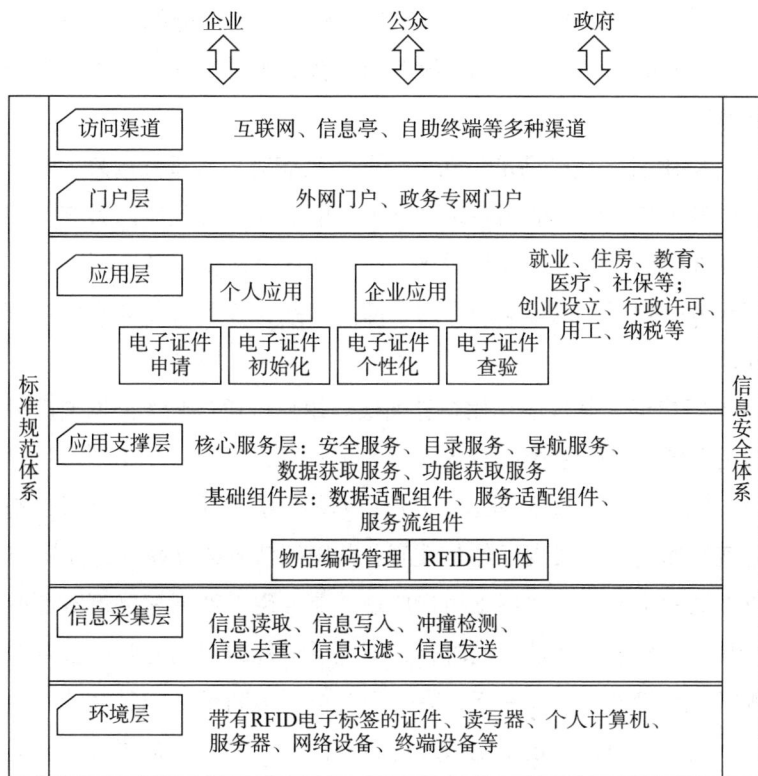

图1　基于电子证件的政府公共服务信息平台总体框架

六个层次是指以下几种。

（1）环境层。其指 RFID 证件的应用环境。包括带有 RFID 电子标签的证件、读写器、个人计算机、服务器、网络设备、终端设备等 RFID 证件应用及提供公共服务信息必需的运行环境。

（2）信息采集层。基于 RFID 技术的信息采集，可以通过读写器读取或者写入 RFID 证件信息，进行信息预处理，比如解码、防冲撞、多通道信息去重、信息过滤、分类形成基础数据库和业务数据库，并将信息发送到应用支撑层。基础数据库和业务数据库从政府内部数据与信息共享着手，记录各业务环节的服务过程，解决数据跨职能部门传递困难的问题，并推进政府职能部门职责的明晰、业务流程的协同和服务意识的增强。

（3）应用支撑层。其是一个与网络、应用无关的，能够实现政务信息资源交换、共享与整合，支撑电子政务应用系统的开放性基础设施。它以统一的物品编码管理和 RFID 中间件为基础，由两部分构成——基础组件层和核心服务层。为上层应用系统和门户获取所需的资源提供各类统一的基础支撑服务。

（4）应用层。其以满足公众、企业、政府对公共服务信息的需求为目标，提供各类公共服务应用系统。其中，电子证件管理应用系统，用来实现电子证件申请、电子证件初始化、电子证件个性化以及电子证件查验四个应用环节的管理，也是应用层的一部分，并与各公共服务应用系统相集成和互动。

（5）门户层。其也叫作用户界面层。用户可通过政务外网或政务专网访问应用系统，享受系统的服务。

（6）访问渠道。随着网络、通信技术的发展，用户可以通过越来越便捷的渠道快速高效地实现证件与政府公共服务信息的互联互通互操作。

以上的六个层次，实现了用户展现、业务逻辑处理和物理资源的有效剥离，具有良好的扩展性。同时，其把电子证件的应用与政府公共服务信息资源管理有机地整合在一起，有力地支撑了不同区域和领域统一电子政务应用系统的建设，满足了区域政府跨部门信息共享、资源整合、业务协同的工作需求。并且最大限度地保护现有投资，使得政府信息管理系统在变化幅度最小的情况下，可通过升级满足电子证件的应用需求。

三　建设电子房产证信息服务平台的案例

房产证是房屋所有权证的简称，是由不动产登记机关发放的证明房屋所有权归属的书面凭证。由于房屋是重要的不动产，与之相关的交易活动极为普遍，因而房产证在交易活动中得到广泛的运用。但是，目前利用假房产证进行诈骗的案件不断增加。为了避免假房产证造成的危害，亟须增强房产证的防伪特性和弥补房产证的管理漏洞。将传统房产证与 RFID 技术相结合有明显的优势。

（1）防伪安全：每张房产证都是唯一的，以防止伪造和克隆；物理防伪与数字防伪相结合，安全可靠。

（2）精确高效：芯片内保存信息，房产证填写信息和房产登记簿信息被严格控制，确保一致。

（3）管理科学：验证方便、信息具备可追溯性，可防止管理漏洞。

2009年，大连房地产交易登记中心建设了一个"RFID房产证信息共享平台"，包含房产证印制、房产登记、房产证发放、房产证保管、房产证使用和查验以及房产证回收等功能，用来对房产证的全生命周期进行跟踪管理，提高房产证的安全防伪性能和鉴定能力，规范房产证的发放和使用流程，同时司法、金融、房产中介等相关机构可进行脱机或联机查询，促进房产信息共享，有效防止利用假证诈骗、一房多贷等犯罪和不良行为。

大连市RFID房产证信息共享平台的系统架构如图2所示。

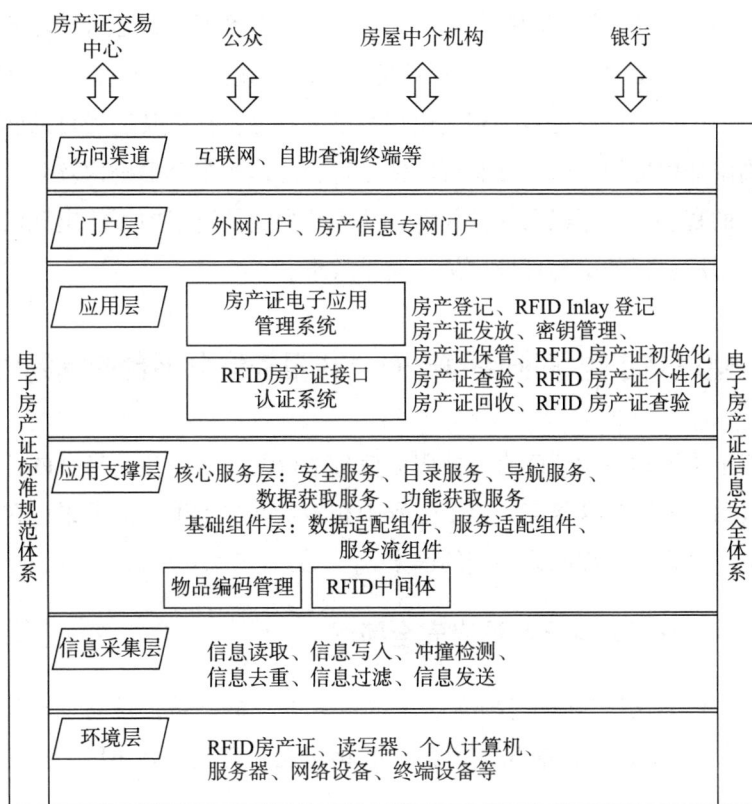

图2　大连市RFID房产证信息共享平台的系统架构

该系统架构诠释了"基于电子证件的政府公共服务信息平台总体框架"在电子房产证上的应用，核心应用系统由"房产证电子应用管理系统"和"RFID 房产证接口认证系统"两部分构成，前者用来实现房产证的业务流程管理，后者用来进行 RFID 房产证的 RFID 数据读写接口认证及安全控制，实现了"结构松耦合、业务紧集成"的目标，充分证明了该框架的普遍适用性和科学性。

该系统通过开放式的互联网连接到房地产交易中心的后台数据库中，实时进行查询，以向普通公众、房地产交易中心、银行、房地产中介机构等提供最及时的数据。这意味着房地产交易中心的后台数据库会在一定程度上向互联网开放，这对于中心数据库来讲是相当危险的。对此，该中心充分评估了整个系统的安全风险并制定了网络安全、访问安全、传输安全、使用安全、数据安全的五级安全防护方案，由网络、设备、系统三方面相互配合、共同实现。

大连市 RFID 房产证信息共享平台于 2009 年 8 月上线运行。随着大连市房地产管理信息化水平的不断提高，房地产数据不断丰富，RFID 技术支撑下的电子房产证逐步得到应用和推广，并逐步扩展其远程自助联机查验等高附加值应用。联机查验可以使银行、房地产中介等机构及时了解指定房产的真伪、数据以及他项权益，从而减少交易过程中可能出现的欺诈现象，形成良好的交易环境，提升交易效率。

四　建设基于电子证件的政府公共服务信息平台的制约因素

将电子证件应用于政府公共服务信息平台的优势是显而易见的，但是它牵涉面广、科技含量高、整个过程中充满着许多不确定的因素，在建设和推进的过程中，面临许多制约因素。

（一）技术标准化和信息安全问题

信息标准化作为电子政务信息资源共建共享的基石，是电子政务事业成败的关键。[①] 但是目前我国信息标准化建设较落后，在 RFID 证件方面

---

① 何振等：《电子政务信息资源的共建与共享研究》，中国社会科学出版社，2009，第229页。

还有相当多空白，特别是在集成、导航、检索和定位信息资源时，一些信息弱势群体常常缺乏起码的技术支撑。安全性是电子政务的基础保障。[①]我国与电子证件相匹配的电子签名、电子认证等技术的整体研发能力还十分薄弱，信息安全在一定程度上体现了公共服务信息共享的生命力。所有信息系统都不可避免地面临与网络设施保护和信息保护相关的攻击与安全威胁问题，这不仅会影响在线公共服务的完整性和有效性，更会影响公众的信心。政府公共服务信息平台包含大量的反映政府活动以及政府与公众之间关系的信息，对公众来说，方便了其获得公共服务；对政府来说，有利于其全面获取各方面信息，提高政府管理效率。[②]

（二）数字鸿沟和信息孤岛问题

由于经济水平的差距、受教育水平和区域特色的不同，公民利用政府公共服务信息资源的能力存在很大差异，数字鸿沟在一定程度是客观存在的。对政府部门来讲，很多业务必须依靠不同部门的合作才能完成。然而在我国，各自为政的管理体制与电子证件的统一性、开放性和规模经济等产生冲突，各部门出现条块分割、信息共享障碍严重等问题，造成一些政府部门之间缺乏良好的合作基础和合作激励机制。[③]

（三）立法滞后问题

在政府公共信息服务的法制建设上，目前需要解决的问题主要在于以规范、明确的法律、法规来保证政府及时有效地提供公共信息服务。我国公共信息服务在立法这一重要环节上相当滞后，许多方面基本上处于空白。同时，现行的各种法律法规已经明显不适应发展，有关网络安全、信息认证、加密等方面的法律法规没有及时跟进，对网络犯罪的预防、监管、责任追究等也缺乏完整的法律依据。再加上网络安全缺乏行政法律保障，规范化管理制度建设相对滞后，造成网络安全管理漏洞，从而产生了

---

① 徐晓林、杨兰蓉编著《电子政务导论》，武汉出版社、科学出版社，2002，第111页。
② 孙宇：《构建面向公共服务的电子政务体系：理论逻辑和实践指向》，《中国行政管理》2010年第11期。
③ 祝江斌：《中国电子政务建设存在的问题与对策研究》，《理论月刊》2007年第1期。

网络信息安全隐患。法律制度的缺失在一定程度上阻碍了政府公共服务信息共享的发展。

（四）资金不足的问题

利用电子证件实现政府信息资源共享的前提是拥有强大的信息化基础设施，而我国特别是中西部地区由于经济发展水平低，信息化建设投入资金少，硬件环境既不能保证其信息资源的质量，也妨碍了信息资源的共享。另外由于"重电子、轻政务"，软件和信息资源开发利用方面的投入相比于硬件投入更少。不仅是投入资金不足，消费资金不足也明显制约着信息资源的共享。

五 推动基于电子证件的政府公共服务信息平台建立的对策

要想有效推动电子证件的推广应用和政府公共服务信息资源共享的深化发展，可从以下几个方面着手。

（一）加强基础建设和安全管理

首先，应进一步扩大政务信息公开范围，促进信息共享。为此，在数据库建设方面，应加强基础性、战略性数据库的建设，建设高速信息网。其次，应加强电子政务安全保障体系的建设。可以通过内部监控审核，阻断非法操作。同时，进行一定级别的第三方认证，以防范内部人员对信息资源进行恶意操作。

（二）培养公众参与意识，加强公众参与机制建设

只有以一种务实、公民可以接受的方式，循序渐进地培育和增强公众消费在线公共服务的意识和信心，才能走出一条电子政务可持续的发展道路，并为公共服务的日臻完善提供外部动力。首先，加强宣传，让更多人知道并了解信息平台建设及其带来的便利和效益，利用群体效应影响公众对移动政务的心理认知，增强公众的广泛参与意识。其次，必须降低服务价格和运营费用，保证广大群众能够接受并愿意主动尝试。

（三）完善相关的法律法规，提升服务的安全性

由于电子证件经常会涉及用户的隐私，这就要求立法规范，在运用电子证件技术时采用更严密的安全设置和安全措施，使用户安心，提高用户的信任度。政府立法应从政府信息保护方面的法律法规、政府信息公开方面的法律法规、政府信息获取方面的法律法规、政府信息贮存管理方面的法律法规四个方面来考虑。必须遵循国家信息化建设纲领、规划和原则，与电子签名、政务信息公开、个人信息保护等专门立法精神保持一致，同时必须对数据重复采集、数据标准不一、交换平台多头建设、信息资源产权不清、公共服务信息资源管理制度不健全等突出问题进行规制。

（四）加大资金投入力度

政府信息资源共享平台是基于电子证件技术的强大的信息化基础设施。政府应加大在技术平台建设方面的投入力度，特别是要加大对中西部"信息孤岛"地区的资金投入力度。在注重投资购买网络基础设施的同时，也要注重对信息资源数据库等软件设施进行开发利用。政府在信息资源整合中要加强宏观调控并制定相关法律和政策进行引导，同时要遵循市场规律，充分发挥市场的资源配置作用，面向有效需求，力争最大的经济和社会效益。

（五）建立公共服务信息资源共享评价机制

测评基于电子证件的公共服务信息资源共享工作，不仅可以检验信息系统有效性和系统管理水平，体现电子证件信息平台建设成果和效益，还可以分析电子证件技术开发以及信息资源共享平台应用工作中存在的问题，提出进一步的发展思路。政府公共信息资源共享评价应该包括三个方面：一是对政府部门推动信息资源共享平台建设的评价，二是对信息资源本身的评价，三是对信息资源开发共享的效果评价，其中包括使用者的满意度评价。这三个方面构成了评价总体框架。

总之，充分利用电子证件技术，促进政府公共服务信息资源共享，建

设高效、亲民、以人为本的服务型政府，是构建社会主义和谐社会的内在要求。随着 RFID 技术的发展和公共服务信息资源共享解决方案的成熟，电子证件在政府公共服务信息共享化中将扮演越来越重要的角色。

本文作者为徐晓林、张宁英，原刊发于
《中国行政管理》2012 年第 3 期，
收入本书时有改动

中国虚拟社会治理研究中
需要关注的几个问题

一 虚拟社会：概念梳理与厘清

虚拟社会的本土研究可以追溯到 20 世纪 90 年代末，所涉学科主要为哲学和社会学，"网络社会"的命题也由此提出，曼纽尔·卡斯特的信息时代三部曲尤其是《网络社会的崛起》中文版的面世，进一步强化了该命题的合理性，人们用其来指称互联网作为人类生存新方式的社会性功能。事实上，卡斯特"网络社会"中的网络在抽象层面没有特殊的指代性，并非专指互联网，而是相互连接的节点，侧重考察社会结构形态所蕴含的网络化逻辑，这种网络化逻辑在前信息化时代就已经存在，只不过受技术条件的限制，网络的流动性较低且具有浓厚的地域性烙印。[①] "新信息技术范式为其渗透扩张遍整个社会结构提供物质基础，网络化逻辑的扩散实质改变生产、权力与文化过程中的操作和结果，进而构建新的社会形态"[②]，即网络社会（Network Society）。而有关网络社会（Cyber Society）的国内

---

① 〔美〕曼纽尔·卡斯特：《网络社会的崛起》，夏铸九等译，社会科学文献出版社，2004，第 569 页。

② 〔美〕曼纽尔·卡斯特：《网络社会的崛起》，夏铸九等译，社会科学文献出版社，2004，第 569 页。

共识则认为其是在互联网架构的网络空间中产生的社会形式。① 可见，此"网络社会"（Network Society）非彼"网络社会"（Cyber Society），尽管中文"能指"相同，但各有不同"所指"。② 卡斯特所言的网络社会与中文语境下的网络社会在所指层面的差异性所引致的矛盾和混淆使学者开始反思"网络社会"的具体界定。为避免网络社会在中文上的不同所指造成的概念混淆，"虚拟社会"被用来指称英文意义上的赛博社会（Cyber Society）。"与网络社会等概念相比，虚拟社会概念从纵横两方面把科学技术和人类社会的发展，把人类新的社会存在形式和人类社会历史的发展联结起来，既反映虚拟社会形成的科学技术基础，也表明虚拟社会的人文基础。"③

在虚拟社会概念界定层面，学界虽然对虚拟社会的性质有争议，但在其构成要素上基本达成一致：虚拟社会是计算机网络技术更新升级的结果，现实社会中的人是虚拟社会的主体，而主体间的互动所形成的社会关系是虚拟社会的重要内容。我们认为虚拟社会是符号化的现实，社会中的人在互联网建构的虚拟空间内按照一定规则从事生产和生活活动并形成各种社会关系的人化的场域。虚拟社会是网络社会的组成部分，当网络社会中的节点为互联网时，虚拟社会的出现便成为可能；而网络社会则是信息社会的重要组成部分。虚拟社会主体是现实社会中具有网络空间生存能力的人，他们以符号化的形式活跃在虚拟空间；虚拟社会主体在虚拟空间中并不是无序的存在，而是处于相互交往和互动的状态中；虚拟社会主体互动的空间是由互联网建构的虚拟实在的人工空间，是人化的场域。当符号化的现实社会中的人在互联网构成的虚拟空间中以群居的方式存在并形成各种社会关系时，虚拟社会也就应运而生。虚拟社会的发展历程大致可分为类"社会式"的原始虚拟社会（BBS）、类"城邦式"或"广场式"的虚拟社会（在线聊天室）及"社区式"的虚拟社会。④

① 郑中玉、何明升：《"网络社会"的概念辨析》，《社会学研究》2004 年第 1 期。
② 郑中玉、何明升：《"网络社会"的概念辨析》，《社会学研究》2004 年第 1 期。
③ 张明仓：《虚拟实践论》，云南人民出版社，2005，第 258、259、266 页。
④ 曾令辉：《虚拟社会人的发展研究》，人民出版社，2009，第 26、42、19 页。

二 虚拟社会治理的逻辑起点："虚实关系"

虚拟社会作为人类社会发展的产物，其与现实社会的关系受到学者关注。一是过度强调现实社会作为物质基础的决定作用，将虚拟社会视为现实社会的翻版，网络虚拟社会以现实社会的信息虚拟技术发展为存在基础，是现实社会的缩影和映射，是对现实社会的特殊镜像①；二是带有技术决定论的色彩，将虚拟社会的崛起视为现实社会的终结，虚拟技术和虚拟实践的成熟将虚拟化人类社会的一切，虚拟社会的形成和发展是对现实社会的否定，虚拟社会终将取代现实社会成为未来社会的唯一形式②；三是将虚拟社会视为人类社会新的存在方式，并与现实社会统一于整个人类社会。人类社会在现代科学技术的作用下分化为现实社会和虚拟社会两个场域，现实社会和虚拟社会并存交织、互动发展，都是人们交互作用的产物，都是人类赖以生存和发展的空间。③

虚拟社会与现实社会的关系应该置于虚拟社会发展的历史进程中来考察。首先，虚拟作为人的活动的普遍特性自人类诞生起就已存在，虚拟现象及其思维具有久远的历史，虚拟思维大致经历动作符号、造型符号、语言文字符号和数字化的虚拟思维四个阶段，它们随着人类的进化和人类社会的发展而发展，虚拟作为符号化、数字化的思维方法源自人类适应环境、超越现实的文化本性。④ 虚拟社会是人类社会不断虚拟化的结果，语言文字作为人类对现实社会的符号化虚拟，其发明和使用是人类迈向虚拟化的重要突破。此后，受生产力发展的限制，在较长时期内，人类社会虚拟化的进程相对缓慢。以电报等新技术为代表的电力革命的爆发，为人类社会虚拟化提供新的机遇，现实世界的虚拟化突破语言文字的形式。信息革命中网络技术、通信技术等的发展标志着人类社

---

① 范立国、王红斌：《网络虚拟社会的现实化管理问题研究》，《东北师大学报》（哲学社会科学版）2010 年第 6 期。

② 张明仓：《虚拟实践论》，云南人民出版社，2005，第 258、259、266 页。

③ 曾令辉：《虚拟社会人的发展研究》，人民出版社，2009，第 26、42、19 页。

④ 郑元景：《虚拟生存研究》，社会科学文献出版社，2012，第 34 页。

会虚拟化技术的相对成熟。① 当电子商务、电子政府、虚拟社区和个性化虚拟生活成为互联网的主要内容时，互联网发展成为具有社会性的虚拟环境。

历史地看，虚拟社会是人类社会生产力和生产关系不断变革的产物，是生产力和生产关系高度发展的产物，虚拟社会存在的物质基础由现实社会提供。作为虚拟社会物质载体的全球计算机网络，为虚拟社会生存提供物质外壳和技术支撑，而它在现实社会中则以客观物质实体的形式表现出来。虚拟社会中符号化的主体以及虚拟社会保持活力所需要的信息资源也来自现实社会，虚拟社会的发展是现实社会推动作用的结果。从这个意义上讲，现实社会是虚拟社会存在和发展的基础。需要指出的是，虚拟社会具有与现实社会不同的新特点，并不是现实社会的简单再现和翻版，虚拟社会对现实社会的拓展集中体现于其对现实社会的重塑和再造过程，它正以前所未有的方式改变人类的社会组织、社会结构和生存环境。不过，现实社会仍是检验虚拟社会行为和活动的最终标准，虚拟社会不能取代现实社会成为唯一的社会存在方式，技术的持续发展和进步在模糊虚拟社会和现实社会界限的同时也促进其走向一体化。

对虚拟社会和现实社会关系的考察还应考虑到中国特殊的国情和网情。转型时期利益分化和利益主张成为中国民众社会生活的重要内容，现实社会中诉求表达渠道的相对匮乏和成本收益的巨大鸿沟促使以互联网为核心的虚拟社会成为人们意见和利益表达的重要场所。符号化的"现实人"基于特定事件的观点分享在多种因素的作用下往往容易形成强大的舆论场，进而引发现实社会各种力量对事件的关注。互联网舆论场的出现是利益分化和聚合的结果，是虚拟社会和现实社会交互作用的产物，其作用力也不仅仅停留在虚拟社会，当利益聚合在虚拟社会的表达未能得到回应和疏导时，网民极有可能从线上的讨论和声讨走向线下的群体性行为。基于此，中央政府对互联网舆论场高度重视，视其为民众利益诉求和社会和谐的晴雨表，并督促地方各级政府对网络舆论及时把握和疏导，官僚体系内这种自上而下的压力机制促使各级政府部门具有审慎对待网络舆论、评

① 贾英健：《虚拟生存论》，人民出版社，2011，第 300 ~ 302 页。

估其可能造成的影响并做出回应的动力。在这个意义上，与西方虚拟社会相比，中国虚拟社会对现实社会具有巨大的"张力效应"。

然而，作为社会政策和社会服务主要供给者的各级政府感知到虚拟社会张力时所采取的行动既有积极疏导和回应也有消极对待。与西方国家事后追惩的网络审查模式不同，普遍的预审查与人工干预的后抽查相结合是中国互联网内容监管政策的鲜明特色，如提前审查和判断境外网站或者信息、对境内流动的各类信息实时扫描、对用户发布信息的渠道采取敏感词防范机制等。[①] 自上而下的舆情信息工作体系的建立也是政府加强网络信息审查和监管的直接结果。2004 年中宣部成立的舆情信息局借助中央和地方宣传思想工作系统开展全国性舆情信息汇集、分析和报送等工作，教育部、公安部、国务院新闻办公室、政法系统和科研院所等单位也已形成自己的舆情汇集与报送体系。完备的预先过滤机制和敏感信息报送体系成为政府管制虚拟社会的利器，是现实社会对虚拟社会施加压力的重要工具，现实社会对虚拟社会的"压力效应"也由此产生。

三 虚拟社会治理中的虚拟社会分层与影响

不同社会群体对社会资源的占有程度以及由此对社会产生的差异性影响力是社会分层理论的主要研究范畴，社会分层理论早在 19 世纪中后期就开始系统化和理论化，卡尔·马克思、马克斯·韦伯和埃米尔·涂尔干是当时具有代表性的学者。互联网的兴起和普及赋予普通民众在现实社会未曾拥有的力量，他们可以根据自己的偏好重塑身份、选择信息和发布信息，各种"草根名人"在虚拟社会中涌现。那么，底层群体在虚拟社会对现实社会的权力和结构重组过程中所获取的影响力是否意味着虚拟社会中社会分层的消弭？

回答这个问题，首先要探讨现实社会中个体或群体所掌握的权力和力量是否影响其虚拟社会权力的发展。有学者指出现实社会中的个体以各种

---

① 李永刚：《我们的防火墙——网络时代的表达与监管》，广西师范大学出版社，2009，第137、139 页。

形态分布于虚拟社会，不同阶层掌握的网络话语权有较大的差异，中间阶层网络话语权比例最大，而"产业工人"和"农业劳动者"等拥有社会资源较少的"底下"阶层掌握的网络话语权比例较小①，大部分扮演着信息搬运工的角色。微博生态下话语权虽有向大众转移的趋势，但话语权不等于影响力，现实社会身份依然影响个体或群体在网络社区的影响力，话语权仍被精英博主把持。微博上热门关注对象主要为明星、意见领袖和信息集聚者，他们大多是现实社会中各领域的精英。微博作为媒体公共平台，与当下社会结构和权力组织密不可分，社会精英在媒体中享有较高知名度、话语优先权和舆论影响力。②

已有研究表明，现实社会的既有资源占有情况对网民在虚拟社会中的地位有重要的影响。更为重要的是，在虚拟社会，信息是主导力量，信息资源的多寡是网民获得尊重与地位的首要条件，网民信息搜集、分析和使用能力上的差异直接影响其在虚拟社会的地位，决定其在虚拟社会的位置。信息能力和对虚拟社会的影响力是划分虚拟社会阶层的重要依据。③随着虚拟社会的日渐成熟，作为虚拟社会中坚力量的网民群体也开始出现分化，有学者以网民掌握的知识、技术、关系和信息为标准，将网民群体分为普通"蚁族"、精英、网络意见领袖、网络水军和网络维权群体等。④而仅从信息传播与意见表达所引起的权力分化来看，网民群体可分为权力顶层的意见领袖，权力中层有个人影响的积极扩散者和无个人影响的积极发言者，权力底层单纯的信息接收者。⑤

由此可见，社会分层作为一种社会现象，在虚拟社会同样存在。遗憾的是，目前为止，学术界对我国虚拟社会阶层分化的程度缺乏研究，对于

---

① 赵云泽、付冰清：《当下中国网络话语权的社会阶层结构分析》，《国际新闻界》2010 年第 5 期。

② 郑燕：《民意与公共性——"微博"中的公民话语权及其反思》，《文艺研究》2012 年第 4 期。

③ 黄哲：《网络社会分层与地位不平等》，《云南民族大学学报》（哲学社会科学版）2004 年第 3 期。

④ 方付建：《突发事件网络舆情演变研究》，博士学位论文，华中科技大学，2011。

⑤ 彭兰：《网络传播与社会人群的分化》，《上海师范大学学报》（哲学社会科学版）2011 年第 2 期。

虚拟社会分层归类的尝试也呈现诸家自言其说的局面，系统的归类标准尚未形成。而虚拟社会新阶层的出现，原有阶层可能的边缘化以及各阶层话语权和影响力的不均衡态势都将直接影响虚拟社会治理的策略选择和实际效果，深入研究虚拟社会分层对虚拟社会治理的影响是今后虚拟社会治理的重要课题。

四　虚拟社会治理中的流动空间及挑战

互联网信息技术范式的成熟彻底转变作为人类生活基本向度的时间和空间，地域性解体脱离文化、历史、地理的意义，并重新整合进功能性的网络之中，导致流动空间取代地方空间，流动性成为网络社会空间的支配性逻辑，它支配着网络空间的信息流动和社会互动，使网络社会的信息流动和人际互动实时结合，从而形成流动性的全球社会。① 在互联网基础上发育和形成的虚拟社会作为卡斯特所言的网络社会的进化形态，同样是环绕流动建构起来的社会形态。这种流动性虽然能够实现虚拟社会乃至整个人类社会的要素分配和资源共享，但同时也为虚拟社会带来不确定性风险。流动性促使虚拟社会在打破传统时空限制的基础上，割断个体与社会背景的地方性联系，个体间的跨时空互动增强，原本散落在现实世界各个角落的个体的微弱的力量在互联网的连接下能够围绕特定兴趣、志向和利益进行互动，进而整合为统一的强大的力量，当这种集体的力量聚焦在特定事件或者特定诉求上时，集体行动则成为可能。在此基础上形成的集体行动主要由发生在虚拟世界的线上集体行动和发生在现实世界的线下集体行动组成，集体行动的参与者可以来自不同的性别、群体、城市、国家，这种时间和空间上的扩张和串联增大了以互联网为媒介的集体行动的监控和治理难度，对虚拟社会治理构成挑战。

流动空间的全球性也使中国虚拟社会治理行动饱受西方发达国家的价

---

① 黄少华、翟本瑞：《网络社会学：学科定位与议题》，中国社会科学出版社，2006，第133页。

值审视和批判。综合来看，西方学者在审视中国政府的网络干预行为时，普遍带着深深的个人权利优先、自由价值优先的烙印，这种偏向的形成将塑造不利于我国虚拟社会治理的国际舆论环境，影响我国虚拟社会治理的国际形象。

五　虚拟社会治理中的越轨行为与态势

网络舆情异化是虚拟社会面临的突出问题。网络舆情作为民众在网络空间基于特定事件互动而形成的意见、观点和态度的集合，是衡量民意发展态势的晴雨表。然而，多元利益主体的介入使得网络舆情成为个别利益、局部利益的代名词。网络推手通过策划话题、撰稿发帖、顶帖等方式在网络舆情中扮演意见领袖的角色，并借助网络媒介炒作特定事件和议题，致使局部问题全局化、个体问题公众化、普通问题政治化。[①] 网络水军作为网络推手的重要构成力量，更是擅于运用软文发布、微博关注和转发等方式制造话题，炒作民意。[②] 各种歪曲和虚构的信息，刺激公众表现出具有明显倾向性和负面性影响的情绪、意见与态度，网络伪舆情由此产生，网络伪舆情产生和发展的直接后果是诱导舆论极端化，酿成网上网下联动型群体事件，干扰政府决策，乃至造成社会动荡。[③]

虚拟社会主体互动过程中的谣言传播与人肉搜索行为也影响着虚拟社会的生态平衡。网络谣言在传播环境和社会变迁的背景下具有滋生和扩散的土壤，谣言已成为网络信息生态的重要部分，对网络世界和现实世界都具有巨大的反作用力。网络传言的过度丰富，是信息不对称导致的信息反制力量，是特定社会背景的产物，与社会环境、政治意识形态等关系密切，它或许并非事实，却能够改变个体对社会的态度，解构政府的公信力和合法性，甚至危及社会稳定。[④] 而人肉搜索行为本质上是网民群体在信息搜寻上集体行动的结果，其得以实现的前提是网民享受运

---

① 王子文、马静：《网络舆情中的"网络推手"问题研究》，《政治学研究》2011年第2期。
② 李绍元：《基于终极标准的网络水军之道德评价》，《理论月刊》2011年第12期。
③ 刘勘等：《网络伪舆情的特征研究》，《情报杂志》2011年第11期。
④ 邓国峰、唐贵伍：《网络谣言传播及其社会影响研究》，《求索》2005年第10期。

用道德话语建构事件的方式，并从参与中得到"维护正义"的快感。人肉搜索最大的问题在于启动后的"反道德"行为容易对被搜索者造成最不道德的伤害。①

六　虚拟社会治理的模式：实然与应然

从目前的情况来看，中国互联网治理模式可以归结为政府主导型，强调政府在互联网治理过程中的主导地位，政府通过法律规制和技术手段进行比较严格的网络管理。② 中央与地方多部门联合参与和相互学习，舆论倒逼下政府对特定事件和诉求的回应与行动，舆论疏导与管制相结合等是中国互联网治理的特征。为增强这种治理模式的效用，有必要构建分工明确、配置合理的权力和治理结构，较为理想的方式是设立跨部门、高级别的互联网治理机构，进而统一领导和协调部门围绕互联网治理协同行动，实现部门间信息共享。③ 政府主导型模式的选择是当前我国基本国情和网情综合作用的结果，既符合互联网发展的基本规律，也能够有力地维护国家主权。然而，在该模式下虚拟社会管理也存在诸多问题，如管理理念层面管制和对抗意识仍然存在，目标取向层面对公众参与权和监督权重视不足等，管理手段层面习惯传统的控制方法等。④

基于此，有学者指出，信息社会背景下，政府应改变简单地用行政命令管控信息并规制人们行为的管理策略，以社会整体和共同的利益为出发点，采用经济、政策和技术等多种方式进行间接规制。⑤ 多中心协同治理是虚拟社会治理的应然选择。虚拟社会是多系统和多要素构成的复杂的自我协同演化的生态系统，社会秩序的生成是众多网络主体相互博弈、相互影响的结果，其维护也有赖于各主体间的协同合作，建立由政

---

① 李岩、李东晓：《道德话语的生产性力量及中国式"人肉搜索"的勃兴》，《浙江大学学报》（人文社会科学版）2009 年第 6 期。
② 钟瑛、刘瑛：《中国互联网管理与体制创新》，南方日报出版社，2006，第 21 页。
③ 谢永江：《论我国互联网治理体制的完善》，《江西社会科学》2011 年第 1 期。
④ 颜佳华、郑志平：《虚拟社会管理创新研究论纲》，《太平洋学报》2011 年第 11 期。
⑤ 李钢：《虚拟社会管理的问题与对策研究》，《行政管理改革》2011 年第 4 期。

府、网络企业、网民、网络非政府组织等构成的协同治理体系是虚拟社会管理的前提。① 多中心协同治理意味着权力与责任共享，政府作为权力部门在制定互联网治理政策时应鼓励网民、民间组织、网络服务企业等的参与，政策形成应是参与主体间基于不同的利益、价值和具体目标进行博弈的过程，进而确保互联网治理政策的公共性。② 不过也有学者对多中心治理模式表示担忧，指出多中心治理和网络化治理等理论根源于西方发达的市场经济和成熟的市民社会，强调限制政府的作用甚至"没有政府的治理"，这对于现阶段的中国来说或许并不适合。③

本文作者为徐晓林、陈强、曾润喜，原刊发于

《中国行政管理》2013 年第 11 期，

收入本书时有改动

---

① 谢金林：《生态系统视角下的网络社会管理体制研究》，《大连理工大学学报》（社会科学版）2012 年第 3 期。
② 乌静：《我国互联网治理政策中的问题及对策研究》，硕士学位论文，哈尔滨工业大学，2008。
③ 颜佳华、郑志平：《虚拟社会管理创新研究论纲》，《太平洋学报》2011 年第 11 期。

电子政务的学科发展趋势

我国电子政务研究经过十多年的发展取得了重大进展，电子政务研究的文献数量迅猛增加，这在某种程度上促成了电子政务学科的形成。自2006年后，电子政务研究文献数量逐年减少。此外，信息技术的发展及其在电子政务领域的应用也对电子政务研究提出了挑战。这些问题的存在使得对电子政务学科发展走势进行反思成为当务之急。

一 电子政务研究方法和文献来源

考虑到使用篇名进行检索会遗漏某些文献，但就整体而言，并不影响对电子政务研究现状进行分析以及对其未来发展趋势进行预测，故而本文仍以电子政务、电子政府、数字政府、电子化政府、虚拟政府、网上政府、移动政府和移动政务为篇名检索词。又因国际电子政务学者普遍认为20世纪90年代中后期是电子政务研究的起点[①]，故本文研究将1995年作为选样的时间起点，对1995~2012年中国知网（CNKI）中收录的核心期刊进行检索，将所获得的1742篇文献作为样本，使用文献计量法对该样本进行统计分析。

---

① S. S. Dawes, "An Exploratory Framework for Future E-Government Research Investment," in Proceedings of the 41st Annual Hawaii International Conference on System Sciences, 2008, pp. 201 – 208; B. Reece, "E-Government Literature Review," *Journal of E-Government*, Vol. 3, No. 1, 2006, pp. 69 – 110.

二　电子政务研究现状

在参考学者关于电子政务学科界定标准的基础上[①]，本文将从理论基础、研究方法、研究议题三个方面对我国电子政务学科的现状进行总结性分析。

（一）理论基础

理论是学者与实践者之间沟通的方式，是研究者与研究者之间沟通的方式，是知识积累的方式，更是评判某个研究领域成为学科的合法性的方式，由此可见，理论对学术研究十分重要。[②] 由于电子政务是一个复杂的系统，为更好地从不同角度理解和探究电子政务所涉及的相关议题，学者们不断地将其他学科的理论引入电子政务领域。这些学科包括公共管理学、计算机科学、管理学（例如，CRM 和供应链理论等）、经济学（例如，博弈论、成本理论和委托代理理论等）和信息系统学（例如，TAM、TTF 和 ECM 等）。电子政务自产生之初就是一个交叉性学科，多学科理论的引入使得电子政务的交叉性学科特征更加明显。依据特定理论对电子政务相关议题展开研究不仅丰富了电子政务的理论基础，同时也能提高研究的规范性。

（二）研究方法

在借鉴以往研究成果的基础上[③]，本文将我国现有电子政务文献按照文章类型和研究方法进行归纳与总结（见表1）。从文章类型上看，非实

---

① A. Gronlund, "State of the Art in e-Gov Research A Survey," *Electronic Government. Lecture Notes in Computer Science*, Vol. 3183, 2004, pp. 178 – 185; H. J. Scholl, "Is E-Government Research a Flash in the Pan or Here for the Long Shot?" *Electronic Government. Lecture Notes in Computer Science*, Vol. 4084, 2006, pp. 13 – 24.

② S. Sahay, G. Walsham, "Information Technology in Developing Countries: A Need for Theory Building," *Information Technology for Development*, Vol. 6, No. 3/4, 1995, pp. 111 – 124.

③ M. Alavi, P. Carlson, "A Review of MIS Research and Disci Plinary Developmen," *Journal of Management Information Systems*, Vol. 8, No. 4, 1992, pp. 45 – 62; P. Palvia et al., "Research Methodologies in MIS: An Update," *Communications of the Association for Information Systems*, Vol. 14, No. 1, 2004, pp. 526 – 542.

证文章仍是主流,实证文章(定量研究)数量在逐年增加;从研究方法上看,非实证文章(定性研究)使用的研究方法主要涉及文献计量法和案例分析法,实证文章(定量研究)使用的研究方法主要为问卷调查和二手数据。

表1 文章类型和研究方法

文章类型			研究方法
非实证文章	概念导向	概念模型	文献计量法
		文献综述	
		理论(参考学科)	
	说明性文章	观点阐释	案例分析法
		工具、方法、技术描述	
	应用概念	应用框架	
实证文章		事件或过程	问卷调查
			二手数据

(三)研究议题

我国现有电子政务研究议题具有两个鲜明特点。一是随着电子政务研究议题不断增加,研究层面日益集中。我们根据研究议题相关性将现有研究议题分为四类:电子政务用户研究、电子政务建设研究、电子政务研究重点议题和电子政务服务研究(见表2)。二是研究议题阶段化趋势明显。对电子政务主要研究议题的时间跨度进行归纳总结(见图1)发现,我国电子政务研究议题可以分为三类。①长期议题。这些研究议题是电子政务学界长期关注的焦点,且随着现实状况的发展及研究的深入不断出现新的研究内容。例如,电子政务对行政改革和政府管理的影响以及安全议题等。②新兴议题。这些研究议题尚处于初始阶段,是未来研究的重要议题。例如,电子政务公众采纳研究和个性化服务研究。③"夕阳"议题,这些研究议题曾在某一个时间跨度内是电子政务领域的研究热点,但目前已不是电子政务学界关注的焦点。例如,电子政务绩效评估、电子政务满意度测评和电子政务价值研究。

表 2　电子政务主要研究议题一览

分类	研究议题		分类	研究议题	
电子政务用户研究	用户采纳/接受行为	电子政务政府网站	电子政务研究重点议题	信息共享	机制 模式 影响因素 能力测度 过程 模式 内涵
	用户持续使用行为	影响因素模型			
	用户心理感知	满意度		数字鸿沟	测量指标 对策研究
	设计	技术 导向 理念		流程再造	路径选择 导向 实践 模式 基础理论
	实施	影响因素 管理 实践			
电子政务建设研究	建设	模式研究 绩效评价 路径选择 存在问题		价值	价值取向 价值体系
	评估	绩效评估 网站评估 效率评估 项目评估 准备度评估 效益评估 价值评估		影响	政府绩效评估 政府职能转变 管理方式 反腐 执政能力 行政成本
	发展	动力	电子政务服务研究	绩效评价	评价体系
	影响因素	环境因素 管理体制 文化因素		个性化服务	个性化信息服务 个性化推荐服务
电子政务研究重点议题	安全	信息安全 网络安全 风险管理 隐私保护		质量评估	评估模型
				服务外包	风险 模式 影响因素

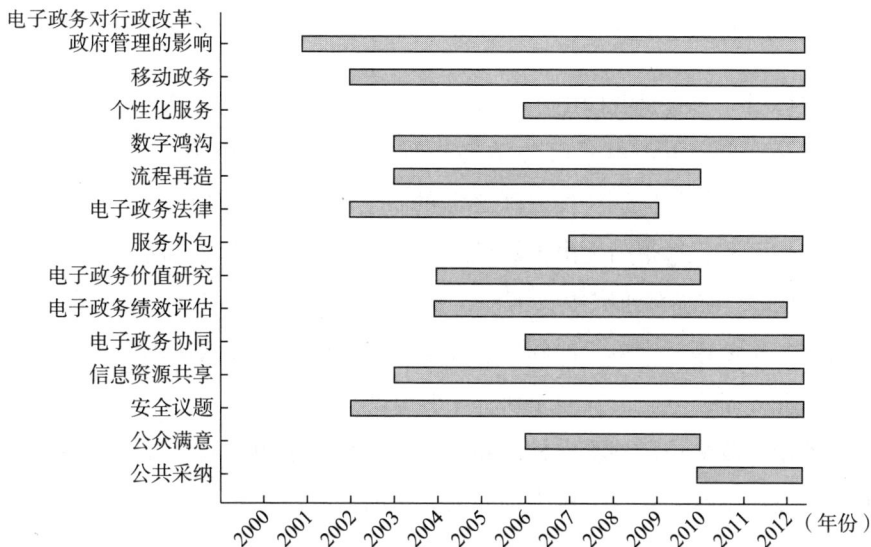

图1　电子政务主要研究议题的时间跨度

三　电子政务研究的反思与未来发展方向

（一）理论基础

现有的电子政务研究中的理论基础主要来自其他学科的理论在电子政务领域中的应用，而非意在构建出属于电子政务学科自身的理论。构建属于电子政务学科自身的理论是未来我国电子政务研究的重中之重。这是因为构建电子政务自身理论一方面可以巩固学科基础，另一方面可以更好地为电子政务实践提供指导。目前，虽有国外学者对电子政务学科的理论基础和实践工具进行探究①，但构建电子政务学科自身的理论是一项长期而又艰巨的任务。由于电子政务本身是交叉性学科，在未来我国电子政务研究中还要继续扩展引入理论的学科来源，积极引入其他学科的最新理论。这样既可以更好地理解和阐释电子政务研究议题，也可以促进电子政务自身理论的构建。

---

① J. R. Gil-Garcia, T. A. Pardo. "E-Government Success Factors: Mapping Practical Tools to Theoretical Foundations," *Government Information Quarterly*, Vol. 22, No. 2, 2005, pp. 187 – 216.

（二）研究方法

定性研究一直是我国电子政务研究的主流，定量研究在近些年逐渐增多。这是因为一方面电子政务学科是新兴学科，发展时间较短；另一方面，概念基础是任何学科发展所必需的。[①] 定性研究所使用的研究方法主要是案例研究，这是因为由于缺乏理论，研究只能依赖案例研究或个案方法。[②] 因此，在未来研究中，第一，要积极使用不同的研究方法，改变目前研究方法使用较为单一的问题。在定性研究中可以尝试使用民族志和行动者研究等研究方法。在定量研究中尝试使用历时研究。第二，规范研究方法使用，改变规范性不强的问题。第三，积极采用综合性方法，将定性和定量方法结合起来，克服不同研究方法的局限性。

（三）研究议题

随着研究的不断深入，一些议题开始出现新的研究内容。此外，一些新信息技术的出现（例如，云计算和社交媒体）和引入，促使升级版电子政务的出现与不断完善，从而为电子政务研究开辟出新的领域，也使其进入一个新的发展阶段。

第一，云计算（Cloud Computing）和电子政务。云计算平台的产生和发展不仅对电子政务提出了诸多挑战，也为其带来了更大的发展空间。对于发展中国家而言，云计算有助于电子政务实现跨越式发展。[③] 云计算以服务为导向的架构使电子政务可以更好地助推我国服务型政府构建。因此，探究云计算与电子政务系统融合、云计算给电子政务带来的挑战和益处以及基于云计算的电子政务服务提供等将成为电子政务领域新兴的热点议题。

---

① C. Misradd，"Select Aspects of Conceptual Foundations of E-government：Clearing the Fog for a Better Vision，" http://www. iceg. net/2007/books/1/3_333. pdf.

② F. Bannister，R. Connolly，"The Great Theory Hunt：Does E-government Really Have a Problem?" https://www. scss. tcd. ie/disciplines/information_ systems/egpa/docs/2012/Bannister-Connolly. pdf.

③ R. Craig et al. ，"Cloud Computing in the Public Sector：Public Manager's Guide to Evaluating and Adopting Cloud Computing，" https://www. cisco. com/web/about/ac79/. . . /Cloud_ Comput ing. pdf.

第二，个性化服务（定制化服务）和推送式服务。电子政务的本质就是提供公共服务给服务对象，个性化服务可以更好地满足服务对象的个性需求。面对公众对个性化公共服务的需求日益增加①，云计算平台可以帮助电子政务更好地以推送形式提供个性化服务。个性化服务中先进信息技术的引入、实施个性化服务的障碍因素以及个性化服务带来益处的实证等议题将成为未来电子政务领域研究的一个重点。

第三，社交媒体（Social Media）和电子政务。社交媒体是 Web 2.0 运动的一个组成部分②，并且已经在较短时间内成为电子政务的核心组成部分。③ 社交媒体在电子政务中的应用形成了新式的电子政务。④ 国内对社交媒体和电子政务研究进行了初步探索，进一步深入探究社交媒体在电子政务中的应用和社会媒介对电子政务的改进等议题也必将成为国内电子政务研究领域未来发展的一个新方向。

第四，电子政务扩散研究。技术扩散研究分为采纳研究和宏观扩散研究⑤，这个分类也适用于电子政务扩散研究。国内现有研究主要集中在采纳研究，而对宏观扩散关注较少。宏观扩散研究是电子政务领域内一个新兴研究方向，很多议题尚待推进，例如电子政务扩散的机制、过程、影响因素及扩散的影响等。

本文作者为徐晓林、张辉，原刊发于
《行政论坛》2013 年第 2 期，收入本书时有改动

---

① "United Nations E-Government Survey 2012. E-Government for the People," https://www. un-pan1. un. org/intradoc/groups/public/. . ./un/unpan048065. pdf.

② M. J. Magro, "A Review of Social Media Use in E-Governmen," *Administrative Sciences*, Vol. 2, 2012, pp. 148 – 161.

③ J. C. Bertot et al. , "The Impact of Policies on Government Social Media Usage: Issues, Challenges, and Recommendations," *Government Information Quarterly*, Vol. 29, No. 1, 2012, pp. 30 – 40; J. C. Bertot et al. , "Engaging the Public in Open Government: The Policy and Government Application of Social Media Technology for Government Transparency," *IEEE Computer*, Vol. 43, No. 11, 2010, pp. 53 – 59.

④ "Editorial: Social Media in Governmen," *Government Information Quarterly*, Vol. 29, 2012, pp. 441 – 445.

⑤ P. Attewell, "Technology Diffusion and Organizational Learning: The Case of Business Computing," *Organization Science*, Vol. 3, No. 1, 1992, pp. 1 – 19.

基于云计算的推送式公共服务模式研究

引　言

　　当前电子政务系统采用以终端计算为主的传统计算模式，其公共服务供给主要借助基于万维网的公共服务平台。基于万维网的公共服务平台相对于传统的政府服务模式来说，能让公众通过电脑终端在线获取政府的信息和各种服务，降低政府提供公共服务的成本，以及公众享用公共服务的成本。如，公众通过政府门户网站就可以获取关于政策法规、政府公告、政府新闻、办事流程等方面的信息，同时也可以在线办理婚育、教育、就业、医疗、福利、税务等各种事务。但这种基于万维网的公共服务供给模式存在明显的缺陷。

　　一是基于万维网的公共服务供给模式在为公众带来便捷的同时，也让公众陷入信息的深渊。从表面来看，公众似乎能不受时间、空间的限制始终与政府保持联系。但是随着政府信息化的深入，政府的信息和在线服务会逐渐"海量"化，公众在庞杂的信息和服务面前也将束手无策，需要花大量的时间去寻找自己需要的信息和服务。虽然很多政府门户网站提供了站内搜索服务，但由于万维网固有的缺陷，要对信息和服务进行准确的定位是有相当难度的。

　　二是基于万维网的公共服务供给模式需要公众全程参与，是一种死板的、分割的服务供给模式。目前大多数政府门户网站页面的设计仅仅是针对人类自身的，不便于机器自动处理。所以，基于万维网的公共服务平台虽然能提供大量的信息和在线服务，但这些信息和在线服务只能由人来阅读和理解。现实生活中一个完整的服务往往要划分成可独立处理的若干个过程才能完成，而此过程的完成需要人的主动参与，不然将无法完成。如电子证照的办理，需要公众在线提交申请，然后根据系统的提示完成后续的手续。这说明，公众享用基于万维网的电子政务提供的服务需要付出大量的时间成本，而且需要一定的操作能力。

在以终端计算为主的传统计算模式下，互联网上计算资源的利用率一直处于一种不平衡的状态，特别是随着 Web 2.0 的发展，互联网上数据量高速增长，也导致了互联网数据处理能力的相对不足。[①] 目前，如何实现资源和计算能力的分布式共享，是互联网界亟待解决的问题，云计算就是在这样的背景下应运而生的。云计算可定义成一种可以大规模增强 IT 计算能力，并能让用户通过互联网使用服务的计算方式。[②] 云计算的目标就是把个人用户的数据和程序从个人电脑移到"云端"，让用户通过互联网获取各种各样的资源和服务。

由此可见，云计算是一个根本性转变，它应用可利用、可管理的，优化的分布式计算资源，以及基于业务优先级实时驱动的存储资源，能构建全球服务协作网络。[③]

在政府信息化领域，云计算能为电子政务提供先进的计算模式和基础架构，政府信息资源由原来的"分散"管理模式逐步改变为"集中"管理模式，能搭建"以用户为中心"的新型公共服务平台，形成推送式的公共服务模式。本文将重点探讨推送式公共服务的供给模型及其主要特性。

---

① 叶惠：《云计算：让服务触手可及》，《通讯世界》2009 年第 7 期。

② P. C.-Y. Sheu et al., "Semantic Computing, Cloud Compu-ting, and Semantic Search Engine," 2009 IEEE Interna-tional Conference on Semantic Computing, 2009, pp. 654 – 657.

③ R. Mikkilineni, V. Sarathy, "Cloud Computing and the Lessons from the Past," 2009 18th IEEE International Work-shops on Enabling Technologies: Infrastructures for Collabo-rative En-terprises, 2009, pp. 57 – 62.

一 基于云计算的公共服务供给模型

在云计算环境下，公共服务的供给模型如图 1 所示，其包括政府云计算中心层（以下简称"政府云"）、公共服务应用系统层、公共服务供给终端层和公共服务顾客层。

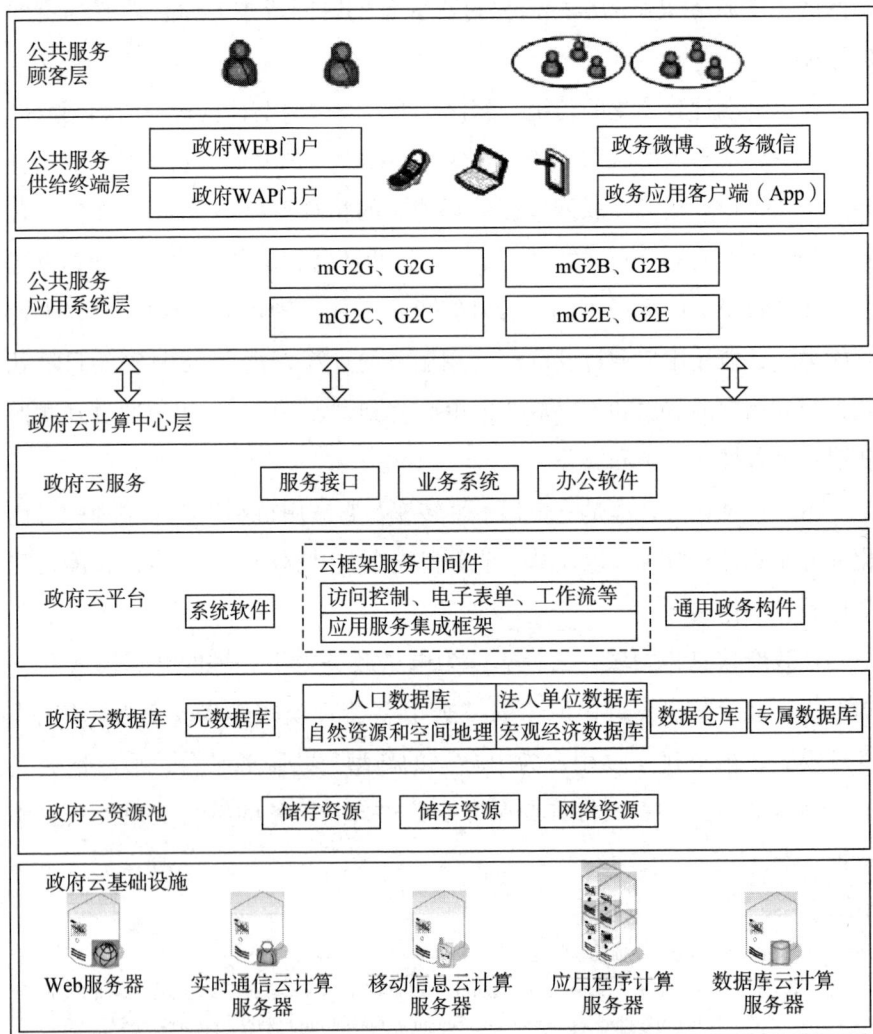

图 1 基于云计算的公共服务供给模型

其中，"政府云"是云计算时代公共服务的基础架构平台。"政府云"主要由政府云基础设施、政府云资源池、政府云数据库、政府云平台和政府云服务构成。[1] ①政府云基础设施主要由原有的电子政务基础设施和移动政务基础设施构成，主要包括各类机房、各类网络基础设施、各类服务器和各类计算机。"政府云"建设主要是整合原有信息基础设施，提高利用率，而不是将原有的信息基础设施废弃后重新部署新的硬件基础设施。②政府云资源池也叫政府云虚拟资源层或者政府云资源层，它能实现对存储设施、计算设施和网络设施进行虚拟化的统一管理。政府云资源层的目标就是运用虚拟化技术，将硬件基础设施变成一种服务，为政府系统内的"节点"用户提供"基础设施即服务"（IaaS）。③政府云数据库也叫政府云数据层，它主要对政府信息资源进行统一存储、加工和维护，能全面实现政府信息资源共享。④政府云平台主要为各类政务服务和应用系统提供基础性的平台支持。各类政务业务系统都需要操作系统、数据库系统等系统软件，云框架服务中间件，以及各类通用政务软件等作为支撑平台。⑤政府云服务即政府云应用层，它所提供的各类应用接口（API）可快速部署各类业务系统和应用系统。

公共服务应用系统层主要由支撑公共服务供给的各类业务系统组成。公共服务应用系统层既包括传统电子政务的政府与政府间的 G2G、政府对政府雇员间的 G2E、政府与企业间的 G2B 和政府与公民间的 G2C，也包括移动电子政务的政府间的移动政务（mG2G）、政府对内部工作人员的移动政务（mG2E）、政府对企业的移动政务（mG2B）和政府对公民的移动政务（mG2C）。

公共服务供给终端层能为用户获取公共服务提供多样化的通道，能支持跨越互联网、移动互联网、广播电视网和物联网的各类终端。云计算能推动智能手机、上网本、平板电脑、智能穿戴设备等新型媒体终端不断问世。特别是谷歌眼镜、苹果手表、谷歌智能鞋、微软眼镜、太阳能比基尼、手套式手机、节拍手套、社交牛仔裤、卫星导航鞋等智能穿戴设备在未来也会成为重要的公共服务供给终端。具体来说，公共服务的供给终端

---

① 徐晓林、李卫东：《论云计算对电子政务的革命性影响》，《电子政务》2012 年第 10 期。

形式主要包括基于万维网的政府门户，基于无线应用协议（WAP）的政府门户、政务应用客户端（App），以及政务微博和政务微信等。基于万维网的政府门户网站是互联网时代政府组织面向社会公众传播信息资源，提供在线服务的重要窗口；政务应用客户端和基于无线应用协议的政府门户是移动互联网时代社会公众获取政府公共信息资源的新型平台和窗口；政务微博和政务微信是借助微博和微信等移动社交网络平台打造的社会化公共服务平台。

二　基于云计算的推送式公共服务特性分析

基于云计算的公共服务平台能实现"以用户为中心"的推送式公共服务模式。首先，政府可将用户需要或为用户定制的公共服务信息推送到用户所持有的智能手机、上网本、平板电脑、智能穿戴设备等新型媒体终端上。其次，政府可将用户事务办理的"中间状态信息"和"最终结果信息"主动告知"顾客"，用户无须时不时地主动关注自己的申请是否已经通过审批。① 最后，政府可以通过对用户所处环境的感知，向用户推送其可能需要的公共服务。具体来说，这种推送式的公共服务模式具有移动性、智能性、感知性和位置性等特征。

一是移动性。云计算能打破智能手机等移动终端计算能力不足的瓶颈，将催生移动互联网时代的到来。移动互联网与传统的固定互联网相比，突出特点是具有移动性，将打破用户对固定终端设备的依赖，能有效支撑推送式公共服务的实现。在云计算时代，移动电子政务将逐步成为推送式公共服务的主要平台。一般来说，移动电子政务是指政府部门利用移动通信技术，通过移动通信网和互联网的整合应用，实现政府管理及政府服务的电子化和移动化。② 目前，通过移动信息发布、即时信息收集、移动交易和移动数据交换等形式，移动信息终端已经被广泛应用于支持移动执法、移动消防、移动卫生、紧急移动医疗服务、公共野

① 李卫东：《移动互联网时代的政府组织传播模式构建》，《企业经济》2011年第10期。
② 姚国章：《移动电子政务发展与展望》，《电子政务》2010年第12期。

外移动作业，以及移动救灾、移动教育、移动农业、移动银行、移动税收服务、移动车辆管理、移动交通管理等诸多领域。① 在移动电子政务环境下，公民通过随身携带的手机等移动终端能随时随地地接收政府信息。用户可以在下班的路上，继续浏览先前没有读完的政府信息页面；政府可以利用移动技术，将信息主动发送到公众的移动终端上。特别是在自然灾害、事故灾难、公共卫生、社会安全以及网络舆情等重大公共危机情境下，政府可借助移动电子政务平台向公众主动及时推送公共危机事件的最新动态信息，向公众推送预防、避险、逃生和求助的公共服务信息。

二是智能性。云计算也能为语义网提供强大的计算能力。语义网是一种能理解人类语言的智能网络，它需要强大的计算能力才能实现。语义网不但能够理解人类的语言，而且可以使人与电脑之间的交流变得像人与人之间的交流一样轻松，是实现公共服务供给智能化的重要支撑技术。因此，云计算和语义网结合能实现公共服务供给的智能化，能根据用户提交的服务请求，自动地完成服务查找定位、服务调用执行、服务组装和互操作。② ①服务的自动定位。在云计算和语义网环境下，每一种服务都用标准的语义进行描述和表示，并在统一的服务注册中心进行注册。当用户提交应用需求后，系统能通过智能的搜索引擎直接定位所需服务。②服务的自动调用。在云计算和语义网环境下，用户只需要提交服务请求，计算机就能自动完成有关程序，无须用户参与中间过程。③服务的自动组装和互操作。在云计算和语义网环境下，用户给定的某些任务描述，需要选择和组装一系列服务才能完成目标。根据用户给出的高层目标描述，计算机能自动完成有关服务的选择、组装及自动执行。总之，在云计算和语义网环境下，公众只需向云中的公共服务平台提交自己的服务请求或目标描述，平台自身就能自动完成有关服务的查找、调用和执行。在这种环境下，一项任务主要是在用户计算机与政府计算机之间不断地交互中自动完成的，

---

① 刘淑华等：《移动政务与中国城市治理》，《电子政务》2011 年第 6 期。

② 李卫东、龚璇《电子政务的媒介形式演变分析》，载张昆主编《网络民主与社会管理创新高层论坛》第 1 卷，华中科技大学出版社，2013。

不需要人的全程参与，是一种"机机交互"的服务模式。这种服务模式把政府公务员和公众从具体的事务处理中解脱出来，最鲜明的特点就是"智能化"。

三是感知性。移动设备具备丰富感知力，是将我们周围的物理世界和互联网上丰富的信息连接起来的自然工具，会增强互联网与真实世界的共通性。[①] 通过对移动端用户的地理位置、信号强度和短信主题等上下文信息的感知，云中的公共服务平台能为用户提供个性化的公共服务。一方面，用户无须花大量时间通过搜索和大量阅读就能发现自己真正需要的有用信息；另一方面，用户无须关注自己感兴趣的某事件是否产生新信息，一旦有最新信息，系统会自动发送给用户。这在一定程度上能满足信息传播的个性化需求，能有效提高政府组织信息传播的效率。

四是位置性。传统的电子政务平台中，公共服务信息一般按照主题类别进行划分。如面向市民的公共服务信息主要包括户籍身份、生育收养、证件办理、职业资格、交通旅游、出境入境、医疗卫生、婚姻家庭、社会保障、租房住房、离休退休、劳动就业、教育培训等类别，面向企业的服务信息主要包括设立变更、行业准营、医疗卫生、交通运输、劳动保障、年审年检、土地房产、公共安全、登记备案等类别。但属地管理是我国行政管理体制的重要特征之一，公民需要的公共服务信息一般也与地理位置紧密相关。一般来说，地理位置是指电子地图中可用 X、Y 坐标精确表示的具体位置，主要通过经纬度数据、宗地数据、境界数据和地名数据等进行描述。在未来云计算环境下，基于位置的服务（LBS）将逐步渗透到公共服务的各个领域，"位置政务"将成为推送式公共服务的主要形态。"位置政务"系统将按照地理位置重新组织和聚合公共服务信息，能向一定地理位置区域范围的社会公众推送与其紧密相关的公共服务信息。公民也可以根据自身所工作或生活的地理位置区域，订阅社会保障、租房住房、劳动就业和教育培训等公共服务信息，"位置政务"将根据用户的订阅需求及时推送用户周边一定区域范围内的公共服务信息。目

---

① Bo Zhang et al., "Mobile Social Networking: Reconnect Virtual Community with Physical Space," *Telecommunication Systems*, Vol. 54, No. 1, 2013.

前，北京、上海和武汉等多个城市已经建设了完备的"网格化管理"系统，若能将"位置政务"与"网格化管理"相结合，将形成一种"精细化管理＋推送式服务"的全新政务模式。据北京市东城区城市管理监督中心介绍，该区应用移动互联网构建的万米单元网格城市管理新模式，能在第一时间内翔实准确地提供关于城市管理的现场资料，能为城市管理部门的快速响应和科学决策奠定基础。该区通过遍布全区 126 个社区的城市管理监督员手中的移动设备"城管通"，能实现对城市部件所发生问题的各种现场信息，通过电话、表单、现场照片、录音和地理信息快速定位等多种采集手段，经无线网络实时传送到受理平台，供各有关职能部门依据此信息进行及时的处置和应对。① 但未来，若借助云计算技术，通过"政府云计算中心"全面打通互联网、移动互联网和物联网，在城市"单元网格"内，可借助移动应用平台逐步实现"政府"、"公民"与"城市基础设施"的互联互通：借助"城管通"，能让政府公务员实现对城市基础设施的网格化管理，也可以向公民推送其周边的基础设施运行状况等公共服务信息；借助"滴滴打车"等移动应用客户端能实现"车与人"的互联互通，能让公民快速地叫到离自己最近的出租车，也能让出租车司机实时掌握周边的客源情况；借助"智能交通"系统可实现"车与车"的互联互通，能让私家车司机实时掌握各路段的交通状况，以便选择最快捷的通道。总之，在未来，借助云计算等新型信息技术，可以有效地将"政府"、"公民"和"物体"连接起来，能形成高效、精准的推送式公共服务模式。

结 语

综上所述，传统电子政务公共服务模式是"以政府为中心"的公共服务模式，用户需要主动浏览、主动查找和全程参与；基于云计算的推送式公共服务模式是"以用户为中心"的公共服务模式。从传统电子政务公共

---

① 《北京东城区网格化城市管理系统》，数字政通网站，http://www.egova.com.cn/case/view?id＝87。

服务模式到推送式公共服务模式的转变，其本质是从"人找信息"服务模式向"信息找人"服务模式的转变。

本文作者为徐晓林、李卫东，原刊发于
《行政科学论坛》2014 年第 2 期，
收入本书时有改动

专栏导语

　　智慧城市是在城市全面数字化的基础上，集成物联网、云计算与大数据等技术所达到的新的城市发展阶段，智慧城市既是现代城市建设和发展的一个新实践领域，也是公共管理学科的一个新研究领域。智慧城市理论研究要跟上智慧城市建设和发展步伐并能够发挥指导实践的作用，就必须聚焦智慧城市建设中的当下问题与前沿性课题。为此，《智慧城市评论》开设了"圆桌评论"栏目，以使我们在成熟的实践总结与完整的理论研究出现以前，能够快速有效地回应智慧城市这一新的实践与研究领域的需求。"圆桌评论"栏目的主题是不固定的，《智慧城市评论》将根据智慧城市领域的热点、难点问题动态设置。本期分为两组文章，着重探讨智慧城市与智慧治理的主题。

　　第一组文章以智慧城市为中心展开。张康之教授在总体的历史视野中呈现了智慧城市的巨大的潜在价值。他认为智慧城市意味着一种新型的城市管理方式、生活方式、行为模式和城市运行模式。这意味着城市管理科学化进入了一个新的境界，即不仅应用科学知识而且运用智慧。信息技术和大数据使得有"智慧"的城市建构成为可能，但它同时提醒我们，智慧城市建构的目的是要改变人的生活、交往方式，改善人与人之间的关系。智慧城市的管理旨在通过服务和运用服务的方式促进人们之间的信任与合作。高小平研究员则将智慧城市建设的意义置于当下中国社会现实，面向中国智库转型问题。他认为，智慧城市的建设和发展从城市规划、城市管理、产业发展、体制改革创新等各个领域的实践需求为中国智库的建设和转型提供了难得的机遇。他颇具特色地从问题导向、政策议题导向、政府职能导向、国家治理现代化改革导向、中国特色话语体系导向用"5T"概括了新型智库建设要做的五件事。显然，"5T"要求不仅是对中国新兴智库建设提出的要求，也是对智慧城市智库建设提出的要求。郑磊副教授则聚焦于智慧城市建设的数据资源开放问题，他认为城市的智慧来源于大众的智慧。他阐释了智慧城市建设中数据开放的原则，揭示了目前存在的主要问题。他从"平台型城市"的思维出发，认为智慧城市应该是一个由众创协作、动态循环、互联互通的城市开放数据生态系统所支持的，能够持续创造公共价值、可读可写的城市平台。

如果说第一组文章是从智慧城市中看治理问题，那么第二组文章将重心转向了智慧治理，探讨智慧城市建设推动形成的新治理模式问题。蓝志勇教授对将智慧城市简单理解为数据、计算机支持，信息化基础设施内涵的现象提出了批评，对智慧城市的"智慧"要求给予了特别关注。他认为"智慧是很高的理性层次"。"治理"的内涵大家已基本取得共识，但对"智慧"的内涵的讨论却不是很多。智慧治理，就是人类利用数据、经验和知识进行逻辑推断、理性思考，并用这些推断和思考来指挥或进行管理活动。让城市大脑进行思考，产生智慧，不仅在于数据收集，还在于分析和使用有效数据进行思考与提炼。张锐昕教授梳理了电子治理研究的11项议题和5项主题域，显然她更愿意将智慧治理纳入电子治理的研究议题或主题下。但她认为，当电子治理推进到智慧治理阶段时，不仅需要提高电子治理的智商，还需要进一步发掘其情商与提高其能商。樊博教授认为智慧治理要充分利用信息技术的互联互通、自动化和智能化的特征，提升社会治理和公民服务的效能，并从公众、企业、政府等不同治理主体角度给予了解释。同时，他认为，从"电子政务"上升为"智慧治理"，意味着信息技术能够支持社会治理的人人参与，充分实现群策群力的新格局。黄璜副教授将智慧治理划分为技术主义与人文主义两条进路。前者以效率为核心价值，虽然后者使治理更富有洞察的智慧，但技术理性的局限使得效率主义与社会价值多元化之间产生了矛盾。调和这种矛盾需要填入治理的制度、体系与过程，使双方的核心价值相互衔接，在技术促进与控制之间实现智慧从此岸到彼岸的跨越。但黄璜副教授也注意到智慧治理所需的知识能力和洞察力。陈涛教授将智慧治理拉向了实践中的政务服务大数据，他呼吁唤醒沉睡中的政务数据，以进一步提升服务质量。他总体上揭示了目前政务服务大数据的应用前景、关键节点和主要困难。

两组文章从不同角度简短精辟地阐释了智慧城市与智慧治理这个相关联的主题。但有意思的是，两组文章的作者在简短的论述中看到了智慧城市与智慧治理的技术特征的同时，也都无一例外地强调"智慧"的特殊性及其意义，都注意到了智慧城市建设与智慧治理的发展对于服务提升、对于人的意义，也都注意到了智慧城市建设与智慧治理中数据资源这一核心要素开发的重要性。这彰显了作者在思考中的价值自觉与现实关怀，也指明了智慧城市建设与智慧治理发展的方向。

本文作者为徐晓林，原刊发于
《智慧城市评论》2017 年第 2 期，
收入本书时有改动

数字政府环境下政务服务
数据共享研究

引　言

近年来，大数据分析、云计算、区块链、人工智能等新兴技术的叠加共生，为数字政府的构建奠定了坚实的技术基础，为"互联网 + 政务服务"概念的提出及其实施和推广提供了强大推力，政府数据共享作为改革的重要内容，备受关注。2015 年 8 月，《促进大数据发展行动纲要》（国发〔2015〕50 号）首先提出要"大力推动政府部门数据共享"。2016 年 3 月，政府工作报告明确要求"大力推行'互联网 + 政务服务'，实现部门间数据共享"。2016 年 12 月，《"十三五"国家信息化规划》（国发〔2016〕73 号）将"推动信息跨部门跨层级共享共用"列入重点任务分工清单。2016 年 12 月，《"互联网 + 政务服务"技术体系建设指南》（国办函〔2016〕108 号）对"互联互通与信息共享"进行技术指导与规范。2017 年 12 月 6 日，国务院常务会议部署加快推进政务信息系统整合共享[①]；2017 年 12 月 8 日，习近平总书记在中共中央政治局第二次集体学习时强调要

[①] 《李克强主持召开国务院常务会议部署加快推进政务信息系统整合共享等》，中国政府网，2017 年 12 月 6 日，http://www.gov.cn/premier/2017 - 12/06/content_5244924.htm。

"统筹规划政务数据资源"。① 政务数据的整合利用已经提上国家政策与战略议程，面临重要的机遇与挑战。

分析数字政府环境下政务服务深化改革取得的成绩和存在的问题，进而发挥制度优势，排除障碍因素，推进政务服务数据的安全高效共享，为进一步融合资源、优化流程、提升服务质量、落实信息惠民要求，具有重要的现实价值与理论意义。本文将围绕政务服务数据共享，在简要评析相关研究的基础上，讨论政务服务数据共享的本质内涵，结合我国政务服务改革实践，分析其面临的问题与挑战，并探讨相应的策略与建议，促进政务服务效率与质量的提升，优化数字政府治理能力。

一　政务服务数据共享的本质内涵

"数字政府"与"数字家庭""数字国家"等一样，源于1998年美国副总统戈尔所提出的"数字地球"概念。② 信息时代的网络化特征促进了数字社会的迅速形成，信息技术构成当代公共管理变革的根本推动力③，促进政府治理理念逐渐由"管制"向"服务"转变，由"条块思维"向"资源整合"转变④，"数字政府"概念及实践探索应运而生。总体而言，"数字政府"即"政府通过数字化思维、数字化理念、数字化战略、数字化资源、数字化工具和数字化规则等治理信息社会空间、提供优质政府服务、增强公众服务满意度的过程"，是一种新型政府管理和服务形态，其核心目标在于推进以公众为中心的公共服务，提高管理效率、改善服务体验，促进公众与政府的良性互动，实现政府的社会公共服务价值⑤，是信息社会实现城市政府善治的新思路。⑥

---

① 《习近平：实施国家大数据战略加快建设数字中国》，新华网，2017年12月9日，http://news.xinhuanet.com/2017-12/09/c_1122084706.htm。
② 徐晓林：《"数字城市"：城市政府管理的革命》，《中国行政管理》2001年第1期。
③ 陈振明、薛澜：《中国公共管理理论研究的重点领域和主题》，《中国社会科学》2007年第3期。
④ 齐丽斯：《智慧城市发展对我国政府管理创新的影响》，《人民论坛》2015年第8期。
⑤ 戴长征、鲍静：《数字政府治理——基于社会形态演变进程的考察》，《中国行政管理》2017年第9期。
⑥ 徐晓林、刘勇：《数字治理对城市政府善治的影响研究》，《公共管理学报》2006年第1期。

关于"共享"，美国学者肯特（Allen Kent）认为，它实际上是一种互惠关系，在这个关系中，"每个成员都拥有一些可以贡献给其他成员的有用事物，并且每个成员都愿意和能够在其他成员需要时提供这些事物"；共享资源、共享意愿及共享计划是其必不可少的条件。①

狭义地理解，政府信息资源是指政府在公共管理活动中所产生数据的统称。② 相应的，政务服务数据是指政府相关职能部门在政务服务过程中收集、产生并记录、存储的文本、图片、影像等形式的数据。政务服务数据是政府信息资源的重要组成部分，包含申请主体从事项申请到事项办结过程的全部信息。

总体而言，大部分已有研究主要从完善政府信息系统的角度来分析政府数据共享的价值与需求。有学者认为，虽然各国情况各异，但在电子政务建设过程中有不少共性的潜在问题，信息共享是电子政务提供集成式服务的必然要求。③ 研究发现，组织间信息共享计划的成功执行，至少受到"指定的项目经理、兼容性的技术基础设施、资金保障以及协作标准"等四个因素的显著影响。④ 合理的电子政务发展政策目标往往需要面对艰难的现实执行环境，只有部门间互联互通，在网络层面形成横向一体化，才能实现电子政务的规模效应⑤，但是，政府部门间的信息隔离与壁垒以及诸如美国的数据发起人控制规则⑥（ORCON）等的限制，影响了非发起单位及非政府组织对数据的获取与利用，影响了政府效能的发挥⑦，再加上

---

① A. Kent, *The Goals of Resource Sharingin Libraries*, New York: Marcel Dekker, 1976, pp. 17 – 18.

② 李卫东：《政府信息资源共享的原理和方法》，《中国行政管理》2008 年第 1 期。

③ E. Clark, "Managing the Transformation to E-Government: An Australian Perspective," *Thunderbird International Business Review*, Vol. 45, No. 4, 2003, pp. 377 – 397.

④ J. R. Gil-Garcia & D. S. Sayogo, "Government Interor-ganizational Information Sharing Initiatives: Understanding the Main Determinants of Success," *Government Information Quarterly*, Vol. 33, No. 3, 2016, pp. 572 – 582.

⑤ R. Leenes, "Local E-Government in the Netherlands: From Ambitious Policy Goalsto Harsh Reality," *Social Science Electronic Publishing*, Vol. 4, 2005, pp. 70 – 85.

⑥ 发起人控制规则（ORCON）是指收集、产生数据的政府职能部门（数据的起源单位）享有控制信息解密及向非政府机构发布的权力。

⑦ A. Roberts, "Orcon Creep: Information Sharing and the Threatto Government Accountability," *Government Information Quarterly*, Vol. 21, No. 3, 2004, pp. 249 – 267.

协调立法机构的缺失、部门间协作不够深入等原因①，各职能部门虽然建立了自己的业务数据库，但这些以不尽相同的方式所建立的数据库缺乏互联互通，难以通过数据关联释放数据活力、呈现有价值的信息，导致"我们拥有大量的数据，却拥有较少的信息"。② 缺乏数据共享与信息交流的电子政务项目，尤其是跨部门合作的项目，其运行效果往往大打折扣，甚至影响人们对电子政务系统潜能的预期。

从政府信息共享的研究议题来看，法律基础③、隐私保护（共享边界）④、跨部门合作⑤等内容受到国内外学者较为持续的关注。一般而言，政府职能部门为了创新提效，往往需要从其他相关职能部门获取业务数据，由此必然会遭遇到并需要解决源自上下级职能部门的纵向边界问题和源自同级职能部门的横向边界问题，跨越的部门边界越多，影响因素就会越多⑥，这与部门之间复杂的竞合关系紧密相关，为有效应对，大多数职能部门往往同时采取多种信息共享方案以备不同环境所需。⑦ 研究发现，

① G. Strejcek & M. Theil, "Technology Push, Legislation Pull? E-government in the European Union," *Decision Support Systems*, Vol. 34, No. 3, 2003, pp. 305 – 313; J. Fan et al., "G2G Information Sharing among Government Agencies," *Information & Management*, Vol. 55, No. 1, 2014, pp. 120 – 128.

② D. Q. Nghi & H. D. Kammeier, "Balancing Data Integration Needsin Urban Planning: A Model for Ha Noi City, Viet Nam," *Cities*, Vol. 18, No. 2, 2001, pp. 61 – 75.

③ 周健、赖茂生：《政府信息开放与立法研究》，《情报学报》2001 年第 3 期；黄雨婷、黄如花：《丹麦政府数据开放的政策法规保障及对我国的启示》，《图书与情报》2017 年第 1 期；陈萌：《澳大利亚政府数据开放的政策法规保障及对我国的启示》，《图书与情报》2017 年第 1 期。

④ T. Yang et al., "The Boundaries of Information Sharing and Integration: A Case Study of Taiwan E-Governmen," *Government Information Quarterly*, Vol. 29, 2012, pp. 51 – 60；查先进：《网络环境下政府信息资源的共享与保密》，《图书情报知识》2002 年第 4 期。

⑤ H. Atabakhsh et al., *Information Sharing and Collaboration Policies within Government Agencies*, Berlin, Germany: Berlin, Springer-Verlag, 2004, pp. 467 – 475; J. Fan et al., "G2G Information Sharing among Government Agencies," *Information & Management*, Vol. 55, No. 1, 2014, pp. 120 – 128; T. Yang et al., "How Is Information Sharedacross the Boundaries of Government Agencies? An E-Government Case Study," *Government Information Quarterly*, Vol. 31, No. 4, 2014, pp. 637 – 652.

⑥ T. Yang et al., "How Is Information Sharedacross the Boundaries of Government Agencies? An e-Government Case Study," Government Information Quarterly, Vol. 31, No. 4, 2014, pp. 637 – 652.

⑦ T. Yang et al., "How Is Information Sharedacross the Boundaries of Government Agencies? An E-Government Case Study," *Government Information Quarterly*, Vol. 31, No. 4, 2014, pp. 637 – 652.

外部环境（上级领导权威）、跨部门关系（部门间关系、部门间业务兼容性）、组织准备度（高层支持、共享成本、过程安全性）、用户期望（预期风险、期望收益）等四个维度八个因素显著影响跨部门信息共享程度。[①] 另外，由于效率并不等同于合法性[②]，所以在为提高政务服务效率而共享数据的同时，还应考虑其法理基础。在政策立法方面，国外政府已在数据开放共享的政策、法规建设等方面积累了不少经验与教训[③]，这些相对成熟的政策保障体系能够为我国政府信息共享法制化建设提供丰富经验。通过立法，对政府信息的开放与共享进行规范，能够有效促进公民、法人和其他组织更方便地获取、使用政府数据，更有效地参与公共决策，享受更高质量的公共服务。[④]

从共享方式及目的来看，已有研究可分为两大类：一类研究侧重强调通过信息公开将政府信息传播给社会（Government to Society，G2S）[⑤]；另一类研究则侧重强调通过业务平台在政府部门内部或部门间共享业务数据（Government to Government，G2G）[⑥]。在研究初期，学者更多地关注 G2S，侧重对电子政务外网共享共用的探讨，强调政府应该满足社会公众长期以

---

① J. Fan et al. , "G2G Information Sharing among Government Agencies," *Information & Management*, Vol. 51, No. 1, 2014, pp. 120 – 128.

② W. Liu, "Government Information Sharing：*Principles，Practice，and Problems — An International Perspective*," *Government Information Quarterly*, Vol. 28, No. 3, 2011, pp. 363 – 373.

③ 黄雨婷、黄如花：《丹麦政府数据开放的政策法规保障及对我国的启示》，《图书与情报》2017 年第 1 期。

④ 周健、赖茂生：《政府信息开放与立法研究》，《情报学报》2001 年第 3 期。

⑤ D. Q. Nghi & H. D. Kammeier, "Balancing Data Integration Needs in Urban Planning：A Model for Ha Noi City, Viet Nam," *Cities*, Vol. 18, No. 2, 2001, pp. 61 – 75；张保明：《政府信息资源应当共享——香港"公开资料守则"简介》，《电子展望与决策》1997 年第 3 期；I. S. Wu & B. Savic, "How to Persuade Government Officials to Grant Interviews and Share Information for Your Research," *PS-Political Science & Politics*, Vol. 43, No. 4, 2010, pp. 721 – 723。

⑥ J. R . Gil-Garcia & D. S. Sayogo, " Government Inter-organizational Information Sharing Initiatives：Understanding the Main Determinants of Success," *Government Information Quarterly*, Vol. 33, No. 3, 2016, pp. 572 – 582；H. Atabakhsh et al. , *Information Sharing and Collaboration Policies within Government Agencies*, Germany：Berlin，SpringerVerlag, 2004, pp. 467 – 475；J. Fan et al. , "G2G Information Sharing among Government Agencies," *Information & Management*, Vol. 51, No. 1, 2014, pp. 120 – 128；F. Harvey & D. Tulloch, "Local-government Data Sharing：Evaluating the Foundations of Spatial Data Infrastructures," *International Journal of Geographical Information Science*, Vol. 20, No. 7, 2006, pp. 743 – 768.

来对知情权的诉求，将其信息资源开放给社会，让全社会共享这些信息，挖掘其中的潜在价值，将其应用于更多的领域。随着改革实践的深入，社会公众对政府信息共享的需求逐渐变化。一方面，社会公众对政府信息共享的要求逐渐提高。信息公开培养了社会公众的参与意识，人民群众参与公共决策、关心自身权益的积极性不断增强，对政府信息公开内容的广度、深度、原始度要求日益提高，由政府数据加工而成的政府信息已难以满足社会需求，人们开始呼吁"政府数据开放"，认为政府数据开放有利于国家知识基础的形成，促进国际竞争力的提升①，要求政府将更多的原始数据开放给社会，并从数据集的质量而非开放数据平台的质量对开放数据进行质量评估，保证公民参与，避免因缺乏适当的质量控制而导致数据集难以二次利用②，希望在社会力量的推动下，借助新兴的大数据分析技术对数据进行关联分析甚至深度挖掘，探寻政府数据更加深层的价值。另一方面，改革的持续推进，要求政府数据共享的对象兼顾社会公众与政府职能部门自身群体。信息化技术的采纳与推广，能有效疏通部门内的数据流通渠道，但部门间的数据共享，尤其是政务服务数据的共享，依然障碍重重，G2G 成为制约政务服务效率提升的重要瓶颈。研究发现，信息技术、职能部门特质、政治与政策环境等维度中的软硬件设施、信息安全、信息技术外包、信息技术能力、部门边界、部门规模、部门财政能力、部门间信任、部门间权威、业务流程、法规与政策、信息权力与权威、公共安全与绩效评估等诸多因素都会对 G2G 产生影响。③ 为实现政务服务流程优化、效率提升、便企利民，就需要对这些已知因素本身及其交互作用进行研究，并探究不同环境下其他可能影响因素的作用，通过控制关键影响

---

① J. Lee et al. , "Effect of Government Data Openness on a Knowledge-based Economy," *Procedia Computer Science*, Vol. 91, 2016, pp. 158 – 167.

② A. Vetro et al. , "Open Data Quality Measurement Framework: Definition and Application to Open Government Data," *Government Information Quarterly*, Vol. 22, No. 1, 2016, pp. 325 – 337.

③ A. Y. Akbulut-Bailey, "*Information Sharing Between Local and State Governments*," *Journal of Computer In-formation Systems*, Vol. 54, No. 4, 2011, pp. 53 – 63; T. M. Yang & T. A. Maxwell, "Information-sharing in Public Organizations: A Literature Review of Interpersonal, Intra-organizational and Inter-organizational Success Factors," Government Information Quarterly, Vol. 28, No. 2, 2011, pp. 164 – 175.

因素，加强政府部门之间的数据共享。

从研究对象及内容来看，学者对交通、旅游、文化、医疗、卫生、环境等方面的政府数据开放共享进行广泛关注，但尚缺少专门针对政务服务数据共享的研究。在研究政府信息共享时，较少从提升后台效率及深化流程再造、业务重组的角度来进行考量，即重标不重本，缺乏对根本需求的考察。在研究政府数据及公共服务信息共享的设计和实现方案时，主要集中在地理空间信息等基础数据领域的共享和利用等方面①，对涉及各职能部门核心权力及利益的相关内容，关注较少。

政务服务数据共享，其宗旨是提高政务服务效率和质量，提升政务服务供给能力。政务服务数据是政府数据的子集，但与一般的政府统计数据不同，政务服务数据动态产生于政务服务过程，能够客观、全面地反映政务服务事项申请、受理、办理、办结等所有环节。尤其是 2006 年监察部在各级政府行政服务领域全面推行与电子政务服务系统紧密联系的电子监察系统以来②，政务服务，特别是线上服务的过程与结果数据日益详细和规范，能够追溯到政务服务事项的每一个流转环节，清晰地反映政务服务全过程。在政务服务过程记录及结果数据中，除了状态数据以外，大部分包含与申请主体个人或组织隐私相关的数据，不宜直接面向社会开放，不能像人口、法人、地理信息、宏观经济等基础数据共享一样去追求"呼之即来"的共享效果。但若能将政务服务数据按需共享给相关职能部门，就能有效提升其他相关事项办理中申请主体的申办效率及受理、审批人员的服务效率，促进跨部门政务服务与管理流程的优化及相关业务的重组，提升服务质量。尤其是在大型项目审批过程中，因为涉及的材料多、部门多、流程多，若各相关职能部门间业务数据不流通、不共享，申请主体就需要在各个环节提供其前置环节办理结果的证明，并重复提交各类申办材

---

① 胡建伟、许岩岩：《美国信息共享模式对我国地理信息共享机制的启示》，《地域研究与开发》2009 年第 2 期；付哲等：《政务地理空间信息资源管理与共享服务应用体系研究与实践》，《电子政务》2010 年第 1 期；S. M. Fletcher-lartey & G. Caprarelli, "Application of GIS Technology in Public Health: Successes and Challenges," *Parasitology*, Vol. 143, No. 4, 2016, pp. 401 – 415.

② 胡广伟等：《电子政务服务能力测评模型的结构与关系分析》，《管理学报》2012 年第 5 期。

料，受理窗口则需不断核验这些材料，既浪费资源又存在隐患，难以发挥电子政务系统性优势。一旦相关业务数据按需流通共享，前后环节便能自动触发、无缝对接，从申办及提交初始材料开始，让数据"跑路"，沿着业务流程形成一条政务服务链，节约申办成本及受理成本，提高政务服务质量。

因此，本文认为，在数字政府环境下，政务服务数据共享是指各政府职能部门以提高政务服务效率和质量为目的，充分利用现代化数据处理技术，将其在服务过程中收集、生成的业务数据按照规定可复用的方式进行记录、存储，通过一定的共享机制，实现部门间业务数据的按需共享，为进一步围绕公民实际需求，针对"某个完整业务"开展政府信息系统后台数据整合与业务协同打下基础。就共享性质而言，其属于政府数据的内部利用；就共享主体而言，供需双方均为政府职能部门，且根据不同的业务而转换角色；就共享客体而言，数据共享需求方可获取的数据主要由其业务指涉而确定；就共享时空而言，要求通过统一应用系统实现实时调用。

二 政务服务数据共享实践的经验与教训

在实践领域，政府数据共享起源于科学数据共享。为充分调动社会力量，让每一位公民在"数据—信息—知识—理论—决策—效益"这一链条的各个环节上发挥才华，挖掘数据价值，美国政府在 1990 年以科学数据为突破口，启动了"完全、开放、无偿"的科学数据共享计划。① 这能为各国政府数据的共享提供成功示范，但由于法制基础、政治体制等差异，其普适性不够，影响范围有限。

就我国而言，政府信息共享得到较为持久的关注。1996 年 3 月通过的《关于国民经济和社会发展"九五"计划和 2010 年远景目标纲要》要求"加强信息资源开发利用，推进信息的社会共享"。1997 年 4 月，全国信息化工作会议提出"统筹计划，国家主导；统一标准，联合建设；互联互

---

① 胡建伟、许岩岩：《美国信息共享模式对我国地理信息共享机制的启示》，《地域研究与开发》2009 年第 2 期。

通，资源共享"二十四字信息化建设指导方针。1999 年，"政府上网工程"全面实施。2008 年 5 月，《中华人民共和国政府信息公开条例》正式施行。2012 年 5 月，《"十二五"国家政务信息化工程建设规划》（发改高技〔2012〕1202 号）要求"强化信息共享、业务协同和互联互通"。2017 年 5 月，《国务院办公厅关于印发政务信息系统整合共享实施方案的通知》（国办发〔2017〕39 号）明确要求"加快推进政务信息系统整合共享"。2017 年 6 月，《中华人民共和国政府信息公开条例（修订草案征求意见稿）》进一步扩大了信息公开范围，并明确提出"各级人民政府应当加强政府信息资源的规范化、电子化管理，整合政府信息资源，提高政府信息资源的共享水平"。2017 年下半年，辽宁、甘肃、河南、福建等地先后出台"政务信息系统整合共享实施方案"，广东省在加快推进政务信息系统整合共享的同时，提出部署省级"数字政府"改革建设。围绕政府信息化建设的改革正全面展开，为政府数据共享创造了良好环境。

但是，整体而言，政府数据共享还没有在政策层面与应用实践中得到充足的体现。在政策要求层面，政府数据共享尚处于探索尝试阶段。当前，大部分文件都是笼统地强调"信息资源"的共建共享，鲜见类似《贵阳市政府数据共享开放条例》（2017 年 5 月 1 日起施行）明确针对政府数据共享的政策，更少有专门针对政务服务数据共享的明确要求，导致共享的数据以表层数据或统计数据为主，深层及原始数据仍在各职能部门内部。在主观执行层面，众多政府职能部门面临规范上的行政道德义务冲突①，并倾向选择消极应对方案。在满足公民知情权和相关职能部门共享需求的同时，保护国家信息安全及公民隐私，需要对政府数据及信息进行分级保护。然而，在现实中很多本来相关度不高的数据集，一旦成功匹配并进行关联分析，就能呈现出意想不到的结果，这些数据只有共享出去后才能判断其是否存在威胁、有多大威胁，为"保险起见"，相关职能部门就采取消极共享的策略，将非原始、不完整的数据拿出来共享，这便会增加其他单位在使用中的数据清洗、数据匹配成本，影响共享效果，并且诱发消极应对策略的扩散，导致数据共享难以实现理论设计中的理想效果。在客观技术层面，

---

① 李春成：《行政伦理两难的深度案例分析》，复旦大学出版社，2011，第 11～12 页。

数据的有效共享受到已有技术架构与制度逻辑的制约。在电子政务普及建设阶段，统一标准与规范的缺失，导致众多国家部委、地方政府各职能部门的信息化建设群龙无首，各政府部门往往根据自身业务情况，选择不建设信息化业务系统，或者仅着眼于当时需求建设信息化业务系统。由此，又导致两个方面的问题。一方面，因采用不尽相同的建设标准、软硬件平台、访问方式以及安全措施，不同业务系统在建设之初便同时构筑起各自的"护城河"，形成众多"信息孤岛"，相互之间不相往来，数据沟通桥梁的缺乏严重影响数据共享的实现及其效果；另一方面，为配合改革的日益深入及政务服务业务调整，已有业务系统必须进行相应的功能调整或升级维护，若初始系统缺乏远景规划、没有功能扩展接口，就会给升级维护带来额外负担，增加系统整体运维成本，延缓政务服务改革进程。

由于政府数据共享无法一蹴而就，在数据共享初步推进阶段，不少改革的牵头单位会选择按照最小扰动原则，避免全盘重建，基于 Web Service 技术建立公共数据中心（Public Data Center，PDC）或者数据共享平台，实现数据共建共享。基于公共数据中心的数据共享模型，强调从各个政务系统统一抽取政务基础数据，通过公共数据中心集中管理维护。[1] 在使用原有系统的同时，各职能部门还须在 PDC 建立数据仓库，由 PDC 通过元数据库统一管理。

采用 PDC 方式，将导致多个问题。首先，增加共享及维护成本。PDC 只负责数据的集中收集与管理，各职能部门要维持网上业务，原有系统就不能废弃；若有新的部门需要新增网上受理业务，新建系统就不能避免，因而为保证成功抽取基础数据，就需要针对众多已有的及新建的系统开发不同的数据接口和传输通道，无法统一维护，导致成本增加。其次，难以避免委托代理问题。因为系统之间没有基于业务而实现连通，受理人员的主要工作仍需要在原有系统中完成，从自身方便程度考虑，他们更习惯于让申请人自己提供材料，而不是受理人员从 PDC 中申请、调取、核对，故 PDC 未必能有效提升服务效率。最后，PDC 数据的准确性、时效性难以保证。各职能部门

---

[1]　李卫东：《基于公共数据中心的城市政府信息资源共享实证研究》，《管理世界》2007 年第 9 期。

在自有系统中处理业务后，未必会及时汇总并更新到 PDC，并推己及人，质疑 PDC 数据的质量，久而久之，PDC 将形同虚设。可见，在集成、共享初期采用这种方案，可以保证原有系统的稳定运行，但从整体上看，这一方案类似于"另起炉灶"建设专门存储数据库，会增加运行维护成本及业务人员额外负担，很难达到预期的共享共用效果，因此并不是长久之计。

政务服务改革的进程及政务服务数据安全高效共享的程度，对于我国"互联网＋政务服务"改革的整体推进具有重要影响，为保证改革的继续深入，应摸清现状、深化研究、探索试点、积极创新。目前，政务服务数据共享主要面临以下四个方面的问题。

第一，统一规范及技术标准的缺乏导致改革整体进展缓慢。在电子政务系统采纳应用初期，没有成熟的参照标杆，整体规划指导性不强，为政府各职能部门"自由发挥"预留了巨大空间。部分职能部门认识不够深入、本位意识较强，为最大限度地保留本部门权力与利益，其侧重于硬件投入与建设，忽视流程整合与业务重组，宣传大于落实，形成"为信息化而信息化"的不良风气，导致各职能部门的业务重组有限，流程优化不深，整体上，呈现出"数据孤岛"丛生、"数据烟囱"林立的景象，以致协同事项办理效率难以提高，非协同事项在办理过程中的数据共享则遭遇体制机制与技术上的双重障碍。例如，同级横向职能部门之间往往缺乏专门的数据沟通机制，仅有通过日常业务 OA、QQ、微信等建立的亦公亦私的复杂关系网络，"部门联系"实际上演变成"人际联系"。人际关系和谐，数据沟通就顺畅；人员间有嫌隙，联络就受阻。因此，政务服务数据的共享还很难全面铺开推广。

第二，各职能部门信息化水平差异大，数据共享准备度不高。长期以来，政府各职能部门信息化建设激励机制普遍缺乏，在服务分工、信息化需求等方面又都存在一定的差异，因而"用进废退"，导致各职能部门信息化意识及信息化发展水平参差不齐。在新一轮信息化建设过程中，受路径依赖及领导风格的影响，出现了"马太效应"，共享鸿沟"越填越深"，"数据烟囱"也越来越高。整体上看，由于政府各职能部门信息化境况不尽相同，还难以实现全面的数据共享，即政务服务数据共享的整体基础较为薄弱，面临重大挑战。

第三，已有政务服务数据形态差异大，导致共享不足，改革无法深入。城市政府在治理过程中会向社会公众提供日益丰富的政务服务，各职能部门在不同程度上积累了大量政务服务数据，但整体上缺乏数字化、电子化、标准化处理，且不同信息系统在数据存储形式、调用方式、业务系统接口等方面都存在一定的差异，由此客观上导致在短期内难以实现互联互通，无法实现有效共享，政务服务效率和质量依然难以提升。在日常政务服务过程中，由于政务服务数据共享程度低，申请主体在办理不同事项时，需要多次重复提交相同材料，不同窗口的受理人员也需要对相同的材料分别进行核验，严重浪费人力、物力及财力资源，存在大量可以优化、削减的环节。

第四，在当前政务服务机制下，部分职能部门缺乏数据共享需求，改革动力不足。对于政府垂直管理部门，一般都已建有专业垂直业务系统。一方面，这些系统里的业务流程已基本成熟固化，对所需提交、流转的数据也有专业化要求；另一方面，虽然《关于开展政务信息系统整合共享应用试点的通知》（发改办高技〔2017〕1714号）及各地配套政策正逐步落实，但垂直系统与地方横向系统的对接依然有限。因此，要配合本级政府开展政务服务数据共享、政务服务改革，这些接受垂直管理的职能部门就需额外增加工作量，即使本级政府职能部门共享相关数据，该职能部门也难以直接使用；而其他部门要使用该职能部门生成的数据，也需事先进行额外转换。另外，少部分职能部门信息化程度已远超本级其他职能部门平均水平，或者处于政务服务链条前端，对获取其他职能部门数据的要求不高[1]，没有足够的动力来参与统一改革。

政务服务数据共享所面临的问题在城市政务服务改革过程中日益显现，数据共享不足导致申办材料难以精简、办理流程难以简化，已明显阻碍政务服务流程优化及其业务重组，在一定程度上影响改革的整体进程。

三 政务服务数据共享提升方向和实践路径

要解决好政务服务数据共享所面临的问题，应抓住技术支撑条件，发

---

[1] 艾琳、王刚：《重塑面向公众的政务服务》，社会科学文献出版社，2015，第273页。

挥制度优势与政策红利，通过"数字政府"顶层设计对数据背后的权力和利益进行调整。在执行层面，应以标准化为切入点，逐步应用并完善云端共享平台，逐步融合机制与技术的创新，分阶段、有重点地推进政务服务数据的共享，促进政务服务效率与质量的提升。

第一，充分挖掘标准化对政务服务数据共享的基础性技术支撑潜力。研究表明，标准化是有效实现数据对接，从而保障服务融合的基本前提。[1]学者们普遍提倡将标准化理论运用于行政服务领域，认为标准化是促进行政服务质量持续提高的重要途径。[2] 在实践中，标准化问题至少体现在以下两个层面：在业务层面，由于不少政务服务专业性较强，缺乏标准化受理、审核规范，非专业工作人员无法办理，业务系统各自为政，无法融合，数据沟通与共享难以实现；在数据层面，由于缺乏政务服务数据建设标准，不同业务系统的数据往往"不在一个频道"，难以"达成共识"甚至无法"平等对话"。标准化的缺失已经严重阻碍数据共享、政务服务改革的推进。

就政务服务而言，标准化主要涉及证照标准化、事项标准化、办事指南标准化、示范文本标准化、业务手册标准化等方面。从业务及管理层面而言，证照标准化，有利于推进"多证合一"改革，促进申办材料的精简化、精细化。事项标准化，有利于规范事项要素，明晰权责清单。办事指南与示范文本标准化，有利于社会公众理解办事流程与要求，降低申办成本，促进有效监督。业务手册标准化，可以降低对专业化工作人员的过度依赖，让"铁打的营盘"上的"兵"能够流动起来，同时也有利于业务流程梳理、整合与再造，促进政务服务数据的流通。以地级市证照标准化建设为例，在行政统属范围内，对所有政务服务事项涉及的证照（提交的或生成的）进行梳理，对现需提交的证照，研判有无提交必要；对生成的证照，研判

① F. Büttner et al. , "Model-driven Standardization of Public Authority Data Interchange," *Science of Computer Programming*, Vol. 89, 2014, pp. 162 – 175.

② 陈振明、耿旭：《公共服务质量管理的本土经验——漳州行政服务标准化的创新实践评析》，《中国行政管理》2014 年第 3 期；卓越、陈诚：《梯度理论在政府创新扩散中的应用研究——以行政服务中心及其标准化为例》，《厦门大学学报》（哲学社会科学版）2015 年第 2 期。

有无合并可能。而后，对所有证照的名称、基础字段、内容、发放形式、存储方式等进行统一规范。最后，围绕本级政务服务事项，以可视化方式集中呈现政务服务事项办理过程中所需提交的证照，按照证照出现频次及相关关系绘制证照共现图谱，从而以事项及其主管部门为中心，分析证照共享需求，并对其分类分级，以便于逐步纳入全市共享范围。

第二，杜绝建造新的"数据孤岛"，逐步应用、完善云端共享平台，实现平稳过渡。依托市级政务服务中心，建立、推行全市统一综合窗口收发件系统，职能部门已有业务系统的，逐步对接转移；尚无专门系统的，直接使用统一系统，推进"前台综合受理、后台分类审批、窗口统一出件"。由此，逐步在最大限度上实现事项受理、流转、审核等环节的规范与统一，尽量减少新建专业化事项办理系统，避免一些职能部门在消除已存"数据孤岛"的同时，另外一些职能部门又去建造更多新的"数据孤岛"。

目前，我国各地级以上的城市基本建有市、区（县）两级政务服务中心，各级职能部门按照"三集中、三到位"① 的总体要求向市/区级政务服务中心派驻工作人员，通过业务窗口向社会提供服务，故各级政务服务中心是政府各职能部门提供政务服务的主战场。基于此，可以采取如图1所示的方式，分类存储建设、云端统一调用，以促进政务服务数据共享的建设与推广。首先，分别建立专用数据库。对于垂管部门，在使用上级派发系统的基础上开发专用数据接口，实现业务数据的存储调用，形成统一的垂管部门政务服务数据库。针对非垂管部门，由市政务服务中心统筹，市、区（县）两级政务服务中心分别按照统一标准建设市/区级政务服务数据库，各部门共同参与本级数据库的建设、运维和共享。其次，盘活存量数据。在制定统一数据标准的基础上，所有部门通过"纸质数据电子化，电子数据标准化"将已有数据资源转化成各数据库中首批可共享数据，作为共享应用的初始支撑数据。最后，各建设单位以"谁提供、谁负责"的原则对数据完整性、准确性、实时性负责，实现统一接口与云端共

---

① 三集中，即部门行政审批职能向一个科室相对集中、承担审批职能的科室向政务服务中心集中、行政审批事项向电子政务平台集中；三到位，即行政审批事项进驻大厅到位、审批授权窗口到位、电子监察到位。

享平台对接，省、市云平台互联共享，并通过电子签章技术对数据进行封装，保证有共享需求的职能部门能够随时按需调阅。由此，可以保证数据同源建设、同源维护，避免因为分别创建、集中存储、各部门调用（中心化星形拓扑结构）而造成的更新不及时、可信度不高、无故障率要求高等问题。

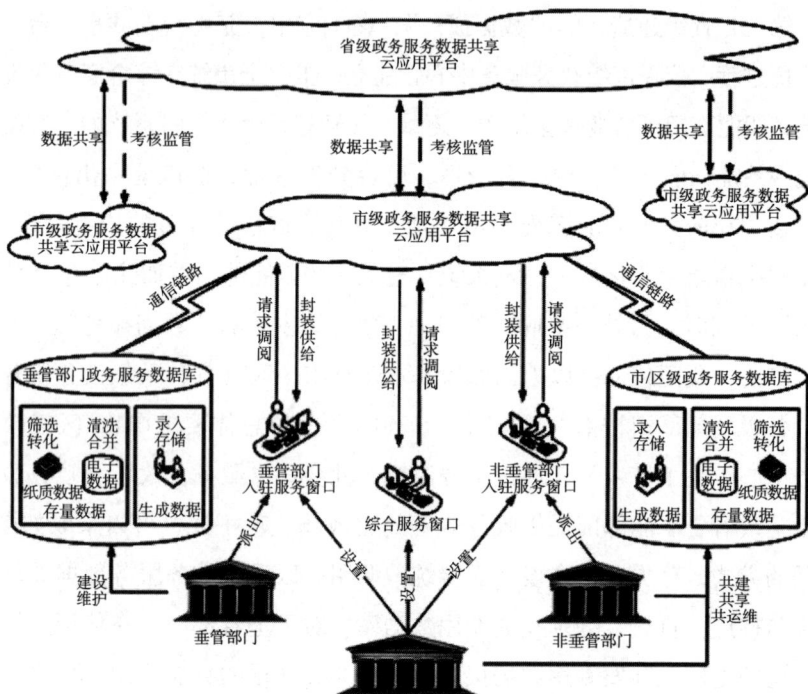

图1 政务服务数据共享建设方案

以证照数据共享为例，根据统一规范，完成存量数据清理；根据标准化梳理结果，建立全市证照共享需求分类分级目录，各职能部门在收取、生成证照的过程中，按照统一规范做好标准化录入、存储工作。受理事项申请时，在确认申请主体身份后，业务受理系统便向云端共享平台发出"请求调阅"申请，共享云应用平台以证照共享目录为线索，根据当前业务权限，向相关数据库调取申请主体的部分证照数据，并加盖电子印章，保证其权威性，而后呈现给当前业务受理人员，对照业务办理要求，除了所缺材料以外，申请主体无须提交这些证照、受理人员也无须核验，从而有效减轻申办人、受理人的负担，提升业务办理效率。通过试点示范效应，全面激发各职能部门政务服务数据共享的参与意愿，推进更大范围的共享，最终促进政务服务效率与质量的全面提升。

第三，融合机制与技术的创新。政务服务数据标准化、数据库及共享云应用平台的共建共享，只是技术层面的创新与应用，政务服务数据共享的实现，还需要通过政务服务机制的创新以及法制规范的配套完善为其提供实施环境。一是利用大数据分析技术对政务服务历史记录数据进行分析，绘制出社会公众动态的政务服务需求画像，并不断根据新的业务数据进行修缮。二是基于政务服务数据共享需求以及社会公众偏好，分批次梳理全市所有政务服务事项，对其业务整合、撤销的可能性进行研判，为业务重组提供决策依据。三是通过技术力量，加强对政务服务数据安全风险的预测预警，通过法制建设，完善政务服务数据治理规范，保护公民个人及社会组织隐私，建立满足数据安全标准的工作机制。四是制定多渠道政务服务供给方案，完善其合法性保障，利用信息通信、大数据分析、人工智能等成果为多渠道政务服务铺平技术道路，实现机制创新与技术创新的有机融合，从而为政务服务数据的顺畅流通与共享提供基础保障，提高政务服务精准化水平。

第四，保障政务服务数据共享配套资源支撑。在行政资源方面，应保证组织领导、制度建设与长效工作机制，完善政策环境、组建专门管理机构，利用制度提供行政动力机制和安全保障。[①] 在物质资源方面，应建立相应的经济补偿机制[②]，保证相关基础设备设施的购置与建设，稳定专项资金投入。在人才智力方面，应以政府职能部门业务骨干为基础，做好思想政治工作，发挥其政治引领作用，寻求高校及科研机构的智库支持，准确问诊需求、实时跟踪进展、及时调整偏误，保证改革持续稳健前行。

值得注意的是，对于政务服务数据而言，不能一味要求像其他数据一样开放、共享。对于一般性政府数据，其共享对象是社会公众，充分地开放与共享，能够有效激发、提升社会创造力。但对于政务服务数据，其共享对象是政务服务部门，共享的最直接目的是减轻工作人员及申请主体的

[①] 鲍静等：《我国政府数据开放顶层设计研究》，《中国行政管理》2016 年第 11 期。
[②] 曾润喜：《网络舆情信息资源共享研究》，《情报杂志》2009 年第 8 期。

信息负担、促进流程优化。故应根据实际，充分考虑共享效益，尤其是改革前期，需认真研判共享数据的范围，成熟一批共享一批，不能盲目铺开，为共享而共享。应如上文所述，通过共享试点的显著成效，逐渐消除各方抵触情绪、提升共享意愿，循序渐进逐步推进，以便最终形成长效机制。同时，随着大数据分析技术与机器学习研究的深入，对于数字、文本、图片、音频、视频等不同类型、不同存储方式的异质性数据的处理，已经有了实质性进展。因此，在共享机制运转成熟的情况下，可以考虑建设政务服务数据仓库，利用大数据分析技术及机器学习的研究成果，在更深层次上挖掘数据价值，按主题对政务服务记录数据进行时序、多维分析，借助决策仿真技术，找出问题、原因，探究优化选择方案，为各级政府领导决策提供支撑与参考，促进政务服务水平的智能化提升。

四　政务服务数据共享对提升政府治理能力的重要意义

改革开放以来，我国城市化发展进程加快，在取得巨大成效的同时，也逐渐在环境、资源、交通、基础设施、就业、治安等领域暴露出诸多问题。政府各职能部门都追求"低成本、高效率"，却使整个城市治理呈现出"高成本、低效率"的状态[1]，传统城市治理模式面临严峻的挑战，城市政府治理能力亟待提升。要实现《"十三五"国家政务信息化工程建设规划》所提出的"大平台共享、大数据慧治、大系统共治"目标，就必须积极优化数字政府治理模式，积极开展政务服务数据共享研究与实践。在数字政府环境下，政府职能部门之间以政务服务数据的安全高效共享为基础，通过业务协同，能有效提升政府决策质量，提升政务服务供给能力，发挥电子政务的规模效应，增强社会公众的改革获得感，推动政府治理能力的现代化进程。

第一，政务服务数据共享有利于优化政府决策。城市治理，尤其是智慧城市治理，是复杂巨系统中的系统化工程，条块分割的"部门化"运作阻碍了数据的高效流通，难以避免有限理性的政府因数据不完整、信息不

---

[1]　叶裕民：《中国城市管理创新的一种尝试》，《中国软科学》2008年第10期。

对称而做出非理性决策，或出现"政策打架"的情形。在信息化时代，这样的决策更容易快速引发次生效应，影响社会稳定与发展，导致政策的提前终结，甚至危及国家总体安全。而政务服务数据的连通与共享，则能最大限度地保证基础决策数据的准确性、统一性、完整性，保证不同政策之间的配合与互补，促进政策的体系化建设，虽然"政出多门"，但能够"殊途同归"。以不动产登记为例，长期以来，各地都是由国土、住房、农业、林业等多个部门分散登记，标准不一，平台各异，数据难以匹配，土地等政策难以统一，《物权法》无法落实。为有效破解这一困局，2015年，《不动产登记暂行条例》（国务院令第 656 号）规定"国家实行不动产统一登记制度"；2016 年，《关于组织有关部门开展专项督查的通知》（国办督函〔2016〕129 号）明确"建立和实施不动产统一登记制度纳入国务院办公厅年度专项督查台账"。统一登记有利于提升全国土地、房屋、草原、林地、海域等不动产数据的标准化程度，以及准确性与完整性，从而保证相关政策的科学性，促进政策的有力执行与有效监督。

第二，政务服务数据共享有利于提升政务服务能力。政务服务能力是城市综合服务能力的重要内容之一。在信息化时代，传统城市治理模式已经难以满足社会公众日益增长的政务服务需求，政府职能部门增强政务服务能力的内生性需求日益明显。政务服务数据的连通与共享，能够保证政府职能部门方便、快捷、准确地获取与本部门业务相关的数据，通过匹配分析，更全面、真实地掌握申请主体的信息，更准确地识别社会公众的政务服务需求，从而为精准化服务、个性化服务提供有力支撑。同时，数据的成功关联，能让职能部门掌握原先所不知晓的信息，扩大服务范围，增加服务项目，促进政务服务跨部门整合，促进以公民为中心的主题政务服务改革与实践，促进人民满意的服务型政府建设。

第三，政务服务数据共享有利于提高政务服务整体质量。城市政务服务供给的主要平台是各级政务服务中心，有研究表明，信息质量、系统质量、现场服务质量能够较好地反映政务服务中心整体服务质量。[①] 政务服

---

① 明承瀚等：《公共服务中心服务质量与公民满意度：公民参与的调节作用》，《南京社会科学》2016 年第 12 期。

务数据的连通与共享，能够保证数据的准确性、及时性与完整性，向公众提供更具关联性、更易理解、质量更高的业务数据，提高信息质量；保证信息系统能够针对申请主体的数据特征实现智能响应、个性化引导，后置环节由前置环节自动触发，提高系统质量与效率；保证现场服务人员更准确地理解申请主体的切实需求，提高现场人员服务质量。另外，政务服务数据共享云应用平台的应用及完善，能够促进政务服务知识库的自学习与升级，从而不断优化应用体验。因此，通过政务服务数据的跨部门共享，能够有效提升政务服务的整体质量。

第四，政务服务数据共享有利于发挥电子政务规模效应。准确、有效的政务服务数据能够从基础上保证电子政务系统的有效运转。在政府各职能部门内部，电子政务系统已能基本满足日常线上办公、业务流转等需求，但这些系统像数据海洋中的孤岛，缺乏沟通的桥梁，政务服务数据潜在的价值还未被挖掘出来。尤其是在资源相对比较充足的地区，前期建设的各类系统更是不计其数，导致当前架设"桥梁"的需求更加迫切。通过政务服务数据的连通与共享，能够从逻辑上连接起众多政务服务系统与平台，发挥其集群优势，不仅能够更高效地服务公众，还能够通过大数据分析，探索数据间的相关性，准确预测政务服务需求，优化政务服务资源的配置，不仅实现政务服务数据的按需调用，还促进政务服务模块的按需调用。

可见，政务服务数据共享能够较为充分地释放电子政务系统的潜能，优化服务质量，提升治理效能，是当前政府治理优化的有效解决方案。

结　语

政务服务数据共享是当前政务服务改革的阶段性目标，从长远而言，它只是优化政务服务的手段。本文对政务服务数据共享的本质内涵进行探讨，对其相关研究与实践进行评析，并针对实践经验与教训提出政务服务数据共享的提升方向与路径，以期能够对政务服务改革提供有益参考。

政务服务数据的共享前景十分广阔，但由于涉及个人隐私、企业机密甚至国家安全，在实施过程中不能仅仅考虑表面上的技术采纳与政策扩散，还应做好系统化保障措施。就政务服务数据共享本身而言，"它受到哪些因素的影响，这些因素如何单独作用或者交互作用于共享成效；相关法制体系如何完善，数据获取与使用的权限如何界定；对应的安全保障体系如何建立，风险如何识别与防范，监察及预警如何实施；共享的质量及成效如何评价"等问题，都有待进一步深化研究与探索。就政务服务数据共享环境而言，由于传统观念和既有利益的阻碍以及其他难以避免的干扰因素，在具体施行过程中，必定还会引发各类问题，也都需要通过开展相关的研究来探寻解决方案。

本文作者为徐晓林、明承瀚、陈涛，

原刊发于《行政论坛》2018 年第 1 期；

《新华文摘》2018 年第 7 期转载，

收入本书时有改动

第三篇章

非传统安全理论

国家安全治理体系：人民本位、综合安全与总体治理

当前，传统安全威胁和非传统安全威胁的因素相互交织，已成为国家安全治理的新形势。国家安全治理体系的优化和良性运转是国家安全治理能力提升的前提。国家安全治理体系的缺陷既为外部不合理的干涉提供了可能，也使国家对内维护政治安全与社会稳定的权能不足，并最终威胁人民生存与发展安全。随着完善国家安全体制的提出和中央国家安全委员会的设立，我国开始有意识地、系统化地建设国家安全治理体系。作为国家治理体系的重要内容，我国的国家安全治理体系需要在契合我国的政治、经济、社会、文化特性与发展阶段、发展目标的基础上，回答为了谁的安全、什么样的安全、谁来治理以及如何治理等几个基本问题。

一　国家安全治理的"人民本位"观

国家安全治理的价值旨归是安全治理体系建设的引导与规约，规定着国家安全治理实践的延展空间。虽然我国已提出了以"互信、互利、平等、协作"为核心的新安全观，但这一安全观仍处于国际合作中的关系处理原则方面，而不是安全治理的价值目标。在我国的政治体制下，国家利益、政党利益与人民利益是一致的，国家安全也需要从人民利益的角度去衡量。从中国共产党带领人民获得解放，到实行改革开放，让

人民富起来，再到以人为本，科学发展，全面建设小康社会，对"人民"的价值主体地位的尊重是中国共产党执政地位获得和不断巩固的保证。不论是生存型安全还是发展型安全、国内安全还是国际安全、传统安全还是非传统安全，都应以人民为价值主体。以"确保人民安居乐业、社会安定有序"①，"促进社会公平正义、增进人民福祉为出发点和落脚点"。②

在国家安全治理实践中，当安全认定的主体是国家（政府）时，安全威胁可能并未被普通公民所感知，只有这种威胁具有公共性、涉及人民生存与发展安全时，安全治理行为才可能被认可，而不至于导致执政安全危机。当认定的主体是公民或社会时，只有当某种安全威胁获得"主体间"的理解或认知时，才可能成为具有公共性的安全问题，也才有被纳入公共问题框架、上升到国家安全政策议程的可能。因而，国家安全治理只有具有人民性、为了人民的时候，才有意义或者有必要。如果某一安全威胁仅仅是个体性的，且没有衍生、扩散的可能，或者没有危险因素同构性发生的可能，那么这种威胁也不能被视作整体的国家意义上的国家安全事务。正是以人民为价值本位，才能推演出食品卫生安全、环境安全、文化安全等非传统安全问题被安全化的缘由。

当前安全研究领域在本体或优先性选择中陷入"个体"与"国家"的还原主义与整体主义争论。国家中心是传统安全理论的特征，而"人的安全"则成为时下以非传统安全为中心的新安全观的价值关注点。虽然，"人的安全"价值范式其外延可以拓展至国家、区域和全球不同层面，可以涵盖全球安全、地区安全和国家安全、个人安全层次，但这种抽象的概括在实践中总是面临着哪种层次的"人"，何者为优先的问题，最终使其因面临实践困境而失去了实践意义。现实地看，人的安全与国家安全处于不同的价值维度。人的安全更适用于超国家组织层面，如联合国开发计划署在 1994 年的"人类发展报告"中首次提出"人的安

---

① 《中共十八届三中全会在京举行 习近平作重要讲话》，人民网，2013 年 11 月 13 日，http://jhsjk.people.cn/article/23521588。

② 《习近平：切实把思想统一到党的十八届三中全会精神上来》，人民网，2014 年 1 月 1 日，http://jhsjk.people.cn/article/23995311。

全"的概念，旨在超越主权国家的限制发展人权。但其作为超国家组织干预主权国家治理的价值依据，往往也成为霸权国家超越主权，干涉他国内政的伦理辩护词。这就可能使国家安全与人的安全发生冲突，甚至成为国家的非传统安全威胁的价值来源。更为吊诡的是，对"人的安全"的追寻必然要求强化微观权力机制建设，这无疑将加速基于个体精神和肉体的干预体系建设，使人面临失去自由的专制威胁，最终"人的安全"理论走向了自身的反面。

虽然将国家的安全治理行为还原为个人的安全需求，或者说通过个人来理解国家行为是不恰当的，但是，"人民"作为国家安全治理的核心价值主体并不否定人的安全，个体安全、社会安全是其必然构成，而且"还原分析可以使人们更好地了解国家施动的建构问题"。① 只是，"人民"作为一个总体范畴，它包含个体安全与社会安全、国家安全（甚至全球安全）的不同安全层次，结合了社会（群体）安全与个体安全、国家安全与区域（全球的、多边的）安全，涵盖了传统安全与非传统安全。在不同的安全类型与安全主体并列之时，在尊重和保护个体安全的基础上，上面的观点为安全治理的优先性排序提供了价值依据。因而，人民本位的安全观是安全治理中各种价值的结合点，并且，就国内安全治理的层级性来看，国家安全治理也只有以总体的人民为价值指向，才能防止因执着于个体的、局部的安全控制而形成国家专制体系，陷入"人的安全"理论的自反性窘境。

在全球化时代的国家安全治理实践中，可以将人民安全与人的安全话语并行使用。国内以"人民安全"为核心价值的同时，在国际层面或超国家层面，则可以通过"人的安全"尤其是国民个体的安全作为国际安全治理对话的价值话语。以个人安全强调安全治理的人道主义关怀，而人民安全观则强调在不干涉内政原则下对安全治理内容、治理模式选择的尊重，从而实现在尊重民族、人民安全的同时积极致力于人道主义的"人的安全"的保障。

---

① 〔美〕亚历山大·温特：《国际政治的社会理论》，秦亚青译，上海人民出版社，2000，第278、279页。

二 国家安全治理的综合安全思维①

当我们将"人民"作为国家安全治理的价值旨归时，人民这一集合概念所指涉的安全内容即以整体的方式被提出来。换言之，需要我们用全局性的思维来审视人民的存在方式、生活关系形式等所涉及的安全威胁。党的十六大以来，中国共产党提出了"综合安全"的主张，并结合共同安全、合作安全、集体安全等安全观提出了"新安全观"。综合安全是多个安全层次、安全领域、安全类型的统一，但综合安全并非不分主次，只有更为细致地把握其核心和趋势才能防止避重就轻。

（一）主权安全与政治安全是两个基础

根据我国发布的《中国的和平发展》白皮书中的界定，我国的国家核心利益包括：国家主权，国家安全，领土完整，国家统一，中国宪法确立的国家政治制度和社会大局稳定，经济社会可持续发展的基本保障。② 这几项核心利益也是《关于〈中共中央关于全面深化改革若干重大问题的决定〉的说明》中所涉及的国家安全的主要内容。国家主权、国家安全、领土完整、国家统一是一个国家实体的外部存续性特征，它是国家人格自然成分的主要构成内容；而政治制度、社会稳定、经济社会发展则是反映国家历史特殊性的内部存续性特征，这些是国家人格的历史社会成分的主要内容。根据我国既有的安全优先性排序可以发现，在国际关系方面，国家主权是第一位的；就国家内部而言，以政治制度为中心的政治安全则是首位的。随着全球化、信息化时代的来临，非传统安全威胁扩散的不确定

---

① 在本文写就准备出刊之时，恰逢 2014 年 4 月 15 日中央国家安全委员会第一次会议召开，习近平总书记在会议讲话中提出了国家安全的总体安全观。这一安全观包含我们在此处所谈到的综合安全思维，也涵盖了上文中的人民本位，以及下文中所谈到的总体性治理模式。编辑部老师征求了相关专家的意见，建议我们进行修改，但因本文作于中央国家安全委员会会议之前，一方面我们认为综合安全思维的分析可以为总体安全观的提出提供一个理论源流参考；另一方面，也是为了尽量保持本文的原貌，所以没有进行修改。

② 《〈中国的和平发展〉白皮书》，新华网，2011 年 9 月 6 日，http://news.xinhuanet.com/politics/2011 – 09/06/c_121982103_6.htm。

性，以及经济、技术、文化发展的不平衡性为国际霸权主义、新干涉主义威胁主权国家安全提供了可能，经济主权、技术主权、文化主权等这些被政治化的内容也同样成为主权安全的新内容。

国家是人民主体地位的一种政治存在和政治表现形式，但国家不是一个抽象物，而是一个政治实体。对国家安全的界定涉及对国家概念的理解。一般将现代国家理解为由国民、领土与主权三要素构成，进而国家安全则主要表现为国民安全、领土安全与主权安全。但在马克思主义国家观中，国家作为阶级统治的工具，其核心安全目标是政治制度的安全，表现为意识形态、政治组织、政治体制等不受威胁的状态和能力。前一种国家观是从政治—地理角度来解释国家，国家安全被界定为政治—地理的安全；马克思主义指导下的国家安全观所揭示的则是国家作为阶级统治工具的本质属性，所界定的国家安全观以政治安全为核心。当然，阶级属性下的国家安全观并不排斥政治—地理意义上的国家安全观，而是让我们更为全面地认识国家安全的内容。以国家主权或政治主权表达的主权特性不受侵害的主权安全是两种安全观的交接点，也是国家安全的基础所在。虽然人民是国家主权的最终拥有者，但在政党政治时代，主权安全的直接关涉主体是执政党，指涉对象是政治体制、合法性认同与政党执政身份等。社会主义国家政治安全表现为社会主义政治制度安全，其核心是无产阶级政党执政地位安全，在我国现实政治中则表现为中国共产党的执政安全。

安全事务永远指涉人的安危和社稷民本，安全始终被认为是执政者的责任，与国家的治理过程密不可分。[①]"在某种意义上，所有的安全事务都属于政治范畴。……因此，某种意义上，社会、经济、环境和军事安全在真正意义上是'政治—社会安全'，'政治—经济安全'等等，诸如此类。"[②]可以说，所有的公共问题都可能成为威胁某个主体生存性条件的安全问题，但公民个体、社会整体的生存、发展的安全问题是否构成安全事务、安全治理的对象，是否将之"安全化"，则取决于政治主体尤其是执政党的安全观和安全决策、安全治理能力。如今，缺乏"善治"已使干

---

① 王逸舟：《中国与非传统安全》，《国际经济评论》2004 年第 11 期。
② 〔英〕巴瑞·布赞等：《新安全论》，朱宁译，浙江人民出版社，2003，第 192 页。

涉行为合法化。① 对外而言，只有主权是安全的，国家才能作为独立的实体维护其他领域的安全，有效维护世界安全、人类安全；对内而言，只有政治是安全的，才能有效地谋求和维护经济、文化、社会、生态等领域的安全。这也是我国一直强调将"国家的主权、国家的安全要始终放在第一位"的原因。② 因而，我们说国家的主权安全、政治安全是在内、外两个方面保护人民安全的基础性安全内容。

（二）传统安全与非传统安全相结合

长期以来，学术界较为注重将安全区分为传统安全与非传统安全两种类型，在争取非传统安全研究话语权与理论合法性的同时，也促进了国际、国家与社会等多层面主体对社会安全与个人安全的关注。然而，人类社会是一个社会关系网络，安全威胁可以通过自然人行为体以及国家等组织行为体之间的社会、经济、技术联系来传导，安全的形成、威胁因素的发生都是一个有机系统作用的结果。信息社会下互联网、信息技术的发展则强化了这种传导的复杂性。当前在理论上对安全类型的区分中，对传统安全的非传统表征（或表达），非传统安全的传统化，以及安全类型、安全领域的互嵌性、衍生性等分析都不足。忽视安全威胁的有机性、系统性，必然导致安全治理中头痛医头、脚痛医脚现象，使安全治理陷入"以堵为主"的应付式状态。

在传统安全威胁与非传统安全威胁相互交织的时代，存在非传统安全军事化、主权化的现象。这一方面是由非传统安全具有的衍生性、非直观性的特性所致；另一方面，也是国家主体对非传统安全的政治化、工具化运用的结果，以达到渐进、隐蔽地颠覆国家主权、政党政权，改变民族性格的目的。如2009年以来，美国成立了建制化的网络空间司令部，发展网络战部队；2012年组建的"数字水军"已经实现本地化，可以在不同国家用不同的语言方式进行舆情渗透，威胁国家政治、社会安全。显然，那种将非传统安全与传统安全相对的理解，并将其以社会安全和人的安全为中心进行界定的做法是不恰当的。安全的传统与非传统的区分是相对

---

① 〔英〕巴瑞·布赞等：《新安全论》，朱宁译，浙江人民出版社，2003，第204页。
② 《邓小平文选》第3卷，人民出版社，1993，第348页。

的，传统安全威胁的形式的变化使我们只能宽泛地将那些除直接军事冲突之外的所有安全类型都列为非传统安全。

将一个有机的安全系统机械地划分为两个部分，不利于从总体上进行安全态势审视与安全治理。在这种情况下，安全治理中国家的责任并没有因超国家和非国家行为体的介入而减轻，相反国家在维护人民安全中的责任增加了，其地位反而越发凸显。只是需要建构更为复杂的安全威胁监测、识别、评估等机制来更为细致地区分安全的性质，防止不恰当的"安全化"、军事化，避免因安全内容和安全形势误判发生不必要的国际冲突。而且，在人民本位的价值引导下，传统与非传统安全治理的价值目标是相容的，只有将传统与非传统安全相结合的总体安全、综合安全，才能有效维护人民安全。

（三）生存型安全与发展型安全并重

我国的国家安全治理是在改革、发展、稳定的关系结构中去处理的。将发展与安全相统一是我国一贯坚持的安全战略，这在《2006年中国的国防》中作为战略指导思想首次进行了全面介绍。党的十八大报告及《2013年中国的国防》白皮书，在强调维护国家的安全利益与发展利益并重的同时，又指出我国面临"生存安全问题和发展安全问题"。习近平总书记在《关于〈中共中央关于全面深化改革若干重大问题的决定〉的说明》中指出："国家安全和社会稳定是改革发展的前提。只有国家安全和社会稳定，改革发展才能不断推进。当前，我国面临对外维护国家主权、安全、发展利益，对内维护政治安全和社会稳定的双重压力。"[①] 国家安全、社会稳定与改革发展是安全维护的基本目标，而且国家安全与社会稳定成为"发展"这一可持续生存性基础的"前提"，旨在"以安全保发展，以发展促安全"。[②]

生存安全和发展安全的界定表明对国家安全的理解走向了可持续安全、战略安全。主权、安全、改革发展、政治安全、社会稳定等安全问题

---

① 《习近平关于全面建成小康社会论述摘编》，中央文献出版社，2016，第134页。
② 《习近平：把我国从网络大国建设成为网络强国》，新华网，2014年2月27日，http://www.xinhuanet.com//politics/2014－02/27/c_119538788.htm。

在外部与内部两个方面存在。外部涉及主权安全、领土安全、军事安全等传统安全，以及能源安全、金融安全、技术安全等非传统安全内容，它包含政治—地理意义上体现国家在国际政治中的主体身份存在性的生存型安全，以及经济全球化背景下因相互依赖而产生的国家主体的发展型安全。内部的安全则主要关涉政治安全与社会稳定，其中涉及执政安全、社会安全、文化安全、环境安全、食品卫生安全等，它包括体现一个国家政治、社会特性下执政者以及国民（或公民）作为主体的存在型安全，以及谋求可持续发展的发展型安全。

当前"人的安全"理论较为注重主体的存在性威胁和生存性条件，而对人的发展型需求关注不足。这主要是由于人本安全观的提出是在超国家层面倡导的，因而，对于不同国家的价值选择不应做强制性评价或干预。发展型安全观强调从国家、社会、人以及人类的未来发展存续的角度去分析安全威胁。我国的安全观则是以实现人的全面自由以及人民幸福和消除威胁为目标，因而我国的安全观也是一种积极的安全观。这种"积极"指的是倡导积极的价值取向与积极条件的创造，实践中，我国由于受发展阶段、发展水平的限制，以及我国政治、社会、文化特性的要求，积极的安全观表现为以和平发展、科学发展为导向的安全观，在军事领域则表现为积极防御策略。

由于缺乏对生存型安全与发展型安全的区分，无论是人的安全还是社会安全、国家安全，都可能会不恰当地扩大其外延，并因模糊国情差异而导致国家安全治理重心误置，为外在的干涉提供借口，进而威胁主权安全和政治安全。国家发展模式、发展阶段、发展目标涉及国家对人与自然、国家与国家、国家与社会等关系的不同看法，这决定着国家安全治理资源的结构与配置方式，进而影响着国家安全战略选择。例如，随着改革开放的持续推进，在国民、企业"走出去"的同时，安全治理也需要"走出去"，维护我国海外权益和海外利益。在全球化、信息化时代，国家主权一方面被超国家、非国家组织所影响，它们积极参与到主权国家安全治理中；另一方面，网络空间使得跨国界的内政干预在技术垄断、意识形态渗透、商业资本操纵等形式下成为可能。这就需要国家注重安全治理空间、治理内容的时代性。同时，发展的结构是多元的，既有经济的、社会的，也有政治的、文化的、科技的内容，具体体现为劳动、自由等生存型权利与经济、文化、社会等发展型权利得到保障。因而国家安全治理体系建设需要分主次、有步骤地、战略性地整体推进。

三　国家安全的总体性治理模式

人民本位的价值要求与综合安全治理思维，对国家安全提出了总体性治理的要求。新成立的中央国家安全委员会作为一个综合性机构，统筹协调涉及国家安全的"重大事项和重要工作"，亦即主要是针对国家、社会或政治体系的系统性威胁，其职责体系设计也表现出将传统与非传统、国内与国外等多领域安全进行总体性治理的实践特征。这有利于避免因安全类型、安全领域的划分而导致的安全治理权能不足、治理效果不佳的风险。中央国家安全委员会的领导核心由党、人大、政府负责人构成，也有利于推进国家安全治理的法制化以及构建整体性的公共安全体制。

（一）统一领导、集分结合的治理结构

国家安全治理结构优化涉及组织机构的调整，国家安全治理权力、责任的重新分配。《中共中央关于全面深化改革若干重大问题的决定》将国家安全界定为"中央事权"。[①] 中央国家安全委员会是我国国家安全工作的决策和议事协调机构，确立了国家安全治理组织的顶层结构。但在集中权力的同时，也要考虑是否设置地方性的安全委员会，以统筹地方安全治理工作，划分区域性事件、地区性事件、局部性事件等责任范围，分层级、分领域设计组织体系架构，以实现安全治理权力的有序上收、下移、剥离或外包，以及安全治理职能配置与机构调整的整体协调推进。因此，应按照以统一领导、综合协调、分类管理、分级负责、属地管理为主的原则构建国家安全治理体制。此外，由于中央国家安全委员会属于党内领导机构，其"总揽全局，协调各方"地位和功能的实现，

[①] 《中共中央关于全面深化改革若干重大问题的决定》，中国政府网，2013 年 11 月 15 日，http://www.gov.cn/zhengce/2013－11/15/content_5407874.htm。

需要将"民主集中制"这一政治生活和处理党内关系的原则全面贯彻于国家安全治理体系运行之中，以解决其在国家安全治理结构中决策地位和决策方式问题。①

在当前的改革实践中，需要在国家安全的视角下协调国家全面深化改革领导小组下设各专项小组，将国家安全治理纳入中共中央政法委员会、中央社会管理综合治理委员会、中央精神文明建设指导委员会等相关领域和部门的工作中，建立安全治理体制改革与安全治理工作中协调机构、牵头部门与参与部门的权责体系。在实际工作中，既可以设立专门的跨部门、跨地区、跨危机类型的子委员会，也可以在既有机构的基础上扩充其功能；或者参照中央外事工作领导小组、国务院安全生产委员会、国务院产品质量和食品安全领导小组、中央网络安全和信息化领导小组等小组工作模式，将既有的设置于相关部委的议事协调性机构作为特定任务的牵头负责机构。中央国家安全委员会在获得全国人大、中共中央政治局的授权后，可以再次授权这些任务型小组，以便快速地对危机事件做出更为专业化的反应。需要注意的是，由于非传统安全具有综合性、衍生性、边界不确定性，而各小组对复合性安全威胁的治理权能依然存在明显不足，小组间的协调仍需要中央国家安全委员会来统筹。

"党委领导、政府负责、社会协同、公民参与"的多元共治结构仍然是国家安全治理组织体系设计的基本原则和基本主体构成。随着安全治理的技术化，信息技术企业、社会组织等越来越多地参与到治理结构中来，在推进国家功能的社会化、市场化运作的同时，对相关非国家治理主体的监督、合作框架、权责设定等也需要考虑。同时，全球化、信息化时代的安全共同体已超越地理空间的限制，安全治理尤其是非传统安全治理多处于国家间层面，需要国际合作才能有效治理。国家安全治理体系需要在超国家—国家，以及政党—政府—市场—社会在内的宏观框架下进行整体设计与思考，超越国家单一主体的思路，走向跨国治理、全球治理的合作安全与共同安全。非传统安全的边界模糊性、全球公共

---

① 朱国伟、徐晓林：《改革开放以来中国共产党决策民主化的发展——基于党和国家重要文献的分析》，《中国社会科学》（内部文稿）2012 年第 6 期。

性也要求治理结构是变动的。在国际、国内安全治理中，国家扮演着不同的角色，既可能作为安全威胁的回应者，也可能是安全威胁的发现者、建构者和主导治理者。治理结构既可能主要依赖科层型组织，也可能依赖市场机制或法律机制。但当代全球化并不像许多极端全球主义者所说的那样，必然缩小政治行动和国家主动性的范围，相反在对经济、文化以及生态全球化的政治化和管制中这一范围可能急剧地扩大。[①] 即使在多主体的参与下，国家在安全治理结构中的元治理角色依然不可忽视。进而言之，非国家行为体与超国家治理主体非但未取代国家的治理地位，反而成为以国家为中心主体的安全治理的必要补充，成为国家安全治理结构中的功能性构成和选择性机制。

（二）战略性安全治理的制度保障

国家治理体系是党领导下管理国家的制度体系，包括经济、政治、文化、社会、生态文明和党的建设等各领域体制机制、法律法规安排，也就是一整套紧密相连、相互协调的国家制度。[②] 在中央国家安全委员会的领导下进行安全治理体系的总体规划，统一协调构建纵横结合的整体制度安排、多主体的责任体系，防止治理真空和治理失灵是国家安全治理体系建设的应有之义。制度体系只有在同一法律理念指导下，才能实现治理主体间的协调有序、治理体系的有序运转。目前《中华人民共和国国家安全法》（以下简称《国家安全法》）为"国家安全部"的存在和运作提供了法理基础，然而，该法既没有在我国提出"新安全观"后适时修订，也没有适应安全治理环境变迁下的内容调整与主体变化。

随着中央国家安全委员会的设立，在国家层次上统筹国家安全治理的主体，需要通过修订《国家安全法》中的相关表述，才能实现其组织机构、工作程序的法制化，明确国家安全治理主体在国家安全维护中的权责关系。如根据我国的核心利益、发展阶段、政治与社会特性明确"国家安

① 〔英〕戴维·赫尔德等：《全球大变革：全球化时代的政治、经济与文化》，杨雪冬等译，社会科学文献出版社，2001，第604、605页。

② 《习近平：切实把思想统一到党的十八届三中全会精神上来》，新华网，2013年12月31日，http://news.xinhuanet.com/politics/2013-12/31/c_118787463_2.htm。

全"的范围；阐明国家安全治理的价值准则、行动原则；明确国家安全类型、国家安全分级、分类标准；划定安全与非传统安全的内容，进而明确哪些问题需要被安全化、哪些可以去安全化，并依据此进行安全治理资源的配置，进行安全治理机构和权责调整；明确在国家安全治理中公民、社会组织、企业等非国家主体的权利和义务，以及与超国家组织在安全治理中的关系处理原则，全球或区域安全治理中权责分配观等。一方面，这有利于国家各级机构以及社会组织、公民更好地理解国家利益所在与国家安全的内容；另一方面，也通过明确不同主体的权责关系，促进安全治理体系的协调有序运转。

在党的十六届四中全会上，中国共产党提出了"完善国家安全战略"的任务，并在《2004 年中国的国防》白皮书中对我国维护国家安全的基本目标和任务做了说明。但迄今我国还没有一部成文的国家安全战略，虽然在《中国的和平发展》白皮书、国防白皮书以及相关职能部门的工作规划中已涉及国家安全的相关内容，但由于缺乏在国家层面对安全战略的价值目标、基本原则、战略结构、治理结构等方面的宏观指导，国家安全战略缺乏整体性，步调不一，话语不一。如美国在发布《国家安全战略报告》后，相继出台了《反击大规模杀伤性武器国家战略》《网络空间国家安全战略》《国土安全国家战略》《反击恐怖主义国家战略》等涉及传统安全与非传统安全的一系列战略文件。[①] 通过制定国家安全战略，确立现实目标、阶段性目标与理想目标，用以指导国家安全治理结构中分主体、分领域、分层次的子战略才能保证国家安全治理体系的整体性和国家安全治理的总体性。

（三）保障整体性协调的信息资源集成

治理资源是治理体系存在、运行、更新的基础，它包含人力资源、物质资源、信息资源等资源类型。对治理资源进行战略性集成和战略性规划、合理配置是国家安全治理体系整体性建构和实现可持续治理的基础性

---

① 牛新春：《美国反恐之纲——简析美国〈反击恐怖主义国家战略〉》，《现代国际关系》2003 年第 3 期。

工作。一个完整的国家安全治理体系包含国际、区域、国内等多个层面，政治、经济、文化、社会、生态等多个领域，涉及危机识别、分级预警、安全脆弱性评估、主体间责任共担以及数据安全管理等多种机制。而信息资源的交换共享则是跨领域、跨层级的治理主体间有效互动、合作的前提，横向整合、纵向贯通的信息集成系统是治理结构良性运转、治理机制匹配协调的技术基础。①

2007 年制定的《政务信息资源目录体系》在信息资源分类中涉及国家安全与社会公共治安、政法等方面的信息资源，但这一标准局限于国家机关内部，且主要限于政府信息资源交换。由于这一标准并非专门针对国家安全治理，因而也就必然导致对国家安全治理主体多元化的现实缺乏回应，对跨政府机构的信息资源共享的需求无法满足。随着国家安全治理功能的市场化、社会化，安全治理行为的国际化，应加快制定国家统一的，以促进和保障跨部门、跨地区、跨流程的主体协同的安全信息共享机制，建设信息集成系统。对整个治理体系中的资源分布进行全局分析，整理信息资源地图，厘清各安全治理子体系的资源关系，在此基础上建立资源交换平台，实现治理主体的有序协调与整合。

随着信息社会的来临，网络成为一种新的生活空间，安全威胁形式也更为多样，更为隐蔽。互联网的发展促进了信息技术生活化，使安全威胁通过搜索引擎、电子邮箱、社交网络和短信向日常生活世界进行全面渗透成为可能。信息技术的无边界渗透使威胁传播的效果取决于对信息技术的控制权。网络社会作为权力竞逐的场域和各种利益诉求的集散地，成为国内外敌对势力对我国进行破坏和渗透的重要渠道。网络也就成为沟通国家内外两种安全领域、传统与非传统安全类型的特殊安全领域，并且，随着网络空间的军事化涉入，网络战、舆论战成为传统安全内容的新表现形态。可以说，"没有网络安全就没有国家安全"。② 网络社会的发展也为信息技术发挥国家安全治理功能、提升安全威胁信息的挖掘能力提供了契

---

① 徐晓林、朱国伟：《大部制治理结构优化的推进策略与支持机制》，《公共管理与政策评论》2013 年第 3 期。

② 《习近平：把我国从网络大国建设成为网络强国》，新华网，2014 年 2 月 27 日，http://news.xinhuanet.com/politics/2014-02/27/c_119538788.htm。

机。信息技术的发展打破了传统安全观研究中以国家为边界的"内部"与"外部"的两分法，使安全信息的跨国、跨安全类型的集成与处理更为高效；泛在技术的发展则可以使安全信息监控能够嵌入公民的日常生活之中，通过信息挖掘技术、智慧侦测技术等使以生活世界为基础的安全信息采集以大数据的方式呈现出来。而这种信息集成使国家安全治理中运用智慧技术的泛在化治理、前瞻性治理成为可能。①

结　语

对我国国家安全治理体系模式的回答既要契合我国的政治制度特性与经济、社会发展阶段性要求，也需要有战略性、全球性的视野。对人本安全理论要审视其发展背景、理论指向、理论缺陷，以批判性地吸收、确立人民本位的安全观。也要避免安全范畴的泛化，使这一范畴脱失必要的"硬壳"③，在综合安全、整体安全下才能维持传统的安全研究中"安全"概念发展的连续性，厘清国家安全治理的价值关系。同时，也要确立国家安全治理的国家性或总体性，这既是国家安全治理的自然逻辑，也在我国的政治体制下有其自身的表现方式和实现要求。

本文作者为徐晓林、朱国伟，原刊发于

《华中科技大学学报》（社会科学版）

2014 年第 3 期，收入本书时有改动

---

① 徐晓林、朱国伟：《智慧政务：信息社会电子治理的生活化路径》，《自然辩证法通讯》
2012 年第 5 期。

公共管理研究的非传统安全命题

一　公共管理学的"身份危机"与机遇选择

近年来，对公共管理学"身份危机"的反思与讨论成为学科发展的一个热点问题。尽管学界针对学科身份认同困境的讨论提出了许多观点，但在关键问题上还没有取得突破和形成共识。周志忍提出这是当前大而化之的讨论风格和学术批评精神的缺失所带来的学科进化不足的一种表现，对此他呼吁公共管理学发展要开展持续和有针对性的"结构化辩论"。[①]

应当指出的是，"身份危机"并不是公共管理学科所独有的危机。应用型学科从基础学科分化成独立的学科体系后，普遍存在研究边界的模糊和学科范式的不成熟所导致的规律性隐忧。但是从另外一个方面看，正是这些对学科边界、范式、价值的思考与辩论，丰富了学科的内涵和外延，推动着学科螺旋式发展，成为学科进步的动力源泉。在这个过程中，破解"身份危机"的方向选择就成为一个学科发展至关重要的问题。结合当下的时代背景，在公共管理学科的"身份危机"的众多担忧和讨论中，推动公共管理学科价值建构和发展的动力选择就是一个值得探讨的问题。

[①]　周志忍：《公共管理学科发展需要结构化辩论》，《中国行政管理》2017 年第 9 期。

"身份危机"的讨论需要聚焦的核心问题之一是：我存在的价值是什么？即学科的学术地位和影响力。在这个问题上，公共管理学界已经给出了方向性的选择。夏书章先生提出公共管理研究要"体用不二、知行合一"，确定"应用型公共管理"导向。① 孔繁斌提出公共管理的学科构建是由应对现代性危机而产生的，公共管理进入社会科学核心的历史正当性来源于对现代性危机的拯救之道。② 朱正威和吴佳提出中国公共管理"是一门治国理政之学"，认为解决中国公共管理学科的身份认同困境不能沉浸于从抽象角度讨论不同学科类型的知识传统，而是要以转型发展中的重大国家治理命题为根本。③ 由此可见，当代中国的治理实践是我国公共管理学科的价值本源，已然成为一种共识。

然而进一步深入探讨可以发现，强调以治理实践为根本的研究视野还是略显宽泛。尽管方向性的选择已经明确，但具体以什么维度判断和选择研究命题还是有待细化。特别是随着现代化进程的加速，治理实践所面对的各类因素更为复杂地交织、演变，各种新问题新挑战层出不穷。在这种情况之下，宽泛的研究视角就无法形成针对性和持续性的研究来推动学科螺旋式的发展。因此，比起构建研究范式更为重要的是，确定哪些问题成为研究所要重点关注的问题。针对当代中国在转型与变革中面临错综复杂的矛盾和前所未有的挑战，习近平总书记指明了方向，他强调要强化问题意识、坚持问题导向。④ 因此应当将当代中国在转型与变革中面临的前所未有的挑战按照其重要性、现实性和紧迫性构建研究命题的评价标准，以问题导向开展研究，将公共管理学科螺旋式发展的内在规律和国家治理实践的发展态势结合起来，立足于中国当前的治理情境，结合学科的本体，实现公共管理学科的价值构建，破解学科认同的"身份危机"。

---

① 张简：《在理论与实践之间：夏书章"应用型公共管理"思想及其启示》，《中国行政管理》2016 年第 9 期。
② 孔繁斌：《从社会科学的边缘到核心：公共管理学科再认识》，《中国行政管理》2017 年第 9 期。
③ 朱正威、吴佳：《面向治国理政的知识生产：中国公共管理学的本土叙事及其未来》，《中国行政管理》2017 年第 9 期。
④ 贾立政：《在坚持问题导向中开创事业发展新局面》，《人民日报》2017 年 9 月 14 日，第 7 版。

二 开展非传统安全研究的现实性与迫切性

安全是国家长治久安、社会繁荣稳定的基础。在过去很长一段时间内，由于将国家安全简单地等同于军事安全，所以并没有将其作为国家治理所要特别关注的对象。随着国际格局的深刻变化，以军事安全为核心的传统安全威胁快速下降，恐怖主义、跨国犯罪、金融危机等非传统安全问题成为大多数国家面临的主要安全问题。并且随着现代化进程的加快，非传统安全问题产生了一些与过去完全不同的特征，环境恶化、资源和能源短缺以及人工智能和数字城市等新技术发展带来的安全隐忧，正在成为人类面临的新型挑战。非传统安全威胁对人类社会已经构成了重大、现实和紧迫的挑战。

（一）非传统安全问题是我国治理能力现代化面临的重大挑战

非传统安全问题是国家转型过程中国家治理能力现代化面临的重大挑战。我国所处的转型发展阶段和国内外环境决定了我国受到更为突出的非传统安全问题的挑战。对于非传统安全的威胁问题，党中央高度重视。党的十六大报告提出了要应对非传统安全威胁。随后的党的十七大和党的十八大报告更是明确地对信息安全、粮食安全、公共安全、网络安全、资源安全等非传统安全因素进行了论述，非传统安全的内涵得到进一步丰富。党和国家最高领导人在不同场合多次强调解决非传统安全问题的重要性和紧迫性。2001 年江泽民同志在新年贺词中指出，人类面临的贫困、环境恶化、毒品等非传统安全问题日益突出。[1] 2005 年 9 月胡锦涛同志在联合国安理会首脑会议上的讲话中呼吁各国共同应对日益增多的贫困、恐怖主义、跨国犯罪和重大传染性疾病等非传统安全问题威胁和挑战。[2] 习近平总书记多次强调要统筹和维护传统安全与非传统安全，统筹谋划如何应对

---

[1] 《共同创造美好的新世纪——江泽民主席二〇〇一年新年贺词》，《人民论坛》2001 年第 1 期。

[2] 参见《胡锦涛在联合国成立 60 周年首脑会议上的讲话》，中国政府网，2005 年 9 月 16 日，https://www.gov.cn/govweb/ldhd/2005-09/16/content_63871.htm。

各种潜在的安全威胁。①

近些年来，安全问题的重要性不断提升。习近平总书记在党的十九大报告中提出"坚持总体国家安全观"是我们党的十四个基本方略之一，其中提到了要统筹好传统安全和非传统安全，完善国家安全制度体系，加强国家安全能力建设等内容。② 2013 年中央国家安全委员会成立，明确了要以此来推进国家治理体系和治理能力现代化，为国家长治久安提供保障，其职能涵盖了经济、文化、生态等非传统安全问题的应对。2018 年 4 月，十九届中央国家安全委员会第一次会议审议通过了《党委（党组）国家安全责任制规定》，明确了各级党委（党组）维护国家安全的主体责任，要求进一步加强对履行国家安全职责的督促检查，维护国家安全的工作成为各级党委和政府的一项重要职责。③

综合而言，对于非传统安全的挑战中央已经高度重视，非传统安全已经成为总体国家安全观的重要组成部分。中央国家安全委员会的成立更是标志着安全治理制度化建设的形成，非传统安全研究已经具备现实基础，并成为我国完善现代化治理体系和提升治理能力的核心议题之一。

（二）非传统安全问题是全球治理话语体系的核心议题之一

国际上，应对非传统安全带来的挑战已经成为重要的战略性议题。1994年联合国的《人类发展报告》提出了"人类安全"的概念，将经济安全、粮食安全、健康安全、环境安全、人身安全、共同安全和政治安全作为人类发展所面对的重大挑战加以阐述。随后联合国在各类决议、宣言、公约中大量使用"免于匮乏"、"免于恐惧"和"人类安全"等新型安全概念，并且推动联合国成员国在气候变化、生物多样性、打击恐怖主义和跨国犯罪等非传统安全领域签署了一系列的宣言和公约。④ 联合国千年报告指出，安全的

---

① 《习近平：统筹维护传统和非传统安全 对"三股势力"零容忍》，新华网，2014 年 5 月 21 日，http://www.xinhuanet.com/world/2014 – 05/21/c_1110792128.htm。

② 习近平：《决胜全面建成小康社会 夺取新时代中国特色社会主义伟大胜利——在中国共产党第十九次全国代表大会上的报告》，人民出版社，2017，第 24 页。

③ 《十九届中央国安委首会，习近平压实责任》，光明网，2018 年 4 月 18 日，https://m.gmw.cn/baijia/2018 – 04/18/28384568.html#verision = b400967d。

④ 李东燕：《联合国的安全观与非传统安全》，《世界经济与政治》2004 年第 8 期。

概念过去等同于捍卫领土、抵抗外来攻击，而现在的安全则要求保护群体和个人免受内部暴力的侵害，提出了"以人为中心"的安全观。[①]

当前中国在世界舞台上的影响力与日俱增，需要有与之相匹配的话语体系作为支撑，特别是在全球治理体系的重大议题的构建中，应当要有中国公共管理学界的声音。我国提出构建"人类命运共同体"的国际倡议后，对安全共同体的构建成为国际社会普遍关注的一个焦点问题。同时，在治理实践中我国也已经开展了大量针对非传统安全问题的区域性合作。《中国与东盟关于非传统安全领域合作联合宣言》提出运用政治、经济、外交、科技等多种手段开展非传统安全的全面合作。我国与印度进行水资源的跨国治理，与东亚国家共同应对环境污染问题，逐步成为非传统安全区域性合作探索的典范。这些合作中对非传统安全的识别机制、防范机制以及国际合作机制已经形成了一些初步的框架，当下迫切需要进一步从理论层面进行非传统安全研究的国际话语体系构建。

（三）非传统安全问题已经成为发达国家的关注重点

美国政府在"9.11"事件后开始高度关注非传统安全威胁，美国公布的《国家安全战略报告》提出暴力、极端主义和不断发展的恐怖威胁，网络空间安全不断增加的挑战，气候变化的加速，传染性疾病的暴发等非传统安全威胁是国家面临的重大挑战。[②] 澳大利亚将包括资源稀缺、气候变化、腐败和网络安全在内的全球挑战因素作为国家安全的重要议题。欧盟构建了制度化的安全治理结构，通过冲突预防、危机管理与反恐合作三大非传统安全治理职能，形成了多层次决策参与、跨支柱的综合治理模式。[③]

美国布鲁金斯学会、英国伦敦政治经济学院等西方高校和研究机构纷纷开展非传统安全研究。美国雪城大学麦克斯维尔公共政策学院在公共卫生安全、网络舆情和能源安全等典型的非传统安全研究领域开展了大量研究。新加坡南洋理工大学成立了专门的非传统安全研究中心，针对气候、

---

① 科菲·安南：《联合国秘书长千年报告（摘要）》，《当代世界》2000 年第 9 期。
② 陈积敏：《2015 年美国〈国家安全战略〉报告评析》，《现代国际关系》2015 年第 3 期。
③ 李格琴：《欧盟非传统安全治理：概念、职能与结构》，《国外社会科学》2008 年第 2 期。

环境、能源等议题开展非传统安全研究。①

西方非传统安全研究已经形成了"改良型"、"中间型"和"激进型"三大类型以及多个理论学派。② 改良型的非传统安全研究从传统安全研究范畴扩展到非传统安全领域，比如建构主义安全研究学派提出了认同安全理论。中间型的非传统安全研究将个体作为安全的研究对象，将贫困、不发达等议题纳入研究范畴，形成了人的安全研究和女性主义安全研究等非传统安全研究视角。激进型的非传统安全研究包括后殖民安全研究、后结构主义安全研究和批判安全研究等，提出了颠覆过去传统安全研究范式的新理论模式。

（四）非传统安全研究正在成为各学科发展的重要命题

当前世界在高速发展过程中面临着各种非传统安全挑战。经济发展始终伴随着经济危机的威胁，过度开发导致了环境污染和资源短缺，部分地区民族和宗教冲突产生了恐怖主义威胁，国际贸易摩擦引起人们对技术安全的担忧。为了应对这些危机，众多学科在自己的学科领域开展了非传统安全视角下的研究。气候变化的研究者在总体国家安全观的分析框架下探讨气候变化与国家安全的关系，对气候安全同社会安全、经济安全、资源安全等多个安全维度的关联性展开了探讨，并提出了政策建议。③ 地理科学研究提出了从国际关系和国际政治、经济安全与资源安全等研究视角关注能源安全、粮食安全、金融安全和水资源安全的多重安全问题。④ 经济学学者研究了非传统安全视角下物品贸易安全水平的测度，提出了包含生产安全、消费安全、储备安全、国内流通安全、进出口安全的量化研究框架。⑤

① 曾润喜等：《非传统安全的缘起、话语变迁及治理体系》，《电子政务》2014 年第 5 期。
② 《重塑"安全文明"：非传统安全研究——余潇枫教授访谈》，《国际政治研究》2016 年第 6 期。
③ 张海滨：《气候变化对中国国家安全的影响——从总体国家安全观的视角》，《国际政治研究》2015 年第 4 期。
④ 王礼茂、郎一环：《中国资源安全研究的进展及问题》，《地理科学进展》2002 年第 4 期。
⑤ 顾国达、尹靖华：《非传统安全视角下中国粮食贸易安全水平的测度》，《浙江大学学报》（人文社会科学版）2014 年第 6 期。

不仅传统的学科领域纷纷关注非传统安全研究，一些新兴学科更是在其诞生起就唱响了发展与安全的"双重奏"。网络安全始终是计算机与网络技术科学的发展过程中不可回避的焦点议题，随着对网络安全研究的深入，系统性的研究框架不断被提出，网络空间安全成为近些年新设立的一级学科。人工智能研究这一新兴方向从兴起时就开始高度关注安全议题，对其所带来的风险挑战与治理模式的选择也成为理论研究前沿。① 可持续性科学这一新兴学科在自然—社会耦合系统视角下探讨环境、经济和社会的相互关系，其主要研究概念中的脆弱性和韧性等都成为安全研究的重要理论支撑。②

应当指出的是，这些研究的范畴绝大多数属于传统的政治安全和军事安全外的新型安全威胁，也就是非传统安全的范畴。各个学科都在调整研究范式以应对新形势下各类安全问题带来的挑战，非传统安全研究已经成为众多学科所关注的重大需求和理论热点。教育部近期也提出了要设立国家安全学一级学科，建立国家安全教育研究专门机构，设立相关研究项目。非传统安全研究作为国家安全研究的重要组成部分，将会迎来快速发展的机遇。

三　从公共管理学科视野进行非传统安全研究的重要意义

公共管理研究关注的是治理实践中对公共利益有重大影响的议题，特别是对推动治理理念转变有着重大影响的新兴理论热点。公共管理的研究对治理实践有着指导性的意义，一些重大的新型治理理念在学科体系中的构建推动了治理实践的发展。我国电子政务的发展就是先由我国公共管理学界开始关注知情权保障理念和政府信息公开制度的相关概念，提出了"得知权已经成为公民在知识经济与信息情报时代里的第一位基本权利"③，随后由学界对这些新型的公民权利理念在学科体系中进行了构建，提出了面向信

① 贾开、蒋余浩：《人工智能治理的三个基本问题：技术逻辑、风险挑战与公共政策选择》，《中国行政管理》2017 年第 10 期。
② 苏飞等：《可持续性科学研究热点及其知识基础——以 Sustainability Science 载文数据为例》，《生态学报》2016 年第 9 期。
③ 赵正群：《我与〈中国行政管理〉杂志的三次学术际遇》，《中国行政管理》2015 年第 9 期。

息时代发展电子政务的理论体系。这些努力最终推动了我国电子政府建设的实践，使得政务信息公开成为我国政府工作的基本制度和新常态。

国家安全是最重要、最基本的公共产品，安全问题的应对需要强制性的手段和措施，这是政府以外的其他主体所无法提供的，因此国家安全的实现主体只能是政府。发达国家都将解决非传统安全问题作为国家安全战略的组成部分，通过相应的制度和战略安排加以应对。国家安全研究所涉及的主体框架、理论体系、战略体系、运行机制等都是公共管理所要研究的重要问题。

对于我国的非传统安全研究而言，最初是由国际关系学者所关注。随着研究的深入，非传统安全问题更多地被纳入公共管理领域的研究范畴。人口安全、网络安全、经济安全、生态安全、信息安全等问题都是公共管理的重要研究领域。党的十七大报告对国家安全的论述没有集中于军事国防或外交国际部分，而是集中于"社会建设"的主题。党的十八大报告和党的十九大报告都在社会治理的部分对国家安全进行了集中论述。

具体到研究主体来看，国内大学成立的非传统安全研究中心也多以挂靠在公共管理学院下为主。由中国国际战略学会主办的"非传统安全——世界与中国"论坛是国内非传统安全研究领域最为权威的学术论坛之一，历次会议都取得了大量实际的成果，一些研究内容成为中央决策的重要支撑，其所聚焦的网络安全、资源安全、生态安全都大量依托于公共管理的相关研究。

从非传统安全问题的产生来看，其在很大程度上是由我国治理实践中"人的安全"理念缺失所导致的。过去我国长期将国家安全等同于军事安全，忽视了以社会和个人为主体的各种非传统安全因素，使得在长期的治理过程中形成了大量的安全层面的欠账。我国每年因公共安全问题造成的经济损失达6500 亿元，约占 GDP 总量的6%，每年夺去 20 万人的生命。[1] 一些安全事件的链式反应更是对我国治理实践的各个环节形成严峻的考验。近年来多次公共安全事故都是由基层治理中安全理念的缺位、危机治理措施的不完备、网络舆情处理的滞后引发了由公共安全危机到社会安全危机再到政治安全危机

---

① 刘承水：《城市公共安全评价分析与研究》，《中央财经大学学报》2010 年第 2 期。

的链式反应，反映出了我国治理实践中的非传统安全治理能力的不足。

此外由于我国当前特殊的社会性质，一些国家发展转型过程中所产生的问题容易上升为对国家安全产生影响的重大问题。每年我国因为食品安全、资源安全、环境安全产生的矛盾事件，已经对我国的政府公信力形成了冲击。环境问题是近些年的典型案例之一。大气污染、水资源危机、区域性的环境破坏和重大的环境污染事故不仅对人的健康产生影响，并且逐步上升到威胁中国共产党执政稳定性与合法性的程度，对国家安全构成不容忽视的挑战。2013年9月习近平总书记在参加河北省委常委班子专题民主生活会时指出："这些年，北京雾霾严重，可以说是'高天滚滚粉尘急'，严重影响人民群众身体健康，严重影响党和政府形象。"[①] 由此可见，许多过去治理实践中忽视的问题在转型过程中容易发展成为对国家安全产生影响的非传统安全挑战。

四 从公共管理学科视野构建非传统安全的研究内容

在公共管理研究领域已经有许多涉及非传统安全研究的内容，但是并没有形成整合的视角，相互交叉研究部分的逻辑层次有待梳理。特别是随着非传统安全的研究范式和话语体系的发展，非传统安全研究视角下的新型学科理论方法不断涌现。但应当看到的是，过去的非传统安全研究还存在许多不足，主要表现为：研究视角单一，缺乏系统性的研究，缺少高水平的研究平台；对公共管理学科范畴内已有的研究成果缺少整合与深度加工；概念过于泛化，各类新出现的经济、社会和文化层面的问题都被冠以安全属性加以研究，研究内容不能回应国家最为迫切的需求；对安全治理体系和能力建设的研究不足等。针对这些问题，从公共管理学科角度推动非传统安全研究可以从以下几个方面出发。

（一）开展问题导向下多学科多维度多层次的安全研究

非传统安全问题有着系统性、复杂性与关联性的特征，是复杂社会系

---

① 《习近平关于全面深化改革论述摘编》，中央文献出版社，2014，第106～107页。

统中多重要素之间的相互作用所导致的，其发展和演化机制较传统安全问题有着显著的复杂性。非传统安全问题不是一个孤立领域或孤立事件，而是由众多关联事件共同发酵而成的。现有的非传统安全研究涉及的领域多，各个研究领域都形成了一批研究成果。但是在联系日益紧密的社会治理体系中，各种要素之间多重的、复杂的关联性，使得单一尺度上消减某一特定安全威胁所采取的措施可能反而在其他尺度上增强了另一种安全威胁。这些是单一学科所无法解决的问题，需要以问题为导向开展跨学科的综合性全局性的研究。

这就需要加强多学科交叉的安全问题研究，在经济安全、文化安全、社会安全、科技安全、信息安全、生态安全、资源安全等横向维度上，选择面向治理实践中的重大和突出的安全挑战作为研究对象开展专题性的合作研究。关注不同层次和不同维度的安全问题的构建模式，比如社会安全治理、城市安全治理、社区安全治理等。通过问题导向的视角，将政府内部的运作和管理同外部当前面临的重大和突出的挑战结合起来，探究多学科背景下的非传统安全问题的研究模式。

（二）整合非传统安全视角下的公共管理研究理论与方法

在公共管理研究领域，已经形成了一批非传统安全研究视角下的理论和方法。风险社会理论提出极端灾难、跨界危机与新兴风险是公共管理面临的复杂情境，指出在价值目标上面向风险社会的公共管理将会更加注重安全；在应对措施中提出了情境上的全灾难管理、结构上的全主体管理、过程上的全流程管理、总体上的适应性管理。[1] 城市韧性理论提出了构建多中心、多主体的社会协同治理体系和引入绩效评估等公共管理的方法手段提升城市在韧性治理、灾害韧性等方面的能力，以促进城市系统面对不可预测的变化时具备更强的学习适应性和自组织能力。[2]应急管理领域提出了重视非结构化减灾，从过去的构建公共减灾工程的

---

[1] 张海波：《风险社会视野中的公共管理变革》，《南京大学学报》（哲学·人文科学·社会科学）2017 年第 4 期。

[2] 陈玉梅、李康晨：《国外公共管理视角下韧性城市研究进展与实践探析》，《中国行政管理》2017 年第 1 期。

结构式减灾转向利用社会结构性方法增强对灾害的抵御能力，包括建立复合型减灾体系，完善灾害风险管理机制以及构建社区减灾理念等方法手段。[①]

这些研究从公共管理的学科视角出发，形成了许多应对非传统安全威胁的理论成果，推动了非传统安全研究的发展。但是当前公共管理领域还未能形成非传统安全研究的整合视角，研究缺乏必要的深度，研究质量还不能和当前构建国家安全治理体系的要求相适应。未来，应当更加注重在总体国家安全观的视角下整合已有的公共管理领域中的非传统安全研究，进一步构建非传统安全研究理论体系。

（三）构建非传统安全视角下的安全治理体系

从传统安全转向非传统安全，对安全的维护机制也由刚性的管制转变为更多体现柔性能力建构的治理。[②] 对于非传统安全问题的治理体系的构建是实现国家安全治理能力现代化的重要组成部分。这至少涉及安全问题的识别、安全治理理念的构建，以及安全治理所需要的体制机制、手段工具和话语体系的建设。

首先是建设安全识别机制。当一个问题被定义为具有安全的属性时，也就意味着国家将有限的资源和精力优先投向该领域，国家拥有为解决该问题而采取非常规手段的合法性。因此对于问题的定义显得至关重要。从研究趋势看，国际上对非传统安全研究正在从内涵定义向风险识别和防范机制的层面转变，将研究重点逐步放在考察"安全级别"问题的满足条件上。西方学界提出通过研究来寻找非传统安全问题的共同特征，通过相关性以及重要程度来确定非传统安全问题的发展方向。[③] 哥本哈根学派提出建立系统的学术框架来确定特定事项如何与何时能够实现"安全问题化"

---

① 周利敏：《从结构式减灾到非结构式减灾：国际减灾政策的新动向》，《中国行政管理》2013 年第 12 期。

② 崔顺姬、余潇枫：《安全治理：非传统安全能力建设的新范式》，《世界经济与政治》2010 年第 1 期。

③ M. C. Anthony, R. Emmers, *Understanding the Dynamics of Securitizing Non-Traditional Security in Mely Caballero-Anthony*, *Ralf Emmers*, *Amitav Acharya. Non-Traditional Security in Asia: Dilemmas in Securitisation*, New York: Routledge, 2006.

的转变。① 当今非传统安全研究领域有一种趋势，即将非传统安全的范围不断延伸，把所有可能带来严重后果的挑战全部纳入非传统安全的范畴当中，这样的定义方式是灾难性的。② 对此，要重视安全问题的议程设置，明确不是所有的发展问题都要归于非传统安全的范畴内加以处理。应当将研究重点放在对于国家治理实践有着重大的、迫切的、现实影响的问题上，尤其是那些可以通过安全治理手段有效解决的问题上。这就需要形成一套科学有效的非传统安全的评价、识别和预警体系。

其次是构建安全治理理念。非传统安全视角下的安全治理理念构建需要将关注的重点从宏观的国家安全理论框架中细化到公共治理的微观层面之中。当前，学界已经提出了"人的安全"作为非传统安全的重要议题，"人的安全"概念强调维护个体的价值需求，其概念与习近平总书记所强调的"以民为本、以人为本，坚持国家安全一切为了人民、一切依靠人民，真正夯实国家安全的群众基础"③ 理念相一致。下一步，应当聚焦于如何将这种理念融入治理实际中，将安全的指涉对象从国家拓展到"人"本身，构建人在经济、健康、政治、环境等方面的全方位的安全。④

最后是构建安全治理中所需要的体制机制、手段工具和话语体系。安全的实现离不开体制机制的保障，其中包括如何构建应对多重非传统安全威胁的协同治理机制，如何避免新技术安全等新型安全问题的治理真空，如何利用绩效考核引导安全治理的落地与实现等值得探讨的问题。这些需要从顶层设计出发，聚焦于非传统安全的法律和制度框架；从能力建设出发，聚焦于非传统安全治理的运行机制；从话语体系构建出发，提出具有东方智慧的全球非传统安全治理模式，打造全方位立体化的国家安全治理体系和人类"安全共同体"的理论框架。

---

① M. C. Anthony&A. Acharya eds. , *Studying NonTraditional Security in Asia：Trends and Issues*, Marshall Cavendish International, 2006, pp. 23 – 27.

② 程建华、靖继鹏：《信息安全风险结构特征分析》，《情报科学》2008 年第 3 期。

③ 《总体国家安全观干部读本》编委会编著《总体国家安全观干部读本》，人民出版社，2016，第 25 页。

④ 封永平：《安全维度转向：人的安全》，《现代国际关系》2006 年第 6 期。

结　语

公共管理学的价值来源于公共管理的实践之中，将国家转型过程中最重大、最现实和最紧迫的挑战作为公共管理研究问题，是未来公共管理学把握学科建构和塑造学科生命力的关键所在。从这个意义上讲，开展非传统安全研究应当成为当代公共管理学者所要肩负的重要使命之一。当前的非传统安全研究已经有了相当的理论与现实基础，其研究范式已经产生了深刻的变革。未来非传统安全研究还需要公共管理学者从国家治理能力现代化的角度，继续构建和完善非传统安全研究的理论框架，创新和完善方法体系，并在这一方向上持续性地追踪和辩论，探索真正解决国家面临的重大问题的方式方法，推动公共管理学研究不断突破和发展。

本文作者为徐晓林、刘帅、毛子骏、周博雅，

原刊于《中国行政管理》2018 年第 10 期；

《新华文摘》2019 年第 2 期转载，

收入本书时有改动

非传统安全在中国：研究、实践及二者的交互

引　言

当今世界处于百年未有之大变局，必然带来百年未有之不确定因素。随着我国改革发展进入关键期，我国国家安全面临的形势更加严峻复杂。党的十九大报告将"防范化解重大风险"放在打好三大攻坚战的首位，并指出要"统筹应对传统和非传统安全威胁"。① 2019 年 1 月 21 日，习近平总书记在"省部级主要领导干部坚持底线思维着力防范化解重大风险专题研讨班"上，深刻分析防范化解政治、意识形态、经济、科技、社会、外部环境、党的建设等领域重大风险。② 非传统安全作为国家安全的重要组成部分，已然成为我国防范化解重大风险的核心议题之一。

为深刻认识和准确把握外部环境的深刻变化与我国改革发展稳定面临的新情况、新问题、新挑战，本文以 1991 年冷战结束、2002 年党的十六大报告首次明确"非传统安全"、2013 年中央国家安全委员会的成立以及

---

① 习近平：《决胜全面建成小康社会 夺取新时代中国特色社会主义伟大胜利——在中国共产党第十九次全国代表大会上的报告》，人民出版社，2017，第 27、59 页。
② 《习近平在省部级主要领导干部坚持底线思维着力防范化解重大风险专题研讨班开班式上发表重要讲话》，中国政府网，2019 年 1 月 21 日，https://www.gov.cn/xinwen/2019 - 01/21/content_5359898.htm? tdsourcetag = s_pcqq_aiomsg/ * 。

2014 年总体国家安全观的提出、2017 年中美贸易摩擦为重要节点，系统
梳理非传统安全在中国学术研究和治理实践中的发展历程。

两极格局瓦解后国际形势趋于缓和，经济在国际关系中的重要性不断
攀升。经济全球化和科技革命为人类与国家创造了巨大的物质财富，然而
全球金融危机、传染性疾病、环境恶化、恐怖势力等非传统安全问题逐渐
浮现，极大地影响着经济发展和人民生活。20 世纪 90 年代中后期，中国
重新审视"威胁与安全"并进入"安全化"阶段，即把某些公共问题升
级为具有一定政治性或紧迫性的安全问题。[①] 在机遇与风险并存、挑战与
发展相伴的现代化进程中，中国对非传统安全的认知日益趋于深刻，应对
的主动性和战略性大幅提升，学界相继开展非传统安全基础理论研究、非
传统安全应对性研究以及中国特色非传统安全研究，党的文件、政府工作
报告、党和国家最高领导人讲话逐渐明确非传统安全的重要地位、构成要
素、威胁形式和保障方式，统筹传统安全与非传统安全的国家安全战略新
布局适时推进、不断完善。

一　非传统安全在中国的学术研究

（一）中国非传统安全基础理论研究——引进与诠释

1997 年亚洲金融危机让很多中国学者发现忽视经济增长中的金融风
险可能导致发展成果付之一炬，而 2001 年"9·11"事件进一步让他们
认识到安全与发展的失衡不仅侵蚀发展成果，更会威胁人民生命财产安
全和国家安全。这一时期，学界在学习、引进和介绍西方非传统安全理
论的基础上，围绕非传统安全的概念界定、基本特征、问题类型展开初
步探究。

非传统安全研究起源于西方，1972 年国际性民间学术团体"罗马俱
乐部"发表的《增长的极限》研究报告首次提出"非传统安全"概念，

---

① 《重塑"安全文明"：非传统安全研究——余潇枫教授访谈》，《国际政治研究》2016 年
第 6 期。

指出生态灾难将取代传统意义上的军事灾难成为人类安全的新主题。在中国的研究资料中，该概念最早见于1994年王勇发表的《论相互依存对我国国家安全的影响》，该文提到相互依存的新国际关系中军事和武力的作用在降低，我国国家安全必须考虑环境、毒品、难民等非传统安全领域。①

随后俞晓秋等探讨西方非传统安全研究的背景、动因和趋势：从现实背景来看，两极格局瓦解、全球化迅速发展、全球性问题增多、经济因素上升、科技革命等促使非传统安全问题研究兴起；从理论背景来看，"可持续发展""人类安全"等理论的出现以及"安全范式"的转变营造了良好的国际语境；从研究趋势来看，冷战后安全内涵横向扩展、安全目标纵向延伸。② 刘中民、桑红梳理了后结构主义、女性主义、建构主义、哥本哈根学派、批判安全研究、人的安全、后殖民主义等代表性流派的理论贡献。③

学者们对非传统安全的内涵与外延虽未达成共识，但相关观点存有共性。1998年《世界经济与政治》编辑部首次定义"非传统安全"为传统军事安全范畴外的某些形态和方式，表现为全球化带来的新矛盾、新问题和新威胁。④ 王逸舟指出"非传统安全"又称"新安全威胁"，即人类社会过去没有遇到、很少见或近年逐渐凸显且发生在战场外的安全威胁。⑤ 朱锋从四方面区分传统安全与非传统安全，强调后者指向跨国性安全互动以及国家内部的安全威胁、非国家行为体带来的安全挑战、影响国家和国际安全的非军事安全、超越国家差异的社会与人的安全。⑥ 余潇枫和王江丽认为传统安全与非传统安全在安全理念、安全主体、安全重心、安全领域、侵害来源和维护方式等方面存在差异，同时在特定条件下相互交织转化。⑦

---

① 王勇：《论相互依存对我国国家安全的影响》，《世界经济与政治》1994年第6期。
② 俞晓秋等：《非传统安全论析》，《现代国际关系》2003年第5期。
③ 刘中民、桑红：《西方国际关系理论视野中的非传统安全研究》，《世界经济与政治》2004年第4期。
④ 《〈世界经济与政治〉编辑部对1998年选题的建议》，《世界经济与政治》1998年第2期。
⑤ 王逸舟：《"非典"与非传统安全》，《中国社会科学院研究生院学报》2003年第4期。
⑥ 朱锋：《"非传统安全"解析》，《中国社会科学》2004年第4期。
⑦ 余潇枫、王江丽：《非传统安全维护的"边界"、"语境"与"范式"》，《世界经济与政治》2006年第11期。

"安全"概念本身的模糊性、国家政治文化差异等因素导致非传统安全界定的困难，很多学者尝试从基本特征和问题类型方面进行阐述。傅勇总结非传统安全威胁具有跨国性、来源不确定性、形式动态性、手段非军事性等特点。[①] 2003 年，我国第一次"非传统安全与中国"学术研讨会还讨论了非传统安全具有冷战结束和全球化的时代性、行为体多样性、影响联动性、安全理念创新性的特点。[②] 张海滨指出非传统安全威胁的分类标准主要是安全主体、威胁意图和威胁实施方式。[③] 任娜依据国家利益层次划分出与传统安全密切相关的、涉及社会发展的、影响人身安全和健康的三类非传统安全问题。[④] 余潇枫对非传统安全的威胁来源和应对方式做出外源性、内源性、双源性和多源性的分类。[⑤]

（二）非传统安全应对性研究——拓展与深化

2003 年"非典"、2004 年禽流感、2008 年汶川地震和金融危机、2009 年乌鲁木齐"7·5"事件、2011 年日本福岛核泄漏事故等严重危害人民生命和健康，阻碍国家经济社会活动的正常运行。层出不穷的非传统安全问题已超出单一学科的范畴，越来越多的学者在非传统安全的框架下拓展对经济安全、文化安全、社会安全、信息安全、科技安全、生态安全、资源安全、地区安全等多领域的交叉研究。

在经济安全层面，叶卫平认为经济安全指国家经济战略利益的无风险或低风险状态，表现为基本经济制度、经济主权不受损以及经济危机风险可控。[⑥] 雷家骕指出经济安全具有国家性、根本性、整体性、基础性、复杂性，并从理论依据、思维模式、研究角度、分析方法等方面总

---

① 傅勇：《试论冷战后的非传统安全问题》，《社会科学》2003 年第 10 期。
② 何忠义：《"非传统安全与中国"学术研讨会综述》，《世界经济与政治》2004 年第 3 期。
③ 转引自耿喜梅《"东亚安全：传统安全与非传统安全"会议综述》，《现代国际关系》2007 年第 1 期。
④ 任娜：《中国非传统安全问题的层次性与应对》，《当代亚太》2010 年第 5 期。
⑤ 余潇枫：《"平安中国"：价值转换与体系建构——基于非传统安全视角的分析》，《中共浙江省委党校学报》2012 年第 4 期。
⑥ 叶卫平：《国家经济安全定义与评价指标体系再研究》，《中国人民大学学报》2010 年第 4 期。

结研究国家经济安全的方法论。① 年志远等构建了国家经济安全预警指标体系，包括财金安全、社会安全、外经安全、资源安全和产业安全。② 马林等阐述了国家经济安全决策制度、重大行为经济安全影响审议制度、关键战略资源的战略储备制度、敏感产品基本自给体系、敏感行业准入制度、国家经济安全预警及重大冲突处置机制等经济安全保障措施。③

在文化安全层面，陈宇宙认为文化安全即指国家能自主选择政治制度和意识形态，防范他国对本国民族文化的渗透，保护本国人民的价值观念、行为方式和社会制度不被同化或重塑。④ 石中英主张文化安全的基本表征和条件是国家拥有充分完整的文化主权、国内各个民族间具有高度一致的民族文化认同。⑤ 韩源分析我国文化安全的主要威胁来源是西方资本主义意识形态的扩张以及美国文化价值观的霸权。⑥ 于柄贵等建议通过树立民族文化安全意识、合理利用网络传媒与语言工具、健全国家文化安全预警系统、发展中国文化产业体系、提升国家文化创新能力等举措全方位维护国家文化安全。⑦

在地区安全层面，马荣升分析东亚非传统安全威胁主要源于冷战遗留问题、现实矛盾集聚和全球化，突出表现为经济金融安全问题、恐怖主义和分裂主义、卫生和环境问题。⑧ 王胜等指出南海地区的非传统安全威胁主要来自沿岸国家的海洋污染、海盗行为、海上能源竞争和过度海洋捕捞。⑨ 谢立忱等强调资源安全、经济安全、恐怖主义等非传统安全因素加

---

① 雷家骕：《关于国家经济安全研究的基本问题》，《管理评论》2006 年第 7 期。
② 年志远、李丹：《国家经济安全预警指标体系的构建》，《东北亚论坛》2008 年第 6 期。
③ 马林、雷家骕：《完善维护国家经济安全的制度和机制框架》，《清华大学学报》（哲学社会科学版）2002 年第 4 期。
④ 陈宇宙：《文化软实力与当代中国的国家文化安全》，《天府新论》2008 年第 6 期。
⑤ 石中英：《论国家文化安全》，《北京师范大学学报》（人文社科版）2004 年第 3 期。
⑥ 韩源：《全球化背景下维护我国文化安全的战略思考》，《毛泽东邓小平理论研究》2004 年第 4 期。
⑦ 于炳贵、郝良华：《全球化进程中的国家文化安全问题》，《哲学研究》2002 年第 7 期。
⑧ 马荣升：《挑战与机遇：东亚一体化视野中的非传统安全合作》，《东北亚论坛》2008 年第 2 期。
⑨ 王胜、黄丹英：《非传统安全与南海区域开发合作》，《地域研究与开发》2008 年第 2 期。

剧中东国家领土与边界纠纷。[①] 王会鹏等提出无国界的生态体系、资源储备地、文化古迹等制约东盟国家生态、经济和文化安全。[②] 关于非传统安全地区合作的方式与机制，刘卿总结概括东亚国家间存在中国与东盟、日本与东盟、中日、中俄、日韩、日俄间的双边合作，"10＋3"框架下和东盟地区论坛中进行的多边对话，以及亚太安全合作理事会和东北亚合作对话会提供的第二轨道对话。[③] 徐坚区分出以美国单边行动能力为依托的美国方式、以泛地区和全球化的一体化机制为依托的欧洲方式、以对话和协商为依托的亚太方式。[④]

（三）中国特色的非传统安全研究——创新与反思

非传统安全问题是新时代国家安全体系和安全能力现代化的重大挑战，学者们从多方位提出建议。在指导思想层面，刘跃进探究总体国家安全观对我国非传统安全与传统安全的全域治理的重要性和必要性。[⑤] 在体制机制层面，吴淼等强调优化区域权责关系和垂直管理体制，建立跨行政单位、跨区域、跨部门的联合治理机制，推进总体授权、弹性管理和网络协作的运行机制。[⑥] 薛澜等认为中央国家安全委员会可以确立其最高级别协调与战略咨询的职能定位并采取小核心、大外围的分类分级运行模式。[⑦] 在技术手段层面，徐晓林等主张构建科学有效的非传统安全威胁评价、识别和预警体系。[⑧] 曾润喜等提出以钱学森的"开放的复杂巨系统"

---

① 谢立忱、黄民兴：《中东国家领土与边界纠纷的安全视角分析（下）——非传统安全因素》，《西亚非洲》2009 年第 7 期。

② 王会鹏、涂攀：《非传统安全视角下的东盟国家间领土边界争端及解决思路》，《东南亚纵横》2010 年第 5 期。

③ 刘卿：《论东亚非传统安全合作》，《国际问题研究》2006 年第 1 期。

④ 徐坚：《非传统安全问题与国际安全合作》，《当代亚太》2003 年第 3 期。

⑤ 刘跃进：《总体国家安全观视野下的传统国家安全问题》，《当代世界与社会主义》2014 年第 6 期。

⑥ 吴淼、吴锋：《国家治理视角下的非传统安全》，《华中科技大学学报》（社会科学版）2015 年第 5 期。

⑦ 薛澜等：《国家安全委员会制度的国际比较及其对我国的启示》，《中国行政管理》2015 年第 1 期。

⑧ 徐晓林等：《公共管理研究的非传统安全命题》，《中国行政管理》2018 年第 10 期。

为理论指导搭建大数据平台、决策支持体系仿真平台和应急决策管理情景库。[①] 在法律法规层面，康均心等提议进一步细化《国家安全法》中维护非传统安全的具体规定，在配套的法律法规中设置"搭扣式"条款以相互衔接从而发挥整体效应。[②] 在战略实践层面，王义桅等指出通过国家、周边、国际的合作治理推进"一带一路"安全建设以应对各类非传统安全威胁。[③]

　　非传统安全问题的战略探索及理论创新与时俱进。面对我国战略机遇期的潜在风险，王逸舟将中国的国际形象定位于"仁智大国"，提出"创造性介入"的外交取向，在理性考量自身长短的基础上发挥引导性、主动性和建设性，力争在和平合作与共赢的方式下解决纠纷。[④] 刘江永立足中国梦，认为我国需要制定可持续安全战略，即通过和平与国际合作方式低成本地实现传统安全与非传统安全两大领域、国内与国外的长期稳定。[⑤] 余潇枫指出日益凸显的非传统安全威胁强化了"平安中国"建设的必要性，主张通过"大外交""大成边""大民防"的体系建构以维护人民和社会的安全。[⑥] 阎学通基于道义现实主义建议中国坚持"公平""正义""文明"的价值观，以缓解中国崛起引发的"中国威胁论"等非传统安全危机。[⑦]《复旦中国国家安全战略报告——安全、发展与国际共进》首次提出"有效安全"的概念，该报告建议以"有效安全"为核心的国家安全战略应当统筹发展与安全，避免一些问题过度安全化而导致的资源浪费。[⑧]

　　对非传统安全问题的质疑早期就已出现，学界在理论和方法论上的

---

① 曾润喜等：《非传统安全的缘起、话语变迁及治理体系》，《电子政务》2014 年第 5 期。
② 康均心、虞文梁：《"国安委"机制下的国家安全法治研究——以新〈国家安全法〉为视角》，《武汉公安干部学院学报》2015 年第 4 期。
③ 王义桅、郑栋：《一带一路面临的非传统安全挑战》，《开放导报》2015 年第 4 期。
④ 王逸舟：《国际大选年的中国应对——谈"创造性介入"的中国外交战略》，《人民论坛》2012 年第 10 期。
⑤ 刘江永：《新兴大国的可持续安全战略——"中国梦"视野下的新安全观》，《学术前沿》2013 年第 11 期。
⑥ 余潇枫：《"平安中国"：价值转换与体系建构——基于非传统安全视角的分析》，《中共浙江省委党校学报》2012 年第 4 期。
⑦ 阎学通：《道义现实主义的国际关系理论》，《国际问题研究》2014 年第 5 期。
⑧ 李玉：《在发展中追求"有效安全"》《中国社会科学报》2014 年 11 月 17 日。

反思随着研究推进愈加深入。杨宝东曾总结非传统安全研究存在概念界定宽泛、安全供需主体失衡、有限资源与安全清单矛盾等困境。① 齐琳认为追求人和社会的安全在某种意义上与国家的主体地位、主权和利益相冲突。② 廖丹子指出非传统安全因批判传统安全而产生，由此忽略了对自我本质和自我身份的认定，同时又裹挟在众多的现实议题和政策解读之中而难以形成理论体系。③ 张伟玉等提炼出非传统安全问题研究的三大缺陷分别是诸多定义可操作性较差、问题意识薄弱、科学研究方法应用不足。④ 余潇枫发现非传统安全研究没有形成完整的分析体系，当前很多非传统安全威胁识别、评估研究无异于再包装的社会公共问题识别、评估研究，非传统安全仅为这些研究提供分析视角而在深入探讨具体问题时又回到该问题所属的研究领域。⑤

二 非传统安全治理在中国的实践

（一）非传统安全进入官方视野

随着全球化进程加速，非传统安全威胁以越来越多样的面目出现，促使中国官方对国家安全的认识逐步突破军事和政治领域进入经济、社会、环境、文化等领域。1997 年党的十五大报告首次提到"国家经济安全"和"人民群众生命财产安全"。⑥ 1999 年 3 月，江泽民在日内瓦裁军谈判会议上主张以"互信、互利、平等、合作"为核心的安全观，并指出安全

---

① 杨宝东：《非传统安全问题的理论困境》，《江南社会学院学报》2006 年第 3 期。
② 齐琳：《国内非传统安全问题研究述评》，《国际关系学院学报》2005 年第 1 期。
③ 廖丹子：《中国非传统安全研究 40 年（1978—2017）：脉络、意义与图景》，《国际安全研究》2018 年第 4 期。
④ 张伟玉等：《中国非传统安全研究——兼与其他国家和地区比较》，《国际政治科学》2013 年第 2 期。
⑤ 《重塑"安全文明"：非传统安全研究——余潇枫教授访谈》，《国际政治研究》2016 年第 6 期。
⑥ 江泽民：《高举邓小平理论伟大旗帜 把建设有中国特色社会主义事业全面推向二十一世纪——在中国共产党第十五次全国代表大会上的报告》，人民出版社，1997，第 32、38 页。

的内涵需要从传统的军事、政治拓展到经济、科技、社会等方面。① 2000年7月，中国外交部部长唐家璇于第七届东盟地区论坛外长会议中提出"全球化和亚洲金融危机的余波对亚太安全带来负面影响……一些国家的传统和非传统安全均受到冲击"，这是中国官方首次使用"非传统安全"一词。② 2002年11月4日，中国发表的《中国与东盟关于非传统安全领域合作联合宣言》明确"贩毒、偷运非法移民包括贩卖妇女儿童、海盗、恐怖主义、武器走私、洗钱、国际经济犯罪和网络犯罪"等非传统安全问题以及"政治、经济、外交、法律、科技"等安全保障手段，启动中国与东盟在非传统安全领域的全面合作。这也是中国首次达成非传统安全治理的跨国合作。③《2002年中国的国防》白皮书将恐怖主义、分裂主义、极端主义势力、跨国犯罪、环境恶化、毒品等列入国防任务中。④ 解放军原副总参谋长熊光楷上将分析指出，国际政治秩序不公正、世界经济发展不平衡、人类发展与自然环境失谐、全球化与国际危机防范机制不匹配等背景因素使得非传统安全威胁凸显，且表现出跨国性、多样性、突发性和互动性的特征。⑤

（二）非传统安全升至国家安全议程

进入21世纪以来，国内外经济、社会、环境领域的非传统安全问题对中国发展形成的负面影响和威胁逐渐引起官方的重视。2002年党的十六大报告的"国外形势和对外工作"部分明确指出"传统安全威胁和非传统安全威胁的因素相互交织"⑥，标志着非传统安全上升至国家安全议

---

① 《江泽民主席在日内瓦裁军谈判会议上的讲话（全文）》，央视网，2011年12月22日，http://news. cntv. cn/china/20111222/116942. shtml。

② 《唐家璇外长在第七届东盟地区论坛外长会议上的讲话》，中华人民共和国外交部网站，2000年11月7日，http://russiaembassy. fmprc. gov. cn/web/gjhdq_676201/gjhdqzz_681964/lhg_682614/zyjh_682624/200011/t20001107_9386792. shtml。

③ 《中国与东盟关于非传统安全领域合作联合宣言》，中华人民共和国外交部网站，2013年7月22日，http://foreignjournalists. fmprc. gov. cn/gjhdq_676201/gjhdqzz_681964/lhg_682518/zywj_682530/200211/t20021112_9386050. shtml。

④ 《2002年中国的国防》，中国政府网，2005年5月26日，https://www. gov. cn/govweb/zwgk/2005-05/26/content_1384. htm。

⑤ 熊光楷：《协力应对非传统安全威胁的新挑战》，《世界知识》2005年第15期。

⑥ 《江泽民文选》第3卷，人民出版社，2006，第566页。

程。2003 年，江泽民在新年贺词中表示"国际恐怖主义危害着人们的宁静生活，贫困、环境恶化、毒品等非传统安全问题更加突出"。① 2004 年党的十六届四中全会通过的《中共中央关于加强党的执政能力建设的决定》首次提到"文化安全"和"信息安全"。② 2005 年《中国的和平发展道路》白皮书阐明"通过合作尽可能消除或降低恐怖主义活动、金融风险、自然灾害等非传统安全问题的威胁"。③ 2006 年中共十六届六中全会通过的《中共中央关于构建社会主义和谐社会若干重大问题的决定》对"社会的和谐稳定"进行了论述，关注到中国经济社会转型期出现的诸多非传统安全威胁。④ 2007 年党的十七大报告"始终不渝走和平发展道路"部分再次强调"传统安全威胁和非传统安全威胁相互交织"。⑤ 2008 年，胡锦涛在两院院士大会上倡导"更加关注能源、水资源、环境保护、全球气候变化问题……更加关注关系民生的食品、卫生、公共健康等重大问题"。⑥ 2012 年党的十八大报告全面阐述非传统安全局势，并提出经济安全、信息安全、粮食安全、社会安全、公共卫生安全、公共安全、生态安全、能源资源安全、网络安全等领域的应对方略，该报告第一次倡导的"人类命运共同体"还为维护全球非传统安全提供了总方向。⑦

与此同时，中国针对非传统安全问题的区域性合作、国内治理也在稳步推进。2003 年，中国与东盟在泰国曼谷召开"非典"峰会签署防止"非典"联合声明，一并启动"10 + 1"框架下的公共卫生合作机制。2004 年，中国与东盟发表防治禽流感会议联合声明，宣布双方建立传染

---

① 江泽民：《共同创造和平繁荣的美好未来——二〇〇三年新年贺词》，中国共青团网，2003 年 1 月 1 日，https://www. gqt. org. cn/search/zuzhi/theory/leadertalk/2002/zttb2003 0101. htm。

② 《十六大以来重要文献选编》（中），中央文献出版社，2006，第 290 页。

③ 《中国发表《中国的和平发展道路》白皮书》，中国新闻网，2005 年 12 月 22 日，https://www. chinanews. com. cn/news/2005/2005 – 12 – 22/8/668569. shtml。

④ 《十六大以来重要文献选编》（下），中央文献出版社，2008，第 648 页。

⑤ 《十七大以来重要文献选编》（中），中央文献出版社，2011，第 219、216 页。

⑥ 《十七大以来重要文献选编》（上），中央文献出版社，2009，第 504 ~ 505 页。

⑦ 《胡锦涛在中国共产党第十八次全国代表大会上的报告》，中国政府网，2012 年 11 月 17 日，https://www. gov. cn/ldhd/2012 – 11/17/content_2268826. htm。

病确认和控制的预警系统、加强双方边境管理部门合作、互派专家组等，双方公共卫生合作机制日臻完善。① 国内方面，2004 年外交部设立涉外安全事务司进一步研究国际形势中影响力上升的非传统安全因素。2007 年，第十届全国人民代表大会常务委员会通过《中华人民共和国突发事件应对法》。2008 年，国务院办公厅增设国务院应急管理办公室，该机构履行值守应急、信息汇总和综合协调职能。

（三）非传统安全工作新局面

中国将非传统安全与国家安全紧密结合，全面推进国家安全体系的理论创新和实践探索。国家安全体系从国家安全工作体制机制、系统科学的国家安全理论、总体性战略规划、国家安全法治建设等方面逐步得到完善。2013 年 11 月 12 日，《中国共产党第十八届中央委员会第三次全体会议公报》宣布"设立国家安全委员会，完善国家安全体制和国家安全战略，确保国家安全"②，对非传统安全威胁的应对体系进行了全新建构。2013 年 11 月 9 日，《关于〈中共中央关于全面深化改革若干重大问题的决定〉的说明》明确中央国家安全委员会的职责为"制定和实施国家安全战略，推进国家安全法治建设，制定国家安全工作方针政策，研究解决国家安全工作中的重大问题"。③ 2014 年，习近平总书记要求"与时俱进开创国家安全工作新局面"。④ 1 月 24 日，中共中央政治局召开会议，研究决定中央国家安全委员会设置。⑤ 4 月 15 日，习近平主持召开中央国家安全委员会第一次会议强调"坚持总体国家安全观""既注重传统安全，又注重非传统安全"，并系统阐述"集政治安全、国土安全、军事安全、经济安全、文化安全、社会安全、科技安全、信息安全、生态安全、资源安

---

① 罗荣：《中国—东盟非传统安全合作研究》，硕士学位论文，湘潭大学，2009。
② 《中国共产党第十八届中央委员会第三次全体会议公报》，中国政府网，2013 年 11 月 12 日，https://www.gov.cn/jrzg/2013 – 11/12/content_2525960.htm。
③ 《习近平关于社会主义社会建设论述摘编》，中央文献出版社，2017，第 167 ~ 168 页。
④ 《与时俱进开创国家安全工作新局面》，求是理论网，2014 年 3 月 14 日，http://www.qstheory.cn/zxdk/2014/201406/201403/t20140314_330129.htm。
⑤ 《习近平任中央国家安全委员会主席》，人民网，2014 年 1 月 24 日，http://jhsjk.people.cn/article/24221911。

全、核安全等于一体的国家安全体系"。① 2015 年 1 月 23 日，中央政治局审议通过《国家安全战略纲要》，要求走中国特色国家安全道路、做好各个领域国家安全工作、大力推进国家安全各种保障能力建设。② 7 月 1 日，第十二届全国人大常务委员会通过新的《中华人民共和国国家安全法》并将"统筹传统安全与非传统安全"作为国家安全工作的四项内容之一，并明确文化安全、科技安全等 11 个领域的安全任务，以法律形式确立总体国家安全观。③ 关于具体的非传统安全领域还陆续出台《反恐怖主义法》和《网络安全法》。2017 年党的十九大报告点明"恐怖主义、网络安全、重大传染性疾病、气候变化等非传统安全威胁持续蔓延"的安全形势并要求"统筹应对传统和非传统安全威胁"④，党的十九大通过的《中国共产党章程（修正案）》将"坚持总体国家安全观"写入党章总纲。⑤ 2020 年 2 月 14 日，习近平总书记主持召开中央全面深化改革委员会第十二次会议，强调"要从保护人民健康、保障国家安全、维护国家长治久安的高度，把生物安全纳入国家安全体系"。⑥

三 非传统安全学术研究与治理实践的交互

（一）前瞻性学术研究指导治理实践

学术研究逐步丰富非传统安全内涵，最终形成总体国家安全观的理

---

① 《习近平：坚持总体国家安全观 走中国特色国家安全道路》，人民网，2014 年 4 月 15 日，http://jhsjk. people. cn/article/24899781。
② 《中共中央政治局审议通过〈国家安全战略纲要〉》，人民网，2015 年 1 月 24 日，https://military. people. com. cn/n/2015/0124/c1011 – 26442499. html。
③ 《中华人民共和国国家安全法》，人民网，2015 年 7 月 1 日，https://www. gov. cn/xinwen/2015 – 07/01/content_2888316. htm。
④ 习近平：《决胜全面建成小康社会 夺取新时代中国特色社会主义伟大胜利——在中国共产党第十九次全国代表大会上的报告》，人民出版社，2017，第 58、59 页。
⑤ 《中国共产党第十九次全国代表大会关于〈中国共产党章程（修正案）〉的决议》，央视网，2017 年 10 月 24 日，https://news. cctv. com/2017/10/24/ARTIYQWk7pCezAxXDA3UDQxm171024. shtml。
⑥ 《习近平主持召开中央全面深化改革委员会第十二次会议强调 完善重大疫情防控体制机制 健全国家公共卫生应急管理体系 李克强王沪宁韩正出席》，人民网，2020 年 2 月 4 日，http://jhsjk. people. cn/article/31587899。

论基础，开阔了治理实践的视野、创新了治理实践的思路。大部分非传统安全威胁并非新生事物，只是在近些年有了新的发展，相对于传统的外部军事威胁而言，它们对国家安全的影响变得更加直接和显著，从而引起研究人员的高度警惕。起初因受限于对传统安全的理解，有关非传统安全内涵、种类、特征的研究是模糊的。环境安全最早引起学者讨论，1962 年《寂静的春天》在美国问世时，公共政策中还没有"环境"这一项，20 世纪 70 年代中国学者翻译并引进这本被视作现代环境运动肇始的书，将生态环境问题与安全研究联系起来。后冷战时代，众多关于经济全球化对中国经济的影响研究认为，经济安全应该成为国家安全的中心命题①，具体涉及金融安全、能源安全、粮食安全、资源安全等。在国际安全形势的研究中，诸如种族冲突、宗教冲突、非法移民、跨境犯罪逐步被纳入安全范畴。"1998 特大洪水""9·11""非典"之后，非传统安全研究更进一步，学者发现除了自然灾害、恐怖主义、流行疾病，还有信息安全、网络舆情、科技安全等可以归结为非传统安全领域。解放军原副总参谋长熊光楷上将等人提出了非传统安全的系统性。② 对非传统安全的研究拓展了人们对于安全的认识，非传统安全强调安全的全面性和系统性，特别是安全体系中各种因素的相互关系，非传统安全问题与传统安全问题不仅相互交织与转化，而且非传统安全各个领域是相互影响和关联的，某一领域的问题会引起其他领域的风险增加与加剧。在经过科学的研究论证和实践检验后，上述问题作为安全议题逐步被国家接受认可并上升到国家安全战略高度，相关研究也共同构建了总体国家安全观的理论基础。

鉴于安全的系统性和复杂性，学者们强调国家统一领导、统一指挥、统一协调、统一调度的必要性。依靠已有的单一部门或部门间协调机制难以应对国家安全的多样性挑战，2013 年中央国家安全委员会成立。学术研究从单一领域和学科向多领域、跨学科转变步伐加快。

---

① 熊明峰：《论军事安全与经济安全的关系》，《欧洲》1997 年第 6 期。

② 《熊光楷上将唐山考察并作专题讲座》，环渤海新闻网，2009 年 3 月 11 日，http://tangs-han. huanbohainews. com. cn/system/2009/03/11/010307876. shtml。

（二）治理实践进一步促进学术研究的发展

中国治理非传统安全的实践经验和教训既提供了中国智慧和中国方案，也为学术研究提供了素材和启发，进一步促进了学术研究的发展。

2008 年抗震救灾是我国历史上救援速度最快、动员范围最广、投入力量最大的抗震救灾斗争。[①] 通过分析直接灾害、次生灾害等非传统安全问题的链状传导特征，学者们就更高层次的综合应急管理机构、社会动员机制、灾后重建的民生问题与社会稳定等议题展开研究。

2013 年，习近平总书记提出共建"一带一路"重大倡议，强调"'一带一路'建设离不开和平安宁的环境"。[②] 这一发展与安全相互联结的系统工程引发一系列风险研判研究，既关注沿线地区传统与非传统的安全威胁相互交织冲击"一带一路"项目，又重视研究境外输入性风险利用政策、设施、贸易、资金、民心"五通"影响我国安全，并提出政治、经济、外交、法律等多种应对手段。

2020 年突袭而至的新冠疫情，是新中国成立以来在我国发生的传播速度最快、感染范围最广、防控难度最大的一次重大突发公共卫生事件。[③] 学者们认为，疫情引发的非传统安全威胁经由紧密联系的复杂社会系统演化为牵动生物安全、社会安全、经济安全和政治安全的全局性问题，呼吁国家观照各安全要素间的动态关联性进行顶层战略设计，实行不同层次和维度的综合治理、加强全球合作应对非传统安全危机。

四　非传统安全学术研究与治理实践的重大挑战

新时代的非传统安全学术研究与治理实践，要面对和回应更多重大挑

---

① 《十七大以来重要文献选编》（上），中央文献出版社，2009，第 891 页。

② 《和平繁荣开放创新文明：习近平用这五个词描绘"一带一路"》，人民网，2019 年 4 月 24 日，http://jhsjk. people. cn/article/31046651。

③ 《习近平：在统筹推进新冠肺炎疫情防控和经济社会发展工作部署会议上的讲话》，中国政府网，2020 年 2 月 24 日，https://www. gov. cn/xinwen/2020－02/24/content_5482502. htm。

战。2017 年 8 月 18 日，美国正式对中国发起"301 调查"，随后据此对 340 亿美元中国商品加征 25% 的关税，中国在同一时间启动对 340 亿美元美国商品加征 25% 关税的反制措施，中美贸易摩擦拉开序幕。随后中美在经济、科技、社会等非传统安全领域的摩擦与冲突逐渐扩展与升级，系统性、复杂性显著提升，非传统安全或将演化为未来两国发展、竞争的主要领域。

（一）经济领域的摩擦与冲突

伴随科技发展和产业升级，中国表现出从全球价值链的中低端向中高端爬升的态势，中美两国在国际分工中的差距缩小、互补性减弱、竞争性增强，美国经济霸权受到挑战。

美国主动出击挑起贸易争端，对中国商品加征关税的规模、金额和强度不断增大，并扩展至投资限制、出口管制、技术断供等方面，形成对中国高新科技、产业转型和经济崛起的高压"围猎"。美国首轮关税清单不在贸易顺差较大的家具玩具和纺织品等低端产品方面，而是针对战略性新兴产业；美国长期使用产业政策却肆意指责中国的发展模式，并引导国际舆论给中国贴上"国家资本主义"的标签。中国在重大经济利益安全上绝不退让，反制措施迅速、密集、精准出击。

（二）科技领域的摩擦与冲突

美国对中国技术构造了体系化的封锁策略，组织上设立"产业和安全局"，机制上推出全流程贸易环节管制，法律上出台《出口管理法》。近年随着中国逐步突破少数尖端技术，美国保持技术先进性和垄断性的警惕之心更甚，两国科技发展的冲突性日益凸显。

以通信技术为例，华为在全球 5G 领域的领先极有可能"一步领先、步步领先"，由此衍生出的新技术、新产业、新业态和新模式将削弱美国的网络霸权并造成美国不可弥补的发展劣势。特朗普喊话"5G 竞赛已经开始，这一仗美国必须赢"，白宫前首席战略顾问班农发表"干掉华为比达成中美协议重要十倍"的言论。美国攻击华为的力度、强度和广度可谓前所未有，动用"国家紧急状态"，将华为列入实体清单，要求 Google、微软等跨国公司及其盟国抵制和弃用华为，迫使联邦快递违规操作，等等。美国进一步将技术出口管制范围由军事和防务用途技术、军民两用技术延展至几乎所有新兴技术领域，还带动德国、英国等越来越多的发达国家收紧对中国海外技术并购等投资和贸易的安全审查。美国在人才、资本和贸易上全方位封锁中国科技创新和产业发展。

中国针对性地建立不可靠实体清单制度和国家技术安全管理清单制度，同时通过自主研发和国际合作谋求在关键核心技术、重要市场上的突破，以期摆脱受制于美的技术风险。

（三）社会领域的摩擦与冲突

经济和科技风险都可能打乱或破坏国家发展前景，从而动摇人民福祉的根基。特朗普政府对内一直宣称中国人抢走美国人的工作机会，以美国公民人权为借口推行"美国优先"的政策、高举"制造业回流"的旗帜转移国内矛盾。其对中国策动孟晚舟事件，利用其盟国非法拘禁中国公民；恐吓华裔科学家、缩短中国留学生签证期限等双标行径，严重侵犯中国公民的安全、人道主义待遇及合法权益。美国利益高于一切的霸凌主义，严重挤压其他国家通过经济科技发展来促进民生改善、社会进步的空间，长远来看将造成国际规则与秩序的巨大隐患。

（四）非传统安全的系统性增强

在中美贸易摩擦的新形势下，国家贸易安全、科技安全、产业安全、经济安全、社会安全、政治安全间的连锁效应凸显，每一领域的具体安全虽各有侧重，但都与其他领域的安全密切相连，凝聚成不可分割的总体国家安全。

贸易冲突等贸易安全问题引发科技安全与科技竞争。美国以两国贸易中顺差在中、逆差在美为由，为保持其国际贸易主导地位，进一步连环封堵中国技术以遏制中国向全球价值链中高端爬升，企图将潜在竞争者扼杀于襁褓之中。美国依靠其在芯片、操作系统等技术上的先进地位对中国竖起科技壁垒，在高度全球化的分工格局下，中国如忽视技术自主可控性将面临巨大风险。

科技安全困境给产业升级、产业转型带来阻碍，影响产业安全。中国关键核心技术被"卡脖子"的被动局面不利于发挥科技第一生产力的作用，改造提升传统产业、培育发展新兴产业的步伐放缓。一方面，资源、人力等低成本优势消失，发达国家制造业回流，中国传统产业变革借力新一轮科技革命的任务十分紧迫。国内传统产业缺少"智能＋"加持无法转型升级而停留在微笑曲线底端，逐步丧失与处于人口红利期的东南亚国家对垒的竞争力。另一方面，新一代信息技术呈现出越来越强的"马太效应"，中国一旦丧失人工智能、5G、大数据、工业互联网等先进技术的自主可控性，新兴产业或走向传统产业"低端化"的老路，如进口零部件组装生产中低端工业机器人，中国在新的国际分工体系中将拉大与发达国家的差距，赶超难度也更大。

产业安全是经济安全的重要组成部分，产业发展与转型的停滞可能会引发一系列的经济安全问题。中国产业"低端混战、高端失守"的隐患可能阻碍供给侧结构性改革，加剧中国经济结构性失衡问题。产业转型的速度和质量难以满足多层次、高品质、个性化的消费需求，供给体系产能强大但有效供给不足，产能过剩和需求结构升级矛盾突出。劳动密集型产品、初级产品大量出口将继续遭遇频繁反倾销的困境甚至引发资源能源"低出高进"的安全问题，海外市场严重萎缩致使国内形成积压，上下游产业也受到"株连"，使中国"去产能"工作雪上加霜。实体经济持续低迷的背景下，大量资金涌入金融体系和房地产市场，进一步推升实体经济融资难度和发展成本①，中国经济保持中高速增长、迈向中高端水平的"双目标"进程将更为艰巨。

经济增速下滑或停滞等造成的经济安全问题可能会诱发诸多社会安全问题。如经济下行压力叠加中美贸易摩擦和科技封锁，中国经济面临发展模式转变失败、坠入"中等收入陷阱"的风险，人民群众获得感、幸福感、安全感可能降低。

---

① 《国家发改委主任：深化改革破解中国经济三大结构性失衡》，央视网，2017 年 3 月 19 日，https://news.cctv.com/2017/03/19/ARTIOLVju1H7uO9tGmVpAY54170319.shtml。

（五）新兴大国与守成大国的非传统安全对抗性

美国安全专家乔治·弗达斯曾指出冷战时代的传统安全威胁是"有威胁者的威胁"，后冷战时代的非传统安全威胁是"没有威胁者的威胁"。①

然而中美贸易摩擦再次形成全方位、多层次、高强度的大国对抗局面，非传统安全威胁不再来自隐蔽未知的非国家行为体或国家内部矛盾。美国作为守成大国对新兴大国的遏制是由其国家战略利益安全决定的，具有根本性和难以逆转性的特点。

针对"中国崛起论"，习近平主席多次呼吁构建"不冲突、不对抗、相互尊重、合作共赢"②的中美新型大国关系以避免"修昔底德陷阱"，但是美国一直使用冷战思维与零和博弈思维来处理国际事务，对中国进行利益敲诈、战略遏制和模式打压。继《2017美国国家安全战略报告》和《2018美国国防战略报告》指称中国为美国的战略竞争对手之后，美国的《印度—太平洋战略报告》将中国列为"修正主义强权"，即企图通过科技、宣传与强制力，创建一个与美国利益与价值观相对立的世界。③ 2019年在第18届香格里拉对话会上，美国对中国的定位更是升级为"全面遏制的对手"。

结　语

回溯非传统安全在中国的学术研究与治理实践可以发现，随着中国经济体量和全球影响力的增大，中国在抵御重大风险、克服重大阻力、化解重大矛盾的长期实践中，逐步提升对非传统安全的认识并达到新的高度和新的境界：一是从确保自身的生存与发展到注重国家安全利益再到追求普遍安全的人类命运共同体；二是从孤立地、片面地看待单一领域安全到明晰各方面风险发展趋势和相互关联再到把非传统安全与国家安全紧密相连

---

① "Threats without Threateners? Exploring Intersections of Threats to the Global Commons and National Security，" https：//ssrn. com/abstract=1982807.

② 《习近平谈治国理政》第2卷，外文出版社，2017，第523页。

③ 《美称中国是修正主义大国 外交部：帽子扣不到中国头上》，中国新闻网，2019年6月3日，https：//baijiahao. baidu. com/s？id=1635316552730460683&wfr=spider&for=pc。

形成总体国家安全观；三是从关注国际安全到以国内安全为主再到积极参与全球治理统筹国内国际两个大局。整体而言，学界前瞻性研究为决策高层提供了参考，国家决策也在一定程度上引导学术研究的旨趣转向。

中国特色社会主义进入新时代，面临的环境更复杂更严峻，可以预料和难以预料的风险挑战更多更大。[①] 中美作为新兴大国与守成大国展开传统军事对抗的可能性不大，但两国间非传统安全较量很有可能是一场时间更长、范围更广、烈度更高的战略博弈。尤其在中美较量向经济、外交、科技、人权等多领域大范围铺开的形势下，各类非传统安全问题交叉感染极易形成风险综合体，任一领域失守都可能带来全局性的影响。这是我国当下面临的最现实、最紧迫、最重大的非传统安全挑战。学术研究和治理实践都应增强忧患意识，从这个高度来认识和重视非传统安全，围绕这个主题展开系统的研究和设计。

国际关系、经济、金融、通信、计算机、机械、材料、社会、政治学、环境等各学科学者都应将中美在非传统安全领域的较量作为本学科研究的重要命题展开多学科、多维度、多层次的研究，为各种风险的应对做好前瞻性研究，防范中美贸易摩擦升级为经济冲突、金融战、货币战争、科技冷战等各种综合性风险。国家安全是最重要、最基本的公共产品，这是政府以外的其他主体所无法提供的，国家安全的实现主体只能是政府。公共管理学科应以构建中美非传统安全较量视角下的安全治理体系为重要使命，以提升国家安全治理能力现代化为目标，从安全问题的识别，安全治理理念的构建，安全治理所需要的体制机制、手段工具和话语体系的建设等方面尽早、尽快展开系统研究，以支持政府应对现实、紧迫的非传统安全国际国内形势。

政府应围绕非传统安全重大挑战问题和学界展开更为紧密的合作与互动，通过治理实践不断检验发展理论研究，通过理论的前瞻性研究化解治理实践中可能遇到的系统性风险。就政府内部而言，组织上应推进中央国家安全委员会的实体化运作，落实外交部、国防部、科学技术部、商务

---

① 《政府工作报告》，中国政府网，2019 年 3 月 16 日，https://www.gov.cn/guowuyuan/2019 – 03/16/content_5374314.htm。

部、国家安全部等部门间的常态化沟通，形成防范化解中美贸易风险传染、转化、联动的强大合力；机制上尽快建立健全风险研判机制、决策风险评估机制、风险防控协同机制、风险信息及时互通共享机制。

本文作者为徐晓林、毛子骏、朱钰谦，原刊发于

《风险灾害危机研究》2020 年第 1 期，

收入本书时有改动

图书在版编目（CIP）数据

数字政府与数字治理的中国经验：徐晓林自选集／
徐晓林著. -- 北京：社会科学文献出版社，2024.6
　ISBN 978 - 7 - 5228 - 3515 - 0

　Ⅰ.①数… Ⅱ.①徐… Ⅲ.①国家 - 行政管理 - 现代
化管理 - 中国 - 文集　Ⅳ.①D630.1 - 53

　中国国家版本馆 CIP 数据核字(2024)第 079135 号

数字政府与数字治理的中国经验
　　——徐晓林自选集

著　　者／徐晓林

出 版 人／冀祥德
责任编辑／周　琼
文稿编辑／周浩杰
责任印制／王京美

出　　版／社会科学文献出版社（010）59367126
　　　　　地址：北京市北三环中路甲 29 号院华龙大厦　邮编：100029
　　　　　网址：www. ssap. com. cn
发　　行／社会科学文献出版社（010）59367028
印　　装／三河市东方印刷有限公司

规　　格／开　本：787mm × 1092mm　1/16
　　　　　印　张：25.75　字　数：392 千字
版　　次／2024 年 6 月第 1 版　2024 年 6 月第 1 次印刷
书　　号／ISBN 978 - 7 - 5228 - 3515 - 0
定　　价／158.00 元

读者服务电话：4008918866